西 華 大 學
四川省人民政府文史研究館 蜀學研究中心 主辦

蜀學

第十二輯

西南交通大學出版社
·成都·

圖書在版編目（ＣＩＰ）數據

蜀學. 第十二輯 / 西華大學，四川省人民政府文史
研究館，蜀學研究中心主辦. 一成都：西南交通大學出
版社，2017.4
ISBN 978-7-5643-5363-6

Ⅰ. ①蜀… Ⅱ. ①西… ②四… ③蜀… Ⅲ. ①文化史
－四川－文集②巴蜀文化－文集 Ⅳ. ①K297.1－53
②K872.71－53

中國版本圖書館 CIP 數據核字（2017）第 064220 號

SHU　XUE
蜀　　學（第十二輯）

西　　華　　大　　學
四川省人民政府文史研究館　　蜀學研究中心　　主辦

責任編輯 / 吳　迪
助理編輯 / 鄭麗娟
封面設計 / 何東琳設計工作室

西南交通大學出版社出版發行
（成都市金牛區二環路北一段 111 號創新大廈 21 樓　610031）
發行部電話：028-87600564
網址：http://www.xnjdcbs.com
印刷：成都蜀通印務有限責任公司

開本　185 mm×260 mm
印張　18.875　　字數　450 千
版次　2017 年 4 月第 1 版　　印次　2017 年 4 月第 1 次

書號　ISBN 978-7-5643-5363-6
定價　45.00 圓

# 《蜀學》第十二輯發刊祝辭

建立起強大的文化自信，为优秀传统文化真正实现活起来传下去而努力奋斗。

吳显奎

二0一七年三月二十一日

# 目　録

司馬相如通西夷及其貢獻⋯⋯⋯⋯⋯⋯⋯⋯⋯⋯⋯⋯⋯⋯⋯⋯⋯楊偉立　001

諸葛亮史事考辨
　　——以《三國志》和《魏略》爲中心⋯⋯⋯⋯⋯⋯⋯⋯⋯王懷成　009

詩僧可朋：其人及其詩⋯⋯⋯⋯⋯⋯⋯⋯⋯⋯⋯⋯⋯⋯⋯⋯⋯彭　華　019

三蘇《南行集》同題作品研究⋯⋯⋯⋯⋯⋯⋯⋯⋯⋯⋯⋯⋯⋯楊勝寬　024

論三蘇赴汴應試之緣由及薦舉者張方平之推薦⋯⋯⋯⋯⋯⋯江澄格　038

蘇軾《廣成子解》發微⋯⋯⋯⋯⋯⋯⋯⋯⋯⋯⋯⋯⋯⋯⋯⋯⋯謝桃坊　044

試析宋人心目中大禹的崇高智慧⋯⋯⋯⋯⋯⋯⋯⋯⋯⋯⋯⋯官性根　054

元代文學家謝端考述⋯⋯⋯⋯⋯⋯⋯⋯⋯⋯⋯⋯⋯胡傳淮　陳名揚　064

論《讀杜詩愚得》的注杜特色及其得失⋯⋯⋯⋯⋯⋯⋯⋯⋯王永波　074

清代蜀中詩人許儒龍初考⋯⋯⋯⋯⋯⋯⋯⋯⋯⋯⋯⋯⋯⋯⋯趙仁春　085

李調元的學術與文藝思想淵源考論⋯⋯⋯⋯⋯⋯⋯⋯⋯⋯⋯鄭家治　092

南義采《龜碉詩話》對李白詩歌的評價⋯⋯⋯⋯⋯⋯⋯⋯⋯舟　馳　104

家族文化對劉咸炘的影響⋯⋯⋯⋯⋯⋯⋯⋯⋯⋯⋯⋯⋯⋯⋯馬　旭　112

成都市首任市長
　　——黃隱將軍⋯⋯⋯⋯⋯⋯⋯⋯⋯⋯⋯⋯⋯⋯⋯曾明偉　王遠兵　120

漫談蜀中名士林思進的另類文學成就：聯語⋯⋯⋯⋯⋯⋯⋯景常春　125

淺草社中的川籍作家們
　　——文學地理學個案分析⋯⋯⋯⋯⋯⋯⋯⋯⋯⋯⋯⋯⋯⋯趙海海　137

論歌德《浮士德》第二部及郭沫若的翻譯⋯⋯⋯⋯⋯⋯⋯⋯彭建華　153

教育社會學者黃大洲及其學術貢獻簡論⋯⋯⋯⋯⋯⋯⋯⋯⋯王　睿　171

翰笙抗戰時期活動紀實（年表）⋯⋯⋯⋯⋯⋯⋯⋯⋯⋯⋯⋯徐志福　174

宋代四川交通與商貿活動研究⋯⋯⋯⋯⋯⋯⋯⋯⋯⋯⋯⋯⋯顏　信　184

宋代巴蜀書法述略 ……………………………… 王萬洪　194

晚清四川碑派書家包弼臣書法藝術特色及其影響 ……… 劉朋樂　202

劉沅一門與都江堰 ……………………………… 張通傑　212

民國時期四川省圖書館發展簡論 ………………… 陳　珊　224

輕拭塵埃看佛光
　　——禪宗史上的彭州大隨山 ………………… 高光俊　231

對一條古驛道的文化勘厘
　　——以成渝古驛道爲例 …………………… 成都凸凹　245

懷念繆鉞先生 …………………………………… 周九香　256

激流之序曲
　　——我的非正常的大學生活 ……………… 謝桃坊　267

重溫仁者正史，回望樂山鄉愁
　　——序羅家祥《二十五史樂山史料集》 …… 王　川　276

四川：百年中國新詩的"半壁江山" …………… 王學東　285

稿　約 ………………………………………………………… 293

# 司馬相如通西夷及其貢獻

楊偉立

司馬相如是漢代最著名的辭賦家，後人稱之爲"賦聖"和"辭宗"，在中國文學史上占有重要地位。同時，他又是一位文字學家，著有《凡將篇》。"其進仕官，未嘗肯與公卿國家之事……不慕官爵。"①但是，他曾奉命通西夷，則幹的國家大事，而且幹得很出色，取得顯著成績，爲國家的發展，西夷地區的進步，以及民族的融合，做出了重大的貢獻。

## 一　相如通西夷的背景

西夷，指漢代的蜀郡西邊和南邊居住的多種少數民族；漢代的巴郡南邊的一些少數民族，叫作南夷：他們的種落之多，大約有數十百種，漢代的史官把他們總稱爲西南夷。他們在那片土地上生活繁衍若干世代了，到漢朝，司馬遷纔首次對他們的種族名稱、社會狀況、地理位置做出概括的敘述。他說：

> 西②南夷君長以什數，夜郎最大；其西靡莫之屬以什數，滇最大；自滇以北，君長以什數，邛都最大：此皆椎結，耕田，有邑聚。
>
> 其外，西自同師以東，北至楪榆，名巂、昆明，皆編髮，隨畜遷徙，毋常處，毋君長，地方可數千里。
>
> 自巂以東北，君長以什數，徙、筰都最大；自筰以東北，君長以什數，冉、駹最大。其俗或土箸，或移徙，在蜀之西。
>
> 自冉、駹以東北，君長以什數，白馬最大，皆氐類也。
>
> 此皆巴蜀西南外蠻夷也。③

衆多的西南夷人，分布在現在的貴州東部、西南中部、四川西部南部、甘肅南部的廣袤土地上。審上文文意，司馬遷把巴郡南邊，以夜郎族爲中心及其周圍的若干民族和部落歸屬南夷，其餘種落，統統劃爲西夷。

司馬相如通西夷，並不是包括司馬遷所述的整個西夷，而僅僅是其中的一部分，祇限於邛都、筰都、徙、冉、駹，分布在今西昌、瀘沽、漢源、天全、蘆山、

---

① 《史記》卷一百一十七《司馬相如傳》。
② 疑衍文。
③ 《史記》卷一百一十六《西南夷列傳》。

邛崍、汶山一綫。他們長期與蜀人、漢人爲鄰，即漢代人説的：“且夫邛、筰、西僰之與中國並也，歷年兹多，不可記已。”①他們世代爲鄰，“歷年兹多”，彼此交流融合，取長補短，共同進步。

西夷地區，自公元前 316 年（秦惠文王後 9 年）秦國滅巴蜀以來，政府加强對該地區的經營，取得一定的進展。西漢中葉，雄才大略的漢武帝登上政治舞臺，積極開展對周邊各族的工作，推進了交往及彼此關係的發展。建元四年（前 137 年），閩越圍東甌，建元六年（前 135 年），閩越擊南越。閩越、東甌、南越居住在我國東南部、南部沿海一帶，是古代越人居住的地方。在漢代，那裏很不穩定，尤其是南越隱藏著諸多不穩定的因素。

南越，地處南海，原是秦朝的一個郡——南海郡②。秦末，“州郡各共興軍聚衆，虎爭天下”③。秦滅，南海尉趙佗擊并桂林郡、象郡，奄有今廣東、廣西大部及貴州南部，自立爲南越武王，儼然是一個據地自雄的地方割據政權。“漢（高祖）十一年（前 196 年），遣陸賈因立佗爲南越王，與剖符通使，和集百越，毋爲邊患害。與長沙接境。”④到惠帝時，趙佗擴張勢力範圍，閩越、西甌、駱都在他的控制之下，“東西萬餘里。迺乘黄屋左纛、稱制，與中國侔”⑤。吕后時期，漢廷與南越關係有些緊張。文帝朝，雙方關係有所改善。至武帝建元四年，趙佗死，他的孫子繼承王位，南越割據已經 70 年了。漢武帝爲了解決長期割據的南越王國，又開始對西南夷的經略，展開空前的通西南夷活動。

## 二 相如奉命通南夷

建元六年（前 135 年），唐蒙對漢武帝説：從蜀郡，經牂柯江（今北盤江）水道，可直抵南越首府番禺城下。居住在牂柯江的夜郎族有雄兵十萬，可以調發出征南越。要達到這個目的，必須爭取夜郎王歸附漢朝和修築道路。（從僰道達於牂柯江。這條道路叫夜郎道或南夷道。）漢武帝“乃拜蒙爲郎中將，將千人，食重萬餘人，從巴蜀筰關入，遂見夜郎侯多同。蒙厚賜，喻以威德，約爲置吏，使其子爲令。夜郎旁小邑皆貪漢繒帛，以爲漢道險，終不能有也，乃且聽蒙約。還報，乃以爲犍爲郡”⑥。

元光四、五年（前 131、前 130 年），西夷各族頭人得知南夷歸漢，在那裏建置其郡縣，同時得到豐厚的賞賜，於是，他們紛紛表示：“願爲臣妾，請吏，比

① 《史記》卷一百一十七載《難蜀父老》。
② 南海郡，秦置，治番禺（今廣東廣州市）。
③ 《史記》卷一百一十三《南越尉佗傳》。
④ 《史記》卷一百一十三《南越尉佗傳》。
⑤ 《史記》卷一百一十三《南越尉佗傳》。
⑥ 《漢書》卷九十五《西南夷兩粵朝鮮傳》，第 3838 頁。

南夷。"①這本是漢武帝夢寐所求的，自然樂於儘快將此事完成，他便召問正在朝廷做官的蜀人司馬相如。相如回答道：

> 邛、笮、冉、駹者，近蜀，道亦易通，秦時嘗爲郡縣，至漢興而罷，今誠復通，爲置郡縣，愈於南夷。②

顯然相如是贊成通西夷的，他的認識正合漢武帝的意願。他們君臣既有共識，故能一拍即合。武帝毅然排除干擾，"拜相如爲中郎將，建節往使。副使王然于、壺充國、呂越人馳四乘之傳"③。相如衣錦還鄉，肩負著通西夷的重大使命，踏上前往蜀郡西部的征途。"至蜀，太守以下郊迎，縣令負弩矢先驅，蜀人以爲寵，於是，卓王孫、臨邛諸公皆因門下獻牛酒以交歡。卓王孫喟然而歎，自以爲得使女尚司馬長卿晚。"④

儘管漢武帝強烈要求通西南夷，在當時確實必要，漢朝也具備這樣的能力，足以完成這一歷史使命。但是，不是所有的人都能認識到。實際上朝廷內，地方上還有一些官吏有不同意見，如史書所説："相如使時，蜀長老多言通西南夷不爲用，唯大臣亦以爲然。"⑤看來反對者的人數不算少，他們的言論頗有影響，對工作的進行會產生阻力。因此，對這些人的意見不可等閒視之。

反對意見的產生也有緣由。問題的出現，還在唐蒙通南夷的時候。

唐蒙通南夷，"發巴、蜀吏卒千人，郡又多爲發轉漕萬餘人，用軍興法誅其渠帥。巴、蜀民大驚恐"⑥。關於這件事，司馬相如在《喻巴蜀檄》裏説得更清楚：

> 南夷之君，西僰之長，常效貢職，不敢怠墮，延頸舉踵，喁喁然皆爭歸義，欲爲臣妾；道里遼遠，山川阻深，不能自致。夫不順者已誅，而爲善者未賞，故遣中郎將往賓之，發巴蜀士民各五百人，以奉幣帛，衛使者不然，靡有兵革之事，戰鬥之患。今聞其乃發軍興制，驚懼子弟，憂患長老，郡又擅爲轉粟運輸，皆非陛下之意也。當行者或亡逃自賊殺，亦非人臣之節也。

相如是當事人，他發表的文告所涉及的事情，最爲真實可靠，屬於第一手資料，彌足珍貴。他在文告中首先指出唐蒙通南夷是漢武帝派他"往賓之"，對"爲善者未賞"的南夷首領們以賓客之禮相待，並不是去打仗，爲什麼要用

①《史記》卷一百一十七《司馬相如傳》。
②《史記》卷一百一十七《司馬相如傳》。
③《史記》卷一百一十七《司馬相如傳》。
④《史記》卷一百一十七《司馬相如傳》。
⑤《史記》卷一百一十七《司馬相如傳》。
⑥《史記》卷一百一十七《司馬相如傳》。

軍興法呢？①那是不應該的。另一方面，被調發的一萬一千人，有吏、卒、民，他
們平時過著安定平靜的生活，突然要遠行，所去的是南夷地區。那裏與漢區比，
當然各方面的條件都要差些，所以有的人不願幹這件苦差事，甚至用逃亡、戕賊
身軀來逃避，唐蒙便用"軍興法誅其渠帥"，因而"驚懼子弟，憂患長老"。這
樣一來，在巴、蜀的官、紳、民中產生了不滿情緒，以致反映到中央朝廷。漢武
帝纔派司馬相如前來責備唐蒙，開導巴、蜀地方官紳和老百姓。就在這年裏，唐
蒙"略通西②南夷"，緊接著發動巴、蜀、廣漢三郡的士卒、老百姓共幾萬人修築
南夷道。"治道二歲，道不成，士卒多物故，費以億萬計。蜀民及漢用事者多言
其不便。"③元光六年（前 129 年），反對通西南夷的聲音又甚囂塵上。司馬相如
正奉命通西夷，蜀中縉紳士大夫當面向他提出疑問：

> 蓋聞天子之於夷狄也，其義羈縻勿絕而已。今罷（疲）三郡之士，通
> 夜郎之塗，三年於兹，而功不竟，士卒勞倦，萬民不贍；今又接以西夷，
> 百姓力屈，恐不能卒業，此亦使者之累也，竊爲左右患之。且夫邛、筰、
> 西僰之與中國並也，歷年兹多，不可記已。仁者不以德來，强者不以力並，
> 意者其殆不可乎！今割齊民以附夷狄，弊所恃以事無用。鄙人固陋，不識
> 所謂。④

認識上的分歧無疑是存在的，也是正常現象。但是在一定條件下，真理祇有
一個。因之，認識上的分歧意見，就有個正確與錯誤的問題。如何對待錯誤意見？
相如針對反對者的言論進行了說理教育。

反對者所持理由的最根本之點是："割齊民以附夷狄，弊所恃以事無用。"
這就是説，通西南夷損害了巴蜀人民的利益：對南夷首領賞賜所用的幣帛乃是人
民交納的賦稅；通南夷時巴蜀派士卒一千人，轉運糧食物資的一萬人，士兵的調
動，徭役的徵發，牽動面相當廣泛，如此便加重巴、蜀、廣漢三郡人民的負擔。
故曰："割齊民以附夷狄，弊所恃以事無用。"相如針對這一點，指出：按照著
舊縉紳們的想法，"是蜀不變服，而巴不化俗也。"⑤這是固守舊狀一切不動的守
舊思想。指出他們沒有遠見，看問題祇看表面，看不到深層，祇看到眼下工作的
困難和人民付出的代價，看不到通西南夷的深遠意義。同時進一步指出：祇有聖
人賢者纔具有遠見卓識。"世有非常之人，然後有非常之事；有非常之事，然後

---

① 《漢書》卷十《成帝紀》：陽朔三年夏六月，潁川鐵官徒申屠聖等 180 人起義，皇帝"遣丞相
　　長史、御史中丞逐捕，以軍興從事，皆伏誅。"顏師古注："逐捕之事須有發興，皆依軍法。"
　　軍興：軍，士兵。興，調發。軍興，謂調發士兵處理緊急事件。如："其寇賊卒（猝）來，
　　欲有攻襲；及城屯反叛，若賊有內應，急須兵者，便得調發。若不即調發及不即給與者，准
　　所須人數，並與擅發罪同……"（《唐律疏議》卷十六《擅興》）
② 疑衍文。
③ 《史記》卷一百一十七《司馬相如傳》。
④ 《史記》卷一百一十七載《難蜀父老》。
⑤ 《史記》卷一百一十七載《難蜀父老》。

有非常之功。非常者，固常人之所異也。"接著相如舉大禹治水爲例。當中國出現洪水橫流的時候，人民不能生存，大禹"決流疏河……東歸於海，而天下寧。當斯之時，寧爲民哉？（禹）心煩於慮，而身親其勞，躬胝無胈，膚不生毛，故休烈顯乎無窮，聲稱浹乎於兹。"凡事開頭難，常人不理解，擔憂恐懼，事成之後，安享其成。所以說："非常之原，黎明懼焉；及臻厥成，天下晏如也。"漢武帝就是非常之人，"豈特委瑣握齪，拘文牽俗，循誦習傳，當世取說云爾哉？必將崇論閎議，創業垂統，爲萬世觀"①。

"普天之下，莫非王土，率土之濱，莫非王臣。"②這是西周以來就具有的大一統觀。《春秋》公羊家就大講特講這條道理。《春秋公羊傳》開宗明義：

> 元年者何？君之始年也。春者何？歲之始也。王者孰謂？謂文王也。
> 曷爲先言王而後言正月？王正月也。何言乎王正月？大一統也。

這段話的意思是：一個國家內的所有一切都統一於王。爲漢家立法的董仲舒也說道："《春秋》大一統者，天地之常經，古今之通誼也。"③對中國周邊的少數民族采取"馳騖乎兼憲並包"政策，由來已久，漢武帝對於北邊的匈奴，西邊的西域各族，東邊的東甌、閩越就是如此！西南夷的情況又是怎樣呢？

> 夷狄殊俗之國，遼絶異黨之域，舟車不通，人跡罕至，政教未加，流風猶微，……④

漢夷的差異十分明顯，"政教未加，流風猶微"，賢君漢武帝怎麽會讓這種狀態繼續存在！必須迅速改變，乃先後派使團前往工作。"創道德之塗，垂仁義之統，將博恩廣施，遠撫長駕，使疏逖不閉，阻爽暗昧，得耀乎光明，以偃甲兵於此，而息征伐於彼。遐邇一體，中外禔福，不亦康乎？"⑤這就是漢武帝派遣使團通西南夷的目的。司馬相如把通西南夷的意義提升到國家利益的高度，内地與邊區各族人民共同進步的高度，增强了工作信心，頂著輿論壓力，置反對意見於不顧，深入西夷地區，開展工作。

相如通西夷之前，唐蒙已經成功地完成通南夷的任務，積累了成功的經驗。"它山之石，可以攻玉。"相如依法炮製，"因巴、蜀幣物以賂西南⑥夷。"看來相如的工作進行得很順利，正如他自己說的："隨流而攘，風之所被，罔不披靡。因朝冉從駹，定筰存邛，略斯榆，舉包蒲，結軌還轅，東向還報，至於蜀都。"⑦很快就完成了任務，並取得輝煌成績，使團人員勝利地從西夷地區返回成都，大功告成。

① 《史記》卷一百一十七載《難蜀父老》。
② 《詩·小雅·北山》。
③ 《漢書》卷五十六《董仲舒傳》載對策，第2523頁。
④ 《史記》卷一百一十七載《難蜀父老》。
⑤ 《史記》卷一百一十七載《難蜀父老》。
⑥ "南"字疑衍文。
⑦ 《史記》卷一百一十七載《難蜀父老》。

## 三　相如通西夷的貢獻

### 1."除邊關，關益斥"

西夷地區，自秦國滅巴、蜀以來，總是關注其發展的。然而當時的行政能力、生產力水準，限制了開發的程度。西漢建立之初，對巴蜀地區的管轄也僅僅限在盆地之內，至於西夷地區，則鞭長莫及。相如通西夷以後，情況頓然改變：

除邊關，關益斥，西至沫、若水，南至牂柯爲徼。①

這段話是與漢初的情況相比較說的。本來在西南夷方面，"秦時嘗破，略通五尺道，諸此國頗置吏焉。十余歲，秦滅。及漢興，皆棄此國而開蜀故徼。巴蜀民或竊出商賈，取其莋馬、僰僮、髦牛，以此巴蜀殷富"②。漢初情況是這樣，相如通西夷後，昔日的"蜀故徼"已不適應新情況，必須另作規劃，舊邊關要拆除，重建新邊關，新邊關應當向前推進，深入西夷地區，西邊達到沫水（大渡河）、若水（雅礱江），南面直抵牂柯境上。

### 2. 恢復郡縣建制

秦滅蜀，一方面保留蜀國原有的政治體制，封蜀王之子爲侯（降王爲侯）；另一方面，又建立蜀郡，以張若爲郡守。《華陽國志·蜀志》說：

周赧王元年，秦惠王封子通國爲蜀侯，以陳壯爲相。置巴、［蜀］郡，以張若爲蜀（國）守。③

秦滅蜀後，既封蜀侯，又置蜀守，相應地建置了一些縣。即相如說的："邛、莋、冉、駹……異時嘗通爲郡縣矣。"究竟秦（包括戰國時期的秦國和秦始皇統一中國後的秦朝）在西夷地區設置了多少縣？對此，史無明文，現在能查得出來的，祇有湔氐道、青衣道、嚴道、沮（在今甘肅境內）數縣而已。這些縣，"至漢興而罷"。可能漢代把秦時建置的西夷各縣全部都罷廢了。相如通西夷之後，一下子就"置一都尉，十餘縣"④。

### 3. 發展交通

相如通西夷，爲該區發展交通做了兩件事：修靈山道和在孫水上架橋。《漢書》說：

通靈山道，橋孫水，以通邛、莋。⑤

---

① 《史記》卷一百一十七《司馬相如傳》。
② 《漢書》卷九十五《西南夷兩粵朝鮮傳》，第3838頁。
③ "蜀"原脫，"國"衍文。從任乃強先生說，參見《華陽國志校補圖註》。
④ 《史記》卷一百一十六《西南夷列傳》。
⑤ 《漢書》卷五十七《司馬相如傳》。

靈山道，是一條新開闢的交通綫。從現在的蘆山縣的靈關開始，向其西面延伸，通往沫水、若水。由於自然條件險惡、施工技術低下，以及財力、政治諸原因，這條新闢道路祇開了個頭，不久便擱置下來，以後再也沒有興工修築，故再也看不到提説它的文字了。①

孫水，今名安寧河。"橋孫水"，即在安寧河上架橋，通達西昌，自然比以前便利多了。

### 4. 改善西夷下層人民的處境

在通西夷以前，西夷某些族或部落內部尚保存著落後的制度，相如在《難蜀父老》中揭示説：

> ……父兄不辜，幼孤爲奴虜，係累號泣。（受害者）內向而怨，曰："蓋聞中國有至仁焉，德渾恩普，物靡不得其所，今獨曷爲遺己！"舉踵思慕，若枯旱之望雨，……

漢朝本已進入封建社會，政治、經濟、文化各方面都比西夷各族先進，所以他們"舉踵思慕，若枯旱之望雨"。此次改變原有的政治體制，相應地限制了舊頭人的權力，對遏制奴隸制起了一定的作用。

### 5. 爲漢武帝第二次通西夷及在西南夷地區普遍置郡打下了基礎

鑿空西域的張騫，於元狩元年（西元前 122 年）對漢武帝説，他在大夏（今阿富汗北部一帶）看見蜀布、邛竹杖。這些東西都是蜀地的特產，由蜀地商人販賣到身毒（今印度），再由大夏商人轉賣到大夏。又聽説，身毒在邛都（治今西昌）西二千里。於是漢武帝興發從邛都方面尋找身毒的念頭，乃命王然于等十餘人分四道出發，尋找身毒。五道，即從駹、冉、徙、邛、僰人所住之地向外尋找身毒的五路人馬。②這四道中祇有一道在南夷地區內，其餘三道都在西夷範圍之內，正表明相如通西夷的工作細緻深入，博得西夷各族的信服，爲設置一都尉十余縣，建立起郡縣制度，打下了良好的基礎。經過艱巨的工作，於元鼎六年（西元前 111 年），在以夜郎族爲中心（今貴州東部）的南夷地區設置牂柯郡；在邛人住地（今西昌一帶）設置越嶲郡；在笮都人住地設置沈黎郡；在冉、駹人住地設置汶山郡；在白馬人住地設置武都郡（在今甘肅境內）。

這樣一來，內地與邊地、漢人與少數民族的聯繫更臻密切了，爲發展多民族的統一的中國奠定了基礎。前人的這些活動，歷來爲史學家們所重視。如班固説：

---

① 説詳拙稿《漢靈關道辯證》，載《文博》1994 年第 2 期。
② 《史記》卷一百二十三《大宛列傳》："……乃命張騫因蜀、犍爲發間使，四道並出，出駹，出冉，出徙，出邛、僰，皆各行一二千里……"

“（通）西南夷發於唐蒙、司馬相如……遭世富盛，動能成功。”①司馬貞説：“及置郡縣，萬世推功。”②這些話充分肯定了相如通西夷的成功與貢獻。他的功勞光耀史册。千齡兮萬代，共進兮發揚。當今的巴蜀兒女，踏著前人的足迹，再創輝煌，將巴蜀地區的發展推向歷史的高峰。

作者單位：四川省社會科學院歷史研究所

①《漢書》卷九十五《西南夷兩粤朝鮮傳》，第3868頁。
②《史記》卷一百一十六《西南夷列傳》。

# 諸葛亮史事考辨

## ——以《三國志》和《魏略》爲中心

王懷成

陳壽，生於蜀漢章武三年（233），劉備駕崩白帝城，後主時任東觀秘書郎。蜀漢景耀六年（263），爲征西將軍，一路南下，攻取廣漢，後主劉禪請降，蜀國滅亡。魏咸熙二年（265），曹奐禪位給司馬炎，爲晉武帝。晉統一北方後，陳壽任著作郎，兼領巴西郡中正，曾出補平陽侯相，官至治書侍御史，元康七年（297）死於洛陽。《三國志》記載的歷史止於咸寧六年（280）西晉滅吳。

魚豢，生卒年不詳，三國時爲曹魏郎中，生活在魏晉之交。據《三國志·魏書四·三少帝紀》注引《魏略》記有嘉平六年（254）農曆九月司馬師廢齊王曹芳及郭太后議立高貴鄉公事甚詳，則知《魏略》記事止於三少帝時。

《魏略》早於《三國志》，也可以說，魚豢的《魏略》是當代史，陳壽的《三國志》則是前代史。二者都覆蓋了魏與蜀交戰的主要時段的史實。以諸葛亮爲例，二者記載同一事件時，往往顯示出截然相反的評價標準。

## 一 諸葛亮形象的對立

第一，躬耕隴畝。陳壽描繪諸葛亮的外表時有一段膾炙人口的文字："亮躬耕隴畝，好為梁父吟。身長八尺，每自比于管仲、樂毅，時人莫之許也。惟博陵崔州平，潁川徐庶元直與亮友善，謂為信然。"[①]從其身材、愛好、志向等方面，簡略勾畫出此人不凡的才華和氣度，又通過旁人崔州平（崔鈞）、徐元直（徐庶）等人的交往和側評，顯示出陳壽對諸葛亮人品和才略的肯定。

而對於徐庶等與諸葛亮交往的故事，魚豢《魏略》記載更詳："亮在荊州，以建安初與潁川石（韜）廣元、徐元直、汝南孟公威等俱遊學，三人務於精熟，而亮獨觀其大略。每晨夜從容，常抱膝長嘯，而謂三人曰：'卿三人仕進，可至刺史、郡守也。'三人問其所至，亮但笑而不言。後公威思鄉里，欲北歸，亮謂之曰：'中國饒士大夫，遨遊何必故鄉邪！'"[②]魚豢與陳壽所載諸葛亮事跡，基本史實較爲接近，可以判斷是對同一事件的不同敘述。然魚豢所敘"三人務於精

---

① [晉]陳壽：《三國志》卷三十五《蜀書·諸葛亮傳》，中華書局 1959 年版，第 911 頁。
② [晉]陳壽：《三國志》卷三十五《蜀書·諸葛亮傳》，中華書局 1959 年版，第 911-912 頁。

熟，而亮獨觀其大略”之語，與司馬遷《史記》載項羽之學相類，不無暗示志大才疏之意。又所謂“仕進可至刺史、郡守”“中國饒士大夫，遨遊何必故鄉”云云，則顯爲諸葛亮凡人世俗甚至有些庸俗的一面，此暗示魚豢對諸葛亮的不以爲然。

《魏略》記載徐庶之主要事迹時，突出其少好任俠擊劍，闖禍殺人，後折節學問，不爲人重的一面，也講述其終能聽習經業，義理精熟，結交石韜、諸葛亮等，成就功名之由。然述及荊州內附，孔明與劉備相隨去：“福（徐庶）與韜（石廣元）俱來北。至黃初中，韜仕歷郡守、典農校尉，福至右中郎將御史中丞。逮大和中，諸葛亮出隴右，聞元直、廣元仕財如此。歎曰：‘魏殊多士邪？何彼二人不用見乎？’庶後數年兵卒，有碑在彭城，今猶存焉。”①魚豢所記，絕口不提徐庶歸曹之原因，末又以諸葛亮之歎，來暗示徐庶之才在諸葛亮眼中爲高，在曹操眼中則不過能堪右中郎將御史中丞之職而已。“仕、財如此”，顯然是再次暗示諸葛亮的俗氣，認爲他在乎的是升官發財，與前文一致。故裴松之注云：

> 《魏略》此言，謂諸葛亮為公威計者可也，若謂兼為己言，可謂未達其心矣。老氏稱知人者智，自知者明，凡在賢達之流，固必兼而有焉。以諸葛亮之鑒識，豈不能自審其分乎？夫其高吟俟時，情見乎言，志氣所存，既已定於其始矣。若使游步中華，騁其龍光，豈夫多士所能沈翳哉！委質魏氏，展其器能，誠非陳（群）長文、司馬（懿）仲達所能頡頏，而況於餘哉！苟不患功業不就，道之不行，雖志恢宇宙而終不北向者，蓋以權御已移，漢祚將傾，方將翊贊宗傑，以興微繼絕克復為己任故也。豈其區區利在邊鄙而已乎！此相如所謂“鯤鵬已翔於遼廓，而羅者猶視於藪澤”者矣。公威名建，在魏亦貴達。②

顯然，從魚豢對諸葛亮與石韜等三人大談人生理想的記載中，可見他們四人中，另三人對遊學頗爲精熟，唯諸葛亮心不在焉，僅夢想著和算計著做官。而裴松之對此大爲不滿，認爲魚豢所記，未達其心，諸葛亮的志向是“鯤鵬已翔於遼廓”，而魚豢等人的眼光還在藪澤。這明確表達了裴松之對諸葛亮的極高評價，以及對魚豢這樣的史家的批評。

第二，三顧茅廬。劉備三顧茅廬的故事，流傳已千百年，歷來演義家也對此津津樂道，不吝筆墨。此事的源頭更爲直接地取材於陳壽《三國志》。《三國志》云：“時先主屯新野，徐庶見先主，先主器之，謂先主曰：‘諸葛孔明者，臥龍也，將軍豈願見之乎？’先主曰：‘君與俱來。’庶曰：‘此人可就見，不可屈致也，將軍宜枉駕顧之。’由是先主遂詣亮，凡三往，乃見。”③明確記載了徐庶舉薦諸葛亮，劉備采納徐庶建議，三訪諸葛亮之事，此爲令中國古往今來的士人

---

① ［晉］陳壽：《三國志》卷三十五《蜀書·諸葛亮傳》，中華書局1959年版，第914頁。
② ［晉］陳壽：《三國志》卷三十五《蜀書·諸葛亮傳》，中華書局1959年版，第912頁。
③ ［晉］陳壽：《三國志》卷三十五《蜀書·諸葛亮傳》，中華書局1959年版，第912頁。

神往的君臣之遇的最高境界。陳壽還接敘諸葛高談闊論，爲劉備獻計，指三國鼎立之方向，定"霸業可成，漢室可興"之目標的高尚高才的形象。

同爲劉備初識諸葛亮，魚豢的記載卻大相徑庭。《魏略》云：

> 劉備屯于樊城。是時曹公方定河北，亮知荊州次當受敵，而劉表性緩，不曉軍事。亮乃北行見備，備與亮非舊，又以其年少，以諸生意待之。坐集既畢，衆賓皆去，而亮獨留，備亦不問其所欲言。備性好結毦，時適有人以髦牛尾與備者，備因手自結之。亮乃進曰："明將軍當復有遠志，但結毦而已邪！"備知亮非常人也，乃投毦而答曰："是何言歟？我聊以忘憂耳。"亮遂言曰："將軍度劉鎮南孰與曹公邪？"備："不及。"亮又曰："將軍自度何如也？"備曰："亦不如。"曰："今皆不及，而將軍之衆不過數千人，以此待敵，得無非計乎！"備曰："我亦愁之，當若之何？"亮曰："今荊州非少人也，而著籍者寡，平居發調，則人心不悅：可語鎮南，令國中凡有遊戶，皆使自實，因錄以益衆可也。"備從其計，故衆遂強。備由此知亮有英略，乃以上客禮之。①

魚豢所載，不僅並無劉備主動訪賢的意思，反而稱諸葛亮見劉備形勢嚴峻，故意繞彎子，尋找機會，主動巴結。陳壽所記之主體，在於諸葛亮《隆中對》的高明獻策。而魚豢所記，乃在於因了徵兵之數不足，而出以擴軍之小計。又敘劉備識人不明，幾乎類於馮諼之對孟嘗君。魚豢所載此事，裴松之謂司馬彪《九州春秋》亦然，可見參之於《魏略》。之後，劉備打草鞋的故事遂亦被演義家們所敷演。然裴松之對魚豢所記甚感疑惑："亮表云'先帝不以臣卑鄙，猥自枉屈，三顧臣於草廬之中，諮臣以當世之事'，則非亮先詣備，明矣。雖聞見異辭，各生彼此，然乖背至是，亦良爲可怪。"②裴松之據諸葛亮所上表作爲內證，以驗魚豢等史所記爲僞，具有很強的説服力。由之對比陳壽和魚豢之於諸葛亮的態度，一褒一貶，大略分明。其間微妙，亦是難逃裴氏法眼。之後，蜀人常璩撰《華陽國志》，遂采陳壽之語。

## 二　諸葛亮爲人處事的對立

第一，關於孟達。《蜀書·法正傳》載曰："建安初，天下饑荒，（法）正與同郡孟達俱入蜀依劉璋。"③後又投奔劉備，《蜀書·劉封傳》云：

> 初，劉璋遣扶風孟達、副法正，各將兵二千人，使迎先主。先主因令達並領兵衆留屯江陵。蜀平後，以達爲宜都太守。建安二十四年，命達從

---

① [晉]陳壽：《三國志》卷三十五《蜀書·諸葛亮傳》，中華書局 1959 年版，第 913 頁。
② [晉]陳壽：《三國志》卷三十五《蜀書·諸葛亮傳》，中華書局 1959 年版，第 914 頁。
③ [晉]陳壽：《三國志》卷三十五《蜀書·諸葛亮傳》，中華書局 1959 年版，第 957 頁。

秭歸北攻房陵，房陵太守蒯祺為達兵所害。達將進攻上庸，先主陰恐達難獨任，乃遣封自漢中乘沔水下統達軍，與達會上庸。上庸太守申耽舉眾降，遣妻子及宗族詣成都。先主加耽征北將軍，領上庸太守、員鄉侯如故，以耽弟儀為建信將軍、西城太守，遷封為副軍將軍。自關羽圍樊城、襄陽，連呼封、達，令發兵自助。封、達辭以山郡初附，未可動搖，不承羽命。會羽覆敗，先主恨之。又封與達忿爭不和，封尋奪達鼓吹，達既懼罪，又忿恚封，遂發表辭先主，率所領降魏。①

此段記載，將孟達在劉備麾下的功過是非，敘述得較爲清晰明確。孟達初因迎接劉備而立功，被劉備任爲宜都太守，此時孟達並無怨氣。然建安二十四年之後，劉備對待孟達則頗有不公之處：命孟達攻房陵，孟達勝，將乘勝攻上庸。劉備不僅不賞，反而暗中揣測，不予信任，遂派養子劉封統管孟達軍隊。此舉必令孟達生怨。又上庸攻下，降將申耽、其弟申儀和上司劉封皆得升遷，而達卻全無功勞。此又必然存隙。又關羽求救，封、達二人皆不救，劉備卻“恨之”，也是導致孟達畏懼以致降魏的原因之一。實際上，劉封纔是統帥，孟達爲副，發號施令，本無孟達責任，劉備恨之，也可見劉備對孟達不公允。最後，劉封欺辱孟達，奪其鼓吹，劉備未主持公道，孟達難免心中不平。所以，孟達初叛，很大程度上是被迫的，是劉備偏袒劉封、疏遠孟達造成的。

在陳壽筆下，雖大端事迹甚明，然或云“先主陰恐達難獨任”，或云“達既懼罪，義忿恚封，遂發表辭先主”，毋庸諱言，有爲劉備曲護之處。在《魏書·劉曄傳》裏，陳壽也有類似的曲筆：“延康元年，蜀將孟達率眾降。達有容儀才觀，文帝甚器愛之，使達為新城太守，加散騎常侍。曄以為‘達有苟得之心，而恃才好術，必不能感恩懷義，新城與吳、蜀接連，若有變態，為國生患。’文帝竟不易，後達終於叛敗。”②一方面，稱孟達有“容儀才觀，文帝甚器愛之”，另一方面又借劉曄之口以證其“苟得之心，而恃才好術，必不能感恩懷義”，叛變之性，溢於言表。故，陳壽確有爲劉備回護之處。

劉備對孟達的冷遇和不公，以致孟達叛變，看似與諸葛亮無關，其實不然。魚豢《魏略》中有相關記載：

達以延康元年率部曲四千餘家歸魏，文帝時初即王位，既宿知有達，聞其來，甚悅。令貴臣有識察者往觀之，還曰：“將帥之才也。”或曰：“卿相之器也。”王益欽達，逆與達書曰：“近日有命，未足達旨，何者？昔伊摯背商而歸周，百里去虞而入秦，樂毅感鷗夷以蟬蛻，王遵識逆順以去就，皆審廢興之符，效知成敗之必然，故丹青畫其形容，良史載其功勳。

① [晉]陳壽：《三國志》卷四十《蜀書·劉封傳》，中華書局1959年版，第991頁。
② [晉]陳壽：《三國志》卷十四《魏書·諸葛亮傳》，中華書局1959年版，第445頁。

聞卿姿度純茂，器量優絕，當騁能明時，收名傳記。今者翻然濯鱗清流，甚相嘉樂，虛心西望，依依若舊，下筆屬辭，歡心從之。昔虞卿入趙，再見取相；陳平就漢，一觀參乘。孤今於卿，情過於往，故致所禦馬物以昭忠愛。"又曰："今者海內清定，萬里一統，三垂無邊塵之警，中夏無狗吠之虞，以是弛閡闊禁，與世無疑，保官空虛，初無資任。卿來相就，當明孤意，慎勿令家人繽紛道路，以親駭疏也。若卿欲來相見，且當先安部曲，有所保固，然後徐徐輕騎來東。"達既至譙，進見閑雅，才辨過人，終莫不屬目。又王近出，乘小輦，執達手，撫其背，戲之曰："卿得無為劉備刺客邪？"遂與同載。又加拜散騎常侍，領新城太守，委以西南之任。時眾臣或以為待之大猥，又不宜委以方任。王聞之曰："吾保其無他，亦譬以萬箭射蒿中耳。"①

魚豢對孟達在劉璋、劉備時期的事迹絕口不提，亦是有意迴避其作爲"背主"之臣的一面。又極渲染孟達儀表、氣質、品德、才能不凡，曹丕慧眼識珠，以示孟達棄暗投明之意。

及孟達再欲降蜀一事，魚豢《魏略》云：

達既為文帝所寵，又與桓階、夏侯尚親善。及文帝崩，時階、尚皆卒。達自以羈旅，久在疆場，心不自安。諸葛亮聞之，陰欲誘達，數書招之，達與相報答。魏興太守申儀與達有隙，密表達與蜀潛通，帝未之信也。司馬宣王遣參軍梁幾察之，又勸其入朝，達驚懼，遂反。②

魚豢筆下的孟達再反，有具體歷史情境。其一，"自以羈旅，久在疆場，心不自安"，是曹丕死後，孟達長期作爲戍邊之將，無緣進核心的權力圈，漸漸心灰意冷。其二，又"諸葛亮聞之，陰欲誘達，數書招之"，是說諸葛亮掌握到孟達的處境，開始算計孟達，孟達似乎並沒有爲之所動，就被小人告密，不得已，正中諸葛亮下懷。孟達最終被司馬懿殺害，實則諸葛亮之反間計使然。從這些資訊中，我們看出魚豢對孟達並沒有明確的批判態度，卻將矛頭指向了諸葛亮，指出諸葛亮睚眥必報、老謀深算。

我們不禁要問，魚豢對諸葛亮的指控是否有道理呢？從陳壽的《三國志》中，可以找到些答案。

孟達先從劉璋，後投劉備，又投曹丕，再投劉備，則孟達其人，諸葛亮早已看在眼裏，心中有數。孟達死於司馬懿之手，可以說是諸葛亮精心安排的借刀殺人之計。《蜀書·費詩傳》云：

（李）鴻曰："間過孟達許，適見王冲從南來，言往者達之去就，明公切齒，欲誅達妻子，賴先主不聽耳。達曰：'諸葛亮見顧有本末，終不爾

① [晉]陳壽：《三國志》卷三《魏書·明帝紀》，中華書局 1959 年版，第 93 頁。
② [晉]陳壽：《三國志》卷三《魏書·明帝紀》，中華書局 1959 年版，第 93 頁。

也。'盡不信冲言。委仰明公，無復已已。"亮謂琬、詩曰："還都當有書與子度相聞。"詩進曰："孟達小子昔事振威不忠，後又背叛先主，反覆之人，何足與書邪！"亮默然不答。亮欲誘達以為外援，竟與達書曰："往年南征，歲末乃還，適與李鴻會於漢陽，承知消息，慨然永歎。以存足下平素之志，豈徒空託名榮，貴為乖離乎！嗚呼，孟子！斯實劉封侵陵足下，以傷先主待士之義。又鴻道王冲造作虛語，云足下量度吾心，不受冲說。尋表明之言，追平生之好，依依東望，故遣有書。"達得亮書，數相交通，辭欲叛魏。魏遣司馬宣王征之，即斬滅達。亮亦以達無款誠之心，故不救助也。①

前文表明，陳壽於諸葛亮爲人，是盡力維護的。然在處理孟達反復叛變的問題上，又無法掩飾諸葛亮之機敏善詐的一面。王冲告訴孟達，諸葛亮想要誅殺其妻子，而孟達竟然不信。後諸葛亮以書信引誘，本就要置之於死地。孟達果然動搖，遂引司馬懿追殺，而諸葛亮故意不施救，致使孟達死於非命。

陳壽措辭之間，仍然不忍點破諸葛亮之"陰"，然"亮亦以達無款誠之心，故不救助也"之語，表明了孟達通款諸葛亮是真，然絕無再投蜀之意亦是真。司馬懿殺孟達，一則清除忠於曹家的勢力，二則確實受到諸葛亮之迷惑，錯殺了自己人，削弱了曹魏的實力。

孟達降魏，的確有其苦衷。《三國志》載諸葛亮書信云："斯實劉封侵陵足下，以傷先主待士之義。"把劉備的偏袒推脫於劉封之侵陵，則魚豢爲孟達鳴冤，亦有道理。

陳壽所言，並無揭露諸葛亮之意，然不經意卻也道出了孟達的反叛，是不得已而爲之的。而魚豢對孟達第四次"背主"的理解，是諸葛亮作爲主謀，對孟達的不公和陷害所致。

第二，關於劉封。劉封是劉備在荊州時所收義子，素受劉備厚愛，劉封奪孟達鼓吹，激起了孟達的憤怒。對於劉封與孟達在上庸不救關羽，劉備已經記恨在心，祇是孟達做了替罪羊。孟達降魏後反攻劉封，劉封敗退成都，受到劉備的責備。《蜀書·劉封傳》載："諸葛亮慮封剛猛，易世之後，終難制禦，勸先主因此除之。於是賜封死，使自裁。封歎曰：'恨不用孟子度之言。'"②孟達之言："達僕揆漢中王，慮定於內，疑生於外矣。慮定則心固，疑生則心懼，亂禍之興作，未曾不由廢立之間也。"③孟達告誡劉封，養子的身份，在王位繼承問題上，必然遭懷疑，招來殺身之禍。劉封被殺，正是諸葛亮親手策劃的。劉封因擠占太子之位而被殺的內幕，別人不知，但瞞不過孟達，如果這種內情從孟達之口流出，對劉備和諸葛亮來說是不光彩的。諸葛亮要劉封死，是爲了保劉禪繼承皇位的正統

① [晉]陳壽：《三國志》卷四十一《蜀書·費詩傳》，中華書局1959年版，第1016頁。
② [晉]陳壽：《三國志》卷四十《蜀書·劉封傳》，中華書局1959年版，第994頁。
③ [晉]陳壽：《三國志》卷四十《蜀書·劉封傳》，中華書局1959年版，第992頁。

性和不可爭辯性。諸葛亮最後修書與孟達通好，可以肯定衹是表面文章，諸葛亮是不會接受孟達重新回歸蜀營的，反而是要孟達速死。孟達出走曹魏，是劉備及劉封不仁義，是蜀國對不住孟達；劉封被殺，孟達恰又知情，是蜀國害怕孟達散布實情。這些事由，都對維護後主的皇權形成潛在的挑戰，故諸葛亮的真實用意已明。

由陳壽和魚豢對諸葛亮和孟達事件的各自敘述可以看到，陳壽爲了提高諸葛亮的形象，不惜置孟達之冤屈於不顧，更不願意深究權力鬥爭中的陰暗面；魚豢爲了抬高曹魏君主的形象，又極力把諸葛亮描繪成導致孟達謀反和孟達之死的根源。

第三，關於魏延。陳壽《蜀書·魏延傳》載，建興八年，"延每隨亮出，輒欲請兵萬人，與亮異道會於潼關，如韓信故事，亮制而不許。延常謂亮爲怯，歎恨己才用之不盡"[1]。陳壽言下之意是魏延有勇無謀、多僥倖之，而彰顯諸葛亮之先見之明。至於魏延何以冒進，陳壽略無記載。

而魚豢《魏略》則詳細記載了魏延定計想要奇襲長安的過程：

> 夏侯楙爲安西將軍，鎮長安。亮於南鄭與群下計議，延曰："聞夏侯楙少，主壻也，怯而無謀。今假延精兵五千，負糧五千，直從褒中出，循秦嶺而東，當子午而北，不過十日可到長安。楙聞延奄至，必乘船逃走。長安中惟有御史、京兆太守耳，橫門邸閣與散民之穀足周食也。比東方相合聚，尚二十許日，而公從斜谷來，必足以達。如此，則一舉而咸陽以西可定矣。"亮以爲此縣危，不如安從坦道，可以平取隴右，十全必克而無虞，故不用延計。[2]

魚豢此記，使得世人多以魏延所言自有道理，諸葛亮"以爲此縣危，不如安從坦道"，有膽怯無勇之嫌。故胡三省於《資治通鑒·魏紀三》所采《魏略》此段文後辨析云："由今觀之，皆以亮不用延計爲怯。凡兵之動，知敵之主，知敵之將。亮之不用延計者，知魏主之明略，而司馬懿輩不可輕也。亮欲平取隴右且不獲如志，況欲乘險僥倖，盡定咸陽以西邪？"[3]可見魚豢的確有以諸葛亮爲膽怯之輩的嫌疑，此與其對諸葛亮軍事才能不以爲然的態度是一致的。

第四，關於諸葛亮死後撤軍。《三國志》記載諸葛亮病危時，使楊儀、費禕、姜維等撤軍，衹令魏延斷後。待諸葛亮卒後，魏延曰："丞相雖亡，吾自見在。府親官屬便可將喪還葬，吾自當率諸軍擊賊，云何以一人死廢天下之事邪？且魏延何人，當爲楊儀所部勒，作斷後將乎？"[4]則魏延不聽調度，乃欲自爲首領，終

① [晉]陳壽：《三國志》卷四十《蜀書·魏延傳》，中華書局1959年版，第1003頁。
② [晉]陳壽：《三國志》卷四十《蜀書·魏延傳》，中華書局1959年版，第1003頁。
③ [宋]司馬光：《資治通鑒》卷七十一《魏紀三》（明帝太和三年），中華書局1956年版，第2240頁。
④ [晉]陳壽：《三國志》卷四十《蜀書·魏延傳》，中華書局1959年版，第1003頁。

被部下追殺。此亦站在諸葛亮立場上説話，爲諸葛亮神機妙算之有力證據。

然魚豢《魏略》則記諸葛亮死後，雖已對後事安排妥當，然部下素有不和，產生内訌，借機互相攻伐：

> 諸葛亮病，謂延等云："我之死後，但謹自守，慎勿復來也。"令延攝行己事，密持喪去。延遂匿之，行至褒口，乃發喪。亮長史楊儀宿與延不和，見延攝行軍事，懼為所害，乃張言延欲與衆北附，遂率其衆攻延。延本無此心，不戰軍走，追而殺之。[1]

魚豢此記，乃爲魏延鳴不平，示諸葛亮後事處理之不當。魏延謀反，變成了被楊儀誣陷所致。此法與前番記孟達事頗類。然孟達之爲諸葛亮算計，即使是在陳壽之筆下，也草蛇灰綫，非無中生有。

裴松之對魚豢的記載則大爲不滿，注云："臣松之以為此蓋敵國傳聞之言，不得與本傳爭審。"裴松之無可解釋時，以敵國謠言定論，但魚豢所言，亦不可不信。

### 三　諸葛亮的軍事才能的對立

諸葛亮的軍事才能，是陳壽《三國志》所津津樂道的。

第一，一出祁山。蜀建興六年（228）夏，諸葛亮一出祁山，陳壽《蜀書·諸葛亮傳》載："亮身率諸軍攻祁山，戎陳整齊，賞罰肅而號令明，南安、天水、安定三郡叛魏應亮，關中響震。"[2]顯然，陳壽對諸葛亮的措辭也是欣賞和贊美的。

魚豢《魏略》也記載了此事，云："始，國家以蜀中惟有劉備。備既死，數歲寂然無聲，是以略無備預；而卒聞亮出，朝野恐懼，隴右、祁山尤甚，故三郡同時應亮。"[3]在魚豢筆下，劉備活著的時候，魏人簡直不知有諸葛亮這個人。朝野之所以恐懼，祇是因爲"卒聞""略無備預"而已。魚豢對諸葛亮之不以爲然，又於此可知。

第二，失街亭。馬謖失街亭，在後人看來，是諸葛亮不善用人的典型例證。然陳壽《蜀書·諸葛亮傳》則云："謖違亮節度，舉動失宜，大為郃所破。"[4]陳壽將街亭之敗歸之於馬謖未執行諸葛亮的計策。可諸葛亮究竟是如何指揮的，而馬謖是如何舉動失宜的，陳壽也沒有細言之。

而關於此事，魚豢的《魏略》的處理也大有意味。他似乎沒有興趣評價馬謖，而是詳盡記載了魏人大勝之後的一則布告：

① [晉]陳壽：《三國志》卷四十《蜀書·魏延傳》，中華書局1959年版，第1003頁。
② [晉]陳壽：《三國志》卷三十五《蜀書·諸葛亮傳》，中華書局1959年版，第922頁。
③ [晉]陳壽：《三國志》卷三十五《蜀書·諸葛亮傳》，中華書局1959年版，第922頁。
④ [晉]陳壽：《三國志》卷三十五《蜀書·諸葛亮傳》，中華書局1959年版，第922頁。

帝露布天下，並班告益州曰："劉備背恩，自竄巴蜀。諸葛亮棄父母之國，阿殘賊之党，神人被毒，惡積身滅。亮外慕立孤之名，而內貪專擅之實。劉升之兄弟守空城而已。亮又侮易益土，虐用其民。是以利狼、宕渠、高定、青羌莫不瓦解，為亮仇敵。而亮反裒負薪，裹盡毛鞞，刖趾適屨，刻肌傷骨，反更稱說，自以為能。行兵於井底，游步於牛蹄。自朕即位，三邊無事，猶哀憐天下數遭兵革，且欲養四海之耆老，長後生之孤幼，先移風於禮樂，次講武於農隙，置亮畫外，未以為虞。而亮懷李熊愚勇之志，不思荊邯度德之戒，驅略吏民，盜利祁山。王師方振，膽破氣奪，馬謖、高祥望旗奔敗。虎臣逐北，蹈屍涉血。亮也小子，震驚朕師。猛銳踴躍，咸思長驅。朕惟率土莫非王臣，師之所處，荊棘生焉，不欲使千室之邑忠信貞良，與夫淫昏之黨，共受塗炭。故先開示，以昭國誠，勉思變化，無滯亂邦。巴蜀將吏士民諸為亮所劫迫，公卿已下皆聽束手。"①

魚豢盡錄曹氏對劉備、諸葛亮從人格到才能的抨擊之文，說諸葛亮擅權專斷，自以為是，脅迫蜀民，使民遭罪。這些充滿敵意的檄文，在今天看來，也不是全然沒有道理。

第三，諸葛亮圍陳倉。陳壽《魏書·明帝紀》載云："十二月，諸葛亮圍陳倉，曹真遣將軍費曜等拒之。"②《蜀書·諸葛亮傳》補充道："圍陳倉，曹真拒之，亮糧盡而還。"③兩則材料相互呼應，且表明戰爭的主動性在諸葛亮，並祇言及糧盡，未及損兵折將之類。《魏書·曹真傳》載："真以亮懲於祁山后，出必從陳倉，乃使將軍郝昭、王生守陳倉，治其城。明年春，亮果圍陳倉，已有備而不能克。"④此記載是站在曹真一邊觀照戰局，也很清楚地說明曹魏一方早有準備，堅守陳倉，未提到發生過戰事或傷亡情況。

然魚豢《魏略》記載此事，先敘曹魏使將軍郝昭築陳倉城，諸葛亮圍陳倉而不能拔。諸葛亮派郝昭同鄉靳詳試圖說降郝昭，凡兩次而未成。於是"亮自以有眾數萬，而昭兵纔千餘人，又度東救未能便到，乃進兵攻昭，起雲梯衝車以臨城。昭於是以火箭逆射其雲梯，梯然，梯上人皆燒死。昭又以繩連石磨壓其衝車，衝車折。亮乃更為井闌百尺以射城中，以土瓦填塹，欲直攀城。昭又於內築重牆。亮又為地突，欲踴出於城裏，昭又於城內穿地橫截之。晝夜相攻拒二十餘日，亮無計，救至，引退"⑤。魚豢如此詳盡地將郝昭的機智多謀與諸葛亮屢出拙計做對比，仿佛諸葛亮就是一個屢戰屢敗、無計可施，可憐巴巴的小丑一般。我們從現

① [晉]陳壽：《三國志》卷三《魏書·明帝紀》，中華書局1959年版，第94-95頁。
② [晉]陳壽：《三國志》卷三《魏書·明帝紀》，中華書局1959年版，第94頁。
③ [晉]陳壽：《三國志》卷三十五《蜀書·諸葛亮傳》，中華書局1959年版，第924頁。
④ [晉]陳壽：《三國志》卷九《魏書·曹真傳》，中華書局1959年版，第281頁。
⑤ [晉]陳壽：《三國志》卷三《魏書·明帝紀》，中華書局1959年版，第95頁。

代的常識判斷，諸葛亮出動幾萬人馬的陳倉之圍，傷亡自不可避免。相對而言，魚豢的記載細節很多，更加可信。則陳壽對諸葛亮之曲護，與魚豢對諸葛亮之醜化，都是顯而易見的。

第四，再出祁山。蜀建興九年，即魏太和五年（230），諸葛亮再出祁山，《蜀書·諸葛亮傳》載云：“亮復出祁山，以木牛運，糧盡退軍。與魏將張郃交戰，射殺郃。”又《魏書·張郃傳》亦載：“諸葛亮復出祁山，詔郃督諸將，西至略陽，亮還保祁山，郃追至木門，與亮軍交戰，飛矢中郃右膝，薨。諡曰壯侯。”[①]諸葛亮此次用兵，從軍事目的而言，其實也就是個無功而返。在陳壽的筆下，其撤軍原因與圍陳倉一樣，也是糧盡，而非戰敗，且射殺了魏國大將張郃，可謂意外的勝利。

然魚豢《魏略》的記法截然不同：“亮軍退，司馬宣王使郃追之。郃曰：‘軍法，圍城必開出路；歸軍勿追。’宣王不聽。郃不得已，遂進。蜀軍乘高布伏，弓弩亂發，矢中郃髀。”[②]在魚豢筆下，張郃雖能判斷形勢，不願冒進追擊，然迫於司馬懿之命，以致喪命。魚豢站在曹魏一方的立場上，認爲這是司馬懿戰術失誤，非諸葛亮之高明。魚豢又云：“帝惜郃，臨朝而歎曰：‘蜀未平而郃死，將若之何！’”魚豢對張郃的同情，於此可見。陳壽筆下的諸葛亮，處處都有過人的軍事才能，即使在退而自保的情況下，仍能不失時機地給予對方以重創。而在魚豢的筆下，諸葛亮則未有功績可言。

以上種種，皆可看出兩位元史家在記載描述同一人物同一事件上的明顯偏差，這與史家所處的政治環境和個人情感密不可分。魚豢的《魏略》成書於曹魏政權時期，他作爲曹魏的官員，自然要褒曹魏而貶蜀漢；陳壽的《三國志》雖然成書於西晉，但他在蜀漢生活了大半生，作爲亡國之臣而著史，《三國志》雖然被後人稱對司馬氏多有回護，然字裏行間，仍然流露出對蜀漢的感情，特別是對諸葛亮的溢美之詞，這也是人之常情。

作者單位：四川省社會科學院歷史研究所

---

① [晉]陳壽：《三國志》卷十七《魏書·張郃傳》，中華書局 1959 年版，第 527 頁。
② [晉]陳壽：《三國志》卷十七《魏書·張郃傳》，中華書局 1959 年版，第 527 頁。

# 詩僧可朋：其人及其詩

彭　華

　　唐五代僧人，能詩者不少，但著作流傳於世者不多，而寒山、皎然、齊己、貫休、可朋名揚海内外，堪稱一代大詩人。其中，有一位詩僧爲四川丹棱人，此人即吾鄉先賢可朋。

　　關於可朋的生平事迹，我們知之不多。在《唐詩紀事》卷七四、《五代詩話》卷八、《十國春秋》卷五七、《堯山堂外紀》卷四〇、《眉州屬志》卷一一等書中，有關於可朋的簡短記載。

　　可朋（896—963？），俗姓不詳，眉州丹棱縣城東（今屬四川）人。幼聰慧，能詩。晚年，披緇於丹棱縣城南九龍山竹林寺（竹林寺在今丹棱縣楊場鎮徐壩村）①。性好酒，酒量過人，自號"醉髡"（或作"醉秃"），世稱"醉酒詩僧"。家貧，積酒債無以償還，常借詩朋好友之資以度歲月。後至成都，與翰林學士歐陽炯相友善，歐陽炯比之爲孟郊（751—814）、賈島（779—843）②。後蜀廣政十九年（956），歐陽炯力薦可朋於後主孟昶（919—965），賜錢十萬、帛五十匹。可朋曾經遊歷過湖南的岳陽樓、洞庭湖並作有《賦洞庭》（詳見下文），到達過江西的洪州（今南昌），訪問過河南鞏縣（今鞏義市）的杜甫故居，目睹過社會的黑暗和民間的疾苦。

　　可朋與盧延讓③、歐陽炯④（896—971）、齊己⑤（864—943）、貫休⑥（832—910）

---

①　竹林寺：初建於東漢，始稱"淨衆寺"。唐元和年間（806—820），因寺院周遭遍植翠竹數萬竿，遂改名爲"竹林寺"。李白（701—762）、蘇軾（1037—1101）、彭端淑（1699—1779）等文化名人曾遊覽竹林寺，有許多名篇佳作傳世。竹林寺在今四川省丹棱縣楊場鎮，歷代被列爲"丹棱八景"之一。解放初，寺院因失火而化爲廢墟。1993年，由樂山市政府恢復，開放至今。

②　乾隆二十六年（1761）《丹棱縣志》卷十、民國十二年（1923）《丹棱縣志》卷七均云："邑令歐陽炯契之，曰：'此孟郊、賈島流也。'"

③　盧延讓（生卒年不詳），字子善，范陽（今河北涿州）人。後入蜀依王建（847—918），頗爲王建所倚重。王建稱帝后，仕前蜀爲水部員外郎，累遷給事中，官終刑部侍郎。爲詩不尚奇巧，多以淺近俗語入詩，自成一體，時稱"容易格"。《崇文總目》《郡齋讀書志》著錄其詩一卷，已佚。民國十二年（1923）《丹棱縣志》卷七："（可朋）與水部盧延讓爲風雅交。"

④　歐陽炯，益州華陽（今四川雙流）人。歷事前後蜀、北宋，後蜀廣政十二年（949）拜翰林學士。工詩文，尤以詞著名，爲花間派重要作家。所作詩詞，爲《花間集》《尊前集》《全唐詩》《全唐詩補編》等所收錄。

⑤　齊己，俗姓胡，名得生，長沙（今屬湖南）人。爲詩苦吟，尚琢煉。其詩作，門人輯爲八一〇篇，編成《白蓮集》十卷。

⑥　貫休，俗姓姜，字德隱，婺州蘭溪（今屬浙江）人。唐末五代著名畫僧、詩僧。能詩善書，又擅繪畫，尤其是所畫羅漢，狀貌古野，絕俗超群，在中國繪畫史上享有很高聲譽。

爲詩友交（未必包括方幹①），應酬唱和，吟詠贈答。多年所得，碩果紛呈。

可朋善詩，常借詩抒發情感，陶冶性情。可朋之詩作，内容豐富而不蒼白，題材多樣而不單一。可朋詩作的内容，既有宣揚佛門思想、闡發佛教哲理的宗教作品，也有揭露社會矛盾、同情勞苦大衆的憂憤之作，還有描寫山川秀美、感悟人化自然的田園詩作。在詩的形式上，"既有精雕細刻的工整絶句，又有似民歌一樣通俗的散形句式"②。可朋之詩，風格鮮明，多彩多姿，是一筆不可多得的精神財富。明代文學家楊慎（1488—1559）嘗欲爲"唐世蜀之詩人"和"他方流寓而老於蜀者""裒集其詩爲一帙"，後因"無暇"而未果；他所列舉的巴蜀重要詩人，有射洪陳子昂（661—702）、彰明李太白（701—762）、成都雍陶、嘉州唐球、青城杜光庭（850—933）以及丹棱僧可朋等二十餘人（《升庵詩話》卷十一。又見《蜀中廣記》卷一百二，文字略異），由此可見可朋在楊慎心目中的地位。

《唐詩紀事》卷七四記載③：後蜀廣政十九年（956）夏（"是歲酷暑中"），歐陽炯邀約同僚納涼於淨衆寺（即今四川省丹棱縣楊場鎮的竹林寺），"依林亭列樽俎"，衆人紛紛落座，歡飲自若，不亦樂乎！唯獨可朋神情嚴肅，顯得落落寡歡。可朋凝視寺外，但見炎炎烈日當空，耕者曝背於豔陽之下，揮汗如雨，勞苦耘田，疲累不堪（"寺之外皆耕者，曝背烈日中耘田"）；少間，耕者"擊腰鼓以適倦"。可朋目睹此情此景，内心油然而生悲辛憐憫之情。於是，可朋執筆而作《耘田鼓》詩，以示歐陽炯。詩云：

> 農舍田頭鼓④，王孫筵上鼓。
> 擊鼓兮皆爲鼓，一何樂兮一何苦！
> 上有烈日，下有焦土。
> 願我天翁，降之以雨。
> 令桑麻熟，倉箱富。
> 不饑不寒，上下一般。

歐陽炯讀罷詩作，滿面羞色，無地自容，即命隨從撤去酒筵（"遽命撤飲"），"君子謂可朋諫而歐陽善聽焉"。

其後，鄉人便將"依林亭"改名爲"善諷亭"。由此，世傳"可朋善諷，歐陽善聽"（《丹棱縣志·方外》）。

《唐詩紀事》卷七四説《耘田鼓》詩"言雖淺近，而極於理"，清人吳任臣

---

① 有人認爲，可朋與方幹年齒不相及，實則無從交往。但許多論著認爲，二人爲詩友交。姑從後説。按：方幹（809—888？），字雄飛，睦州清溪（今浙江淳安）人。門人私謚爲"玄英先生"。爲詩尚苦吟，詩風近賈島、姚合（781？—846）。其詩作，明人輯爲《玄英集》八卷。
② 李朝正：《唐詩僧可朋説略》，《文史雜誌》1990年第2期，第17頁。
③ [宋]計有功：《唐詩紀事》，上海古籍出版社1987年版，第1086頁。
④ "農舍"，或作"農夫"（民國十二年《丹棱縣志》卷七）。聯繫下句"王孫筵上鼓"，應以作"農夫田頭鼓"爲是。

（1628—1689）贊成此説（《十國春秋》卷五七）。四川大學教授吳天墀（1913—2004）説，《耘田鼓》詩的"語言是簡練的"，"它生動地形象地描繪了封建社會的對立的面貌，揭露了統治階級官僚群的罪惡，因而極其自然地容易把人們的思想引導到這樣一個結論：這種人爲的不平是不可容忍繼續存在下去的"[1]。四川大學教授李朝正説，《耘田鼓》"這首詩明白地表露出詩人對現實的不滿，農夫忍受著饑寒交迫，冒著烈日勤耕苦作，真可謂苦中之苦，而王孫、官宦奢華鋪張，在筵席上擊鼓尋歡作樂，這不僅僅是貧富懸殊的真實寫照，更抨擊了社會制度的不合理，表現了詩人對農夫寄與的深切同情。一個僧人對現實有如此認識，對民瘼關心，實屬難能可貴"[2]。

可朋工詩，所作詩多達千餘首，編爲《玉壘集》十卷。《宋史》卷二〇八《藝文志七》："僧可朋《玉壘集》十卷。"《蜀中廣記》卷九七："《玉壘集》十卷。唐僧可朋著，丹棱人。"

非常遺憾的是，《玉壘集》今已不存。可朋的詩作，僅存詩六首、三聯、二句。《全唐詩》卷八四九録其詩四首、五聯、二句，四首即《耕田鼓》[3]《賦洞庭》《贈方幹》《桐花鳥》；其中，録自劉攽（1023—1089）《劉公詩話》二聯（"虹收千嶂雨，潮展半江天""詩因試客分題僻，棋爲饒人下著低"），爲北宋僧有朋（？—1125，泉州南安人）詩誤入[4]。《全唐詩》卷八八八録其詩一首，即《中秋月》。《全唐詩補編·續拾》卷五二補録其詩一首。

爲便於讀者和鄉人閲覽，兹將可朋其餘詩作和聯句附録於後。

《全唐詩》卷八四九所録可朋詩三首、三聯、二句（未包括《耕田鼓》，見上文；又，剔除了誤收二聯），如下：

《賦洞庭》：

周極八百里，凝眸望則勞。
水涵天影闊，山拔地形高。
賈客停非久，漁翁轉幾遭。
颯然風起處，又是鼓波濤。

《贈方幹》：

盛名傳出自皇州，一舉參差便縮頭。
月裏豈無攀桂分，湖中剛愛釣魚休。
童偷詩藁呈鄰叟，客乞書題謁郡侯。
獨泛短舟何限景，波濤西接洞庭秋。

① 吳天墀：《詩僧可朋及其〈耘田鼓〉》，《文史雜誌》1999 年第 1 期，第 57 頁。此文後收入《吳天墀文史存稿》，四川大學出版社 1998 年版。
② 李朝正：《唐詩僧可朋説略》，《文史雜誌》1990 年第 2 期，第 18 頁。
③ 按：此詩詩題，《唐詩紀事》卷七四作"耘田鼓"。
④ 陳尚君：《唐代文學叢考》，中國社會科學出版社 1997 年版，第 50 頁。

《桐花鳥》：

五色毛衣比鳳雛，深花叢裏祇如無。

美人買得偏憐惜，移向金釵重幾銖。

來多不似客，坐久卻垂簾。（見《唐詩紀事》卷七十四）①

傷心盡日有啼鳥，獨步殘春空落花。（杜甫舊居）

唯陪北楚三千客，多話東林十八賢②。

乍當暖景飛仍慢，欲就芳叢舞更高。（見《偶談》）

《全唐詩》卷八八八錄其詩一首，如下：
《中秋月》③：

登樓仍喜此宵晴，圓魄纔觀思便清。

海面乍浮猶隱映，天心高掛最分明。

片雲想有神仙出，迴野應無鬼魅形。

曾向洞庭湖上看，君山半霧水初平。

《全唐詩補編·續拾》卷五二補錄可朋詩一首，如下④：
《贈孫真人》：

世上屢更改，山中常晏安。

六爻窮《易》象，九轉鍊神丹。

洞裏花開晚，峰頭雪落殘。

爲餘琴一弄，鶴舞下松端。（影印本《詩淵》第一冊第四〇七頁）

可朋駐錫之地竹林寺，“其地山水清雅，爲邑中名勝第一”（民國十二年《丹棱縣志》卷三）。明神宗萬曆八年（1580），僧一真在竹林寺建藏經樓，題“可朋遺跡”四字。清世宗雍正二年（1724），僧心誠重建藏經樓。清高宗乾隆二十一年（1756），丹棱知縣宋惠綏爲可朋豎碑，在竹林寺修建穿廊別院供可朋遺像。清宣宗道光年間（1821—1850），丹棱知縣毛震壽爲可朋建祠堂，塑遺像，並親自撰寫《可朋祠像記》，書“竹林煙月”四個大字於崖石之上，還作詩三首以紀其事，其

---

① 按：《全唐詩補編》卷五二重錄此二句，並據《吟窗雜錄》卷三二《古今詩僧》補充詩題“贈友人”，且云“似”一作“自”。見陳尚君輯校：《全唐詩補編》，中華書局1992年版，第1545頁。
② 按：《全唐詩補編》卷五二重錄此二句，並云“唯”一作“雖”。出處同前。
③ 按：乾隆二十六年《丹棱縣志》卷十一、民國十二年《丹棱縣志》卷七錄有此詩。可朋此詩，道光二十八年（1848）《重修丹棱縣志》、民國三十七年（1948）《丹棱縣志稿》無載。光緒十八年（1838）《丹棱縣志》卷九亦錄有此詩，但作者作“佚名”，顯然屬於失察。
④ 陳尚君輯校：《全唐詩補編》，中華書局1992年版，第1545頁。

一即《過竹林寺懷可朋》①。竹林寺所塑可朋遺像，"清高拔俗"，旁有一僧徒爲可朋斟酒，可朋左擎酒杯，右執佛經，"真有絕塵之概"（民國三十七年《丹棱縣志稿》卷之七）。前代名人題詠可朋者，還有田錫（940—1004）、蘇軾（1037—1101）、黃庭堅（1045—1105）、唐庚（1071—1121）、李燾（1115—1184）、余子俊（1428—1489）以及邑人彭遵泗、邑令張熙、邑令胡子材等②。

李朝正教授説，"僧可朋的詩雖然流傳下來的不多，但僅從這些詩中和集句中，就可以窺出其憤世愛人的思想，飽含著對時代的不幸、對社會現實的鞭撻，對受苦難的人民寄予無限同情，同時也流露出自身思想的苦痛和悲哀"，"僧可朋的詩無論在唐代整個詩壇，或者在僧詩中，從思想內容和藝術成就來看，確屬不可忽視，占有重要地位"；同時呼籲，"應當給唐代詩僧一定的文學地位，進而發掘、整理、校注其作者。作爲歷史上著名的蜀僧詩，可朋的詩曾產生過深遠影響，對他進行研究也就十分必要"③。

作者單位：四川大學古籍整理研究所

---

① 《過竹林寺懷可朋》："乾坤草莽醉吟身，逃出烽煙戰伐塵。六合飄然一孤客，可憐無地著斯人。"（民國十二年《丹棱縣志》卷三）
② 以上資料主要采自李朝正《唐詩僧可朋説略》（《文史雜誌》1990年第2期，第18頁），而又有所補充（如補充題詠人物、補充資料出處）。按：彭遵泗、張熙、胡子材三人之詩，詳見民國十二年《丹棱縣志》卷七。
③ 李朝正：《唐詩僧可朋説略》，《文史雜誌》1990年第2期，第18、17頁。

# 三蘇《南行集》同題作品研究

楊勝寬

　　2014 年，蘇軾鄉人、眉山蘇軾研究專家張忠全先生托人將經他整理注釋重編出版的三蘇《南行集》送給我，我異常高興。張先生不僅盡其所能恢復了蘇轍親手編輯的這一三蘇早期作品合集的原來規模，收入三蘇父子詩文作品計 154 篇，較著名蘇學專家曾棗莊先生上世紀認定的作品數略有增益①，而且使我從 2009 年開始就想分析比較三蘇南行同題創作作品的願望有了最現實的實現條件，材料的完備性、可靠性、便捷性都因此而得到了較好解決。

　　研究三蘇南行沿途創作的詩文作品，既能夠瞭解蘇軾父子早期創作的思想內容與風格特徵，也可以由此縱觀他們後來創作發展的歷程變化及其主客觀原因，還能夠通過父子在同一創作題材上的表現方法與視角異同，窺探父子、兄弟間因各自性格、觀念、才情的差異而呈現出的關聯性和區別所在，實在很有意義。

　　關於三蘇《南行集》的研究，當代學者要數曾棗莊先生著手最早，他在上世紀 80 年代發表的《三蘇合著<南行集>初探》一文中，對該集的編纂、作品收錄、作品內容、藝術風格等問題就進行了全面的梳理分析，認爲蘇轍所編《南行集》作品共計 173 篇，尚存 150 篇，佚 23 篇。②曾先生爲完成此項工作做了大量的基礎性資料收集，其篳路藍縷之功甚偉。近年中山大學朱立俠先生作《蘇洵、蘇軾、蘇轍同題詩比較》，刊載於 2009 年在眉山召開的全國首屆蘇洵學術研討會論文集《蘇洵研究》。該文對《南行集》中 11 組三蘇或蘇洵、蘇軾父子的同題詩歌進行了比較分析，不僅涉及這些作品的異同，還探討了造成如此異同的原因。③但朱文對三蘇同題作品的比較，其實不夠全面。首先，三蘇父子同題作品，該文祇涉及詩歌一種文學形式，而未及其他。事實上在蘇洵、蘇軾、蘇轍的同題作品中，除詩歌以外，還有同題異體（即相同題材不同文體）的作品，如蘇洵的《昆陽城詩》和蘇軾的《昆陽城賦》，蘇軾的《巫山詩》和蘇轍的《巫山賦》等。其次，在該文對蘇洵父子三人的詩歌作品比較分析中，祇涉及了三人同題詩和蘇洵、蘇軾兩人同題詩的比較分析，而未及蘇軾、蘇轍兄弟兩人的同題詩文作品，而事實上這一部分占比最大，計有同題詩 23 組、同題賦 1 組（屈原廟賦），同題異體作品 2 組，即灩澦堆詩（蘇轍）賦（蘇軾）、巫山詩（蘇軾）賦（蘇轍），兩者相加達到 26 組，

---

① 張忠全：《重編三蘇〈南行集〉》，中國文聯出版社 2014 年版。
② 曾棗莊：《三蘇合著〈南行集〉初探》，《文學評論》1984 年第 1 期，第 103 頁。
③ 朱立俠：《蘇洵、蘇軾、蘇轍同題詩比較》，《蘇洵研究》，第 207-221 頁。

比其納入比較分析的三蘇父子 11 組同題作品還多一倍以上。如果不把這些爲數衆多的同題作品納入研究範圍，那麼，三蘇同題詩比較論題的研究就説不上全面。最後，祇比較同題詩而不及同題異體作品，父子三人何以同一題材要用不同文體來表現的問題自然無從瞭解。所以，本文在相關研究的基礎上，作進一步的探討分析。

## 一 三蘇同題詩

真正意義上的三蘇父子同題詩爲 6 首，分別是《初發嘉州》《題仙都觀》《神女廟》（蘇轍題爲《巫山廟》）《題三遊洞石壁》（蘇軾詩題爲《遊三遊洞》）《荊門惠泉》《襄陽懷古》（蘇洵詩題爲《襄陽懷古一首》，蘇軾詩題爲《襄陽古樂府三首》，蘇轍詩題爲《襄陽古樂府二首》）。朱文納入比較的其餘 5 首作品實爲蘇洵、蘇軾父子二人同題之作，本文將在下一部分進行專門分析。

從 6 首詩的題目看，第一和第六首爲以所經地名命題，故可以不拘泥於一景一物的詠寫，各自表達的內容範圍和藝術手法能夠多樣化選擇，自由空間最大；中間 4 首均爲遊覽同一景點的同題作品，詩題基本以所遊景點爲名，表現物件是確定的，敘寫的範圍與空間受到明顯限制，但各自的表現視角或側重點可以有所不同。6 首詩敘寫的地點，按照經歷先後，依次分別爲嘉州、豐都、巫山、宜昌、荊州、襄陽 6 地，幾乎涵蓋了三蘇父子由水路南行進京所經歷的路綫全程。

考察三蘇父子這些隨行同題詩文創作，不得不提到蘇軾所作的《南行前集敘》。其言云：“己亥之歲，侍行適楚。舟中無事，博弈飲酒，非所以爲闈門之歡者。而山川之秀美，風俗之樸陋，賢人君子之遺跡，與凡耳目之所接者，雜然有觸於中，而發於詠歎。蓋家君之作與弟轍之文皆在，凡一百篇，謂之《南行集》。將以識一時之事，爲他日之所尋繹。且以爲得於談笑之間，而非勉强所爲之文也。”[①]這段話的重要意義，主要體現在“凡耳目之所接者，雜然有觸於中，而發於詠歎”一句中。蘇軾特別强調父子三人的所有創作，都是沿途經行耳目聞見觸動於心的產物，體現了蘇氏父子共同的文學創作觀念，即文章必須有感而發、有爲而作，這是他們終身堅持的創作理念，不僅對他們自身，而且對整個北宋文學發展的理論和實踐都產生了重大而深遠的影響。至於蘇軾所言“得於談笑之間，非勉强所爲之文”，不得望文生義地理解爲遊戲無心之作，而在於强調創作過程的愉悦與互動，特別是父子三人同行，所見所聞，各有所感，同題創作，互相借鑒啟發，奇文共賞，不僅是美事，也是盛事，殊爲難得。故蘇軾特意表而出之，讓讀者身不能與，心嚮往之。事實上，這也是三蘇父子唯一的一次同行創作，並寫下如此衆多同題作品的文學經歷。

先以三蘇父子《初發嘉州》同題詩爲例，進行比較分析：

---

① [宋]蘇軾：《南行前集敘》，《蘇軾文集》（卷十），中華書局 1986 年版，第 323 頁。

家托舟航千里速，心期京國十年還。烏牛山下水如箭，忽失峨眉枕席間。

——蘇洵

朝發鼓闐闐，西風獵畫斿。故鄉飄已遠，往意浩無邊。錦水逝不見，蠻江清可憐。

奔騰過佛腳，曠蕩造平川。野市有禪客，釣台尋暮煙。相期定先到，久立水潺潺。

——蘇軾

放舟沫江濱，往意念荊楚。擊鼓樹兩旗，勢如遠征戍。紛紛上船人，櫓急不容語。

余生雖江陽，未省至嘉樹。巉巉九頂峰，可愛不可住。飛舟過山足，佛腳見江滸。

舟人盡斂容，競欲揖其拇。俄頃已不見，烏牛在中渚。移舟近山陰，壁峭上無路。

云有古郭生，此地苦箋注。區區辨蟲魚，爾雅細分縷。洗硯去殘墨，遍水如黑霧。

至今江上魚，頂有遺墨處。覽物悲古人，嗟此空自苦。余今方南行，朝夕事鳴櫓。

至楚不復留，上馬千里去。誰能居深山，永與禽獸伍？此事誰是非，行行重回顧。

——蘇轍

父子三人借“初發嘉州”這個題目，寫出了各自的所見所感。從三人詩的表達方式看，都采用了紀行詩敘議結合的手法，既寫從嘉州乘船沿岷江水路南行所見的景物，諸如烏牛山、九頂峰、彌勒石佛、三江匯流的湍急水勢等，又由此生發出不同的聯想和感觸。

蘇洵詩先議後敘，敘中蘊含議論感觸。詩中一再凸顯的時空“速”的意念，可以讓讀者感覺到詩人對人生際遇的渴望、期待與無奈等糾結在一起的複雜心情。日月如梭，飛舟似箭，失去的一切轉瞬即逝，而未來前程能否如所期盼，實在難以逆料。朱文認爲表達了“輕快之風”，未必如此。詩人用短短四句，通過對舟行水上、峨眉、烏牛逝於身後的景物變換描寫，含蓄而凝練地表達了作者對人生前途命運的複雜感慨。

蘇軾詩夾敘夾議，敘中帶議帶情。詩中所表露的內心情懷，與蘇洵看似相近，實則不同。比如“故鄉飄已遠，往意浩無邊。錦水逝不見，蠻江清可憐。奔騰過佛腳，曠蕩造平川”數句，就是其父“烏牛山下水如箭，忽失峨眉枕席間”二語的另一種表達，但無論遣詞造語，還是情感傾瀉，都大不同於蘇洵的簡練與沉著，而顯得十分發露與賁張，活現出作者此時志得意滿、曠蕩浩然的人生遐想與欣悅情懷。紀昀評其"氣韻灑脱"[1]，是恰當的。

蘇轍詩以敘寫爲主，雜以感發議論。其敘述描寫的詳盡細緻程度，都遠遠超過父兄，有些敘寫甚至過度平直；議論的基調與蘇軾相近，也有少年得志、不甘淪落的心懷與理想，但從詩中懷古沉思的技巧與含蓄程度看，顯然遜於父兄，有的地方顯得過於直白和顯露，藝術表達的手法還不夠純熟。

再看三蘇父子同遊一景所作的同題詩《荆門惠泉》：

古郡帶荒山，寒泉出西郭。嘈嘈幽響遠，袞袞清光活。當年我少年，系馬弄潺湲。

愛此泉旁鷺，高姿不可攀。今逾二十載，我老泉依舊。臨流照衰顔，始覺老且瘦。

當時同遊子，半作泉下塵。流水去不返，遊人歲歲新。

——蘇洵


泉源從高來，走下隨石脈。紛紛白沫亂，隱隱蒼崖坼。縈回成曲沼，清澈見肝膈。

溧瀉爲長溪，奔駛蕩蛙蟈。初開不容椀，漸去已如帛。傳聞此山中，神物懶遭譑。

不能致雷雨，灑灑吐寒碧。遂令山前人，千古灌稻麥。

——蘇軾


泉源何從來？山下長溪發。油然本無營，誰使自激冽。茫茫九地底，大水浮一葉。

使水皆爲泉，地已不勝洩。應是衆水中，獨不容至潔。涓涓自傾瀉，奕奕見清澈。

石泓淨無塵，中有三尺雪。下爲百丈溪，冷不受魚鱉。脱衣浣中流，解我雙足熱。

樂哉泉上翁，大旱不知渴。

——蘇轍


三人遊惠泉所作的同題詩，亦有異同。荆門，即宋之荆門軍，今之荆門市。城西北有惠泉，源出蒙山。葛立方《韻語陽秋》引李德裕《題惠泉詩》云："兹

---

① [清]紀昀著，張志烈、馬德富、周裕鍇主編：《蘇軾詩集校注卷一·蘇軾全集校注第一冊·紀評蘇詩卷一》，河北人民出版社 2010 年版，第 6 頁。

泉由太潔，終不蓄纖鱗。到底清何益？涵虛祇自貧。"①詠物寄懷，感慨系之。三蘇借景抒懷，蓋同於德裕。三人詩均用古體，篇幅基本一致，都通過詠寫惠泉寄寓情懷。比較言之，又各有不同。

蘇洵因二十年前遊過惠泉，此次係故地重遊，詩的謀篇布局及抒情脈絡，均以此展開。除開頭四句略寫惠泉的位置、環境清幽、泉水清澈外，其餘緊緊圍繞當年之我與今日之我來遊惠泉的種種不同進行對照抒寫，突出二十年人世經歷變化之後的深沉感慨。詩中連用兩"老"字，且以"衰顏""瘦"二詞加以強化，表明自己已屆人生晚景，想到昔日同遊已爲塵土，歲歲年年山泉依舊，年年歲歲遊人不同，生出物是人非、時不我與的強烈慨歎。詩風古樸蘊藉，言辭峻潔，與其散文風格大體一致。葉夢得《石林詩話》有言："明允詩不多見，然精深有味，語不徒發，正類其文。"②大概正指此類詩歌風格特徵而言。

蘇軾之詩與蘇洵句數相同，而謀篇布局有所不同。十六句中，前十句寫惠泉，從"泉源"寫到"白沫""曲沼"，從地底的"石脈"寫到"崖坼""潨瀉爲溪""奔駛蕩蛙"，從"初開不容椀"寫到"漸去已如帛"，既顯出作者詩思綿密、面面俱到，又體現其跳躍騰挪、筆墨馳騁的藝術特點，是其性格豪邁、詩情激越的風格的本色呈現。後六句由"傳聞"展開豐富聯想，謂神物（指龍）因懶而遭謫於此，雖不能致雷霆之豪雨，而能吐此灩灩之寒碧，惠澤山前之人，得千古稻麥灌溉之益。由泉水而聯想到神龍，由細流而聯想到雷雨，再上升到澤被世人、澆灌稻麥，神龍遭謫之不幸，化作此地百姓的千古之利，因禍得福，悲喜相倚。這不僅表現了蘇軾想象力的豐富，而且展現出其關注民生、體恤民情的可貴品質。其後雖屢遭貶謫，但莫不竭盡所能，施惠於民，蓋由此已露端倪。

蘇轍之詩在三人中爲最長，共二十句。從其命意主旨看，頗受李德裕題詩的影響。除結尾四句外，詩的重心以敘議相結合，由"泉源"而"泉水"而"石泓"而"百丈溪"，敘寫的脈絡井然有序，一一展開，顯得組織嚴謹、邏輯清晰。自"使水皆爲泉"至"冷不受魚鱉"十句，以議論筆調寫泉之"潔""清冽""無塵""雪（白）""冷"，突出其與衆水不同的獨特品格，雖帶有作者人格化的襟懷寄托，但依然未革枯燥説理、情景融合不夠自然之弊。詩風平直樸實，理性冷靜，有思理之致，但未臻渾然圓融之境。

總體而言，三蘇南行所作同題詩，因各自的閱歷、性格、心境、情懷的差異而表現出不同風格。蘇洵在仕途上老而無成，故在詩歌中屢屢流露出憂思、無奈的鬱悶，而作品因爲有了這種情感蘊藏，在藝術表徵上顯示出沉鬱蘊藉、古樸有味的特質。蘇軾天資聰穎，才華富贍，天真爛漫，性格直率，故其早期詩歌已經表現出性情豪邁、聯想豐富、詩思奇變、文采飛揚的風格特徵。蘇轍性情沉穩、

---

① [宋]葛立方：《歷代詩話·韻語陽秋卷十三》（下），中華書局1981年版，第590頁。
② [宋]葉夢得：《歷代詩話·石林詩話卷下》（上），中華書局1981年版，第430頁。

理性內斂，發而爲詩，其風格則以平淡樸實、理性嚴謹爲主，初露哲思，祇是論理與藝術結合的技巧尚未達到純熟的自然境界。

## 二　蘇洵、蘇軾同題詩賦

蘇洵、蘇軾兩人的同題詩歌共 5 組，分別是《題仙都山鹿》（蘇軾詩名《仙都山鹿》）、《過木櫪觀》《題白帝廟》（蘇軾詩名《白帝廟》）、《萬山》《水官詩》（蘇軾詩名《次韻水官詩》）；同題異體作品 1 組，爲蘇洵《昆陽城詩》和蘇軾《昆陽城賦》。在蘇洵、蘇軾父子這些同題作品中，有如下值得注意的特點。

第一，題寫仙都山、木櫪觀，蘇洵詩前有序，而蘇軾詩無序，表明同題之作，以作爲父親的蘇洵爲主，而作爲兒子的蘇軾從之。蘇洵在詩前作短序，起到交代寫詩原委的作用，如《題仙都山鹿·並敘》云："至豐都縣，將遊仙都觀，見知縣李長官，云：'固知君之將至也。此山有鹿甚老，而猛獸、獵人終不能相害。將有客來遊，鹿輒放鳴，故常以此候之，而未嘗失。'予聞而異之，乃爲作詩。"[1]不僅説明了寫作此詩的背景，而且還記載了仙都山之鹿的一段奇聞，爲父子詩歌由仙都山神奇之鹿而聯想到漢代仙人陰長生白日升天的傳説加以發揮、抒發感觸提供素材，也讓讀者明白他們以仙都山之鹿而作詩的原因。又如《過木櫪觀·並引》云："許旌陽得道之所，舟人不以相告。即過至武寧縣，乃得其事。縣人云：'許旌陽棺槨猶在山上。'"[2]由此可知，蘇洵父子三人乘舟經過木櫪觀下，並不知道埋有歷史上傳説的仙人許旌陽棺槨的墓地就在此觀，及至武寧縣，纔聽人説起，未能親遊，故所作詩，祇能記下經過木櫪觀下的印象，詩中內容以聯繫仙人許旌陽學仙得道的傳説爲主，難以寫出身臨其境遊覽的所見所感。從蘇洵詩"舟中望山上，惟見柏森然"，蘇軾詩"許子嘗高遁，行舟悔不迁"，均能看出此意。

第二，《萬山》一詩雖爲父子同題之作，但遊萬山者祇是蘇洵、蘇轍，蘇軾未曾親遊，其詩乃詢問了蘇轍有關遊覽情況之後所作。蘇軾該詩有題注云："時獨不遊，問轍而作。"詩中有句曰："山川近且秀，不到懶成恥。問之安能詳，畫地費簪箒。"[3]蘇軾自言不遊萬山的原因是"懶"，並且稱爲"恥"，而真正不與父弟同遊的原因仍然未得其解，至今成謎。因爲蘇軾一生酷愛山水，景觀再險再難，他都要登臨必至，故蘇轍在《武昌九曲亭記》中言："昔余少年，從子瞻遊，有山可登，有水可浮，子瞻未始不搴裳先之，有不得至，爲之悵然移日。至其翻然獨往，逍遙泉石之上，擷林卉，拾澗實，酌水而飲之，見者以爲仙也。"[4]蘇軾

---

① 曾棗莊、金成禮：《嘉祐集箋注·佚詩》，上海古籍出版社 1993 年版，第 510-511 頁。

② 曾棗莊、金成禮：《嘉祐集箋注·佚詩》，上海古籍出版社 1993 年版，第 501 頁。

③ 張志烈、馬德富、周裕鍇主編：《蘇軾全集校注第一册·蘇軾詩集校注卷二》，河北人民出版社 2010 年版，第 153 頁。

④ 曾棗莊、馬德富校點：《欒城集卷二十四》，上海古籍出版社 1987 年版，第 509 頁。

如此癡迷於山川風物，既有近在咫尺的秀美山水，又有父弟同行，他沒有任何理由獨不與遊的。如果真有因病因事的理由，就不會以"懶"爲由，且懷有"恥"感的。更令人費解的是，明明蘇轍陪父親同遊，但並未作詩；而蘇軾未遊，卻要專門詢問弟弟遊覽經過，特意作詩一首，以副父意。似乎是一種苦心想到的補救辦法，目的在於不致讓父親心生不快。假如這樣的分析具有幾分合理性，表明蘇軾兄弟侍父南行，非常在意父親的心理感受，因爲畢竟父親喪偶，仕途不順，況已年屆遲暮，心情容易沉悶感傷，蘇軾作詩，應該帶有明顯取悦父親的用意。

第三，在父子同題詩中出現了次韻這種比較罕見的賡和形式。查《蘇軾詩集》，其所作最早的次韻詩是《涪州得山胡次子由韻》，隨後有《江上值雪，效歐陽體，限不以鹽玉鶴鷺絮蝶飛舞之類爲比，仍不使皓白潔素等字，次子由韻》，均是兄弟唱和。而蘇軾次韻蘇洵《水官詩》，僅此一例，可以從中看出蘇軾父子同題賡和詩一些值得注意的異同與變化。其《次韻水官詩·並引》云："净因大覺璉師，以閻立本水官遺編禮公，公既報之以詩，謂軾：'汝亦作。'軾頓首再拜次韻，仍錄二詩爲一卷獻之。"[1]引言交代僧人懷璉以唐代著名人物畫家閻立本水官圖饋贈蘇洵，洵作《水官詩》回報，並要求蘇軾亦作詩，表達謝忱。因此，蘇軾此詩乃是父親的命題之作。

水官騎蒼龍，龍行欲上天。手攀時且住，浩若乘風船。不知幾何長，足尾猶在淵。

下有二從臣，左右乘魚黿。夔鑠相顧視，風舉衣袂翻。女子侍君側，白頰垂雙鬟。

手執雉尾扇，容如未開蓮。從者八九人，非鬼亦非蠻。出水未成列，先登揚旗旜。

長刀擁旁牌，白羽注強拳。雖服甲與裳，狀貌猶鯨鱣。水獸不得從，仰面以手扳。

空虛走雷霆，雨雹晦九川。風師黑虎囊，面目昏塵煙。翼從三神人，萬里朝天關。

我從大覺師，得此詭怪編。畫者古閻子，於今三百年。見者誰不愛，予者誠以難。

在我猶在子，此理寧非禪？報之以好詞，何必畫在前！

——蘇洵

高人豈學畫，用筆乃其天。譬如善遊人，一一能操船。閻子本逢掖，疇昔慕雲淵。

① 張志烈、馬德富、周裕鍇主編：《蘇軾全集校注第一册·蘇軾詩集校注卷二》，河北人民出版社 2010 年版，第 174 頁。

丹青偶爲戲，染指初嘗黿。愛之不自已，筆勢如風翻。傳聞貞觀中，左袒解椎鬟。

南夷羞白雉，佛國貢青蓮。詔令擬王會，別殿寫戎蠻。態冠金絡額，豹袖擁旛幢。

傳入應門內，俯伏脱劍拳。天姿儼龍鳳，雜沓朝鵬鱸。神功與絕跡，後世兩莫扳。

自從李氏亡，群盜竊山川。長安三日火，至寶隨飛煙。尚有脱身者，漂流出東關。

三官豈容獨，得此今已編。吁嗟至神物，會合當有年。京城諸權貴，欲取百計難。

贈以玉如意，豈能動高禪。惟應一爲詩，皎若畫在前。

——蘇軾

在蘇洵的四十句詩裏，前三十句都是從畫中的人物形象著筆，寫水官騰龍御天、乘風飛舉之勢，從臣、女子相隨，姿態各異，描摹如畫，筆勢動人，可見蘇洵刻畫精准、筆力過人的文字表現功夫。按照一首題畫詩的寫作標準衡量，蘇洵此詩堪稱品質上乘。故清人查慎行云："畫中光景，（洵詩）已曲折寫盡，有此原唱，殊難繼和，況次韻乎！"[1]而蘇軾面對父親的命題之作，怎樣脱略畫本，別開生面，就成爲考驗其水準與技巧的關鍵。蘇軾詩開首"高人豈學畫，用筆乃其天。譬如善遊人，一一能操船"四句，發揮其善於議論、闡發哲理的長處，跳出畫中內容，從閻立本未嘗斤斤於繪畫筆墨之間，而用筆天縱的特徵切入，謂其遊戲丹青，筆墨成"愛"，評價其胸襟境界遠非一般畫師所能企及。繼而轉入寫其作品歷經世亂，真迹湮滅，唯此畫獨存不易張本，其價值之高，得之之難，自然不言而喻。末十句感歎三官之畫未全，期望有會合之年；有權貴至以玉如意易之，高僧不爲所動，而專贈蘇洵，表明二人情義之深，彌足珍貴。蘇軾詩雖然形式爲次韻之作，但命意謀篇，完全與原作不同，充分説明蘇軾立意巧妙，善於變化，有出奇制勝的藝術表現能力。清人張道對蘇軾父子兩人這組同題詩有比較中肯的評價："老蘇《水官詩》，描述畫中神物詭怪之態，如現紙上，讀詩，不必見畫也。東坡和作，但敘閻立本善畫，妙跡後經喪亂，諸跡就湮，而此畫獨存，又嗟閻畫共有三官，尚翼天官、地官三圖或者會合。末乃言權貴欲以玉如意易畫，而大覺不爲動，卻以遺老蘇。其結二句云：'惟（信）應一爲詩，皎若畫在前'，亦以老蘇詩已極寫畫之致，故絕不再敘一字，讀此可知變化脱換之法。"[2]

第四，出現了父子同題異體作品，他們分別用不同的文學形式，表現相同的

<hr>

① [清]紀昀著，張志烈、馬德富、周裕鍇主編：《蘇軾詩集校注卷二·蘇軾全集校注第一冊·紀評蘇詩卷二》，河北人民出版社 2010 年版，第 179 頁。

② [清]張道著，張志烈、馬德富、周裕鍇主編：《蘇軾詩集校注卷二·蘇軾全集校注第一冊·蘇亭詩話卷一》，河北人民出版 2010 年版，第 180 頁。

主題思想，此中異同，亦值得留意。蘇軾父子過昆陽城，蘇洵作有《昆陽城詩》，蘇軾作有《昆陽城賦》。昆陽，即今河南葉縣，這裏曾發生漢光武帝劉秀與王莽之間的一場大戰，是歷史上以少勝多的典型戰例，劉秀以數千人打敗王莽的四十二萬軍隊，以故著名。清乾隆敕纂《歷代通鑒輯覽》卷二十：“莽聞更始（劉秀登帝位，改元更始）立，大懼，乃遣其司徒王尋、司空王邑，大發州郡兵，征諸明法兵六十三家以備軍吏，以長人巨毋霸爲壘尉，又驅諸猛獸虎豹犀象之屬，以助威武。邑至洛陽，州郡兵會者四十二萬人，號百餘萬，旌旗輜重，千里不絕。……秀乃與敢死者三千人，從城西水上沖其中堅，尋、邑陣亂，漢兵乘銳奔之，遂殺尋。城中鼓噪而出，中外合勢，震呼動天地。莽兵大潰，走者相騰踐，伏屍百餘里。會大雷風，瓦屋皆飛，雨下如注，滍川盛溢，虎豹皆股戰，士卒溺死以萬數，水爲不流。”[1]此一輝煌戰例，在《後漢書·光武帝紀上》中有詳細記載，其中對劉秀的智謀、勇敢及果斷更有細緻描寫。[2]

現在來看父子兩人的同題異體作品：

> 昆陽城外土非土，戰骨多年化牆嵋。當時尋、邑驅市人，未始三軍皆反虜。
> 江河填滿道流血，始信《武成》真不誤。殺人應更多長平，薄賦寬征已無補。
> 英雄爭鬥豈得已，盜賊縱橫亦何數。禦之失道誰使然？長使哀魂啼夜雨！
>
> ——蘇洵

> 淡平野之靄靄，忽孤城之如塊。風吹沙以蒼茫，悵樓櫓之安在？
> 橫門豁以四達，故道宛其未改。彼野人之何知，方傴僂而畦菜。
> 嗟乎，昆陽之戰，屠百萬於斯須，曠千古而一快！
> 想尋、邑之來陣，兀若驅雲而擁海。猛士扶輪而蒙茸，虎豹雜遝而橫潰。
> 罄天下而一戰，謂此舉之不再。方其乞降而未獲，固已變色而驚悔。
> 忽千騎之獨出，犯初鋒于未艾。始憑軾而大笑，旋棄鼓而投械。
> 紛紛籍籍死於溝壘者，不知其何人，或金章而玉佩。彼狂童之僭竊，
> 蓋已旋踵而將敗。豈豪傑之能得，盡市井之無賴。貢符獻瑞，一朝而成群兮，
> 紛就死之何怪！獨悲傷於嚴生，懷長才而自浼。豈不知其必喪，獨徘徊而安待？
> 過故城而一吊，增志士之永慨！
>
> ——蘇軾

簡單比較可以發現，文體不同，作者表達重點與方式均有所不同。蘇洵用詩歌形式詠寫昆陽之戰，重點放在懷古抒情上，他不局限於昆陽戰役勝負本身，而是穿

①  [宋]蘇洵著，曾棗莊、金成禮：《嘉祐集箋注·佚詩》，上海古籍出版社 1993 年版，第 507 頁。
②  [南朝 宋]範曄：《後漢書卷一·光武帝紀一上》，中華書局 1982 年版，第 5-8 頁。

越歷史時空，表達其對戰爭給人民所帶來的生命傷害以及對社會造成巨大物質破壞的强烈控訴。劉秀爲爭奪天下而致無數戰骨化爲牆墻，血流成河，哀魂夜號，這難道是薄賦寬征所能彌補和救贖的？統治者治理天下失道，又與四處縱横的盜賊有何區别？由此詩，不僅可以看出當時蘇洵的戰爭觀念，而且鮮明體現了其對士卒的體恤和同情。

蘇軾用賦的形式寫昆陽之戰，帶有明顯的鋪敘特點。從歷史上的昆陽故城與眼前所見的依稀遺迹寫起，進而敘述大戰場面，采用對比描寫的方法：王莽軍隊人多勢衆，氣壯山河；劉秀勢單力薄，但戰術巧妙，千騎犯鋒，一戰而勝，裏外呼應，乘勝破敵，雙方形勢陡然逆轉。蓋王莽篡權，形同竊賊，難得豪傑之相助，所聚不過市井之無賴，貢符獻瑞，愚弄天下，其失敗偶然之中有必然。作者憑弔古城，抒發的是"志士"的感慨。顯然，蘇軾所謂"志士"，具有以身許國、扶正驅邪的歷史正義感和現實理想成分在其中。因此，他所流露的是非傾向與思想情懷，與其父有著很大不同。這種不同，並非表明蘇軾不批評戰爭，而是此時的蘇軾胸懷報國理想，借昆陽之戰不由自主地表露了出來。

## 三　蘇軾、蘇轍同題詩賦

相比之下，蘇軾兄弟同題作品數量最多，形式也很多樣化，把這部分内容納入三蘇同題詩研究範圍，是十分必要的。從詩歌類同題作品看，多數都是兄弟用同樣的題目，如《郭綸》《夜泊牛口》《江上看山》《竹枝歌》《入峽》《昭君村》《浰陽早發》《萬山》《雙鳬觀》等；有些則是題材相同而題目有異，如《舟中聽大人彈琴》（蘇軾）、《舟中聽琴》（蘇轍），《過巴東縣不泊，聞頗有寇萊公遺跡》（蘇軾）、《寇萊公》（蘇轍），《巫山廟上下數十里有烏鳶無數，取食於行舟之上，舟人以神之故，亦不敢害》（蘇軾）、《巫山廟烏》（蘇轍），《神女廟》（蘇軾）、《巫山廟》（蘇轍）等，這類詩題通常是蘇轍詩題更加簡短，而蘇軾則有在詩題中交代創作事由的用意。此外，還出現了兄弟間的次韻詩，且都是蘇轍原作，蘇軾次韻。如蘇轍有《答荆門張都官維見和惠泉》，蘇軾則有《次韻答荆門張都官維見和惠泉詩》，蘇軾存有《涪州得山胡次子由韻》《江上值雪，效歐陽體，限不以鹽玉鶴鷺絮蝶飛舞之類爲比，仍不使皓白潔素等字，次子由韻》，而張忠全先生蒐集整理的《南行集》中未見蘇轍原作，應是已佚。這種情況似乎表明，蘇軾已經熟練掌握了賡和詩的藝術手法，而蘇轍還比較生疏。從二人同題異體作品看，有蘇軾用詩歌形式、蘇轍用賦體形式的，如《巫山》和《巫山賦》；也有蘇軾用賦體形式而蘇轍用詩歌形式的，如《灩澦堆賦》和《灩澦堆》，《屈原廟賦》和《屈原廟》。似乎選擇什麽文體，全在各自當時的創作感覺上，沒有特别的含義或規律性。

蘇軾、蘇轍詩風不同，自古云然。曾棗莊先生在《三蘇合著<南行集>初探》

一文中引述蘇門四學士之一張耒《贈李德載》評二人語曰：“長公波濤萬頃海，少公峭拔千尋麓。”又引方回《瀛奎律髓》卷二十四評二人語曰：“子瞻浩博無涯，所謂詩濤洶退之也”，“子由詩靜淡有味，不拘字面事料之麗，而鍛意深，下句熟”。並以《郭綸》詩爲例，比較了二人詩風的明顯區別，謂蘇轍詩采用的是“娓娓敘事的手法”，而蘇軾詩“氣勢磅礴，語言凝練”。①雖然説他們風格各異，自有千秋，但總體上看，蘇軾的才華、情趣、靈感、藝術表現力要優於蘇轍，這應該是歷來公認的。即以《郭綸》一詩論，蘇軾能够用 56 字把猛將郭綸的戰績遭遇及自己的同情概括寫盡，而蘇轍用 290 字所寫，並未超出其兄命意寫懷的範圍，即此可以判別二人詩歌創作的差異。清人王文誥對二人詩有這樣一段比較性評價：“其（蘇轍）詩詳敘綸事，故論者以爲佳，予獨不然。子由詩是敘事體，雖佳易辦，彼中無路數也。公（蘇軾）詩寥寥數語，欲於其潦倒中見長，故難。此是大家作法，卻不是大家詩，以氣體未成故也。然其所以成之之故，即基於此。”②王氏認爲，蘇轍詩雖善於敘事，娓娓詳盡，條理井然，但一般作家都容易辦到，所以難度並不算大；而蘇軾詩用寥寥數語，把郭綸眼前的潦倒處境與曾經立下的赫赫戰功巧妙聯繫在一起，見出其遭遇之不幸，世道之不公，詩人之不平與同情，確實需要更多的精心構思和更強的駕馭能力，這種寫法，初露“大家”風範，雖然氣體未成，但畢竟出手不凡。

蘇軾兄弟二人在忠州同作《竹枝歌》九首，但蘇轍所作在先，蘇軾後作，其詠寫重點明顯不同。蘇軾《竹枝歌·並引》云：“《竹枝歌》本楚聲，幽怨惻怛，若有所深悲者。豈亦往者之所見有足怨者與？夫傷二妃而哀屈原，思懷王而憐項羽，此亦楚人之意相傳而然者。且其山川風俗鄙野勤苦之態，固已見於前人之作與子由之詩。故特緣楚人疇昔之意，爲一篇九章，以補其未道者。”蘇轍的《竹枝歌》主要寫楚地“山川風俗鄙野勤苦之態”，而蘇軾《竹枝歌》則以帝妃、屈原、懷王、項羽等歷史人物爲詠懷對象，有意在寫作重點上相區別。

> 舟行千里不至楚，忽聞《竹枝》皆楚語。楚語啁哳安可分？江中明月多風露。
> 扁舟日落駐平沙，茅屋竹籬三四家。連春並汲各無語，齊唱《竹枝》如有嗟。
> 可憐楚人足悲訴，歲樂年豐爾何苦？釣魚長江江水深，耕田種麥畏狼虎。
> 倡人風俗非中原，處子不嫁如等閒。雙鬟垂頂髮已白，負水采薪長苦艱。
> 上山采薪多荆棘，負水入溪波浪黑。天寒斫木手如龜，水重還家足無力。
> 山深瘴暖霜露乾，夜長無衣猶苦寒。平生有似麋與鹿，一旦白髮已百年。
> 江上乘舟何處客？列肆喧嘩占平磧。遠來忽去不記州，罷市歸船不相識。
> 去家千里未能歸，忽聽長歌皆慘悽。空船獨宿無與語，月滿長江歸路迷。

---

① 曾棗莊：《三蘇合著〈南行集〉初探》，《文學評論》1984 年第 1 期，第 109 頁。
② [清]王文誥：《蘇文忠公詩編注集成總案·蘇海識餘卷一》（下），巴蜀書社 1985 年版，第 1122 頁。

路迷鄉思渺何極，長怨歌聲苦淒急。不知歌者樂與悲，遠客乍聞皆掩泣。

——蘇轍

蒼梧山高湘水深，中原北望度千岑。帝子南遊飄不返，惟有蒼蒼楓桂林。
楓葉蕭蕭桂葉碧，萬里遠來超莫及。乘龍上天去無蹤，草木無情空寄泣。
水濱擊鼓何喧闐，相將扣水求屈原。屈原已死今千載，滿船哀唱似當年。
海濱長鯨徑千尺，食人為糧安可入？招君不歸海水深，海魚豈解哀忠直！
籲嗟忠直死無人，可憐懷王西入秦。秦關已閉無歸日，章華不復見車輪。
君王去時簫鼓咽，父老送君車軸折。千里逃歸迷故鄉，南公哀痛彈長鋏。
三戶亡秦信不虛，一朝兵起盡歡呼。當時項羽年最少，提劍本是耕田夫。
橫行天下竟何事，棄馬烏江馬垂涕。項王已死無故人，首入漢庭身委地。
富貴榮華豈足多，至今惟有塚嵯峨。故國淒涼人事改，楚鄉千古為悲歌。

——蘇軾

　　清人紀昀評蘇軾此詩"每段八句"，顯然不符合蘇軾自言"九章"的篇章結構，但確實是每兩章詠寫一人，章法規整，並且每兩章之間巧妙過渡、銜接，其稱贊"過接處若斷若連，章法甚妙"[1]，抓住了其作為組詩的結構特點，可以成立。比如在帝妃與屈原之間用"江水"過渡，在屈原與懷王之間用"忠直"過渡，在懷王與項羽之間用"三戶亡秦"過渡，銜接自然，足見巧思。從蘇軾九章詩總體來看，他不僅注意保留楚地民歌的體式風格，還在詠寫歷史人物中寄寓了作者當時的情懷，如對帝妃傳說的遐想，對屈原忠而見黜的同情，對懷王幽死他鄉的憐憫，對項羽功敗垂成的惋惜，都是蘇軾愛憎傾向的清晰表現。末章縮結古今，抒發物是人非、榮華富貴不足多的歷史感慨，可以想象詩人此時此境下思緒萬千、五味雜陳的複雜心境。

　　蘇轍的九章《竹枝歌》，似乎更帶有巴渝、荊楚一帶民歌《竹枝詞》的鄉土"本味"，其言當地風土人情的傳統表現特徵也顯示得更加突出。唐顧況《竹枝詞序》云："《竹枝》本出於巴渝。唐貞元中，劉禹錫在沅、湘，以俚歌鄙陋，乃依騷人《九歌》作《竹枝》新辭九章，教里中兒歌之，由是盛於貞元、元和之間。禹錫曰：'竹枝，巴歈也。巴兒聯歌，吹短笛、擊鼓以赴節。歌者揚袂睢舞，其音協黃鐘羽。末如吳聲，含思宛轉，有淇、濮之豔焉。"[2]雖然《竹枝詞》源出巴渝，但經過劉禹錫的改造，更多地帶有了荊楚文學的藝術成分與風貌，注重表現當地風土人情時"含思宛轉"，略帶淇、濮情詩的惻豔之風；音節和諧，載歌載舞，老少咸宜，雅俗共賞。從蘇轍《竹枝歌》九章看，雖然重點在於描寫巴東、荊楚一帶百姓的艱困生活，表達了詩人的關注與同情，但每首詩之間沒有必然的技巧

---

① [清]紀昀著，張志烈、馬德富、周裕鍇主編：《蘇軾詩集校注卷一·蘇軾全集校注第一冊·紀評蘇詩卷一》，河北人民出版社 2010 年版，第 49 頁。
② [宋]郭茂倩：《樂府詩集卷八十一·近代曲辭三》，中華書局 1979 年版，第 1140 頁。

構思和表達邏輯聯繫，寫到了當地百姓依山傍水而居的日常生活情景，江上乘船、上山采薪、耕田種麥、江邊垂釣，就是他們年復一年的農家生活內容；茅屋竹籬、地多霜露、氣候陰濕、處子不嫁、乘舟趕集、交通不便、生活封閉，就是這裏的難以改變的生存環境和沿襲多年的古樸習俗。在蘇轍的組詩中，雖然也有作者的思想傾向和感情抒發，但更多展示的，無疑是當地風土習俗、民風民情的真實寫照，與蘇軾偏重主體詠懷相比，其偏重客觀敘寫，形成明顯差別。

三蘇父子過秭歸，瞻仰屈原廟，以酒祭之。蘇軾兄弟同作《屈原廟賦》，是兄弟二人侍父南行途中唯一一首同題賦作。兩篇作品的立意大致相同，都重在爲屈原抱屈沉江之舉正名，蓋由班固《離騷序》指責屈原是“露才揚己”的狂狷之士而引起。蘇軾在賦中説：“人固有一死兮，處死之爲難”，“生不能力爭而强諫兮，死猶翼其感發而改行”，“惟高節之不可以企及兮，宜乎人之不我與”，“嗟子區區，獨爲其難兮；雖不適中，要以爲賢兮”。一再表示對屈原以死明志的勇氣和節操之贊美與崇敬。賦文後半，重在對世風日下、士人畏死求全的風氣進行批判：“自子之逝千載兮，世愈狹而難存。賢者畏譏而改度兮，隨俗變化，斫方以爲圓。黽勉於亂世而不能去兮，又或爲之臣佐。變丹青於玉瑩兮，彼乃謂子爲不智。”字裏行間充滿激濁揚清之情。表示自己要以屈原的氣節自勵——“違國去俗，死而不顧”，儼然要做當代屈原！文章觀點鮮明，以賦作論，感情充沛，筆墨恣肆，初顯蘇軾文賦樣態。

蘇轍之賦從到屈原廟祭奠瞻拜寫起，繼之以對屈原不平身世及遭遇冤屈的鬱悶心理進行刻畫，最後寫屈原決定向重華（虞舜）傾訴，希望能够遭遇聖君賢王：“予惟樂處乎揖讓兮，坦平夷而無憂；朝而從之遊兮，顧子使予昌言。言出而無忌兮，暮還寢而燕安。嗟平生之所好兮，既死而後能然。彼鄉之人兮，孰知予此歡！”此賦出彩全在結尾部分，作者設想屈原死而在天庭遇上虞舜這樣的聖明君王，不必擔心遭人讒毀；君臣之間揖讓有禮，相處融洽，可以在朝堂上暢言自己的觀點，完全不必有什麼忌諱；晚上回家能够睡得安穩，心情安寧。沒想到自己平生夢寐以求的政治局面，在死後的鬼神世界裏得到了實現。其借屈原之口表達對現實的諷喻的用意十分明顯，可謂立意巧妙，感慨深沉。總體上看，在敘寫中見情見意，所謂“靜淡有味”“鍛意深”，符合其文章風格的一般特徵。

蘇轍曾言：“轍幼學於兄，師友實兼。”[1]又言：“轍少而無師，子瞻既冠而學成，先君命轍師焉。”蘇軾兄弟自幼一起學習成長，手足情深，蘇轍在蘇軾那裏學到了不少東西，他們在文學上均取得了巨大成就，歷來傳爲佳話。但正如父親蘇洵所看到的，由於二人性格稟賦不同，其人生發展及文學創作道路將會有所不同。故兄弟二人在文學風格上各具個性，獨樹一幟，不求强同。從南行一路所作同題詩文作品看，已經清晰展現出這種差異性。他們在文學創作道路上的成功

---

① [宋]蘇轍：《欒城集（下）·欒城後集卷二十·祭亡嫂王氏文》，上海古籍出版社1987年版，第1386頁。

與經驗，也恰恰在於努力追求並著力實現適合自身性格與稟賦的藝術風格及獨立特徵，最終成爲對方和別人都不可取代的“這一個”。王文誥在分析蘇軾詩歌創作發展道路時説：“嘉祐四年己亥，公家居作《怪石詩》，凡二十三韻，詩雖五七言相間，全用老蘇家法，正如一林怪石，爲山水崩注，皆歷落滾卸而下，突兀滿前，莫名瓌異，此其詩之最先者也。殆復作《送宋君用遊輦下詩》，凡三十五韻，其中申縮轉折，極力騰挪，蓋已變老蘇之法矣。……南行諸作，考其逐首圖變，總欲不凡之意，則詩法入門次第蹤跡，皆可尋矣。公自不能詩而至能詩，自名家而至大家，皆於此兩三年間，數十篇之內養成具體。”① 南行途中父子同行，同題諸作，對於蘇軾有“逐首圖變，總欲不凡”的文學風格自立意義，對於蘇轍，予亦云然。

作者單位：樂山師範學院

---

① [清]王文誥：《蘇文忠公詩編注集成總案（下）·蘇海識餘卷一》，巴蜀書社 1985 年版，第 1121 頁。

# 論三蘇赴汴應試之緣由及薦舉者張方平之推薦

江澄格

　　無論古今，也不分中外，一個人在一生之中，能有機會使一己之心得被別人看在眼裏，一技之長爲他人所欣賞，從而受到青睞，獲得嘉許推崇，原本就非易事。尤其能受到師長的賞識，爲上司所稱許，被長官"信而任之"，則是相當難能可貴，是可遇而不可求的。但"事出"必"有因"，先有種因，後有結果的宿緣。因爲在人與人之間，彼此相處融洽契合者，便稱其爲知音、知心與知遇。而對於知己，古人是可以"許之以生死"寄托予身後之遺命的，是不常有的奇事。對此，前人早有這種認定，唐儒韓愈便將這種關係比喻爲"伯樂與千里馬"之間的互動和雙方之依存關係，亦即兩者之間分別具備的客觀條件是人有廣博的見識，馬有充沛的體力。必須有相對的配合條件，纔會有意外結果的產生，罕見事件的發生。即以成都太守張方平與眉州三蘇父子的遇合，就正好是屬於這類富有傳奇性質的案例。蘇氏三傑爲後世談論不少，但一般大衆對張方平則所知有限，認識不多。

　　以年近自立纔有志於學、成年後方專注求知，雖然遲學也學有所成，但功名則尚無所聞的蘇老泉，毅然決然地攜同膝下已經成年的兩個兒子，不辭舟車勞頓，登山涉水，千里迢迢遠赴皇城帝闕汴梁，應京師薦舉之選，參加甄試會考。蘇門父子之所以有此長途之旅的興致，三人同行的壯舉，其主要原因是其時南疆不靖，以廣源州（原蜀安南涼山與廣西龍州縣結界處）原有蠻族酋長儂姓長者統率其所轄地方，管理其在地族人，奉朝廷正朔，爲當朝遠疆邊境藩屬，並授予官銜。宋因唐代舊制，任命儂姓酋長爲知州，素來恭順臣服朝廷，地方也一向相安無事，但至皇祐元年，有承襲其職食朝廷俸祿者儂智高，率領部族反叛朝廷，建立國號，自稱曰"南天"王朝，僭號稱仁惠皇帝，並帶領其逆部叛兵攻陷言江（邕江）九個城鎮。一時氣焰高漲，倡狂益甚，嶺外爲之騷動，朝廷也引以爲憂。仁宗皇帝聖懷牽掛繫念殊爲深重，故而圖謀有所應對之善策，經營僻疆邊土之遠略，以求早日弭兵靖邊安境。其時適逢狄青位在兵馬軍副都指揮使，亦認爲"星星之火可以燎原"，不容怠忽，宜火速發兵平息。狄青自感責無旁貸，因而上表請旨發兵平亂。翌日即奉聖諭"照表急辦"，並且降旨命狄青爲宣徽南院使宣撫荊湖南北路經制廣南盜賊事。狄青奉旨選派悍將輕騎勁旅精兵，立即發兵進軍廣源，但由於此前該地區軍令不一，號令不齊，原爲廣西鈐轄（權代地方官）之陳曙，在狄青所率精兵未到之前，輒發現地僅有步兵卒八千，貿然進軍攻擊叛逆，不幸被叛，卒敗於昆侖，以致儂逆所屬士氣大振，益爲囂張，氣焰更甚。同時也使儂逆更爲大膽輕敵，不以官軍爲然，認爲朝廷部隊不過如此而已，無異烏合之衆，不堪一擊，根本不在意。及待狄青兵臨亂境戰地，一開始以調甲整備所需爲由，下令蓄銳養兵三日。儂營間諜得知回報，叛部也一致信以爲真，認爲狄部是暫時駐軍停進，乘機藉以補充糧秣，整頓編制，短時之內尚不會有何重大軍事行動。殊不知狄青就在次日深夜，率領其快捷輕騎繞過雙方對峙的昆侖關至賊地之後，直撲儂逆駐扎在歸仁鋪的指揮大營。夜深繞道疾行的輕騎大軍，像疾風驟雨突降，倏以雷霆萬鈞之勢，奇襲叛逆指揮中樞，兵刃馬踏叛衆，如入無人之境，是爲儂逆意所不及，愴惶之間不及應戰。叛賊亂兵祇得縱火焚城遠遁，是爲“深夜奔襲歸仁輔”之役。

歸仁雖然賊遁兵消，然而叛逆未戕，兵禍未弭。乃是由於在賊遁之後，執行清掃戰場料理善後的特遣。當其進行斂體收尸葬死之時，有兵卒在城北地區發現一具曾受重創、面目全非、難以辨認，但身著繡有金龍朝典禮服的尸體。當場得以目睹之官兵，都認爲叛酋儂智高已然就殲身亡，就此親眼所見，共同主張宜以“捷報”飛奏朝廷。領軍統帥狄青則以爲不可，該當慎重將事。因爲“孤證不足以爲憑”“單物無從對照”，同時“無稽之談易發”，但是“欺君之罪難當”，所以寧可當“誅叛平亂奏捷失時”之罪，亦不可有“貪功誆上，誇大戰績”之心。事關重大，務必小心求證，再做定奪。更何況明眼人一看便知，疑似儂逆遺體，定然有詐。理由是身在交兵戰地，豈有著龍袍夜寢之理。於是儂智高的生死難定，而其下落也不明，乃是由於尚無實據，因之也難以定論。所行朝報祇有用“遁去”二字，以輕描淡寫的方式一筆帶過，但也證明了狄青當時的推論正確，而其判斷也並無誤差，足見其所提先“戒”之明，但也留下了一段後患：應驗在至和元年，歲在甲午（西一〇五四），西南夷邛部盛傳，儂智高從歸仁遁逃之後，便匿藏於南詔（今雲南大理），目前正在集結莠民匪盜，大量籠絡亡命之徒，將北上前來寇蜀，以致農民搶收休耕，城市商賈罷市散集，大有山雨欲來風滿樓之緊張形勢。

之所以有此狀況發生，乃是由於其時成都太守程戡因案罷職，暫由轉運使高良夫權知（權代知州）。因其見識有限，分析事理能力不足，以致乍聞賊匪將兵臨城下之說，便震驚惶恐不已，未加深思便發文移檄所屬郡、府、州、縣，令飭所有官署，全面動員加強城防設施，鞏固防禦工事，嚴密關卡檢查等應變措施，並且火速急報朝廷，請求派兵增強軍力應變，保衛地方安全。兵部據報之後，便急發陝西步騎兵馬，連夜兼程趕赴四川成都增防。同時建構高壘深池，用以堅固城防，全面儲糧備草。官府地方全面動員禦寇，情勢十分緊張，民間謠言四起，以致原在邛部流傳的謠言，不僅在成都流傳，甚至遍及四川各地，致使鄉野農民搶收休耕，都市商賈罷市散集，驅牛趕馬進寨。途爲之塞，風聲鶴唳，民心動盪不安。

朝廷爲戕禍患於未然，火速詔令戶部侍郎張方平，授任爲益州太守，同時隨令頒發一道特命御旨，明諭“凡益州一切軍政事務，就地權宜處理決行。無需遁一般舊規先呈核示，於事後補行報備即可，特‘授命權宜行事，以利赴時應機’”。詔諭由仁宗御筆親書，以示慎重。由此可見，張方平雖然並非“封疆大吏”，但朝廷授予他的權責以及代表對他的重視，實無異於“方面重臣”。這不僅是皇上所賜的尊榮，同時亦足以證明朝廷對他的信任之專和依持之重。這是他初次銜命進入四川爲官，也是他接近三蘇的第一步。

張方平在至和元年仲冬十月初銜命赴蜀接任之後，便以“安定民心”爲首要任務，並以“綏靖”地方爲重點工作。除切身勉行，昭示所有同仁之外，還通知全體官兵遵照，立即全面推動。據此一念，當其走訪地方先賢或是接見縉紳隱者時，他都主動對時正盛傳的有關儂智高將挾其殘餘敗卒，越境前來襲擊四川一說加以駁斥導正，指明這純屬謠言，爲憑空捏造之傳説。就其客觀的地理環境與實際存在的有限因素加以分析比較與詳細的説明，並且提出合理而又近情的分析，用以消除一般大眾對謠傳的疑惑，化解當地居民對戰禍動亂的無端恐懼與叛逆擁兵爲患的心理威脅。一時甚囂塵上的謠傳，經過張方平詳細的説明和解釋，果然使得聞者豁然開朗而盡釋其憂。經由口傳而得到傳言者，也深信其言有所根據，所指亦不無道理，使得盛傳一時的謠言不攻自破，讓所有的疑竇全消，念慮也隨之盡釋，使得人們對張方平的崇敬與信賴也因之普遍大增，聲望亦全面驟升。深慶朝廷得人，慶幸新派地方府衙，擔負牧民重責大任的地方官，能如此幹練而又賢明，使得地方平靖無事，百姓安居樂業，無不額首稱慶。

之所以如此，主要是由於張方平自始即是對老百姓説的真心話，是面對民眾來説的，爲百姓聽得懂的真言，並且也是讓大家深信不疑的實話，而非一般官僚的官腔爛調、虛情假意的安慰辭説，更不是言不由衷的推脱搪塞。張方平很明確地指出：“南詔遠離巴蜀，兩地相距二千餘里，況且有崇山峻嶺相隔，深溪險壑縱橫，道路險阻，舟楫不通，更何況其間除地形複雜之外，各地方種族不同，語言各異，再加之以彼此向無往來，素無接觸往還。在鄉地主與借路過客，兩者都各有所務，並且也各不相干，彼此向無瓜葛，更是互不相屬，而又各行其道，自作主張。不同形態的聚合，一時之間，不致一拍即合，斷難有相同的共識，不易從無由的要求之中獲得同意。更何況是擁上萬叛兵逆卒，借道過境而掠奪善邦近鄰，縱然不是助紂爲虐，但也是助賊爲寇，以鄰爲壑，雖天下之至愚，亦不爲之魯算蠢圖，更何況儂智高係謀叛被枚平遁逃在外之叛逆賊首。今盛傳其率眾越境過界，奔蜀來犯之説，雖村夫鄉愚亦知斷無可能，純屬無稽之談，市井謠言，而為絕無可能之怪誕謠言，望能止于智者，覺察亦且及於大眾。”新任太守張方平所做的這合乎情理的解釋和深入的剖析，被聽進耳朵的鄉賢族長加以運用，地方的縉紳士人再輾轉傳述，實有助於“安定民心”，並且立即產生了預期的影響效果，產生正面的心理建設作用，從而有了即時的效應，讓蜀中人民放下了那種惶惶不安、唯恐匪禍賊亂將至的恐懼。蜀中情勢也因而日漸穩定，成都也恢復了舊時的繁榮。

張方平深自體會到，仁宗皇帝聖懷掛念殊深，朝廷寄予殷切期望，因此疾如星火上書朝廷，以釋上慮、寬聖懷，並且使在朝廷之中執掌兵符、調動兵馬、負責軍部的戶部尚書以及侍郎不必聽信流傳謠言，無需將傳說信以爲真，自亂分寸，同時也撤銷了備戰動員的前令。這正是由於他深知“兵者，國之大事”，可以百年不用，但是不可一日無備。另則他早已察覺到，趙宋自開國以來，太祖趙匡胤有鑒於唐代的安祿山之亂，警覺到兵權在握的邊將跋扈難禦，除了技巧性地以“杯酒釋兵權”之外，朝廷則一直秉持“重文事而輕武用”的不平衡的國策，是招來外侮、引起內亂的主要原因之一。而以駐地之地方行政首長兼職統軍領兵，負責所駐地的軍務防備，雖然是有“政軍一體，令出一命”的優點，但是也有可議之處，潛伏著許多不符合實際狀況的嚴重缺點。其間爭論最多，也已經是極爲嚴重，並且存在已久、顯而易見，滿朝文武百官都覺得不妥的是：將國防納入地方行政體系，讓嫻熟於行政事務的地方官去設防禦敵、帶兵靖寇，用書生儒者來殘賊滅匪。這種用人非其所長，職位與才能不符的現象，長久以來就已存在。雖說文官來執掌兵符、發號施令、調兵遣將固無不可，然而要擊鼓鳴金，指揮千軍萬馬之進退，則並非像善於文筆的書生鴻儒一般，祇要信手提筆一揮，即可掃千軍，輕而易舉，是儒者學人舉手皆可爲之的輕便易事。另則書生文士是自貢院試場中以筆墨之功力奪魁搶元而任官授職，在此之前，未曾學武習藝，也不擅長騎射馳騁，可是一旦授命爲地方官，無論何時，祇要情勢所需，即有必要身臨戰地、親赴戰場。即便並非親自貫甲頂盔，然親自提刀上陣，率大軍衝鋒陷陣，策馬疆場，仗劍殺敵，諸班戰場格鬥角力之事，皆非文官所勝任精通。可兼而有之的功夫，既非其所能，亦非其所長，因之授予文官銜兼具武職權的規則，實在應該有適當的附帶條款，而朝廷上下文臣武將，也均有此概念。張方平則更是念茲在茲，早有此念，也長懷此慮。

　　同時，張方平也深以爲，智勇雙全的將才雖然難得，但是深謀遠慮、智決三軍勝算之軍師，若是以尊賢大禮訪求，而以國師上賓待之，則仍然能求之可得。訪之可遇的人才，也正是事先應盡的人事，亦如古人所說“崇聖尊賢以禮，方能動神明，感聖賢”。歷史上不乏類似先例，這類人物故事甚多，爲眾人耳熟能詳。如周時有呂尚，春秋戰國時有田單，漢末有諸葛亮，晉代有謝安，無不是“運籌於帷幄之中，決勝於千里之外”的通儒文士，並且也是既長於知兵，亦善於用兵、精於料敵，既知天時又識地理，身富軍事素養，精通韜略兵法。在近代知名儒士之中，在軍旅之中早期的儒將，著有令譽、享有盛名的兵學家，他們先後創下了“以少勝多”“反敗爲勝”“妙奪智取”的典型教範戰例。故不僅爲天子三軍王師之師，同時也是後世武學家界武者之聖的典範人物。

　　由此足以證明一個存在的事實就是：戰場上帶兵打戰的將軍，帷幄中用兵致勝的軍師，二者是相輔相成、互爲因果的劍之雙鋒、鉞之兩用。同時也理解到所謂“紙上談兵”也正是軍事上先期狀況判斷，並棋推演、地形研究、前置預行演習所不可或缺的作業流程，是有其價值而且必需的過程。據文獻上所記載的資料顯示，據此觀念，張方平曾經做過多方面的深入研究，有了不少心得發現。其將理論結合實際，從深刻的心理基礎做過比較分析，也撰寫過相關的論述專文。曾經先後多次向在位的皇帝與朝廷主政當局兵部上疏，表達過其個人對國防軍事方面的意見，諸如《平夷十策》《論討嶺南利害九事》等，其論點即置重在選將用兵方面的相關要件。其觀點與見解都有相當程度的水準，足見其在兵學方面的造詣匪淺。

　　心中既有此一念，自然也就會在日常生活中注意到志同道合的同志，觀念主張一致的同道，尤其是興趣愛好也相同的同好。喜好談兵論武的文人雅士以及知軍識兵的儒者學人，更是被他經常掛在嘴邊，看在眼裏，時常放在心上。由於觀念一致，所以談論時不難有相同的話題，相互之間的觀點也就約略相同，意見亦每能趨於一致。彼此既有話可說，理念也大致相同，自然也就有了互動，容易溝通，產生默契，凝結成彼此契合的機制。相互接觸的意願與認識的動機，進而發展成爲結交的緣由。張方平是早已有此認知，並且也長時有此意念。他一直認爲在軍事方面"知兵、識兵與用兵"的長才，並非盡由精通武藝，善於拳腳功夫。長於刀槍劍戟，武舉出身或者是由行伍步卒績功升遷而至，以及勇於捨身取義、視死如歸之士，用性命換取功績，累計而成其功用；而文士在某些方面，其秉賦亦含有韜略的精義，二者之分祇是使用的場地不同而已。真正説有何差別，就是兵不厭詐、僞裝欺敵等，在軍爲慣常之方策，不足爲奇，但在社會人群之間，欺詐則是絕對的禁忌。因此，張方平認爲"孫武兵學"既然是學，按理則人人可學，祇是學有精粗之分，術有表裏之別，程度有深淺的差異而已。基於這一理念，他早就有一探兵學內蘊的意圖，一窺韜略堂奧的宏願，並非來蜀之後纔偶然有之的意念或臨時起意，而是連年邊患日甚、國勢漸危，乃由於外夷圖我之心亟。而其氣焰也日益高漲，對我要求無饜索取無度，朝廷不勝其擾，百姓既無力負擔，但也無可奈何。爲提升士氣、振作國勢，宜從富民強兵著手，而爲當務之急。至於整軍興兵，首在知兵識兵的人才，非獨帶兵諫兵的將領統帥，而是要有知兵識兵而又善於用兵的地方官吏。亦如足智多謀，隨軍駐防在當地部隊的在營軍師、文官之中的武將，這種文武兼備的人才，有沒有？有，過去有，現在也有，他自己就是其中之一，再尋求一些像他一般好論武談兵，志趣相投、理念一致的有志之士，共同努力加強軍事國防，增進武裝力量。提高文武官員素質，以抵禦外寇侵奪我江山國土，防止其無饜要求與無度勒索，而爲國家盡力，爲朝廷效命。

　　其之所以有此一念，是因爲時在寶元元年，夏王趙元昊（本西夏李德明的兒子，原名李曩霄，字元昊，宋朝賜姓趙，通曉蕃漢文字，明道初年即位，據有河內外二十二州）公然擁兵反叛朝廷，廢正朔，自稱大夏景宗皇帝。按元昊早已心懷不軌，圖謀反叛多時，曾在景祐元年，就在仁宗皇帝親政次年，即曾發兵寇還度。朝廷派任福葛懷敏率兵討伐，但出師不利，兵敗邊城，雙方死傷慘重。元昊雖然有意求和，但所索撫恤慰問不貲，以致朝廷一則必須增加養兵實邊的兵馬費用，另外尚有一大筆分文不可少的撫慰負擔，於是形成了國力日薄，國勢也隨之日蹙的惡性循環，使憂國者不禁深以爲患。

　　張方平時方由昆山知縣，中賢良方正選以著作郎授睦州通判，即就其知縣與州判先後兩任地方觀察所見，上表建言附《平戎十策》一疏談征討伐略，但未蒙采納，即此可見其關心國防。同時，他認爲像蘇老泉這樣富有見識、有深度，擅長於筆墨，爲評人論事的能言者，傳情達意的代言人，則更是難能可貴的同志、同道、同好。可是早年兩人連姓名都互不相通，彼此一無所知，也沒有相識的機會（由於二人分別身在兩地，相隔千里，張在朝爲官，蘇在野爲民），要想有所接觸、有所交往，當然是有一定的難度。此乃由於受到客觀環境的限制，另則張方平在仕途上早有功名，並且是一帆風順，最初被薦舉獲茂才異等之後，授校書郎派昆山任知縣。不久又中賢良方正選，而判睦州。曾先後歷直賢院知諫等要職，繼後以起居使契丹，返知制誥權知開封府，晉翰林院學士等要職。在朝廷之中，已經是頗有知名度的人物，也是頗受皇帝賞識、重視與信任的忠貞之士。在朝廷中具有相當分量的重臣，與身爲白丁的蘇洵相比較，二者之間應該還有相當一段距離。因爲他在奉派來蜀之前，就曾經以端明殿學士判太常寺，繼又出知江寧府尹。詔令他出任成都太守之前，是以侍講學士知滑州轉任蜀州。在到任之前，張方平就事前做過一番準備，對新任轄區各項現狀、當地人文社會背景下過一番功夫，有了大略的瞭解。至於他個人關注國防軍事之心，乃其初入仕途、新任官吏的時候便已然有之的雄心壯志或者是性格傾向使然。可是誰都知道兵不易談，更不容易輕談，故言軍事者本不多見。至於能談兵者，更是少有傑出的人物與特殊的事件，對於此類人物，張方平都留下了一個概略的印象。其間便包括了當時在鄉的蘇家父子三人，後來纔成名的蘇門三傑。他們的文章、著作吸引著張方平，被張方平看在眼裏。張方平見識到了他們父子三人的真才實學，繼而主動地接觸他們，因而有了以文會友這樣的雅事。他們之間有相同的志願、相似的興趣，都喜歡論武談兵，而且也已經有了一定程度的造詣與相當不錯的水準。加之二人歲數也僅差兩歲，理念相同、觀點相似，同時理想一致、主張相同，都主張富民強國、修文握武的政策。故希望能借此結合大家，攜手并進，力挽狂瀾，得以振奮國威，無畏於夷狄，因此也纔延遲了後來所發生的那段因激烈的內鬥、政黨的相爭與學派的互斥而使外患乘虛而入，惹起了趙宋國破家亡的兵災——靖康之難。

作者單位：臺灣新北市長青學院、加拿大溫哥華菁華書院

# 蘇軾《廣成子解》發微

謝桃坊

　　黃帝問道於廣成子之寓言見於《莊子·在宥》。此篇是以義名篇的，莊子説：
"聞在宥天下，不聞治天下也。在之也者，恐天下之淫其性也；宥之也者，恐天
下之遷其德也。天下不淫其性，不遷其德，有治天下者哉？"這是《莊子》中以
道家觀念和寓言方式論述治國之道的名篇。郭象解釋説："宥使自在則治，治之
則亂也。人之生也，直莫之蕩，則性命不過，欲惡不爽。在上者不能無爲，上之
所爲，而民皆赴之，故有誘慕好欲，而民性淫矣。故所貴聖之者，非貴其能治也，
貴其無爲，而任物之自爲也。"①莊子在此篇發揮了《老子》第五十七章之意："我
無爲，而民自化；我好靜，而民自正；我無事，而民自富；我無欲，而民自樸。"
這即是道家主張的"無爲而治"的治道理論。《在宥》中莊子擬托黃帝問道於廣成
子，由廣成子闡述了道家的治道之説。北宋文學家兼學者蘇軾曾對儒家經典《周
易》《尚書》《論語》做過釋義，其《東坡書傳》和《蘇氏易傳》今存，它們在中
國經學史上是有影響的。他選取《在宥》中廣成子論治道一段文字爲之釋義，這
在其整個著述中是甚爲特殊的。《廣成子解》原收入《東坡外集》卷十五，約一千
七百餘字，它與蘇軾思想有怎樣的關係，蘇軾是怎樣理解道家治道説的，這篇著
作的寫作時間及歷史背景是怎樣的，兹試爲探討。

一

　　中國儒家學説發展至北宋出現了巨大的變化，學者們開始以求真的態度懷疑
漢唐經師對經典的傳注，進而對經典的真實性表示懷疑，采取思辨的方式或考證
的方法重新闡釋儒家經典，所以近世皮錫瑞認爲這是"經學變古時代"②。蘇軾在
這個時代裏亦是著名的人物，他的思想基本上是儒家思想，但卻混雜有縱橫家、
佛教和道家思想，呈現爲極複雜的狀態。他與佛教和道家的關係是很微妙的，因
他爲寺院作了許多題記與贊頌，又與佛教徒有廣泛的交往，但卻並無信仰。蘇軾
説："吾嘗究其語矣，大抵務爲不可知，設械以應敵，匿形以備敗，窘則推墮滉
漾中，不可捕捉，如是而已矣。吾游四方，見輒反復折困之，度其所從遁，而逆
閉其塗。往往面頸發赤，然業已爲是道，勢不得以惡聲相反，則笑曰：'是外道

---

　　① [周]老子著，[晉]郭象注：《老子·在宥第十一》，鴻文書局據明世德堂本校印。
　　② [清]皮錫瑞：《經學歷史》，中華書局 1959 年版，第 220 頁。

魔人也。’吾之於僧，慢侮不信如此。”①這可代表其對佛教的基本態度。蘇軾與道士的交往不多，關於道家的論述較少，但卻接受了道教的養生方法，而且堅持有效。關於佛教和道家，蘇軾是以理性來看待的，在本質上他是無神論者。他說：“學佛老者本期於靜而達，靜似懶，達似放，學者或未至其所期，而先得其所似，不為無害。”②道家的清靜無爲，必然導致懶惰而無所作爲；佛教的通達，必然導致縱放曠達而不拘禮俗。這是中國人一般信仰佛老易於發生的負面效應，因而於社會與人生均是無益的。蘇軾從理性的高度見到佛老思想存在的根本弊端，雖然如此，但他卻在個人修生養性時吸收佛老思想以求身心的安靜和平，並在政治逆境中以佛老思想作爲處逆爲順、隨遇而安的精神力量。

我們若要理解《廣成子解》在蘇軾思想中的意義，應考察他對道家思想認識的矛盾變化過程。蘇轍談及其兄蘇軾早年的思想說：“少與轍皆師先君，初好賈誼，陸贄書，論古今治亂，不為空言。既而讀《莊子》，喟然歎息曰‘吾昔有見於中，口未能言，今見《莊子》得吾心矣。’乃出《中庸論》，其言微妙，皆古人所未喻。”③蘇軾和蘇轍於少時從父親蘇洵學習中國古代政治論著，以考察古今政治的得失。後來蘇軾讀了《莊子》，不僅文風發生變化，在哲學思辨方面也受到啓發。因此議論文字所表達的見解微妙而深刻。蘇軾的《中庸論》收入其《應詔集》內。這是嘉祐六年（1061）蘇軾二十六歲應制科考試時上奏仁宗皇帝的五十篇策論之一，同時還作有《子思論》和《韓非論》等。蘇轍指出《中庸論》是蘇軾讀《莊子》後受到啓發而作，故議論微妙。《中庸》乃《禮記》中之一篇，相傳爲孔子之孫子思傳述儒家之道的論著。蘇軾的《中庸論》的確受《莊子》哲理的影響，故對中庸之義的理解頗爲特殊：

> 嗟夫，道之難言也，有小人焉，因其近似而竊其名，聖人憂思恐懼，是故反覆而言之不厭。何則？是道也，固小人之所竊以自便者也。君子見危則能死，勉而不死，以求合於中庸。見利則能辭，勉而不辭，以求合於中庸。小人貪利而苟免，而亦欲以中庸之名私自便也。此孔子、孟子之所以惡鄉原也。④

而在《子思論》裏，他深感孔子之道可供個人在社會實踐中應用，但其形而上的意義是不可能認識的。對於儒家之道的不明，他以爲：

> 夫子之道，不幸而有老聃、莊周、楊朱、田駢、慎到、申不害、韓非之徒，各持其私說以攻乎其外，天下方將惑之，而未知其所適從。奈何其弟子門人，又內自相攻而不決。千載之後，學者愈衆，而夫子之道益晦而

① [宋]蘇軾：《中和勝相院記》，《蘇軾文集》卷十二，中華書局 1986 年版。
② [宋]蘇軾：《答畢仲舉》，《蘇軾文集》卷五十六，中華書局 1986 年版。
③ [宋]蘇轍：《亡兄子瞻端明墓誌銘》，《欒城後集》卷二十二，《四庫全書》本。
④ [宋]蘇軾：《中庸論下》，《蘇軾文集》卷二，中華書局 1986 年版。

不明者，由此之故歟？①

這樣，儒家之道的不明是由於儒家內部的分裂。我們不難見到蘇軾已表現出懷疑儒家之道的端倪。此時他是將道家認爲異端的。在《韓非論》裏，他認爲道家主張"虛無淡泊"，其旨歸結爲"無有"。因此"由其道者，蕩然莫得其當，是以忘乎富貴之樂，而齊乎死生之分；此不得志於天下，高世遠舉之人，所以放心而無憂。雖非聖人之道，而其用意，固亦無惡於天下"②。道家雖屬異端，但這些高世遠舉者並不會對社會造成巨大的危害，而這又是道家之異端學説所引起的。熙寧四年（1071）蘇軾向神宗皇帝言及當時士大夫風習，他們竟以佛老爲大聖人，老莊之書最爲流行。他指出其嚴重性説："浩然無當而不可窮，觀其貌，超然無著而不可捉，此豈真能然哉！蓋中人之性，安於放而樂於誕耳。使天下之士，能如莊周齊死生，一毀譽，輕富貴，安貧賤，則人主之名器爵禄，所以礪世摩頓者廢矣。"③這揭示了作爲異端的老莊之説對於社會的發展是非常不利的。蘇軾建議朝廷不能用這類假道家之説以欺世的士子，此乃針對王安石變法關於科舉考試制度的改革，於選拔人才時可能出現的一種偏向而言的。朝廷推行新法之後，隨著政治局勢的變化，蘇軾對道家有了不同的認識。在《莊子》中有許多篇章談到孔子問學於老子和道家高士的情形，對孔子的言行以寓言的方式進行表述，時有嘲諷之意。如《天道》記述"孔子行年五十有一而不聞道，乃南之沛，見老聃"，老子對儒家的仁義、先王之治及《六經》俱給予批判和嘲諷。元豐元年（1078），蘇軾在《莊子祠堂記》裏竟以爲莊子對儒家的態度是陽擠陰助。他説："故莊子之言，皆實予，而文不予，陽擠而陰助之，其正言蓋無幾。至於詆訾孔子，未嘗不微見其意。"④他似乎發現莊子對儒家之道有很深的理解，藉與道家的對話而以否定的方式闡釋了儒家學説。蘇軾以爲莊子在《天下》裏論諸家道術，對墨翟、禽滑厘、彭蒙、慎到、田駢、關尹、老聃之徒、惠施等均有評論，卻不評論儒家，於此可見莊子對儒家聖人孔子的尊重。正是在蘇軾對道家的認識發生轉變之後，他爲深入探求道家之旨而作了《廣成子解》。

二

《在宥》開始的一大段文字論述道家無爲而治的治道主張，以爲"故君子不得已而臨蒞天下，莫若無爲。無爲也，而後安其（民人）性命之情"，於篇末再強調"無爲而爲者，天道也"⑤。其中插入黃帝問道於廣成子的寓言，著重闡發道家無爲而治的治道。此前莊子擬托老子關於治道的論述，談到昔者黃帝始以仁義攖

---

① [宋]蘇軾：《子思論》，《蘇軾文集》卷三，中華書局1986年版。
② [宋]蘇軾：《韓非論》，《蘇軾文集》卷四，中華書局1986年版。
③ [宋]蘇軾：《議學校貢舉狀》，《蘇軾文集》卷二十五，中華書局1986年版。
④ [宋]蘇軾：《莊子祠堂記》，《蘇軾文集》卷十一，中華書局1986年版。
⑤ [清]王先謙：《莊子集解》卷三，中華書局1985年版。

人之心，繼而堯和舜勤於爲政，提倡仁義，建立法度，從事征伐，至三代則民人不安其性，以致出現暴君夏桀、盜蹠和行爲符合仁義的史鰌和曾參，儒家和墨家興起並互相攻擊，遂使天下大亂。由此莊子引出黃帝問道於廣成子的寓言，具體地闡釋無爲之治的意義。

黃帝是莊子虛構的寓言人物，他是尚古的"天子"，在位十九年，雖然政令行天下，但於治道並未真正理解，遂往空同問道於廣成子。廣成子是莊子虛構的道家人物。與蘇軾同時的呂惠卿説："向言黃帝以仁義攖人之心，而繼之以此者，以明絕聖棄智而天下治。則黃帝其人，而向之所言皆寓也……廣則配地，成者終始之全，廣成子則至於道而全也。不曰大而曰廣者，以明雖廣成子至於大，亦有以弘之而至也。空則無物，同則大通，空同之上則無物大通而無以加之之處也。"①在呂惠卿看來，黃帝和廣成子是虛擬的人物，空同則是虛擬的地名，這些人物和地方都是不存在的。此足以代表宋代學者的見解，他們並不贊同司馬遷以黃帝爲實有的古帝。廣成子論道家治道思想可分爲三段，蘇軾對每段文字之義都做了較細的解釋。關於《莊子》的釋義，即闡釋原文具體含義的著作，以晉人郭象和北宋呂惠卿之著爲最善。茲試將此兩家對廣成子論治道之釋與蘇軾之釋義進行比較②，由此可見蘇軾見解的獨特與深邃。

（一）廣成子拒絕回答黃帝問道。黃帝問廣成子："我聞吾子達於至道，敢問至道之精。吾欲取天地之精，以佐五穀，以養民人；吾又欲官陰陽，以遂羣生。爲之奈何？"廣成子回答："而所欲問者，物之質也；而所欲官者，物之殘也，自而治天下，雲氣不待族而雨，草木不待黃而落，日月之光益以荒矣。而佞人之心翦翦者，又奚足以語至道！" 黃帝想要取生成天地萬物之精氣，用來助糧食作物的生長，以便養育民衆；打算仿效陰陽的現象而設官分掌職位，以便管理天下之事。他以爲這樣做便可達於最高之道了。廣成子認爲黃帝所問的是事物之本質，而所要做的是事物的現象或殘餘。這樣來治天下，正如雲未集聚而下雨，草木未成熟而凋落，乃屬於違反自然規律。因而即使有天地陰陽之精氣，也不能供主觀願望去消耗。廣成子發現黃帝所問的問題，表現了其佞人之心，不能與他談論最高之道。郭象以爲："問至道之精可謂質也。"呂惠卿説："道爲無名之樸，故爲物之質。天地陰陽則道之散，故爲物之殘也。雲不待族而雨，草木不待黃而落，日月之光益以荒矣，則非輔其自然而有以虧之也。"這兩家對黃帝問道一段文字做了客觀的解説，沒有發表評論。蘇軾則發揮了廣成子對黃帝的指責之意。他持老子對"道"的玄虛和神秘的觀念，認爲"道"是存在的，若憑主觀意志努力去學，它便隱沒而不存在了，因而"得道者不問，問道者未得也"，可見學道需要

① 湯君：《莊子義集校》卷四，中華書局 2009 年版。
② 以下所引《莊子》原文見王先謙《莊子集解》卷三；所引蘇軾《廣成子解》見孔凡禮點校《蘇軾文集》卷六；所引郭象語見《莊子·在宥》郭注；所引呂惠卿語見《莊子義集校》卷四。以下均不再一一注明。

以純淨的心靈去感悟。真正的得道者，其內心無物無我，物我兩忘。黄帝根本不知道道的真諦所在，他所問的實非道的本質，而僅爲道之殘餘，而其養民人和遂群生的願望，顯然是形而下的。蘇軾指出一般真正的求道者是先我後物，即問道是首先問自己怎樣去學道，然後纔問及其他的事物，而黄帝問道是先物而後我，這不符合正常人的真實情意。黄帝是“欲己長生，而外託於養民人、遂群生”的弘大社會理想，由此可見其情之虛僞。道家的本旨是避棄世俗社會，返璞歸真，以求個人長生的，黄帝既然問道，卻問的是世俗事物，所以廣成子直率地斥責黄帝具有“佞人之心”。佞人即善於花言巧語、阿諛奉承者。蘇軾著重發揮此意說：“真人之與佞人，猶穀之與稗也。所種者穀，雖瘠地惰農，不生稗也。所種者稗，雖美田疾耕，不生穀也。今始學道，而問已不情。佞僞之種，道何從生！”糧食作物中的穀即稻，去殼後爲稻米以供人們食用。稗則是稻田中似禾苗的雜草，其實細小，實非穀物。佞人似稗，即使種於良田，經農夫精耕細作，所結之實仍是稗子。這正如佞人一樣，即使有很好的學道條件，也不可能求得真正的道。中國古代許多帝王——包括傳説中的黄帝，他們急於求治，而實際上考慮的卻是保持個人對社會的統治地位，爲求得統治的永恆而期望自己長生不死。黄帝真正所要問的是長生之本，但爲了掩飾本意而問至道之精，實問的又非道之本質，因此黄帝是“佞僞之種”。黄帝自漢代以來被尊爲中華民族的始祖，蘇軾則借其問道而揭露了其虛僞之情狀，否定了其神聖性，批判了世俗的謬誤之見。

　　（二）廣成子論長生之本。黄帝向廣成子問道遭到拒絕後退出帝位，不再治天下，特築淨室，閉居三月，又去見廣成子。廣成子南首而臥，顯示南面的尊榮地位，並不起身接見。黄帝則卑躬屈節，膝行而前，再拜稽首，直接問個人長生之道。廣成子起身回答説：“善哉問乎！來！吾語女至道。至道之精，窈窈冥冥；至道之極，昏昏默默。無視無聽，抱神以靜，形將自正。必靜必清，無勞女形，無搖女精，乃可以長生。目無所見，耳無所聞，心無所知，女神將守形，形乃長生。慎女內，閉女外，多知爲敗。我爲女遂於大明之上矣，至彼至陽之原也；爲女入於窈冥之門矣，至彼至陰之原也。天地有官，陰陽有藏，慎守女身，物將自壯。我守其一，以處其和，故我修身千二百歲矣，吾形未嘗衰。”黄帝又再拜稽首，感歎廣成子真是與天合德，做到無爲了。廣成子將“道”説得比老子更爲玄虛，以爲它窈冥昏默，其體模糊混沌，空虛高深，不可看見，而最高的道更是不可名狀、不可言喻的。學道者若做到無視、無聽、無爲、無思、必清、必靜，形體與精神合一，則可達到長生。長生的本旨既定，再加以必要的修煉，便將通於陰陽之本原而臻於至道。善於保持自身，身體自然由幼稚發展爲強壯，道體流行，陰陽運轉，無爲而無不爲。廣成子很自信地告訴黄帝，正是因爲這樣的修生，他竟活了千餘歲而形體不衰。郭象的解釋簡潔而深刻，他談到道家主張的長生的本質意義説：“取於盡性命之極，極長生之致耳，身不夭乃能及物也。物將自壯，謂治天下，則象物皆自任，自任而壯也。”吕惠卿做了較詳的解釋，他説：“治身可以長久者，唯道爲然，是乃問其質也……人未嘗知道，則域於陰陽，而未嘗至其原者也。目無所見，耳無所聞，心無所知，則是爲汝遂於大明之上，而至彼至陽之原；入於窈冥之門，而至彼至陰之原也。夫得是而窮之者，則知天地有官，其官也以此而已矣；陰陽有藏，其藏也在此而已矣。慎守汝身，物將自壯，則系爲欲取之官，以之佐五穀，養民人，以遂群生哉！”此兩家皆將道家長生之旨與無爲而治相聯繫。蘇軾則將達於長生之過程的諸環節之間的關係做了探討，而又暗示對長生的懷疑。他認爲窈冥昏默是學道的方法，而非道自身。無視無聽乃無爲，心無所知乃無思，必清必靜乃無欲；具備此三者，使形體與精神統一，便可長生。長生之本既立，再經修煉，達到陰陽之原，“然皆必至其極，不極不化也”。這就是説，人們若依照廣成子之論來求長生，必然會達到長生的極致，而極致乃終結；若不達於極致，則未到終結。“化”乃死亡之意，佛教稱爲坐化，道家稱爲羽化。長生達於極致便意味著死亡。廣成子實際上是以爲求長生至於陰陽之原，這時天地陰陽運轉，社會自然而治，所以“爲之者在我，成之者在彼”。帝王的長生與治道是合一的，長生是必然的，正如生物從幼稚到強壯的發展一樣：“長生可必也，物豈有稚而不壯者哉。”蘇軾要表達的潛在意義是：個體生命是一個發展過程，它從幼稚到強壯是必然的，那麼從強壯到衰亡也是必然的。天下的治理應順其自然，帝王無爲、無思、無欲而不幹預天地陰陽的自然運轉；這樣帝王所期盼的長生也祇能是應順生命的自然過程。蘇軾將帝王之求長生與治道的關係總結爲“為之者在我，成之者在彼”，其意義是很深刻的，即帝王的主觀意志是受到更高的社會與自然發展的客觀規律所制約的。

（三）廣成子論物之終極。廣成子有感於黃帝的誠意，在論長生之本後再論物之終極。他對黃帝説：“來，吾語女。彼其物無窮，而人皆以爲有終；彼其物無測，而人皆以爲有極。得吾道者，上爲皇而下爲王；失吾道者，上見光而下爲土。今夫百昌，皆生於土而反於土。故余將去女，入無窮之門，以遊無極之野。吾與日月參光，吾與天地爲常。當我，緡乎！遠我，昏乎！人其盡死，而我獨存乎！”這是論長生與終極的關係。“物”，廣成子之意爲萬物，或萬物之道。它是循環無窮的，而人們以爲有終；它是不可測度的，而人們以爲有盡頭。得此道者爲皇爲王隨世變通，失此道者俯仰異心。廣成子最後表示，他將離黃帝而去，返歸於窈冥之本，應變於天地之間。“當我”即向我，“緡”乃明；“遠我”即背我，“昏”乃昏暗。廣成子對人們的向背——贊同或反對，皆以無心應之。人都是要死亡的，廣成子自言活了千餘歲，難道人們都死了，他能獨自存在嗎？可見廣成子最後是否定了長生的。郭象從道家齊死生的觀點解釋説：“以死生爲一體，則無往而非存。”呂惠卿深感個體生命來之不易，故應努力珍惜現實生活，他説：“蓋道之爲物，無窮無測，而遂止於無見、無聞、無知而已，則是無窮而以爲終，無測而以爲極也……人其盡死，而我獨存乎！則盡求之吾身，不知何物而可以至於此也。萬物之靈，唯人而已矣。造化之爲人，不知幾何而一遇也。而人之聰明恂達可以與此者，又不知幾何而一遇也，而不孜孜焉。"蘇軾的理解與上述兩家相異，他將廣成子説的"物"理解爲物質。宇宙的物質是永恆的，具體之物的分裂、形成、毀壞，乃是物質之轉化，因此"物未嘗有死"，然而這非個人可能的——"非我獨能"。他主張個人遵循自然之道"守一而處和"，便不惑於物的分成與毀壞的變化。他認爲廣成子之道有精有粗，陰陽兩界是隔絕的，生者不知幽冥之地，死者不知光明之域。廣成子去入無窮之門以遊無極之野，"盡將有以示化、去世、形解、入土之意"，即其將走向死亡；他不可能長生，更不可能永恆。這以理性的推演揭示了道家長生之説的真實。蘇軾得出結論説："故學道能盡死其人，獨存其我者寡矣。"真正的得道者做到所有的人都死盡，惟有他自己存在，這種情況是很少的，或根本不可能的。那麼，在有限的人生中，人們應該怎樣對待終極呢？蘇軾在中國思想史上第一次提出了"非我"與"真我"的概念。他以爲凡是在現實中可見到的、可言説的、可貌取的、可舍去的，這些皆是他人的——"非我"的；凡不可見到的、不可言説的、不可貌取的、不可舍去的，這些纔是個人真正的需要，保存它們即存在"真我"。人們若接近這個真理，則是富於智慧的；若遠離，則是愚昧的。認識此理的，"得是則得道矣"。蘇軾最後説："故人其盡死而我獨存者，此之謂也。"廣成子説的長生之本的真實意義即在於此。

從以上的探討中，可以看出，在《廣成子解》中，蘇軾表達了對道家思想本質的認識。在他看來，道家之道具有虛無玄妙的性質，而其主旨在於個人的長生。因《在宥》是論道家之治道主張的，在虛擬人物廣成子的論述裏，闡釋了帝王無爲而治的道理，辨析了帝王的長生與治道的關係，尤其是論述了道家主張的長生的主觀空想性。《廣成子解》所含蘊的思想是深邃而豐富的，對我們認識蘇軾的思想有非常重要的啟示。

三

蘇軾的《廣成子解》作於何時何地，它有無現實意義，這值得我們進一步探討。蘇軾青年時代認真讀過《莊子》，使其思辯受到影響。他於元豐元年（1078）作《莊子祠堂記》時，發現莊子對儒家實際上是尊重的。元豐三年（1080）二月至六年（1083）三月，蘇軾在貶謫黃州期間，因學習道教養生方法以使身體健康，便於應付險惡的逆境，從而對道家思想有了進一步的認識。他擬在黃州天慶觀修煉養生術時對友人秦觀説："吾儕漸衰，不可復作少年調度，當速用道書方士之言，厚自養煉。謫居無事，頗窺其一二。又借得天慶觀道堂三間，冬至後當入此室，四十九日乃出。自非廢放，安得就此。"[①]自此，他在養生方面取得了很大的成效，似有仙風道骨了。他對友人王定國説："近頗知養生，亦自覺薄有所得。

---

① [宋]蘇軾：《答秦太虛四》，《蘇軾文集》卷五十二，中華書局1986年版。

見者皆言，道貌與往日殊別。更相闊數年，索我閬風之上矣……道術多方，難得其要，然以某觀之，惟能靜心閉目，以漸習之，但閉得百十息，爲益甚大；尋常靜夜，以脈候得百二三十至，迺是百二三十息爾。數爲之，似覺有功。"①蘇軾在練習道家養生術的過程中再研讀《莊子》，完成了《廣成子解》。

關於《廣成子解》作於黃州時期，這可得到間接的證實。蘇軾到黃州的第二年，求得州東門外故營地，開荒耕種，自號東坡居士，繼而建築雪堂。此堂建於大雪中，於四壁繪雪，因名雪堂。蘇軾在《雪堂記》裏以雪爲喻，表達了所受莊子道家思想的影響：

> 靜則得，動則失。黃帝，古之神人也，游乎赤水之北，登乎崑崙之丘，南望而還，遺其玄珠焉。游以適意也，望以寓情也。意適於游，情寓於望，則意暢情出，而忘其本矣。雖有良貴，豈得而寶哉。是以不免有遺珠之失也。雖然，意不久留，情不再至，必復其初而已矣，是又驚其遺而索之也。余之此堂，追其遠者近之，收其近者內之，求之眉睫之間，是有八荒之趣。②

文中"靜則得，動則失"乃用《莊子·天道》"靜則無爲"之意。黃帝登崑崙之事乃發揮《莊子·天地》所述："黃帝遊乎赤水之北，登乎崑崙之丘而南望。還歸，遺其玄珠，使知索之而不得，使離朱索之而不得，使喫詬索之而不得也。乃使象罔，象罔得之。"玄珠乃黑色的明珠，道家以喻道之本體。黃帝所遺之玄珠爲象罔所得，蘇軾以喻其雪堂之義，有似得黃帝之玄珠。黃帝問道於廣成子和黃帝遺其玄珠，此《莊子》中之兩則寓言均爲蘇軾深究其義，可見《廣成子解》與《雪堂記》爲同時期所作。

《睡鄉記》是蘇軾的一篇深寓道家清靜無爲思想的遊戲文字。睡鄉這個地方的社會民俗很特別："其政甚淳，其俗甚均，其土平夷廣大，無東西南北，其人安恬舒適，無疾痛札瘯。昏然不生七情，茫然不交萬事，蕩然不知天地日月。不絲不穀，佚卧而自足；不舟不車，極意而遠遊。"這是對道家理想的無知無識的小國寡民的社會作了誇張的描述。蘇軾繼以寓言的方式記述："昔黃帝聞而樂之，閒居齋，心服形，三月弗克其治。疲而睡，蓋至其鄉。既寢，厭其國之多事也，召二臣而告之。凡二十有八年，而天下大治，似睡鄉焉。"③此後的帝王禹、湯、武王、周公勤政治國，制禮作樂，睡鄉的邊境便不安了。戰國、秦、漢之君主悲愁傷生，於內極欲，對外攻戰，睡鄉於是變成廢墟了。《睡鄉記》的主要內容與《莊子·在宥》中老聃所述"昔者黃帝以仁義攖人之心，堯、舜於是乎股無胈、脛無毛，以養天下之形，愁其五藏以爲仁義，矜其血氣以規法度"的寓言之意基本相同，或可認爲是復述莊子寓言。此記的開篇說"睡鄉之境，蓋與齊州接，而齊州

---

① [宋]蘇軾：《與王定國八》，《蘇軾文集》卷五十二，中華書局1986年版。
② [宋]蘇軾：《雪堂記》，《蘇軾文集》卷十二，中華書局1986年版。
③ [宋]蘇軾：《睡鄉記》，《蘇軾文集》卷十一，中華書局1986年版。

之民無知者”。“齊州”指中州，即中國；“齊州之民”即中國之民。睡鄉的環境與中國相連接，則睡鄉已在海外。黃州古稱齊安，蘇軾謫居黃州，以齊州借指齊安，以睡鄉寓寫對道家理想社會的嚮往。故《睡鄉記》是作於其謫居黃州期間的。

蘇軾在黃州時期對莊子所述黃帝求遺珠和黃帝治天下的寓言所含蘊的道家思想通過《雪堂記》和《睡鄉記》予以探討。黃帝問道於廣成子之寓言較深刻地闡發了“君子不得已而臨莅天下莫若無爲”的道家治道之説。我們將《廣成子解》與《雪堂記》和《睡鄉記》聯繫起來考察，它們皆取材於莊子關於黃帝的三則寓言，從不同的角度去認識道家思想，它們是同時期的著作。

北宋熙寧二年（1069）二月，王安石爲參知政事，開始在全國推行新法。蘇軾連續向神宗皇帝上書反對新法，繼而又在外任杭州通判時寫作了大量的攻擊新法的政治諷諭詩，終致於元豐二年（1097）以訕謗新法的罪名下御史臺獄，史稱烏臺詩案。結案後，蘇軾被貶謫至黃州。蘇軾的政治思想基本上屬儒家政治倫理學説，所以在新法施行之初，他即強烈地表示反對。熙寧四年（1071）正月，蘇軾向神宗皇帝進言：“夫時有可否，物有廢興。方其所安，雖暴君不能廢；及其既厭，雖聖人不能復。故風俗之變，法制隨之。譬如江河之遷移，順其所欲行而治之，則易爲功，強其所不欲而復之，則難爲功。”①主張政治制度應順從風俗民心，不宜輕易改變，否則很難取得社會功效。此年二月，蘇軾在向神宗皇帝的建言裏明確地表示反對法家的政治主張，他説：“唯商鞅變法，不顧人言，雖能驟至富強，亦以召怨於下，使其民知利而不知義，見刑而不見德，雖得天下，旋踵而失也……自古及今，未有和易同衆而不安，剛果自用而不危者也。”②這裏的“不顧人言”和“剛果自用”皆明指堅決推行新法的“拗相公”王安石。蘇軾在反對新法的政治鬥爭中遭到失敗，這必然使他在謫居時對社會治道進行反思。道家的清靜無爲的治道思想漸漸爲蘇軾所關注，所以他通過《廣成子解》而作了進一步的探索。在黃州時期，蘇軾的思想發生了很大的變化，他吸收了佛家思想和道家思想，而於國家之治道則更傾向於道家的無爲而治。

元祐時期朝廷罷行新法，蘇軾等舊臣重新擔任朝廷要職。元祐六年（1091）蘇軾奉詔作的《上清儲祥宮碑》是對道家治道思想的闡發，提倡崇尚黃老之術的文景之治，這甚適應元祐政治的需要。其文云：

> 臣謹按，道家者流，本出於黃帝、老子。其道以清淨無爲爲宗，以虛明應物爲用，以慈儉不爭爲行，合於《周易》“何思何慮”、《論語》“仁者靜壽”之説，如是而已。自秦、漢以來，始用方士言，乃有飛仙變化之術，《黃庭》、《大洞》之法，太上、天真、木公、金母之號，延康、赤明、龍漢、開皇之紀，天皇、太一、紫微、北極之祀，下至於丹藥奇技，符籙小數，皆歸於道家，學者不能必其有無。然臣嘗竊論之。黃帝、老子之道，

① ［宋］蘇軾：《議學校貢舉狀》，《蘇軾文集》卷二十五，中華書局1986年版。
② ［宋］蘇軾：《上神宗皇帝書》，《蘇軾文集》卷二十五，中華書局1986年版。

本也。方士之言，末也。脩其本而末自應……文景之治，大率依本黃、老，清心省事，薄斂緩獄，不言兵而天下富。①

此碑文表現了蘇軾對道家治道的認識的深入。他將先秦道家與後世道教相區別，以二者爲本與末的關係。他力圖在國家治道方面調和儒家與道家的主張，並將道家之旨勉强與儒家經典附會，以便在罷行新法之後，建議朝廷采取清心省事的治策，因而重新提倡西漢初年的文景之治，以讓人民休息，國家安寧。我們通過對《廣成子解》的探討，可見蘇軾政治思想變化的軌迹，有助於對其思想進行深入研究。

作者單位：四川省人民政府文史研究館

---

① [宋]蘇軾：《上清儲祥宮碑》，《蘇軾文集》卷十七，中華書局 1986 年版。

# 試析宋人心目中大禹的崇高智慧

官性根

　　大禹是中華民族的上古帝王之一，尤其是以治水成功而被人們永遠地崇祭。大禹崇高智慧的產生，首先是與其治理岷江水患密不可分的。面對氾濫成災的滔滔洪水，大禹憑藉著一顆熾熱的愛民之心，遵循自然天道，以堅韌不屈的精神，在各族人民的支持下，成功地治理了岷江水患，以後順江而下，最終完成了對全國洪澇災害的治理，爲中國歷史上的第一個朝代——夏朝的建立奠定了堅實基礎。後來的宋人因國家積貧積弱而上下求索，在其心目中，大禹成爲了道義與智慧的化身。大禹的崇高智慧主要包括因天順地、永生厥民、知人任賢、罪己納諫四個方面。

## 一　因天順地

　　所謂"因天順地"，是指要順應天地之道，尊重自然，按照客觀規律辦事。大禹的智慧首先體現在成功地治理洪水災害之中。當"浲水警堯，天下昏墊。江實爲暴，民受其害"之時，帝堯"乃命禹決江疏河，東放於海"。於是，大禹"智機於水，用能因天順地，永生厥民"，使得"天下受其利"。①大禹治水成功的最關鍵之處就在於"因天順地"，充分地尊重和利用自然規律。在治理水患的過程中，保留了著名的灩預堆，堪稱傑作，"乃知大禹所以浚川而不去此者，匪特以殺水之怒，而四瀆之長，江存灩預，河存砥柱，則聖人之意，亦將有所寓焉"。②這種順應自然的做法，就是"無爲而無不爲"的智慧之舉，"智者若禹之行水，行其所無事"③。

　　在治理水患成功之後，大禹根據山川河流的自然走勢而劃地分野。他把治理水患之後的地方劃分爲九個區域，"禹敘九疇"④。在九州之中，包括了以四川爲

---

① [宋]張俞：《郫縣蜀叢帝新廟碑記》，《都江堰文獻集成·歷史文獻卷》，巴蜀書社 2007 年版，第 120 頁。
② [明]楊慎：《全蜀藝文志》卷二，薛紱：《灩預堆賦》，線裝書局 2003 年版，第 51 頁。
③ [宋]趙汝愚：《宋諸臣奏議》卷一百一十四，程顥：《上神宗論新法乞降責》，上海古籍出版社 1999 年版，第 1243 頁。
④ （舊題秦）黃石公：《黃石公素書》卷首，張商英原序。

中心的梁州，"惟梁州域，神禹所別"①。將九州之形鑄於鼎之上，以示九州的地位平等與和諧統一："禹鑄九鼎，用器也，初不以爲寶，象物以飾之，亦非所以使民遠不若也。"②

在音樂和養生等方面，大禹對其中的自然之道也有很深的體悟。由於"洪水之變，樂器漂蕩"，大禹"效黃帝之法，以生爲律，以身爲度，用左手中指三節"③，按照聲音的自然屬性制定音律。"黃帝、夏禹之法，簡捷徑直，得于自然，故善作樂者以聲爲本。若得其聲，則形數、制度當自我出。"④大禹很長壽，"舜、禹皆壽百餘歲"⑤。這是深諳養生之道的必然而又自然的結果。

之所以要"因天順地"，是出於對自然世界始終保持一顆敬畏之心。包括大禹在內的古先聖王，都對自然存有敬畏之意。帝堯告訴大禹"浲水儆予"⑥，於是"夏後之謹天戒"⑦，"禹以敬"⑧，從而形成了"舜、禹、稷、皐尚相戒敕"⑨的自覺意識。敬畏天道，順應時勢，就能以不變應萬變，"聖人應接萬變，易地則皆然，堯、舜、禹、湯、文、武、周公以道治其時，而孔子之道托在乎春秋者，其道一也"⑩，最終獲得成功。"六經之道，聖人所以傳之後世，章章然而不泯，堯、舜、禹、湯、文、武、周公得其時而治也。"⑪

其實，也祇有真誠地敬畏自然，纔能真正地做到"因天順地"。這是因爲，如果對自然保有一顆謙卑之心，主觀世界與客觀世界便會相互照映，偉大的智慧也就由然而生。"伏惟陛下察之言，以究四說之同異而明辨之，則知臣之所言，非臣所爲之說，乃古先聖賢之所說，非聖賢所爲之說，乃天經地義自然之理，雖堯、舜、禹、湯、文、武、周、孔之聖，顏、曾、伋、軻之賢，而有所不能違也。"⑫這種崇高的智慧既是自然的賜予，也是對謙卑的回報。"昔者河圖之未出，九疇之未錫也，伏羲與禹之聖蓋亦拱手而莫能窺也。及夫天之有所界付而後，二聖人者始得以措意乎其間，此必有所系乎數，而非人之所能與也。……夫然後聖人處

---

① [明]楊慎：《全蜀藝文志》卷四十四，李埴《魚復扞關銘·並序》，綫裝書局 2003 年版，第 1334 頁。
② [宋]蘇軾：《東坡全集》卷九十六《漢鼎銘·並引》。
③ [宋]魏漢津：《樂律疏》，傅增湘纂輯《宋代蜀文輯存》卷四十。
④ [元]脫脫：《宋史》卷一百二十九《樂志四》。
⑤ [宋]趙汝愚：《宋諸臣奏議》卷一百四十五，王禹稱：《上真宗論軍國大政五事》，上海古籍出版社 1999 年版，第 1651 頁。
⑥ [宋]趙汝愚編《宋諸臣奏議》卷四十三，梁燾：《上哲宗論華山摧》，上海古籍出版社 1999 年版，第 448 頁。
⑦ [宋]趙汝愚：《宋諸臣奏議》卷四十五，毛注：《上徽宗答詔論彗星事》，上海古籍出版社 1999 年版，第 473 頁。
⑧ [宋]扈仲榮：《成都文類》卷四十四，孫松壽：《牧齋集》。
⑨ [宋]趙汝愚：《宋諸臣奏議》卷二十一，傅堯俞：《上英宗乞伸威斷》，上海古籍出版社 1999 年版，第 199 頁。
⑩ [清]杜諤：《春秋會義後序》，傅增湘纂輯《宋代蜀文輯存》卷二十六。
⑪ [清]杜諤：《春秋會義序》，傅增湘纂輯《宋代蜀文輯存》卷二十六。
⑫ [宋]朱熹：《晦庵集》卷十一《戊申封事》。

其中，建皇極以統治之，使其彝倫不至於斁以及於亂，此洪範之所以為作，而天之所以畀禹也。"①聖人將這種智慧代代相傳，到了宋代，則被提升爲"天理"："蓋天理者，此心之本然"，"舜、禹傳所謂人心惟危，道心惟微，惟精惟一，允執厥中者，正謂此也。"②

可見，敬畏天道，順應時勢，是包括大禹在内的古先聖人所共同遵循的基本原則。不論是治理洪災，還是管理社會；不論是制定樂律，還是個人養生，都應該因天順地，順應自然，真正做到無爲而無不爲。取法自然，尊重規律，是包括大禹在内的古先聖王成功的關鍵所在。

## 二　永生厥民

所謂"永生厥民"，就是執政者要永遠爲人民謀福利。因爲任何執政者都面對著人民，人民又是天地之中的一類，既然能夠"因天順地"，那麼"永生厥民"就成爲了當然之理。愛民不僅是一種品德，也是一種智慧。祇有尊重自然規律和社會規律，纔能造福於民。也祇有大公無私，永遠擁有一顆真誠的安民之心，纔能堅定不移地按照客觀規律辦事。要真正實現"永生厥民"的遠大目標，主要需要在勤奮和節儉兩個方面下功夫。

之所以要勤奮，是爲了創造更多更好的生產生活條件，努力發展生產，從而不斷地改善人民的生活。爲了人民的利益，大禹非常勤奮，"禹治水何勤劬，按行粤至於萬鬼區"③，"禹傷先人之功不成，勞身焦思，八年於外"④。甚至還要與妖魔鬼怪做鬥爭："禹益決岷水，屢與山鬼鏖。摧崗轉大石，破地疏洪濤。"⑤大禹治水的成功，是智慧與勤奮共同作用的結果。"凡人之類至于今不泯者，禹之勤也。孟子曰：禹之行水也，行其所無事也。夫以水之橫流，浩莫之止而聽其自行，則沉沒之害不可治已。于傳有之，禹手駢而足胝，宮卑而食菲，娶塗山而遂去家，不暇視其呱泣之子，則其勤勞亦至矣。"⑥不僅治水需要勤奮，發展生產也需要勤奮。大禹在治理水患之後，發展生產，從而爲中國歷史上第一個王朝——夏朝的建立奠定了堅實的基礎。"禹、稷躬稼而有天下"，後世認爲"禹之有天下則然矣"⑦。

從某種程度上說，勤奮本身就是一種智慧。勤奮是走向成功的捷徑，而懶惰

---

① [宋]史堯弼：《蓮峰集》卷六《洪範論上》。
② [宋]朱熹：《晦庵集》卷十三《延和奏劄二》。
③ [宋]馬永卿：《神女廟記》，第1062頁。
④ [明]楊慎：《全蜀藝文志》卷三十七，林同：《孝詩·禹》，綫裝書局2003年版。
⑤ [明]楊慎：《全蜀藝文志》卷九，蘇轍：《入峽》，綫裝書局2003年版，第236頁。
⑥ [宋]陸游：《放翁遺稿》卷上《禹廟賦》。
⑦ [宋]趙汝愚：《宋諸臣奏議》卷八十七，韓維：《上神宗議僖祖祧遷》，上海古籍出版社1999年版，第942頁。

者則不可能獲得成功，其等到的祇能是失敗。大禹最大的歷史功績就是成功地治理天下水患，"方二江之害被兹土，以禹之功不是施兮，嗟後來亦奚言？"其歷史功績巨大無比，"以禹之功，至大至神"①，造福了子孫萬代，"禹抑洪水，拔萬世之患"②。充分地體現了智慧與道義的完美統一，"惟大禹以神智承命俾義，克底平成之功"③。其實，勤奮是古先聖王取得成功的不二法門，"堯、舜、禹、湯、文、武、成、康之君未有不勤而成者也"④。

創造並不容易，節儉十分必要。節儉不僅是一種美德，而且也是一種智慧。節儉包括在物質財富上的節儉、對寶貴時間的珍惜以及民族關係上的和平相處。

在對物質財富的節約上，大禹是非常突出的，"禹卑宮室，惡衣服，克儉於家，以有天下"⑤。禁酒之令也是在物質財富上節儉的重要表現形式之一，"況酒之爲物，傷性敗德，禹、湯所禁"⑥。少取於民也是一種特殊的節約。大禹等古先聖王奉行量出爲入的原則，主張理財，而非聚斂，"是故以天下之財與天下共理之者，大禹、周公是也。古之人未有不善理財，而爲聖君賢臣者也"⑦。大禹在物質財富上的節儉，成爲積貧積弱的趙宋王朝尤其應該效法的楷模。陳公輔希望宋欽宗"躬儉節用如大禹、文王"⑧，李綱在上奏中提出"卑宮室，菲飲食，以法大禹之儉"⑨。

珍惜寶貴的時間，是節約的又一表現形式。大禹非常珍惜光陰，"大禹寸陰之戒"⑩。之所以要珍惜時間，是爲了儘早解除人民的苦難，"昔禹思天下有溺者，猶己溺之，孜孜不倦，惜此寸陰"。其心情非常迫切，"迫切於心，不可以怠，孰若大禹？"⑪對多災多難的宋王朝來說，無疑具有重要的借鑒意義，"更望訓飭大臣，日以禹惜寸陰之義，汲汲措置"⑫。

民族關係上的和平相處，也是一種特殊的節約方式。因爲邊疆地區和平安寧，既節省了大量的軍費開支，又有利於發展生產。所以，以和爲貴，用和平的手段實現與眾多方國的友好關係，避免戰爭的發生，使人民不受戰亂之苦，既可以節

---

① [明]楊慎：《全蜀藝文志》卷二，狄遵度：《鑿二江賦》，綫裝書局 2003 年版，第 39-40 頁。
② [宋]蘇籀：《雙溪集》卷九《面對論和戰劄子》。
③ [明]楊慎：《全蜀藝文志》卷三十七，張玠：《創建有夏皇祖廟記》，綫裝書局 2003 年版，第 1051 頁。
④ [宋]趙汝愚：《宋諸臣奏議》卷二十九，范祖禹：《上哲宗乞進德愛身》，上海古籍出版社 1999 年版，第 281 頁。
⑤ [宋]陳次升：《讜論集》卷二《崇儉》。
⑥ [宋]趙汝愚：《宋諸臣奏議》卷十一，司馬光等：《上仁宗論悉罷燕飲安神養氣》，上海古籍出版社 1999 年版，第 96 頁。
⑦ [宋]葉適：《水心集》卷四《財計上》。
⑧ [宋]趙汝愚：《宋諸臣奏議》卷九十二，陳公輔：《上欽宗論不當因孟享遊宴》，上海古籍出版社 1999 年版，第 1002 頁。
⑨ [明]楊士奇等：《歷代名臣奏議》卷三《君德》。
⑩ [宋]趙汝愚：《宋諸臣奏議》卷四十四，韓宗武：《上徽宗答詔論日食》，上海古籍出版社 1999 年版，第 463 頁。
⑪ [宋]胡宏：《五峰集》卷二《上光堯皇帝書》。
⑫ [明]楊士奇等：《歷代名臣奏議》卷三《君德》。

約戰爭開支，又有利於大力發展生產力，增加社會財富。著名的塗山之會就充分地體現了這一點："初，禹東巡狩，會群臣於會稽之山，執玉帛者萬國。"① 塗山之會是仁愛精神的生動體現，"奉伯禹塗山之會""體深仁于湯、禹"。②

對古先聖王來説，即使是征討活動，也衹是一種手段，而並非最終的目的。著名的大禹討伐三苗，就是其中的典型代表。"夫舜之命禹征有苗也，禹以益贊之言而班師，二臣未嘗禀命也而安行之，舜亦誕敷文德而莫之問。"③討伐本身並不是目的，絶不會爲了討伐而討伐，甚至亂殺無辜。"安有仁君在上而肯殺無辜之民耶？堯、舜、禹、湯忍爲此耶？"④ 討伐是爲了和平統一："禹之服三苗，蓋有得乎此矣。使禹有勝苗之心，則苗亦有不服之意，流血漂杵，方自此始，其能格之干羽之間，談笑之際耶？夫人之喜怒憂樂，始生而具，治水而不憂，伐苗而不怒，此禹之所以爲禹也。"⑤禹征三苗的美好結局令宋人羨慕不已，"外足以詰戎兵而陟夏禹之跡也"⑥。楊萬里在上奏中提出："人主之治天下"，應該"勤儉如禹"。⑦

"永生厥民"，是指一切要爲人民著想，讓人民安居樂業。這是政治合理的出發點和歸宿。"臣竊以堯舜之爲君，禹皋陶之爲臣，可謂至治矣。然考之於書，皋陶之所以失謨於舜，而禹亦稱爲帝其難之者，在知人在安民二者而已。安民則惠，豈非治道之先哉？"⑧ 古先聖王"永生厥民"的政治智慧具有永恆的魅力，"自後世觀之，三代之君民，教意煩勞，得無迂闊，而無可用歟？不知禹、湯之君惠顧元元，其導之深習之熟，禮樂信義便民而無蹈浮薄者也"⑨。可見，"永生厥民"的思想永遠閃耀著智慧的光芒。

## 三　知人任賢

要真正實現"永生厥民"，就必須做到"知人任賢"。之所以要"知人任賢"，是因爲聖人也難免會有過失。"以舜之世而有苗不率，又以禹出兵而征之，其勢如覆太山以壓卵，然以益之一言，則還師而修德。以舜、禹之聖，猶不能無過舉，其所以為不可及者，以其能舍己從人，唯是之求也。"⑩能否知人任賢，是

---

① [宋]沈立：《越州圖序》，載《嘉泰會稽考志》卷一。
② [宋]李攸《宋朝事實》卷十七，宋太祖：《削平僭偽》。
③ [宋]楊時：《龜山集》卷一《上淵聖皇帝》。
④ [宋]歐陽澈：《歐陽修撰集》卷三《上皇帝第三書》。
⑤ [宋]陸游：《放翁逸稿》卷上《禹廟賦》。
⑥ [宋]劉一止：《苕溪集》卷十《講義》之《立政》。
⑦ [明]楊士奇等：《歷代名臣奏議》卷三《君德》。
⑧ [宋]趙汝愚：《宋諸臣奏議》卷一百一十六，楊繪：《上神宗論助役》，上海古籍出版社 1999 年版，第 1262 頁。
⑨ [宋]員興宗：《九華集》卷六《風俗議》。
⑩ [宋]趙汝愚：《宋諸臣奏議》卷一百二十，孫覺：《上神宗論條例司畫一申明青苗事》，上海古籍出版社 1999 年版，第 1226 頁。

衡量執政者是否具有政治智慧的重要尺度。

要任用賢人，首先必須知道誰是賢人，知人是任賢的前提。在堯統治時期，大禹説道："知人則哲；能官人，惟帝其難之。能哲而惠，何憂乎歡兜？何遷胡有苗？可畏胡巧言令色孔壬？"其中表明了"堯亦難乎知人也"①。儘管"以知人為難"，帝堯還是能夠知人任賢，"四凶、舜、禹雜處其朝而終能辨之，知所信任"②。大禹非常重視"知人任賢"，伯益爲其所用，就是其"知人任賢"的典型例征。"虞之賢臣，皋陶為首；夏之賢臣，伯益為首。舜、禹任之，與之始終，故能成至治。"③

實踐是檢驗賢與不賢的根本方法。堯是知人任賢的傑出代表，"堯任舜禹，聖化日熙。二臣至德，惟堯克知"④。在知人任賢方面，虞舜也是表現非凡。大禹就是虞舜執政時期重要的賢人之一，"舜為天子，禹為司空，伯益贊之，君臣之盛，自古未有也"⑤。在民族關係的處理上，獲得了巨大的成功，"昔者舜伐三苗，三苗不服，益贊于禹，班師振旅，有苗來格"⑥。虞舜把治水的千斤重擔交給了大禹，"舜命禹作司空，曰汝平水土，曰云成功"⑦。大禹治水成功，就是舜任用賢人的美好結果。"舜不能治，然後舉禹，果能治之，遂成大功。及舜有天下，若堯之治，乃美禹曰：'地平天成，六府三事允治，萬世永賴，時乃功。'是知滔天之害，雖堯舜之聖，必待禹而治之。"於是，"謂開闢已來，群聖之功，唯禹為大，由乎此也"⑧。堯、舜時期是一個賢人輩出的時代，"觀堯、舜之時，在廷之士，如禹、稷，如益、契，或以治水有功，或以播種有功，或以敷教有功"⑨。於是，主動讓賢的禪讓之風便油然而生了，"堯之於舜，舜之于禹，以天下遜者也。"⑩

"知人"固然重要，"任賢"更顯可貴。在治理水患的過程中，大禹也得到了賢人和神仙的幫助。如瑤姬"助禹驅鬼神，斬石疏波"，於是被封賜爲"廟用真人"⑪。此外，"琅函蕊笈發天秘，贊禹治水唐虞時"⑫。還得到黃牛之神的幫

① [宋]趙汝愚：《宋諸臣奏議》卷一百一十五，楊繪：《上神宗論王安石》，上海古籍出版社 1999 年版，第 1258 頁。
② [宋]趙汝愚：《宋諸臣奏議》卷十四，孫覺：《上神宗論知人在務學》，上海古籍出版社 1999 年版，第 129 頁。
③ [宋]趙汝愚：《宋諸臣奏議》卷四十六，何郯：《上仁宗論宰相宜擇賢材而久其任》，上海古籍出版社 1999 年版，第 490 頁。
④ [宋]釋文珦：《潛山集》卷一《堯任舜禹行》。
⑤ [宋]趙汝愚：《宋諸臣奏議》卷一百四十三，劉敞：《上仁宗請罷五溪之征》，上海古籍出版社 1999 年版，第 1626 頁。
⑥ [宋]趙汝愚：《宋諸臣奏議》卷一百三十六，劉敞：《上仁宗論城古渭州有四不可》，上海古籍出版社 1999 年版，第 1520 頁。
⑦ [宋]王之望：《漢濱集》卷七《初除左諫議大夫上殿奏議》。
⑧ [宋]扈仲榮：《成都文類》卷二十一，張俞：《上蜀帥書》。
⑨ [宋]史堯弼：《蓮峰集》卷五《元結陸贄言論》。
⑩ [宋]史堯弼：《蓮峰集》卷七《泰伯可謂至德論》。
⑪ [宋]范成大：《范成大筆記六種》之《吳船錄》，中華書局 2002 年版，第 219 頁。
⑫ [宋]閭丘泳：《次韻》，載楊慎編《全蜀藝文志》卷九，第 228 頁。

助，"上有名川廟，黃牛之神也。亦云助禹疏川者"①。實際上，這些正是大禹善於"任賢"的具體體現。

"知人任賢"是古代聖王的一貫做法，也是他們成爲聖王的重要原因之一。這種做法成爲了一種優良的政治傳統，"堯、舜、禹、稷之相遇，其朝夕都俞勸戒，不過任賢勿貳，去邪勿疑"，值得後世認真效法，"遠思堯、舜、禹、稷任賢去邪之道"②。大禹的"知人任賢"無疑體現出了高超的政治智慧。

## 四　罪己納諫

要真正實現"知人任賢"，還需要執政者"罪己納諫"。因爲祗有擁有"罪己納諫"的雅量，纔能對人有正確的判斷，纔算真正地"知人"，賢人纔樂於爲其所用。罪己納諫既是一種美德，也是一種智慧，是一種成就大事業的超常智慧。

所謂罪己，就是從自我身上尋找問題出現的原因。之所以要罪己納諫，關鍵在於聖王是人而不是神，也會或多或少地出現過錯，"堯、舜、禹、湯不能遠過"③。大禹是古先聖王中善於罪己的傑出代表之一。作爲三王之首的大禹，"逢災引匿"④。在罪己問題上，大禹和商湯齊名，"禹、湯之罪"⑤，這是爲了天下太平，"禹、湯罪己，以撫萬方，無以過也"⑥。這是他們成功的重要原因，"昔禹、湯之有天命，皆原於罪己之一念"⑦。這種罪己的做法，被宋人大加贊賞，成爲其效法的楷模，"勤禹、湯克己之規"⑧，"追禹、湯罪己之旨"⑨，"法禹、湯之罪己"⑩。

所謂納諫，就是虛心聽取他人的批評意見。在虞舜執政時期，存在著批評與自我批評盛行的良好政治氛圍："然皋、夔、稷、禹在唐虞時可謂良臣矣，而君臣籲咈，相與警戒，未聞有以遜志相容悦者。"⑪大禹在爲虞舜之臣時，就善於納諫。大禹對虞舜多有勸戒，如"無若丹朱傲，惟慢遊是好"⑫，"後克艱厥後，臣克艱厥臣，政乃義，黎民敏德"⑬。大禹繼承和發揚了虞舜善於納諫的優良作風，"及禹

---

① [宋]范成大：《范成大筆記六種》之《吳船錄》，中華書局2002年版，第222頁。
② [宋]趙汝愚：《宋諸臣奏議》卷十七，陳師錫：《上徽宗論任賢去邪在於果斷》，第159-160頁。
③ [宋]趙汝愚：《宋諸臣奏議》卷二十六，曾肇：《上宣仁皇后論文德殿受册》，第256頁。
④ [宋]趙汝愚：《宋諸臣奏議》卷三十八，宋祁：《上仁宗論星變地震火災》，第379頁。
⑤ [宋]趙汝愚：《宋諸臣奏議》卷四十，文彦博等：《上仁宗答詔論星變》，第404頁。
⑥ [宋]李綱：《梁溪集》卷四十一《召赴文字形檔祗候引對劄子》。
⑦ [宋]徐元傑：《梅野集》卷六《紹定壬辰御試對策》。
⑧ [宋]趙汝愚：《宋諸臣奏議》卷二十，孫沔：《上仁宗乞每旦親政振舉綱目》，上海古籍出版社1999年版，第194頁。
⑨ [宋]趙汝愚：《宋諸臣奏議》卷一百三十，李至：《上太宗乞懷柔北狄》，上海古籍出版社1999年版，第1431頁。
⑩ [宋]李綱：《梁溪集》卷四十《論水便宜六事奏狀》。
⑪ [宋]杜範：《清獻集》卷十一《論聽言劄子》。
⑫ [宋]趙汝愚：《宋諸臣奏議》卷一百一十，蘇軾：《上神宗論新法》，上海古籍出版社1999年版，第1201頁。
⑬ [宋]趙汝愚：《宋諸臣奏議》卷十九，范祖禹：《上哲宗論爲君難不可不求言》，上海古籍出版社1999年版，第183頁。

繼舜，亦拜昌言"①。善於納諫是古代聖王的共同美德和崇高智慧："禹以道臣戒，故以此告舜；舜以堯為法，故以此答禹。其要在於聽言、用賢、從衆、愛民而已。"②爲了充分地獲取各種意見和建議，帝王們還設置職官、組建機構："然猶列台諫以廣耳目，此堯、舜、禹、湯之用心也。"③這是值得後世學習和借鑒的，"追夏禹拜言之美"④，"若然，則堯采誹謗，舜達聰明，禹拜昌言，漢詔不諱，不獨稱美於前世矣。"⑤古先聖王的納諫之舉並非高不可及，雖然聖人早已遠去，但是聖人也並不神秘，後世完全可以學習和借鑒，"雖舜之好問、禹拜昌言，不過是也"⑥。甚至在某些方面還能出現後來者居上的局面，"古者聽納之君，雖堯、舜、禹、湯，不能過也"⑦。

真正能够納諫，必須具備三個條件：一要有憂患意識，二要虛懷若谷，三要樂於求善。堯、舜、禹、湯等古代聖王都有强烈的憂患意識，"君子福大而愈懼，爵隆而益恭，遠察近視，俯仰有則"⑧，"此禹所以隨用而持敬與成湯克享天心之主也"⑨。隨著時間的推移，這種憂患意識不但沒有減弱，反而還在增强："舜之命禹，乃復益之以人心惟危、道心惟微、惟精惟一之三言。夫致察于危微精一之間，則其戰兢保持之念，又有甚於堯者。"⑩帝堯和大禹都是虛懷若谷的帝王，"帝堯之克遜，大禹之不伐"⑪。他們不計私利，從不拉幫結派，"禹、稷與皋陶轉相汲引，不為比周"⑫。納諫是爲了更好地改過從善，"改過不吝，從善如流，此堯舜禹湯之所勉强而力行"⑬，"堯、舜、禹、湯盛德取善為事"⑭。

① [宋]趙汝愚：《宋諸臣奏議》卷六十三，彭汝礪：《上神宗論遣李憲措置邊事》，上海古籍出版社 1999 年版，第 696 頁。

② [宋]趙汝愚：《宋諸臣奏議》卷十九，范祖禹：《上哲宗論為君難不可不求言》，上海古籍出版社 1999 年版，第 183 頁。

③ [宋]趙汝愚：《宋諸臣奏議》卷四十六，馬遵：《上仁宗論安危之機在於命相》，上海古籍出版社 1999 年版，第 493 頁。

④ [宋]趙汝愚：《宋諸臣奏議》卷七十七，王存：《上神宗乞收百官轉對封章留中採擇》，上海古籍出版社 1999 年版，第 836 頁。

⑤ [宋]趙汝愚：《宋諸臣奏議》卷十八，趙抃：《上仁宗乞不罪王起上言虛妄》，上海古籍出版社 1999 年版，第 169 頁。

⑥ [宋]趙汝愚：《宋諸臣奏議》卷十九，余應求：《上欽宗乞官陳東還吳若舊職》，上海古籍出版社 1999 年版，第 189 頁。

⑦ [宋]趙汝愚：《宋諸臣奏議》卷十九，陳公輔：《上欽宗乞官長陳東》，上海古籍出版社 1999 年版，第 190 頁。

⑧ [宋]趙汝愚：《宋諸臣奏議》卷六，田錫：《上真宗進經史子集要語》，上海古籍出版社 1999 年版，第 53 頁。

⑨ [宋]徐元傑：《梅野集》卷六《紹定壬辰御試對策》。

⑩ [宋]文天祥：《文山集》卷三《御試策一道》。

⑪ [宋]趙汝愚：《宋諸臣奏議》卷三十五，鄒浩：《上徽宗論士大夫交結向族子弟》，上海古籍出版社 1999 年版，第 345 頁。

⑫ [宋]趙汝愚：《宋諸臣奏議》卷一百四十八，包拯：《上仁宗要務七事》，上海古籍出版社 1999 年版，第 1690 頁。

⑬ [宋]趙汝愚：《宋諸臣奏議》卷一百一十，蘇軾：《上神宗論新法》，上海古籍出版社 1999 年版，第 1194 頁。

⑭ [宋]趙汝愚：《宋諸臣奏議》卷五十七，朱光庭：《上哲宗再論安燾除命》，上海古籍出版社 1999 年版，第 630 頁。

　　納諫既是一種接納，更是一種學習。在一定程度上說，學習也是一種納諫，祇不過是一種間接的方式而已。聰明睿智的古先聖王們之所以還要努力學習，是爲了實現其偉大的理想。"堯、舜、禹之相授也，其言曰：人心惟危，道心惟微，惟精惟一，允執厥中。夫堯、舜、禹皆大聖人也，生而知之，宜無事於學矣，而猶曰精，猶曰一，猶曰執者，明雖生而知之，亦資學以成之也。"①包括大禹在內的古代聖王，都是非常善於學習的："堯、舜、禹、文、武之聖，亦皆有所從學。"②他們特別注重學習和借鑒歷史的經驗教訓："帝堯曰若稽古，帝舜曰若稽古，大禹曰若稽古，皋陶君臣之間皆稱稽古焉。然後知雖聖帝賢臣，未有不本于師古。所謂學者，學此也；所謂教者，教此也。"③學習幾乎是聖王們的一種本能需求，"是以堯、舜之帝，禹、湯、文、武之王，莫不從事於學，如饑之必食，渴之必飲，未常外道以出治，舍經以求治也"④。注重學習成爲一種優良的傳統，"故自堯、舜、禹、湯、文、武之君，皆汲汲於學"⑤。這種注重學習的優良傳統是應該被繼承和發揚的，"人主如能垂精問學，則所聞者皆堯、舜、禹、湯、文、武、周、孔之言，所講者皆堯、舜、禹、湯、文、武、周、孔之道"⑥。後代執政者沒有任何理由可以作爲忽視學習的藉口，"夫堯、舜、禹、湯、文、武，皆萬世所仰以為帝王之師者也，尚汲汲於學而不敢怠，為人君者其可以忽此乎？"⑦

　　因此，爲了人民的幸福安康，爲了國家的長治久安，執政者必須重視學習。"生民之巨福，宗社之長計，莫若人主知帝王之學。"因爲放棄學習最終必然會走向失敗。"人主雖有堯、舜、禹、湯之資，無學以充之，目奪於聲色，心蕩於嗜好，而又憸人饞夫，以邪說逢迎逐順，薰漬陶染於其前後，日復一日。及其惑於先，入善言無間而可乘，則下民唯君之怨，是豈知愛君之義哉？是豈欲澤及黎庶哉？"⑧對處於異常困難的趙宋王朝來說，更應該認真地加以借鑒。"臣愚不肖，竊願陛下即今日之治效，溯而上之，以求其所以然之故，而于舜、禹、孔、顏所授受者，少留意焉。"⑨

　　可見，在宋人心目中，包括大禹在內的古先聖王是具有偉大智慧的。大禹的四大智慧之間相互貫通，由於"因天順地"，所以要"永生厥民"；要做到"永生厥民"，就必須"知人任賢"；要真正做到"知人任賢"，就要善於"罪己納諫"。四者之間構成了一個和諧圓滿又生機無限的整體，蘊涵著與時推移而又常

---

① [宋]朱熹：《晦庵集》卷十一《壬午應詔封事》。
② [宋]趙汝愚：《宋諸臣奏議》卷一百四十九，程顥：《上神宗十事》，上海古籍出版社 1999 年版，第 1700 頁。
③ [宋]劉一止：《苕溪集》卷十《講義》之《說命下》。
④ [宋]徐元傑：《梅野集》卷五《紹定壬辰御試對策》。
⑤ [宋]趙汝愚：《宋諸臣奏議》卷五，范祖禹：《上哲宗論學本於正心》，上海古籍出版社 1999 年版，第 46 頁。
⑥ [宋]真德秀：《西山文集》卷五《得聖語申後省狀》。
⑦ [宋]趙汝愚：《宋諸臣奏議》卷五，鄒浩：《上徽宗論帝王為學之本》，上海古籍出版社 1999 年版，第 51 頁。
⑧ [宋]陳長方：《唯室集》卷一《帝學論》。
⑨ [宋]朱熹：《晦庵集》卷十四《延和奏劄五》。

變常新的本質屬性，是後世取之不盡、用之不竭的源頭活水。儘管其中或多或少地具有理想化的色彩，但也並非一種空想，祇要面對客觀現實並且合乎邏輯地加以昇華，則將閃耀出永恆的智慧光芒，使後來者不斷地從勝利走向勝利。這是中華民族成爲世界上唯一沒有中斷歷史發展的民族的決定性因素之一。爲了中華民族的偉大復興和人類的普遍繁榮進步，爲了更好地實現人類的可持續發展，虔誠而又謙虛地吸收包括大禹在內的古先聖王的崇高智慧，是非常必要而又重要的。

作者單位：西華大學人文學院

# 元代文學家謝端考述

胡傳淮　陳名揚

　　謝端（1279—1340），字敬德，號檀齋，四川遂寧青石人，元代著名文學家、史學家、蜀學家，《元史》評曰：“元世蜀士以文名者，曰虞集，而謝端其次云。”①謝端家族因宋蒙四川戰爭於淳祐前後出蜀，流寓江陵，至端始居武昌。端幼承蜀學，天資穎異。在荊南時，與宋本以文學齊名，時號“謝宋”。元仁宗皇慶二年（1313），元朝始開科取士。延祐五年（1318），端中進士，後累官至翰林直學士，階太中大夫，謚“文安”。

　　謝端在成均、翰林日，與“二宋”、虞集、許有壬、蘇天爵等元代文壇大家交往甚密。端以文字爲職業，尚高古，鄙俗流，制、表、散文皆是一等。曾預修英宗、明宗、文宗、寧宗四朝實錄，世稱“有史才”。元文宗曾對近臣阿榮言：“當今文學之士，朕惟未識謝端。”誠知端之名。端對前代政治與人物賢否猶有獨見，以不克修撰遼、金、宋三史爲大憾。曾與蘇天爵合撰《正統論》，刊有《謝文安集》《謝文安遺文》，均佚。

　　謝端雖不生長於蜀地，但蜀學世家孕育了他的人生性格和終身成就。祖父謝元賁深通玄象，傳擅預測，端亦通《易》。端在大都，廣交蜀士，被認爲是“川黨”先鋒，僅次虞集。他照顧鄉人後進，館於家中論道不倦。雖存文極少，亦有思蜀之辭。其爲法書名畫題辭常款“蜀郡謝端”“遂寧謝端”，其章則曰“青石謝端”。

　　謝端的前半生以教育爲重心，後半生出仕，以期改變政治，終以筆墨長相伴。屠寄有論云：“有元一代以江南後服，猜防南人，視若殷之頑民。”②蘇天爵歎端曰：“衆皆推公材識，惜其不果於從政也。”又云：“士有抱負藝能而不克盡施於用者，豈獨公乎！”③可知端之政遇乃具有普遍性，即使有足夠才能也未能用極。

　　學界對謝端關注不多，往往是在研究史學史、科舉史時偶有提及。宋褧在《祭謝檀齋文》中言謝端之一生：“其來也，滔滔江漢之波；其成也，巉巉嵩岱之山。”④作爲元代僅次於虞集的蜀學家，謝端不應被我們遺忘。本文即基於以上管見，試

---

① [明]宋濂等撰：《元史》卷一百八十二列傳第六十九，中華書局1976年版，第4206-4207頁。
② [清]屠寄撰：《蒙兀兒史記》卷一百二十列傳第一〇二，中國書店1984年版，第745頁。
③ 蘇天爵：《元故翰林直學士贈國子祭酒謚文安謝公神道碑銘並序》，載《滋溪文稿》卷十三碑誌，《景印文淵閣四庫全書》第1214冊，第151-154頁。以下簡稱《謝公神道碑銘》。
④ [元]宋褧撰：《燕石集》卷十三雜著祭文，載《文淵閣四庫全書》第1212冊，第491-492頁。

對謝端的履歷、交遊、著述和蜀意識做出考證，冀爲蜀學研究做綿薄努力。

## 一 "公在朝著，以文字爲職業"：謝端履歷考

南宋祥興二年（1279），宋亡。《謝公神道碑銘》載"公卒以至元六年夏五月庚午，享年六十有二"，又《祭謝檔齋文》云"當公壽旦，聞訃襄樊"，知端於此年夏出生。《元史》謝端傳載，端自幼穎異，"五六歲能吟詩，十歲能作賦"。十歲，端就讀於江陵郡學，習科舉文，"援筆立就，屢出同舍生上，其師異之"。宋褧云："惟公之生，天性卓然，正學既明，多藝且賢，聰悟非常。"謝端與宋本相識於江陵，二人同師於大儒王奎文，講程朱性理之學。後又同授業於此，以文學耀眼於荊南，時號"謝宋"。直到皇慶二年（1313）元仁宗復科舉前，端主要在荊南一帶從事教育工作。

延祐元年（1314），謝端參加在汴州舉行的河南江北行中書省鄉試，中舉。至元四年（1338），宋褧在汴州曾作詩紀念二十五年前在此參加河南鄉試的經歷。詩題爲《予以延祐元年從先兄正獻公入汴，始識彥輝吳征君。是歲，故中丞馬公伯庸、今翰林學士謝公敬德、國子博士王君師魯，鄉貢河南行省，迄今二十五年。予再以按行至汴，居監察行院，去征君所居僅半里，猶以公事未畢，尚遲於請見。時馬公亦薨，謝、王在館閣，感念存歿，賦唐律一首，先遣持遺征君正之》[1]，知當年謝端是與宋本、宋褧兩兄弟一同舉鄉貢。因母親去世，端未參加第二年會試。

延祐五年（1318）春，謝端四十歲，赴大都參加會試，中乙科進士。端以進士授潭州路同知湘陰州事，階承事郎（正七品）。端自此開始了其後半生的爲官之路。據《謝公神道碑銘》和《元史·謝端傳》，謝端曾歷任：潭州路同知湘陰州事、國子博士、太常博士、翰林修撰、同知制誥、國史院編修官、翰林待制、國子司業、翰林直學士。其散階升遷如下：承事郎、奉訓大夫、朝列大夫、中順大夫、亞中大夫、太中大夫。

謝端在擔任湘陰州同知之時，興學、重農、保民，使湘政出現平清局面。宋褧曾到湘陰訪友，其詩《書湘陰謝使君廳壁》自注云："湘陰爲湖南下州，而謝君敬德三年未嘗挈家。"[2]知端爲官之清正，亦可推知端在湘三年。《謝公神道碑銘》言端離湘赴京任職二十年後，湘陰的老百姓仍"頌其遺愛"，誠可謂有元一代之名吏。

至治元年（1321），秩滿，謝端調京師。受丞相張珪推薦，入爲國子博士，階儒林郎（從六品）。謝端在擔任太常博士期間創作的《道溪書院記》，提到了自己擔任國子博士的經歷："昔予備員國子博士，郡邑有以立書院文移至國子，迺上

① [元]宋褧撰：《燕石集》卷七。
② [元]宋褧撰：《燕石集》卷六，載《文淵閣四庫全書》第1212冊，第409頁。

之集賢，以至儀曹。或資之以入仕，或利之以復役，以故或從或否。獨是書院之設，悉無所覬，則亦庶乎知遠於寵利矣。"端認爲朝廷對書院建設的不重視是一種短見。可知，端在京爲官伊始就充滿了批判精神，無怪乎歐陽玄認爲"公材器宜居言官"①，歐陽可謂知端矣。

據《南城校文聯句並序》②載，泰定三年（1326）秋，大都舉行鄉試，時任太常博士的謝端和友人翰林直學士馬祖常、左司都事宋本爲同考官，三人於貢院聯句賦詩，該詩記敘了元代京師科考的盛況。可知，謝端最晚於泰定三年即任太常博士，階奉訓大夫（從五品）。

泰定四年（1327）夏四月某甲子，有盜入太廟竊走了第八室黃金主。第二日當時享，衆議紛紛，或云"爲位祀之"。時任太常博士的謝端進言："四時之祭皆用孟月，有故則用仲月。今盜入祏室，震驚神靈，當用仲月。"上從之。《元史》云，端因此事"坐罷去"，又云"端禮官，非典守，不當坐，亦不辨"。然，《謝公神道碑銘》並未載被罷事。考《元史》列傳第六十九宋本傳，宋本在太廟失竊後進言："在法，民間失盜，捕之違期不獲猶治罪，太常失，典守及在京應捕官，皆當罷去。"宋認爲涉及此案的官員均應被罷，然"皆不報"。一方面太常博士爲禮官，非典守職責，一方面宋本言罷"典守及在京應捕官"的意見未被採納。可知，端並未被罷。再考《石渠寶笈》，天曆元年（1328）正月，謝端與虞集等同觀王羲之《曹娥碑》，虞集跋中稱謝端爲"奉訓大夫太常博士"，可知端確未被罷。③

據《石渠寶笈》載，天曆二年（1329）正月九日，謝端與宋本、王守誠、簡正理、偰玉立、林宇、趙期頤等於柯敬仲家再觀王羲之《曹娥碑》④。謝端在宋本爲該法書的題跋中官銜爲"翰林修撰"。又，謝端在此年正月所作《送張文琰序》中亦署名"翰林修撰謝端敘"⑤。可知端乃在此年被任命爲翰林修撰、同知制誥兼國史院編修官，仍階奉訓大夫。

至順元年（1330）五月，謝端向元文宗進《英宗皇帝實錄》五十卷，其中《事目》八卷，《制誥錄》二卷。錢大昕在《元史藝文志》中云："至順元年五月進，翰林學士吳澄、侍講學士曹元用、馬祖常、謝端。"⑥似謝端此時爲"侍講學士"。《藏園群書經眼錄》錄有至順元年本《四書集義精要》的官牒，其中有云"據待制歐陽玄，修撰謝端、李黼，應奉蘇天爵等呈"⑦，可知端此時實爲翰林修撰。

據《謝公神道碑銘》，端在擔任翰林修撰後"三年，就遷待制，官朝列大夫"。端在天曆二年（1329）被任命爲翰林修撰，那麼遷翰林待制則在至順三年（1332）。

---

① 見《元故翰林直學士贈國子祭酒諡文安謝公神道碑銘並序》。
② [元]蔣易纂：《皇元風雅》卷二十八，元建陽張氏梅溪書院刻本。
③ [清]張照撰：《石渠寶笈》卷十三貯，清《文淵閣四庫全書》本。
④ [清]張照撰：《石渠寶笈》卷十三貯，清《文淵閣四庫全書》本。
⑤ [元]蘇天爵編：《國朝文類》卷三十六，上海涵芬樓景印元至正杭州路西湖書院刊本。
⑥ [清]錢大昕撰：《元史藝文志》卷二，載《嘉定錢大昕全集》第五冊，江蘇古籍出版社 1997 年版，第 25 頁。
⑦ 傅增湘撰：《藏園群書經眼錄》卷二經部二。

據《鄉貢進士翰林書寫楊君墓誌銘》載，謝端在元統元年（1333）曾擔任會試考官①。

《謝公神道碑銘》又言，端遷待制後"凡再任，階中順大夫"，此事應在元統二年（1334）。之後，端"選爲國子司業，升亞中大夫"。考《加封聖號詔書碑》，此碑爲至元二年（1336）十月立。碑上書有"奉訓大夫國子司業臣潘迪書，亞中大夫國子司業臣謝端篆，臣茅紹之刻"②，知端應在至元二年（1336）擔任國子司業。最後，端"復入翰林爲直學士"。考許有壬《圭塘小稿》，其中有謝端《＜文過集＞序》。根據許有壬自序言"丁丑分省，予以五月二日發京師，八日達上京。……七月十七日，奏歸日定，有司次第治行"及端序云"故自始至及歸，僅八九十日，又以酬機務接造請之餘，出其所有已"③，知端序於至元三年八月。文中又有"端承乏翰林"之言，知端應於此年再入翰林院，爲翰林直學士，階太中大夫（從三品）。

《山右石刻叢編》所録《故奉訓大夫興和路等處壹拾柒站都脱脱禾孫李公孝思之碑》中有"翰林侍講學士中奉大夫知制誥同修國史□□□□謝端篆"之文，胡聘之還在按中專論，云《元史》不載謝端爲翰林侍講學士，"可據此碑補"。④此説雖有碑文作爲依據，似較可信，但據以上考證，端實未任此職，胡之説亦無他證。程文在《貞白先生鄭公千齡行狀》⑤中言鄭千齡曾與"禮部尚書謝公敬德、吏部尚書劉公伯宣、侍郎夾穀之奇交"。按，鄭千齡在至順二年（1331）去世時，謝端方任翰林修撰，程説不知何由。

至元六年（1340）五月十八日（夏至），謝端卒於任上，年六十二。朝廷追贈國子祭酒、輕車都尉、陳留郡侯，謚"文安"。謝端仕至翰林直學士，終身以文字爲職業，不克盡其才。歐陽玄、蘇天爵等均爲之遺恨不已。

## 二 "朋友大義，予豈無權"：謝端交遊考

謝端四十歲前在荊南，其摯友爲宋本及其弟宋褧。謝端比宋褧大十五歲，比宋本大兩歲。他們三人的友誼持續了一生。

宋本原爲大都人，隨父宋禎官江陵，便流寓於此。本居江陵時自號"江漢羈傖"，性樂水及漁，又號"垂綸亭主人"。其父雖仕二十餘年，卻家素乏蓄。本

---

① [元]宋褧撰：《燕石集》卷十四碑誌。

② 該碑名"加封聖號詔書碑"，又名"加封孔子詔碑""加封先師文宣王遣祀闕里碑"。今碑之題名模糊，詳見於[清]梁國治等纂修：《欽定國子監志》卷四十七金石二，《文淵閣四庫全書》本。

③ 端序見[元]許有壬撰：《圭塘小稿》附録，載楊訥、李曉明編：《文淵閣四庫全書補遺》集部第四冊，第 201-203 頁。許有壬自序見《至正集》卷三十五。

④ [清]胡聘之輯：《山右石刻叢編》卷三十五，清光緒二十七年（1901）刻本，載中國東方文化研究會歷史文化分會編：《歷代碑誌叢書》第十六冊，第 270-272 頁。

⑤ [明]程敏政撰：《新安文獻志》卷八十六行實，載《文淵閣四庫全書》第 1376 冊，第 408-412 頁。

讀書"不以寒暑晝夜作輟""夜分迺寐，幾廢寢食"，在父逝母老的情況下，"教童子七十八人"，於江陵授業。①

《謝公神道碑銘》云端"弱冠，偕故禮部尚書廣陽宋公本，從王公奎文遊，講明性理之學，俱有才名。郡人以'謝宋'稱之"。端與宋本師出同門，又以文學齊名，號稱"謝宋"，時爲嘉話。宋褧在《祭謝橙齋文》文中回憶"始予羈丱，公始加冠，從我正獻，與公周旋"，突出了當年"謝宋"二人的友誼。宋本弟褧亦以才名著，與本並稱"二宋"。

謝端與"二宋"三人後皆成進士。端於延祐五年（1318）中進士乙科，仕致翰林直學士；宋本於至治元年（1321）參加廷試，左榜進士第一，高中狀元，後累擢禮部尚書、奎章閣學士院承旨學士、集賢直學士兼國子祭酒；宋褧於泰定元年（1324）中進士，後累官至翰林直學士。

雖宋本《至治集》不傳，我們亦可通過宋褧《燕石集》等復原當年他們交往的畫面。三人在中進士後，多數時間同朝爲官。《謝公神道碑銘》言謝端"在朝著，以文字爲職業，從容多暇。廣陽宋公時已登第，歷官省曹，事或有所疑，輒從公論決，悉中肯綮"。泰定三年（1326）大都鄉試，謝端、宋本、馬祖常爲同考官，宋本發起貢院聯句賦詩，酬唱之間，情誼自現。

雖然在泰定四年（1327）的太廟失竊案中，宋本參劾了太常寺，但並不指向端，且亦體現其秉公議政。宋本與謝端兩次同觀王羲之《曹娥碑》至順元年（1330）中秋的如舟亭燕飲，都體現了兩人的交誼。兩人擁有著共同的才識，又一同獎掖後進。賀據德爲泰定四年第丙科進士，授將仕郎、翰林國史院編修官。據德在翰林時，深爲宋本和謝端二人"器重"。據德的成長經歷與謝宋二人較爲接近，家境故寒，"自童幼孤苦，無慢情戲色"，"侍母以孝聞"，且"爲學勤苦，旦不頮水，夜不解帶，飜研覆精，必以己所自到者爲是"，惜早逝。②元統二年（1334）十一月二十五日，宋本去世，年五十四，謚"正獻"。時任翰林待制的謝端爲宋本撰寫了墓誌銘，當時的心情亦必萬分悲痛。③

宋褧與謝端的關係更爲親密，其在《祭謝橙齋文》中回憶"我知公深，不苛不煩，進退以義，知命樂天。汪洋若陂，性宜佩弦"。一句"我知公深"，便足以體現二人情誼。宋褧對謝端的性格十分瞭解，認爲他不慕榮利，堪比"陶令"。

宋褧和謝端詩詞往來甚多。謝端還在湘陰地方擔任小職之時，宋褧便前去看望，一句"使君廳事冷於冰，使君無家靜如僧"，表達了他的關切之心。謝端嗜酒、不慕榮利如"陶令"，而宋褧在性格上卻有所不同。宋褧在《寄慰翰林謝敬

---

① [清]王梓材、馮雲濠輯：《宋元學案補遺》卷九十五，民國二十六年（1937）四明叢書本。

② 賀據德事迹見《故將仕郎翰林國史院編修官賀君墓碣》，載[元]王沂撰：《伊濱集》卷二十三。

③ [清]朱彝尊、于敏中撰：《日下舊聞考》卷九十五。又見[清]張之洞纂：《順天府志》卷二十六地理志八塚墓宛平縣，載《續修四庫全書》第684冊，第3頁。

德學士》中言端整日"賦詩酌酒無白頭",雖不上調卻無愠,"我為終夕悶不休"。[1]宋褧在外任官時,謝端還曾去書"訴其俸薄無酒資",宋褧笑話他:"白玉堂前一老仙,能文善飲量如川。官高猶説清貧甚,乞與田租作酒錢。"[2]這些都足以體現二人真心的往來。

宋褧在謝端去世一周年之際,作祭文以紀之。他在文中回憶:"予壯公老,同立朝班,交久情密,與同悲歡。居則席接,出則轡聯。評議則臆見多協,辯論則胳合不偏。"他二人不因年歲之差而有絲毫懸隔,反而"始終無間,禮義不譽。予或略其兄事之禮,公亦謬以為才俊而相憐"。宋褧又言:"宿草不哭,禮經有傳。朋友大義,予豈無權。思公之切,晝夜不捐。"思友之深,誠感人肺腑!

謝端還與虞集、許有壬、蘇天爵、歐陽玄、王沂、朱德潤、馬祖常、黃清老等是好友。

謝端和虞集同爲流寓在外的蜀人,二人同朝爲官,交往頗密。天曆元年(1328)正月,謝端與宋本、宋褧、虞集、林宇同觀王羲之《曹娥碑》。其中謝端、虞集、林宇均爲蜀人。流寓在澧州路做教授的蜀人王元明去世後,由謝端撰墓誌銘,宋本書丹,虞集負責題蓋。至順元年(1330)虞集授任《經世大典》總裁時,曾上奏請謝端等協助。這些歷史片段都能體現二人的親密關係。

至元三年(1337)八月,謝端爲友人許有壬《文過集》作序。《文過集》是許在至元三年五月到七月間扈蹕於上京時所作詩集,凡一百二十首。此集還有吳全節、王沂、歐陽元、揭傒斯等序。謝端在序中自陳,身在翰林"亦嘗得預廟堂大議",特欽服許有壬"危言極論","雖時有從違,而天下則有陰受其賜者矣"。言其詩則曰:"麗而有則,諷而不迫,不矜持而莊,不織悉而瞻,蓋和平之音也。"集中有許之《和謝敬德學士入關至上都雜詩十二首》,端論曰:"觀者雖未至灤水之陽,而其土地所生,風氣所宜,皆在目中矣。"許有壬和謝端家同在江夏,端還表達了老歸後願從其遊的想法。許有壬在《和謝敬德學士見寄韻二首》中將謝端比爲陶靖節,並謂"從知宇宙多閑地,誰信襟懷勝舊時"。在《和謝敬德學士入關至上都雜詩》[3]第十二首中,許氏還用"最憐學士神仙福,終日吟詩不造朝"來形容謝端的生活狀態。此皆許對端才不得極用的感慨,二人之友情於此亦見。

謝端與蘇天爵亦相惜。謝端曾爲蘇天爵滋溪書堂作銘,並祝云:"贏金青紫世所取,滋溪有源子有後,斯堂斯書可世守。"至正二年冬,蘇天爵受端之子謝揩之請,撰寫了《元故翰林直學士贈國子祭酒謚文安謝公神道碑銘並序》,蘇在文

---

① [元]宋褧撰:《燕石集》卷七。
② [元]宋褧撰:《燕石集》卷九。
③ [元]許有壬撰:《至正集》卷十八。

中歎息道："公湘陰之政所試者小，而人已受其惠。若見諸大用，當何如哉！"

### 三 "時稱其有史才"：謝端著述考

《謝公神道碑銘》云："累朝信史、典册、制詔，當代公卿祠墓碑版，多出公手。"《元史》云："預修文宗、明宗、寧宗三朝實録，及《累朝功臣列傳》，時稱其有史才。"謝端參與了元代四朝實録的編修。至順元年（1330）五月，謝端向元文宗進《英宗皇帝實録》五十卷，端之《進實録表》云英宗"四年無前之盛治，兆民至今而永懷"。錢大昕《元史藝文志》和魏源《元史新編》均認爲謝端曾與修《英宗實録》。因天曆二年（1329）謝端被任命爲翰林修撰、同知制誥兼國史院編修官，且端在《進實録表》中云"臣等事徵四系，學愧三長，焕乎文章，無能名其爲大；寫之琬琰，庶有補於將來"，可知謝端確參與了《英宗實録》的編撰。謝端還與修了《明宗實録》《文宗實録》和《寧宗實録》。元統元年（1333），元惠宗詔修《泰定帝實録》《明宗實録》《文宗實録》《寧宗實録》，至元六年（1340）四朝實録修成。這些元實録後來成爲了明初修《元史》的重要史料來源，趙翼《廿二史劄記》云"明初修史諸臣即抄撮成書，故諸列傳尚多老筆而無釀詞"[1]。蘇天爵還言謝端對於前代君臣得失、國家興廢、人物賢否猶爲精熟，"以不克纂述三史爲憾"。

有論云謝端曾參與過《經世大典》和《國朝文類》的編纂，實則非也。至順元年（1330）正月，奎章閣學士院領撰《經世大典》事，命虞集和中書平章政事趙世延同任總裁。《元史》載，虞集曾進言請翰林修撰謝端、應奉蘇天爵等協助，"帝以嘗命修遼、金、宋三史，未見成績，《大典》令閣學士專率其屬爲之"[2]。故謝端並未參與《大典》的修撰。謝端亦未參編《國朝文類》。至元二年（1336）十二月，謝端與翰林修撰王文煜、應奉黄清老、編修吕思誠、王沂、楊俊民等呈請中書省刊印《國朝文類》，呈文有云："伏睹奎章閣授經郎蘇天爵，自爲國子諸生，歷官翰林僚屬，前後搜輯，殆二十年，今已成書爲七十卷。"[3]可知《國朝文類》乃是蘇天爵一人之力編纂而成。

《元史》有云："端又與趙郡蘇天爵同著《正統論》，辨金、宋正統甚悉，世多傳之。"謝端與蘇天爵合撰之《正統論》，又稱《正統論辯》。《元史藝文志》《補遼金元藝文志》《元史新編》《千頃堂書目》等均載有此書，並言該書爲一卷，乃

---

① [清]趙翼撰：《廿二史劄記》卷二十九元史，清嘉慶五年（1800）湛貽堂刻本。
② [明]宋濂等撰：《元史》卷一百八十一列傳第六十八虞集。又見[元]趙汸撰：《東山存稿》卷六。
③ 王國平主編：《西湖文獻集成》第14册歷代西湖文選專輯，杭州出版社2004年版，第100-102頁。

謝端所作。從謝端和蘇天爵修史的成就和史識評判，確應撰有此書。《遼史紀事本末》在引用書目中云謝端所撰之書爲《宋遼金正統論》。那麼《正統論》是否就是《宋遼金正統論》呢？王鳴盛在《蛾術編》中認爲："其時王理祖謝端著《三史正統論》，咸欲以宋爲正統，然一時諸臣之論，終以元承金，金承遼之故而疑之，仍並立爲三。"①顧景星在《論正統論》中云："元人謝端正金遼統，元得之遼也。皆私也。謂正則皆正，謂不正則皆不正也。"②兩位學者所稱謝端正統論的觀點竟截然不同，那麼他們評論的是一本書麼？考王圻《續文獻通考》，其言楊維楨《宋遼金正統論辯》時附録了作者爲"謝端"的《辯宋遼金正統》，該文認爲五代應通作《南史》，遼、金應爲《北史》，北宋爲《宋史》，建炎以後之宋爲《南宋史》③。王圻還在文後特意注釋了"端，遂寧人"。實則，王鳴盛和顧景星所評述的正統論當爲《辯宋遼金正統》。該文即爲收録在《國朝文類》中的《辯遼宋金正統》，元初學者王惲（1227—1304）在《玉堂嘉話》中早録有此文，文末有"燕山修端謹記"④。知《辯宋遼金正統》一文，實則爲元初學者修端所作。謝端和蘇天爵確合著過《正統論》，但沒有流傳，修端的這篇正統論經過明代學者王圻之手流傳開來，便造成了諸家誤讀。目前已不知謝端和蘇天爵合著的《正統論》主旨，祇知道"辨金、宋正統甚悉"，推知他們的觀點可能和修端爲近。

蘇天爵云："累朝信史、典冊、制詔，當代公卿祠墓碑版，多出公手。"謝端所作制以《加封孔子父母制》《御史大夫相嘉碩利封諡制》（該制在四庫本《元文類》中與《國朝文類》之文同，所書對象換成了"僧格實喇"，未知其因）爲有名。謝端之《賀親祀南郊表》文辭高古雄健，被明代學者蔣一葵認爲是有元一代"賀親祀南郊表第一"⑤。謝端所作墓誌銘以《元故將仕郎澧州路教授王君墓誌碣銘》爲代表。端亦以書法顯，著名的《加封聖號詔書碑》即由他篆額。至元二年（1336）十月，國子監將大德十一年七月十九日加封孔子爲"大成至聖文宣王"的詔書，刻碑於大都先師廟。謝端所篆"加號詔書"四字古樸渾厚，碑仍存北京孔廟。⑥

謝端平日尤喜飲酒賦詩。宋褧在《次韻謝敬德司業冬至夜見念詩二首》中以"陶令惟耽飲，虞卿漫著書"，將他和虞集的平日生活作了比較⑦。在《寄慰翰林

① [清]王鳴盛撰：《蛾術編》卷十説録十，商務印書館1958年版，第153-154頁。
② [清]顧景星撰：《白茅堂集》卷二十八史論，載上海古籍出版社編：《清代詩文集彙編》第76冊，上海古籍出版社2011年版，第466頁。
③ [明]王圻撰：《續文獻通考》卷一百七十六經籍考，載《四庫全書存目叢書》子部第188冊，第360-362頁。
④ [元]王惲撰：《秋澗集》卷一百《玉堂嘉話》卷八，載《文淵閣四庫全書》第1201冊，第390-393頁。
⑤ [明]蔣一葵撰：《堯山堂偶隽》卷七。
⑥ 該碑名"加封聖號詔書碑"，又名"加封孔子詔碑""加封先師文宣王遣祀闕里碑"。今碑之題名模糊，詳見於[清]梁國治等纂修：《欽定國子監志》卷四十七金石二，《文淵閣四庫全書》本。
⑦ [元]宋褧撰：《燕石集》卷五律詩絕句。

謝敬德學士》中，宋褧又贊端"高文大册有清譽，賦詩酌酒無白頭"，表達了欣羨之情。許有壬亦有很多與謝端的和詩。許有壬在《和謝敬德學士見寄韻二首》中唱"平生疏懶是天姿，今歲春來起亦遲。好酒或如陶靖節，杜門深愧鄭當時。"謝端扈蹕於上京時曾作詩十二首，許氏亦以十二首和之。王沂在《和謝敬德題杜宏道西岩小隱詩韻》中云："聞君結屋近西山，知在燕南趙北間。黍熟東皋多釀酒，杖藜吾欲扣柴關。"[1]友人們的和詩都突顯了謝端是熱衷於飲酒賦詩，性情豁達通明之人。惜謝端詩歌今僅存數首。至元四年（1338）四月，在友人傅若金即赴嶺南任職之際，謝端與虞集、歐陽玄、揭傒斯等爲之踐行，端高歌"自古詩人天所放"，頗具蜀中唐風。[2]

《元史》云"元世蜀士以文名者，曰虞集，而謝端其次云"，誠知端之文在當時的影響力。謝端原刊有《謝文安集》《謝文安遺文》，雖不傳，但我們亦可通過其遺篇一窺其文淵。

### 四　"端亦蜀人也，流離江漢間幾十餘年矣"：謝端的蜀意識

謝端家族因宋蒙四川戰爭出蜀流寓於荊南。端雖未成長於蜀地，卻受到蜀學影響，充滿著濃鬱的蜀意識。謝端出生在世代爲蜀儒的家庭，祖父謝元賁爲典型的蜀學者，深通陰陽玄象，時任京西湖北安撫制置使，南宋名將孟珙對他禮敬有加。居江陵數年，忽中夜叩牙門，謂孟公曰："流星出下階，沒西方，一刻所息，占爲天士亡，某實當之。"[3]明年，孟珙死，謝元賁的預言得以應驗。之後亦多次預言，多次應驗。幼承家學，端亦通《易》。

謝端在京爲官，對鄉人尤爲照顧。楊惟肖是目前所知的謝端唯一的學生。楊惟肖（1302—1341），字與似，四川遂寧青石縣九節鄉人。南宋末年避兵難出蜀，占籍澧陽新安（今湖南臨澧新安鎮）。其祖父楊震卿爲南宋鄉貢進士。惟肖天資穎悟，幼工屬對，後補郡學弟子員，弱冠即拜蜀儒呂仁叔治《春秋》，承蜀學。泰定三年（1326），惟肖到大都，又從謝端學《易》。謝端讓惟肖住在自己家裏，每日與之講談經義無倦。蜀士雖流寓，蜀學不曾斷。[4]

---

① [元]王沂撰：《伊濱集》卷十一。
② [元]傅若金撰：《傅與礪詩文集》卷十一。謝端等送傅赴廣州路任職之時間見於《歐陽文公送之廣州儒學序》《揭文安公送行序》。
③ 孟珙（1195—1246），字璞玉，隨州棗陽人，南宋抗金抗蒙名將。理宗淳祐年間，鎮守江陵。淳祐二年（1242）至四年，孟在湖北建成公安、南陽二書院。其中由宋理宗賜名的公安書院主要安置流徙湖北的蜀士。謝元賁等流寓蜀士對孟珙是極爲感激的。淳祐六年九月戊午孟珙病逝，年五十二。《宋史》列傳第一百七十一云："是月朔，大星隕於境內，聲如雷。薨之夕，大風發屋折木。"謝元賁當於淳祐五年（1245）爲孟珙占卜。
④ 見宋褧《鄉貢進士翰林書寫楊君墓誌銘》，載《燕石集》卷十四碑誌。

謝端在朝時，亦與蜀人爲近。虞集是元代蜀學家第一人，爲有元一代的大家。天曆元年（1328）正月十日，時任太常博士的謝端和當時已爲翰林直學士的虞集共觀王羲之法書《曹娥碑》。一同鑒賞的還有“二宋”及蜀人侍儀舍人林宇。虞集在跋中亦以“蜀郡虞集”“遂寧謝端”“蜀郡林宇”署名。宋褧在《祭謝檹齋文》中言“尚論鄉井，公蜀我燕”，他認爲謝端學行爲“川黨”先鋒，可知當時的元廷確有一批蜀人的力量。

謝端和虞集兩人曾爲趙世延《先氏書嵓記》作跋。先氏書嵓在川南道合江縣（今瀘州合江），傳說中神童先汪曾在此讀書。虞集跋云：“吾蜀百千年故家舊族若先氏崖者多有之矣，安得一一表章於大臣元老之手乎？然先氏子孫所恃以不朽者，不徒在於崖者矣。”謝端在跋中表達了強烈的蜀意識，帶有濃烈的思鄉之情及作爲蜀人子孫的自豪感。謝端跋云：

> “端亦蜀人也，流離江漢間幾十餘年矣。某山某水不知幾何所，覽讀書崖之記，始知先氏世有賢子孫矣！端今老矣，行於四方，欲求一畝之居而不可得。吾蜀多異人異書。何時扁舟泝江而上，從書崖嵐光林影之下，求其遺書而讀之。庶幾補過，以希前修。汝礪，其尚不吾卻也。其可感慨也夫！”①

端自稱一生在外，終究是“流離”而已，誠願“泝江而上”，求吾蜀之異人異書，以希“補過”。

天曆二年（1329），謝端還爲去世的蜀人澧州路教授王元明寫墓銘。王元明（1262—1329），字誠夫，又字熊浚，四川廣都（今成都雙流）人。其父王丙發，登宋戊辰進士第，任江陵司戶。王元明隨父於宋末出蜀，流寓湖湘，終占籍澧州，爲澧州教授。作樓曰“德符”，生平尤邃於《易》與《書》。謝端在爲鄉人作墓銘之時，亦充滿了濃鬱的“歸家”意識。

謝端在離世前夕鑒賞了歐陽詢法書《化度寺邕禪師塔銘》。他在跋中即以“蜀郡謝端”自署。在人生最後一刻亦未能回到蜀中看看的謝端，心中也必然有太多的遺憾。謝端作爲元代僅次於虞集的蜀學家，雖然其文絕大多數未能流傳於今，但不能否認他在元代學界的地位，以及他對元代學術文化和蜀學所做出的貢獻。

作者單位：胡傳淮：四川省蓬溪縣政協

陳名揚：寧波大學人文與傳媒學院

---

① 李修生主編：《全元文》第三十三冊卷一〇四三，鳳凰出版社 2004 年版，第 6 頁。

# 論《讀杜詩愚得》的注杜特色及其得失

王永波

　　明初單復《讀杜詩愚得》十八卷，是明代最早的杜詩全集注本，在明代杜詩學史上具有重要影響。單復的生平事迹不詳，黃虞稷《千頃堂書目》卷三十二："單復，字陽元，嵊縣人，洪武中為漢陽河伯官。一云名復亨，舉懷才抱德科，授漢陽知縣。"①乾隆《嵊縣志》卷十一《人物志》載："單復亨，字陽元，居晦溪。博通典籍，尤善歌詩，著《杜愚得》十八卷傳於世。復亨最愛杜詩，故自為翻注云。洪武初，舉懷才抱德科，授漢陽知縣。"②綜合二書材料可知，單復是浙江嵊縣人，字陽元，又名復亨，生卒年月不可考。洪武初舉懷才抱德科，授漢陽知縣，一説為漢陽河伯官，平生喜愛杜詩，著述頗豐。

一

　　宋元杜詩全集注本流傳到明初的版本不少，單復撰著《讀杜詩愚得》十八卷的原因是他對杜詩舊注不滿，其《自序》云："余初讀杜子詩，茫然莫知其旨意。注釋者雖衆，率多著其用事之出處耳。或有指其立言之意者，又復穿鑿附會，觀之令人悶悶。至若杜子作詩之旨意，卒莫能白，深竊疑焉。"③可見單復認為舊注未能注解出杜詩旨意，也即杜詩中蘊含的真實思想，有所窺探者又大多穿鑿附會，不得真解。故他撰寫了這部書，對前人注釋中的錯誤進行批駁，同時也對杜詩思想內容和藝術特徵予以解説，表達自己的看法。

　　據書中楊士奇《讀杜愚得序》、黃淮《讀杜詩愚得後序》可知，單復此書成稿於洪武壬戌（1382），但原稿並未刊刻。五十年後的宣德九年（1434），該書纔由江陰朱氏兄弟（善繼、善慶）刊印流傳。此本有單復《自序》《凡例》《杜子世系考》、元稹《唐杜工部墓誌銘》《新唐書·杜甫傳》《重定杜子年譜詩史目録》。黃永武主編《杜詩叢刊》（第二輯）據此本收録。天順元年（1457），江陰朱熊梅月軒重刻本，版式同宣德本，唯增加楊士奇序及朱熊跋。朱熊為朱善慶之子，則此本乃翻刻宣德本。《四庫全書存目叢書》據此本收録。弘治十四年（1501）重刻本，增加黃淮《讀杜詩愚得後序》、楊士奇《重定杜子年譜詩史目録敘》。此外，在明

---

① [清]黃虞稷：《千頃堂書目》卷三十二，上海古籍出版社 2001 年版，第 781 頁。
② [清]李以琰、田實粔：《嵊縣志》卷十一，乾隆七年（1742）刻本。
③ [明]單復：《讀杜詩愚得》卷首，黃永武主編：《杜詩叢刊》第二輯，大通書局 1974 年版，第 1 頁。

代還有隆慶年間的小字本、朝鮮的銅活字本。上述諸本同根同源、一脈相傳，較爲完整地保存了單復《讀杜詩愚得》一書的原貌。

單復注釋杜詩，首先要做的工作是選擇底本。他以元代高楚芳編《集千家注杜工部詩集》二十卷爲底本，同時參照範梈《杜工部詩批選》六卷，對杜詩進行注釋、解說。在體例上，《讀杜詩愚得》采取編年集注，將年譜與詩目混合在一起，以詩編年，按照年譜逐年逐篇注釋。這種詩目譜源自宋代呂大防所編《杜甫年譜》，但呂譜過於簡略，且已佚失，僅有片言隻語存留。蔡夢弼《杜工部草堂詩箋》五十卷所引魯訔《杜工部詩年譜》一卷，記述杜甫生平事迹也很簡略，不能詳細、準確地探究杜詩所作之時間與用意。單復吸取宋人所編年譜的優點，重點在考訂杜甫行蹤，內容更爲完善。其《重定杜子年譜詩史目録序》云：“先儒嘗以杜子生年之次爲譜，而讀其詩，大意固得，然猶未盡。復述《讀杜詩愚得》乃因其舊而重爲之參訂，每年必首書某帝某年某歲某月，而系以史氏之實録，此書杜子出處，而以其詩之目疏於下，於以見其詩誠與信史相表裹，非徒作也。”①又在《凡例》中說：“以次序其詩，且以見遊歷用舍之實，考究地理時事，以著其當時所聞所見之實及用事之妙。”②據此可知，其詩目譜先言年月，再列時事，再排列杜甫行蹤，最後列出杜詩篇目。也就是先舉出杜詩創作的時代環境，進而具體涉及杜甫本人的歲月經歷，這樣大小兩方面的背景交待，有利於進一步理解杜詩所蘊含的本意和情感。例如《重定杜子年譜詩史目録》卷二云：“十載辛卯春正月壬辰，朝享太清宮。癸巳享於太廟。甲午有事於南郊。安禄山起第於親仁裹。李白在江東。公年四十在長安。”③後列本年詩篇《虢國夫人》《贈衛八處士》《曲江三章》《春日懷李白》等。這讓讀者對天寶十載杜甫所處的時代環境、個人狀態以及所創作的詩歌都能有個清楚明白的瞭解。這種詩目譜是對杜詩編年的細化，體例完備，真正做到了知人論世。單復的這種詩目譜體例爲後世所摹仿，明代張綖《杜工部詩通》十六卷、周甸《杜釋會通》七卷、邵傅《杜律集解》六卷，清人李長祥《杜詩編年》十八卷、浦起龍《讀杜心解》六卷等書，皆參照單譜。

單復《重定杜子年譜》廣泛吸收宋人所編杜甫年譜的長處，但也不是一味照舊，而是在舊譜的基礎上斟酌考訂，糾正了不少錯誤，體現出較高的學術價值。例如《讀杜詩愚得》卷三《彭衙行》，黃希、黃鶴《補注杜詩》卷三認爲此詩“天寶十五載適白水後，七月聞肅宗即位靈武，公赴行在時作”④，單復卻將此詩編年爲至德二載（757），認爲此詩是“公避賊艱難之際，得孫宰顧遇，事後感荷而作。”⑤又如卷十三《黃草峽》，黃氏父子根據詩中“聞道松州以被圍”的描寫，推斷是“廣

① [明]單復：《讀杜詩愚得》，《杜詩叢刊》本，大通書局 1974 年版，第 16 頁。
② [明]單復：《讀杜詩愚得》，《杜詩叢刊》本，大通書局 1974 年版，第 3 頁。
③ [明]單復：《讀杜詩愚得》，《杜詩叢刊》本，大通書局 1974 年版，第 26 頁。
④ [宋]黃希、黃鶴：《補注杜詩》卷三，《文淵閣四庫全書》本，第 1069 冊，上海古籍出版社 2001年影印。
⑤ [明]單復：《讀杜詩愚得》卷三，《杜詩叢刊》本，大通書局 1974 年版，第 302 頁。

德元年十二月吐蕃陷松州、維州"①，故將詩編年於廣德元年（763）。但查杜甫行蹤，廣德元年他在梓州閬州，而詩中的"黃草峽""赤甲山"均在夔州境內，二地相距甚遠，則黃氏曲解杜詩無疑。單復認爲此詩乃爲大曆元年（766）秋在夔州所作，此説後來爲清人朱鶴齡《杜工部詩集輯注》、仇兆鼇《杜詩詳注》等採信。由此可見，單復此譜是後出轉精，的確具有較高的價值，清代仇兆鼇《杜詩詳注》二十五卷多次引用單譜，可見其影響。

在具體的注釋、解説中，單復采取了集注的方法。每卷前先簡要交代史實，次敘説杜甫行蹤，次標明杜詩題目，不分體、不分類。每首詩後引録舊注，分段串講詩意、作法，揭示出杜詩承接照應之處，最後仿照朱熹《詩集傳》，在詩尾標注賦比興。所引舊注大多注明姓名，以括弧或陰刻將人名注出，以視出處。圓圈後的文字爲單復注釋與解説。單復《讀杜詩愚得自序》云："余暇日則取杜子長短、古律詩，每讀篇必先考其出處之歲月、地理、時事，以著詩史之實録。次乃虛心玩味，以《三百篇》賦比興例，分節段以詳其作詩命意之由，及遣詞用事之故。且於承接轉換照應處，略爲之説，其諸家注釋之當者取之，而删其穿鑿附會者。庶以發杜子作詩之旨意云。"②單復生活在明初，彼時尚能見到大量的宋元杜詩注本。他廣泛搜集宋人舊注，包括詩話和筆記中的論説，間有明人的材料。徵引賅博，資料翔實，確實對杜詩文獻下了一番功夫。其所引宋人舊注主要有蔡夢弼、王洙、王得臣、黃希、黃鶴、魯訔、薛蒼舒、趙彥材、鮑彪、王深父、趙次公等，所引宋人、詩話筆記主要有蘇軾、黃庭堅、沈括、曾鞏、蔡寬夫、王十朋、楊萬里、胡仔等。徵引舊注以王洙、趙次公、黃鶴、黃希、蔡夢弼等人爲多，凡引録注文皆標注"某某曰"，讓讀者一目瞭然。單復不是照録舊注原文，而是有所甄別，采録解説較爲正確的文字，而且特別注重引文的簡明，避免繁瑣引證。《讀杜詩愚得凡例》云："集諸家注釋，或著其用事之出處，或指其立言之來自，或説其作詩之旨意，凡此皆取之。若去穿鑿附會及重復冗長者，皆删之。"③在這種指導思想之下來輯録舊注，内容自然要精審得多，也提高了學術品質。

單復對舊注進行了大量删汰，去僞存真，對保留杜詩學文獻大有益處。很多舊注已經佚失，靠單復徵引而流傳。對采輯的舊注，單復也不是一味照録，而是進行了一番考辨與訂正工作，去粗取精，表達了自己的意見。例如卷十一《茅屋爲秋風所破歌》引宋人黃徹《碧溪詩話》論老杜似孟子，接著單復自注云："此詩先儒説者甚多，皆穿鑿附會不足據。大抵杜公因茅屋爲秋風所破而作焉，蓋寫其實以紀之耳。"④真是一語破的，删繁汰蕪，注釋無枝蔓之弊，深得老杜真意。又如卷三《哀江頭》一詩，宋代王洙等人以爲該詩諷刺唐玄宗、唐肅宗，清代朱

---

① [宋]黃希、黃鶴：《黃氏補千家注杜工部詩史》卷三十，《文淵閣四庫全書》本，上海古籍出版社 2001 年影印。
② [明]單復：《讀杜詩愚得》，《杜詩叢刊》本，大通書局 1974 年版，第 1 頁。
③ [明]單復：《讀杜詩愚得》，《杜詩叢刊》本，大通書局 1974 年版，第 3 頁。
④ [明]單復：《讀杜詩愚得》卷十一，《杜詩叢刊》本，大通書局 1974 年版，第 826 頁。

鶴齡認爲是寫老杜身陷長安，不知玄宗蜀中消息。單復注釋説："按曲江爲京都勝賞之地，遭祿山之亂宮闕荒涼。公陷賊中，潛行至此，有所感傷而作也。"①仇兆鼇《杜詩詳注》卷四認爲王、朱二説皆非，"唯單復注，合於此旨"②。可見單復在輯錄舊注時，還是有所辨正和考訂的，在體會杜詩的作意方面，他的確是下了功夫，所下按語往往有過人之處。

在徵引舊注時，單復儘量羅列他認爲有用的注釋，如卷一《玄都壇七言六韻寄元逸人》詩後先後引蔡夢弼、王洙、趙次公、劉辰翁等人的舊注，再下按語斷明己意，體例清楚明白。此外，單復有時還對杜詩予以補充。一種是對杜詩進行音訓，如卷一《白絲行》詩後注曰："殷，烏間切。射，食亦切。熨，紆物切。"③另一種是在詩後列出相關人物的作品，以便讀者瞭解原詩，如卷四《奉和賈至舍人早朝大明宮》，詩後徵引蔡夢弼、王洙、黃鶴等人的注釋之後，列出賈至《早朝大明宮呈兩省僚友》、王維和詩、岑參和詩原文。卷十八《追酬高蜀州人日見贈》，此詩爲高適《人日寄杜二拾遺》的和詩，單復在杜詩後列出高適《人日寄杜二拾遺》原文。這樣做對瞭解杜詩的創作環境及語境頗有益處，可以進一步深入探尋作詩旨意。

單復還效仿朱熹《詩集傳》，在每首杜詩後邊標注賦比興，以總覽作詩之意。單復在《自序》中説："次乃虛心玩味，以《三百篇》賦比興例，分節段以詳其作詩命意之由，及遣詞用事之故。"實際操作過程是，仿照朱熹《詩集傳》體例，在每首詩注釋末尾標明"賦也""比也""興也"有的也標爲"賦而比""比而興""賦而興""賦而比""興而賦""賦兼興"等。既有全篇標明，也有分段、分句標明。如卷三《月夜》注曰："此公陷賊中，於月夜憶妻子之在鄜州，遙憐兒女年小，未知君臣之誼，唯妻知之，然何時得歸，照我二人而收淚耶？興兼賦也。"④"興兼賦也"，此爲綜論全詩作法。卷二《承沈八丈東美徐膳部員外郎阻雨未遂馳賀奉寄此詩》中的前三聯，單復注曰："複按，公自注府掾四人同日拜郎。故起句及之，繼敘沈氏通家及老而爲郎，與詩律儒門等事。賦也。"⑤卷二《兵車行》前四聯，單復按語曰："首一節言以丁籍點行之頻，故耶娘妻子相送而頓足攔以哭，哭聲震天，可哀也。賦也。"⑥"賦也"，此爲專論詩中詩句作法。由此可見，單復在《讀杜詩愚得》中運用賦比興説詩非常熟練。這種論杜詩之法爲明代其他注杜者如邵寶、顏廷榘、謝傑、胡震亨等人所采用，在明代影響較廣。

① [明]單復：《讀杜詩愚得》卷三，《杜詩叢刊》本，大通書局1974年版，第254頁。
② [清]仇兆鼇：《杜詩詳注》卷四，中華書局1995年版，第332頁。
③ [明]單復：《讀杜詩愚得》卷一，《杜詩叢刊》本，大通書局1974年版，第84頁。
④ [明]單復：《讀杜詩愚得》卷三，《杜詩叢刊》本，大通書局1974年版，第252頁。
⑤ [明]單復：《讀杜詩愚得》卷二，《杜詩叢刊》本，大通書局1974年版，第136頁。
⑥ [明]單復：《讀杜詩愚得》卷二，《杜詩叢刊》本，大通書局1974年版，第140頁。

## 二

　　從上邊介紹單復注杜的體例來看，他是廣泛吸收前人成果的。在輯録舊注時，他很注重甄別，儘量避免良莠雜收，同時注意删繁就簡，力爭使文字表達簡明，不作繁瑣引證。書中更多的是單復本人對杜詩的解説，這部分文字是《讀杜詩愚得》一書的精華，代表了單復對杜詩的看法，具有較高的學術價值。

　　單復對杜詩的解説主要注重思想内容和藝術特徵，這種解説以通釋爲主，疏通全詩大意，分析詩中蘊含的思想内涵，評説作詩的藝術技巧。宋人注杜詩專注於對詩中史實的發掘與語詞的訓詁，明人則熱衷於對杜詩大意的闡釋，單復《讀杜詩愚得》就是典型代表。單復在對杜詩詩意方面的通釋上所下功夫頗勤，取得了顯著的成績。其通釋往往文字簡潔，不作繁瑣考據，讓人讀來頗受啓發。單復很重視對杜詩的藝術解説，其對詩歌的篇章結構、轉承啓合、藝術技巧、基本風格等都予以審視，而且解説時注意到前後對應，往往融爲一體，具有很高的理論水準。例如卷十七五言古詩《北風》，單復注曰："此詩以北風雖阻行舟，然喜其能解瘴氣及寬肺疾耳。賦也。首二句乃一篇之主意，第三四句應南國瘴，次二句應北風蘇，次六句繳前六句，次四句言既蘇肺氣則不敢恨危途矣，煩舟子應危途，問僕夫應肺疾，末言今晨北風不作，且順便可長驅而往，我當隱幾看雲山之湧坐隅矣。"①解説先從全詩主旨説起，次從五古結構入手串講大意，並主意前後照應。講解雖簡略，但避免了冗長附會之弊，堪稱精審獨到。再如卷八《早發射洪縣南途中作》注云："此詩公自歎衰老，一破愁顔，又難屢得，是以有阮籍楊朱之哭泣也。是詩寫征途早發及跋涉苦樂之事，委屈詳盡，讀者詳之。賦也。"②分析詩中老杜心態及作詩之境況，細緻入微，無不真切貼合詩意。再如卷二《麗人行》注云："此詩蓋爲貴妃三姊及國忠等貴驕而作也。首四句泛言上巳節水邊麗人容質意態之美，次八句形容其服飾之華盛且及戚里之貴，次六句形容其魚肉之厭及御廚之珍，末章八句，首言音樂之衰，賓從之多且貴，並形容其貴驕氣象。語極含蓄，聞者足以戒，誠得詩人之風旨。賦也。"③像這種分層次解説杜詩，言説其語言藝術特徵的解説在《讀杜詩愚得》一書中比比皆是，足見其論杜特色。

　　對具體的杜詩作品，單復采取長詩長説、短詩短説的方式，較爲符合杜詩創作的實際。短者數十言，長者數百言，"在内容解説方面儘量按照杜詩文字本身的含義來解釋杜詩，不深求，少附會。解釋中力求突出杜甫的忠君仁愛思想，突出杜詩的社會意義"④。在明代杜詩學著述中，單復的《讀杜詩愚得》算得上是一部貫通原本、持論中正之作。其善於結合杜甫的生平事迹及思想動態來解讀杜詩，

---

① [明]單復：《讀杜詩愚得》卷十七，《杜詩叢刊》本，大通書局1974年版，第1288頁。
② [明]單復：《讀杜詩愚得》卷八，《杜詩叢刊》本，大通書局1974年版，第642頁。
③ [明]單復：《讀杜詩愚得》卷二，《杜詩叢刊》本，大通書局1974年版，第198頁。
④ 劉文剛：《杜甫學史》，巴蜀書社2012年版，第192頁。

分析往往入木三分，深得杜詩原旨，契合杜甫創作原意。單復在書中解讀了一千四百五十四首杜詩，爲避免枯燥與單一，勢必要在解説方法上多樣化，這樣纔會進一步勾起讀者閱讀的興趣。單復最常用的解讀方法是以意逆志説詩，這種方法貫穿於整部書中，是他主要的闡釋方法。明人陳明曾將《讀杜詩愚得》中的律詩一百四十九首匯輯，另成一書《杜律單注》十卷，注釋悉舊。前有楊祐《杜律單注序》云："國初剡單復氏參伍錯綜，以意逆志，撰《讀杜愚得》凡若干首，獨爲集大成云。"①已經點出單復注杜的主要特色即在於以意逆志，此法爲明人解杜常用之法，如張孚敬《杜律訓解》二卷、王維楨《杜律頗解》四卷、趙統《杜律意注》四卷、邵傅《杜律集解》六卷、顏廷榘《杜律意箋》二卷等著作，明確在序跋中提到以意逆志，但明人最先用到此法的當屬單復。

例如卷七《江亭》，先引張子韶、劉辰翁舊注，後自注云："言客居江亭野望之時，觀水流而心不競，瞻雲在而意俱遲，且寂寂而春將晚，欣欣而物自私。然我於故山則歸未得，反不如物之得遂其生，是以排悶而强裁詩，以自遣耳。賦也。"②單復從老杜客居成都的情景入手，發掘出此詩明爲寫江邊小亭獨坐時的感受，實則抒發心頭悲涼與眾榮獨瘁的悲涼，此爲杜甫寫景抒情慣用之手法。表面上看悠閒恬適，但心情之鬱悶通過嗔怪春物自私表露無遺。對此詩的通釋，將詩人心迹合盤托出，準確地闡釋了詩歌主旨，真可謂以意逆志。又如卷十五《奉酬薛十二丈判官見贈》注曰："此公奉酬薛判官見贈之作，大意此薛佳士，勉其立功成名於年少之日，無若我之白頭臥病，爲農於山澗之間也。"③後邊用大段文字描摹杜甫將自己與薛判官對比之心情，抒發了杜甫晚年漂泊無所依之淒涼，真正做到孟子所言"知人論世"與"以意逆志"，解讀杜詩之妥帖入微，深得老杜之意。以意逆志重在通過作品分析來探尋作者的意圖，不能拘泥於字句之表面意思，避免陷於穿鑿附會。但通過以意逆志的方式解詩有一個前提，即以意逆志是建立在知人論世的基礎上的。孟子説："故説詩者，不以文害辭，不以辭害志。以意逆志，是為得之。"④這裏關鍵的是不要拘泥於文字而誤解詞句，也不要拘泥於詞句而誤解原意。明人注杜多陷於穿鑿附會，原因就在於沒有正確理解杜詩的含義。孟子又説："以友天下之善士為未足，又尚論古之人。頌其詩，讀其書，不知其人，可乎？是以論其世也。是尚友也。"⑤以意逆志的前提是對作者的生平思想以及時代環境要有一個大致的瞭解，詩歌反映的思想內容要與時代背景相吻合，這樣解詩纔不會膠柱鼓瑟。清人顧鎮《以意逆志説》云："正惟有世可論，有人可求，故吾之意有所措，而彼之志有可通。不論其世，欲知其人，不得也。不知其人，

---

① 周采泉：《杜集書録》卷六，上海古籍出版社 1986 年版，第 312 頁。
② [明]單復：《讀杜詩愚得》卷七，《杜詩叢刊》本，大通書局 1974 年版，第 544 頁。
③ [明]單復：《讀杜詩愚得》卷十五，《杜詩叢刊》本，大通書局 1974 年版，第 1137 頁。
④ [漢]趙岐注，[宋]孫奭疏：《孟子注疏》卷九，《十三經注疏》本，中華書局 2003 年版，第 2737 頁。
⑤ [漢]趙岐注，[宋]孫奭疏：《孟子注疏》卷十，《十三經注疏》本，中華書局 2003 年版，第 2740 頁。

欲逆其志，亦不得也。"①單復通過誦讀杜詩，在心理體驗和情感訴求上儘量保持詩我一致，進而深入理解杜詩所蘊含的深意，糾正前人對杜詩"無一字無來歷"的過度闡釋，避免了各種誤解和曲解。

單復解說杜詩往往把以意逆志和其他方法一併運用，盡可能避免出現曲解和誤解，例如結構解詩也是他常用的方法。仇兆鰲指出杜詩之分章、分段主要取法於朱熹《詩集傳》，其《杜詩凡例》說："杜詩古律長篇，每段分界處，自有天然起伏，其前後句數，必多寡勻稱，詳略相應。分類千家本，則逐句細斷，文氣不貫。編年千家本則全篇渾列，眉目未清。"②明人吸取宋人注杜教訓，注重分章、分句來解說杜詩，以結構論詩，取得了較大的成績。卷十《丹青引贈曹將軍霸》注曰："此詩首八句敘曹霸門地及其能事志氣。賦也。次八句言其能寫真。次八句言其能畫馬。次八句言至尊賞識之，以及韓幹畫作之不逮，結前畫馬。末章八句結前寫真，且歎今日無人知之，而窮途坎坷如此。應丹青不知老將至，富貴於我如浮雲。"③把此詩五段、每段八句逐次展開分析，前後照應，既突出曹霸形容畫馬的藝術魅力，又以蒼涼的筆調描寫曹霸流入民間的落泊境況，以詩摹寫畫意，評畫論畫，詩畫結合，富有濃鬱的詩情畫意。單復從結構上解說此詩特徵，方法得當。又如卷十三《吾宗》注曰："首二句起中四句，及末二句一意下來，大抵主意即在首二句。賦也。"④同卷《江月》注曰："首二句生中四句，次聯承第二句，三聯應首句，末章言誰挑錦字將以寄遠，奈燭滅而翠眉頻蓋，言燭滅而月將墜故爾。賦也。"⑤這種對杜詩分段、分句解說的方式，有助於讀者瞭解杜詩謀章布局之妙，尤其是前後承接照應之處，可以把握杜甫作詩的一些藝術技巧，對進一步探討杜詩的藝術成就是很有益處的。在卷十三《秋日夔府詠懷奉寄鄭監李賓客一百韻》中，單復用一千多字的篇幅來分層次講解此詩，可謂精彩紛呈。單復先把全詩分爲若干節，再於每節之中詳細敘說結構大意，通過分節串講，整首詩的特色躍然紙上，讀後令人難忘。限於篇幅，此不具引。再如卷八《遭田父泥飲美嚴中丞》一詩，單復在注釋中分爲五個部分分別予以解說，前邊田父邀我飲酒情真意切，後邊借田父之口讚頌了嚴武的卓著政績及其在百姓中的良好口碑，前後照應，深得杜詩之妙。其他如卷一《龍門》《贈特進汝陽王二十韻》《奉寄河南韋尹丈人》《贈比部蕭郎中十兄》，卷二《送孔巢父謝病歸遊江東兼呈李白》《陪鄭廣文遊何將軍山林十首》《示從孫濟》《重過何氏五首》等詩，均以分段講詩。單復這種結構論詩，爲詮釋杜詩提供了一個新的視角，對清人注杜影響較大。

單復的注釋顯示出其文獻功底，足見其讀書之廣博，學識卓異超群。他對杜詩中出現的一些人名，考證得比較詳細，頗具有參考價值。如卷一《飲中八仙歌》

① [清]顧鎮：《虞東學詩》詩說卷，《文淵閣四庫全書》本，上海古籍出版社2001年影印。
② [清]仇兆鰲：《杜詩詳注》，中華書局1995年版，第22頁。
③ [明]單復：《讀杜詩愚得》卷十，《杜詩叢刊》本，大通書局1974年版，第779頁。
④ [明]單復：《讀杜詩愚得》卷十三，《杜詩叢刊》本，大通書局1974年版，第990頁。
⑤ [明]單復：《讀杜詩愚得》卷十三，《杜詩叢刊》本，大通書局1974年版，第1102頁。

注中對賀知章、李白的生平事迹及其交往敘述得很清楚，卷二《送孔巢父謝病歸遊江東兼呈李白》注中對孔巢父與李白的關係剖析得很到位。再如卷十二《八哀詩》，對王思禮、李光弼、嚴武、李璡、李邕、蘇源明、鄭虔、張九齡等八人的史實考釋與辨析以及對人物的評價也頗中允，很見功夫。其二《故司徒李公光弼》注李光弼云："李光弼，營州人。嚴毅沉果有大略，善騎射。祿山反，郭子儀薦其能，授河東節度。肅宗即位，詔以兵馬赴靈武，更授戶部尚書兼太原尹。至德二載，史思明等攻太原城，光弼麾下衆不滿萬，賊以太原屈指可取，光弼伺其怠出擊，大破之，是斷賊之右肋也。又破思明於嘉山，而河北歸順者十餘郡。尋加檢校司徒遷司空。乾元二年，光弼與九節度兵圍安慶緒於相州，拔有日矣。史思明自範陽來救，屢絕糧道，光弼力戰勝之，思明殺慶緒即偽位，縱兵河南，賊勢日熾。光弼遂檄官吏引兵入三城，賊憚光弼不敢西犯，大破逆黨，此所謂大獻捷也。"[1]顯示出單復對唐史之熟悉，及其注釋人物、事件的功底之深。

三

單復《讀杜詩愚得》作爲明代第一部杜詩全集注本，在杜詩學史上具有重要影響。單復注杜使用的一些方法，也爲後人所借鑒，其成果也多爲明清注家引用。而且，單氏此書也多次版刻，成爲一部流傳頗廣的杜詩學著作。

單復非常重視前代的舊注，充分吸收好的注釋，輯錄在書中。對於其認爲不正確的注釋，則采取批駁的態度，治學謹嚴值得稱贊。例如卷十二《暮春》，先錄劉辰翁舊注："前四句臥病不得，出遊而又多風雨也，況味亦無聊矣。後四句羨花柳禽鳥之得時適性，而吾乃臥病。賦而興也。"單復對此有不同意見，其注曰："詩言臥病峽中，且值風雨擁寒，於之荊嶽不可得，故曰瀟湘洞庭虛映空。至於暮春柳暗蓮紅之時，見鴛鷺之立洲渚，且蛺子翻飛還依一叢，殆歎己不若彼，得以遂其生耳。賦而比也。須溪謂此等可以不作，此評毋乃大率乎？"[2]單復對《暮春》的闡釋是言之有理，符合創作實際的，他對劉辰翁的批評也是中肯之辭。單氏此書徵引劉辰翁舊注甚多，但對他的批評也毫不留情，如在《自序》中就說"余乃知須溪所評，大抵祇據一時己見而言，亦未明作者立言之旨意，然頌相業語實誤後學"[3]，從中可見單復的治學態度。

對杜詩中所呈現出的種種作詩技巧，單復也時有點評，表現出他的藝術鑒賞能力。如卷一《贈陳二補闕》注曰："此詩首尾俱對，律度整暇，唯第二聯似對非對，近世謂之偷春格者是也。"[4]正常的格律詩一般是頸聯、頷聯要求對仗，首

① [明]單復：《讀杜詩愚得》卷十二，《杜詩叢刊》本，大通書局1974年版，第870頁。
② [明]單復：《讀杜詩愚得》卷十二，《杜詩叢刊》本，大通書局1974年版，第919頁。
③ [明]單復：《讀杜詩愚得》卷首，《杜詩叢刊》本，大通書局1974年版，第1頁。
④ [明]單復：《讀杜詩愚得》卷一，《杜詩叢刊》本，大通書局1974年版，第133頁。

聯對仗而頷聯不對仗的，謂之偷春格或偷春體。《詩人玉屑》卷二引北宋蔡絛《西清詩話》云：“其法頷聯雖不拘對偶，疑非聲律；然破題已的對矣，謂之偷春格，言如梅花偷春色而先開也。”①在卷七《卜居》《戲題王宰畫山水圖歌》《出郭》《泛溪》，卷八《野人送朱櫻》《奉和嚴中丞西城晚眺十韻》《建都十二韻、《短歌行贈王郎司直》），卷九《送路六侍御入朝》《陪王漢州留杜綿州泛房公湖》等詩的注釋中，單復對杜甫所用的流水對、當對句、平仄押韻，甚至杜詩的造境技巧、反襯手法、取景特色、細節描寫、剪裁藝術、句法手段等都加以論析，充分發掘杜詩的藝術特徵。

　　縱觀《讀杜詩愚得》一書，無論是其搜集材料之豐富，取捨之精當，還是其詩目譜體例之完備，注釋之穩妥翔實，都是確保其學術品質的重要部分，使得該書在明代杜詩學史上占有重要地位。單復對杜詩的編年及對舊注的辨正，糾正了宋元杜詩注本的諸多錯誤，恢復杜詩原貌、探討杜詩真意提供了有力的論證。單復的《重定杜子年譜》爲後世注杜者廣泛採納，張綎、邵傅、周甸、胡震亨、浦起龍、仇兆鰲等人在解杜中多次參照單譜。單復注杜所采用的賦比興論詩、結構論詩、以意逆志闡釋法等，成爲明人注杜常用的方法。邵寶、張綎、顏廷榘、謝傑、胡震亨等人在各自的著作中采用了這些方法，這也成爲明人注杜的主要方法。可以說，單復《讀杜詩愚得》一書爲明人注杜樹立了一個範例，直接影響到明人注杜、解杜和選杜，這是單復對明代杜詩學的貢獻。

　　另一方面，單復此書也不可避免地留下了不少遺憾，存在種種失誤。大體而言，主要有三方面的失誤。首先是援引舊注時，有時未能甄辨而沿襲錯誤。宋元人注杜成果多，單復生活在明初，見到的前人杜詩注本較多，在篩選過程中難免看走眼。如卷一《巳上人茅齋》，在注釋詩中的“巳上人”時，單復引歐陽修注曰：“僧齊己也，善吟詩，知名於唐。”②歐陽修認爲杜詩中的“巳上人”即僧齊己，但據北宋陶嶽《五代史補》卷三《僧齊己傳》，齊己爲晚唐詩僧，潭州益陽人，著有《白蓮集》十卷，收詩歌八百餘首。顯然此詩中的齊己與杜甫不屬一個年代，歐陽修所注爲謬，單復不查照錄而有失嚴謹。再如同卷《奉贈韋左丞丈二十二韻》一詩中的“李邕求識面，王翰願蔔鄰”，單復引舊注曰：“王翰，文士也，杜華常與遊從。華母崔氏云：‘吾聞孟母三徙，吾今欲卜居，使汝與王翰爲鄰。’”③對於這條舊注，前人曾有過爭議，認爲是杜撰之僞注。錢謙益《錢注杜詩》卷首《略例》說：“蜀人師古注尤可恨，王翰蔔鄰，則造杜華母命華與翰蔔鄰之事。”④仇兆鰲《杜詩詳注》卷一說：“舊注引杜華母使華與王翰蔔鄰，出僞書杜撰。”⑤可見單復所引的蜀人師古這條舊注爲僞注無疑。在徵引舊注時，單復多用括弧或陰刻按照次

　　① [宋]魏慶之：《詩人玉屑》卷二，上海古籍出版社1982年版，第34頁。
　　② [明]單復：《讀杜詩愚得》卷一，《杜詩叢刊》本，大通書局1974年版，第98頁。
　　③ [明]單復：《讀杜詩愚得》卷一，《杜詩叢刊》本，大通書局1974年版，第146頁。
　　④ [清]錢謙益：《錢注杜詩》卷首，上海古籍出版社1979年版，第2頁。
　　⑤ [清]仇兆鰲：《杜詩詳注》卷一，中華書局1995年版，第75頁。

序將注家一一標出，但也有部分詩篇所引舊注未能標明姓氏。卷五《觀兵》、卷十四《醉為馬墜諸公攜酒相看》兩次引趙次公注而未注明。卷一《飲中八仙歌》、卷二《行次昭陵》引蔡夢弼注也未標明，不知者或以爲乃單氏自注，再次轉引時難免張冠李戴，此亦爲後人所詬病。

其次是對杜詩的編年存在謬誤，表現在兩個方面。一是單復對杜詩的編年貪大求全，將全部杜詩納入詩目譜中，出現明顯失誤。眾所周知，杜詩有一部分寫景抒情的作品是無法予以編年的，衹能大致劃入某個時期。單復因爲體例所定，將所有杜詩逐一編年，這樣做勢必會導致錯誤。此外，他對某些具體作品的編年也存在明顯的錯誤。例如《戲爲六絕句》編年在天寶九年，而學界多認爲是入蜀後所作。《洞房》公認爲是大曆元年在夔州作，而單復繫年爲大曆四年。又如李白賜金還山，單復定爲天寶七載，而準確時間應爲天寶三載。四庫館臣評曰："是編冠以新定年譜，亦未免附會。"[1]實事求是地講，在明代所編多種杜甫年譜中，單復的這部詩目譜算得上一部出色的年譜。

最後是單復對杜詩的某些解說還存在偏執之處，其説法尚不能得到認可。例如卷十《奉寄高常侍》注釋云："此公殆譏高之無功而朝除，且傷己之遲暮而滯留，故作是歌歟。"[2]杜甫此詩的題目是"奉寄"，表示尊敬之意，詩稱高適爲廉頗，贊其方駕曹劉，都是贊美恭維之意，而單復居然解爲譏諷高適無功而返，真是謬之千里，與杜詩本義毫不相干。再如卷三《月夜》，本是杜甫被禁於長安望月思家之作，借月抒寫妻子對自己的思念，也寫出自己對妻子的思念，情真意切，簡單明瞭。單復卻注曰："此公陷賊中，於月夜憶妻子之在鄜州，遙憐兒女年小，未知君臣之誼，唯妻知之，然何時得歸，照我二人而收淚耶？"[3]好好一首思念親人之作，解說中非要加上一頂"未知君臣之誼"的帽子，道學家氣撲面而來。此外，單復往往在詩末標注賦比興體，有時也陷於穿鑿附會之中，如卷七《卜居》《堂成》《遊修覺寺》《漫興九首》，卷八《梔子》《丁香》《花鴨》《落日》《獨酌》等均是清新寫景之詩，爲杜甫居草堂時期閒適心情之真實寫照，但單復統統標注爲"賦也"，未免不確。四庫館臣評論説："至每篇仿《詩傳》之例，注興也、比也、賦也字，尤多牽合矣。"[4]單復在《讀杜詩愚得》一書中將絕大部分杜詩依照朱熹《詩集傳》的體例，在注釋末尾標明賦比興，這樣做有絕對化、片面化的傾向。每首詩都被貼上這麼一個標籤，給解讀杜詩人爲設置障礙，於全面瞭解杜詩不利。

單復的《讀杜詩愚得》出現在明初不是偶然的，它反映了杜詩學發展的必然趨勢，與當時的社會環境、文壇風貌、詩學旨趣等都有關聯。單復注杜的思想觀念、研究方法、注釋體例，對明代的杜詩研究產生了直接的影響，甚至對清代杜

---

① [清]永瑢等：《四庫全書總目》卷一百七十四，中華書局 2003 年版，第 1532 頁。
② [明]單復：《讀杜詩愚得》卷十，《杜詩叢刊》本，大通書局 1974 年版，第 761 頁。
③ [明]單復：《讀杜詩愚得》卷三，《杜詩叢刊》本，大通書局 1974 年版，第 252 頁。
④ [清]永瑢等：《四庫全書總目》卷一百七十四，第 1532 頁。

詩注本也有深遠的影響。他大量輯録的杜詩學資料具有較高的文獻價值，很多佚失的材料因單書轉引而得以保存。明代其他杜詩注本，如邵寶《刻少陵先生詩分類集注》二十二卷、張綖《杜工部詩通》十六卷、周甸《杜釋會通》七卷、邵傅《杜律集解》六卷、謝傑《杜律詹言》二卷、顏廷榘《杜律意箋》二卷、胡震亨《杜詩通》四十卷等著作，都引用過單復此書，可見其影響之廣。楊士奇在此書序中説：“考事究旨，必歸於當。其疑不可通者闕之。簡直明白，要其得杜之心為多。”①這個評價是公允的。

作者單位：四川省社會科學院文學研究所

---

① [明]楊士奇：《讀杜詩愚得序》，《讀杜詩愚得》卷首，《四庫全書存目叢書》本，集部第四册，齊魯書社 1997 年版，第 761 頁。

# 清代蜀中詩人許儒龍初考

趙仁春

許儒龍是清代前中期四川著名的詩人，曾應徵乾隆元年的博學鴻詞科，但未中式。《國朝全蜀詩鈔》説他：“詩筆清雄矯拔，一洗平庸。集中美不勝收，猶以未得全稿為憾。”其詩歌創作實踐豐富了清代四川詩歌的內容。要瞭解許儒龍在四川文學史上的地位和價值，必須先知道其事迹行爲。然其事迹零散存於各方志和詩文選集中，需要收集和探討，故今試著做一些初步整理。

## 一　許儒龍的籍貫

對於許儒龍的籍貫，説法有不一致處，主要是郫縣犀浦説。清乾隆二十五年印刊的乾隆十六年編纂的《郫縣志》卷九稱：“許君工文砥行，為邑士冠。” 道光二十四年甲辰墨韻堂補刻嘉慶《郫縣志》卷三十二《隱逸》和同治八年刊《郫縣志》卷三十二《隱逸》有傳。《國朝全蜀詩鈔》卷十、《錦里新編》卷五《儒林》也稱其爲郫縣人。《水南詩集》載長詩《丁未十月三日蔡修來過予，同宿，值大雪，經一日夜集三寸許，乃蜀地未見者，屬有所感因以長句紀之并呈修來》首句云：“我居犀浦三十年”。丁未乃雍正五年，許儒龍此時已近中年，而此僅道“居犀浦三十年”，則其他時間不是居住在犀浦可知。

李調元《蜀雅》卷十七、《晚晴簃詩彙》卷八十七稱許儒龍爲成都人。向來郫縣屬成都府所轄，故説是成都人，可視爲記大地名而忽略小地名。

光緒《彭縣志》卷七《隱逸》載：“許儒龍，字水南，故彭縣人，有白鹿山莊在白鹿河。康熙末徙郫。”更早的嘉慶《彭縣志》卷四十二錄有許儒龍《遊大隋山記》和詩六首，但沒提他是何處人，按理，當以不是彭縣人爲是。在彭縣有產業，不一定是彭縣人，此是一個疑點，待考。

許儒龍有山莊在彭縣今彭州市白鹿山附近，有其詩文可證。《遊大隋山記》云：“癸丑六月杪，余以他事偕滕振斯至白鹿山莊。”此句，《水南文集》無“白鹿”二字。《水南詩集》卷一有《白鹿寺夜歸山莊》：“下盡層巖百級梯，松門蘿屋隔幽棲。三更明月僧歸寺，十里腥風虎過溪。嵐氣漸深珠箔掩，天光遙帶玉繩低。

黃茅白板山莊在，兒女燈前笑又齊。”細味此詩，可見其山莊距白鹿寺①不遠。

　　許儒龍先世爲江南六合縣人。《水南詩集》卷一《渡江望鐘山》有句“卻聽吳語是鄉音”，句下自注“龍家世六合人。”

## 二　許儒龍的生卒年

　　在現存史料中沒有找到可靠的許儒龍的生年，祇是在《水南文集》附錄一則《半園詩話》中有云：“辛未之夏，年八十三卒於家。”辛未爲清乾隆十六年，西元 1751 年。上推八十三年，則爲清康熙七年戊申，西元 1668 年。考慮到古人可能紀虛歲，也有可能是清康熙八年己酉，西元 1669 年。

　　許儒龍終年八十三之説，頗有一些可疑之處。《水南詩集》卷一《丁酉生朝，友人沈子明以白傅“莫言三十是年少，百歲三分已一分”之句相勖，賦此爲謝》及詩中有“盛年嗟失路”云云。丁酉是康熙五十六年，西元 1717 年。若許儒龍生於康熙七年，則丁酉年當爲其五十虛歲生日。若是五十歲，則朋友用白居易“莫言三十是年少，百歲三分已一分”來勸勉他，就擬於不倫。五十歲更與“盛年嗟失路”不相符。故此推測“年八十三卒於家”一語中的“八”當是“六”因形近傳抄致誤。這樣，如果康熙五十七年丁酉，即西元 1717 年是許儒龍三十歲生日，那麼他應當生於康熙二十七年即西元 1688 年。

　　至於卒年，還有一旁證。乾隆《郫縣志》的主持修撰者李馨作序於“乾隆十六年辛未夏五望後”。此書卷九《藝文》收錄了許儒龍《遊凌雲》等四首詩，後面附説明：“許君工文砥行爲邑士冠，司斯土者罕覯其面。即聞其名而强致之，咫尺之間亦倐然自遠。狷介之風令人生慕。乃竟屢蹶棘闈，賫志以歿，深可憫嘆。藝文中近人著作，非關邑事者多不載，今特錄君四詩附記數語，以存貞士之名，毋亦使其無傳焉。”此段文字，在藝文志詩歌部分結尾處，僅在志書的纂修者李馨的詩文之前。由此可見，當年五月之前，許儒龍已經去世。這恰好趕上修縣志時，李馨等人一時沒有收集到許氏吟詠郫縣的詩歌，祇好錄入已找到的四首，並作出説明。

## 三　許儒龍的字號

　　從早期的李調元《蜀雅》到晚期的徐世昌《晚晴簃詩彙》諸書，均稱許儒龍字水南。獨有朱克敬《瞑庵二識》云“郫縣許儒龍，字士元”，又民國《崇寧縣志》稱許儒龍爲水南居士。覽此諸書，不無疑問。

　　按古人名與字之間的相關性，似乎“士元”更與“儒龍”相近一些。我還以

---

① 白鹿寺原址在今通濟鎮思文小學。

爲，"水南"這一名號，並不是許儒龍早年的自稱。據《水南文集》卷二《水南園記》說，他父親早年住在犀浦西村。屋後有一園。其父去世後，他奉母居住於此，對園子加以修葺，"於是園略成，題爲'水南'，近郫水也"。此處明確提到因爲園在郫水南邊纔稱爲水南園的。水南園這個名稱，肯定得於他中年以後。假如"水南"是許儒龍的表字，此文肯定會加以說明。他也不可能早年沒有表字，直到後來有了水南園，纔表字"水南"。那麼，"水南"二字，一定是許儒龍中年以後的自號。民國《崇寧縣志》說許儒龍爲水南居士，應該離實情不遠。

參照朱克敬《瞑庵二識》所云，可以認爲許儒龍表字爲"士元"，自號"水南"或"水南居士"。

## 四 許儒龍應徵博學鴻詞科

許儒龍一生功名之運極差。早年參加科考未中，乾隆《郫縣志》說他"竟屢蹶棘闈，齎志以歿"；同治八年刊《郫縣志》卷三十二《隱逸》稱"年弱冠爲秀才"；溫均《許水南徵君詩文集序》稱其"弱冠補弟子員"；《丙辰宏詞科徵士録》稱其爲監生。大約秀才監生就是許儒龍的最高功名了。

四川經清初戰亂，民不聊生，文化學術水準一直較低。許儒龍雖然一直沒有考取舉人進士，但他已經是四川參加博學鴻詞科考試的第一人了。清朱克敬《瞑庵二識》卷二云："（乾隆元年丙辰博學鴻詞科）四川一人：郫縣許儒龍，字士元。"據杭世駿《詞科掌録》卷首《舉目》記："四川巡撫、都察院右副都御史楊馝舉二人：四川宜賓縣知縣劉暐澤，湖南長沙人，雍正庚戌進士；監生許儒龍，四川郫縣人。"

所謂"博學鴻詞科"，清福格《聽雨叢談》卷四云："康熙八年，既復八比之文，天子念編纂《明史》必需績學能文之士，乃詔啓博學鴻詞之科，以羅博洽之彥。無論京外現任及已仕、未仕、布衣、罷退之士，均準薦舉。内由三品以上大員科道御史、外由布按兩司以上，各舉所知，惟翰林不預焉。十七年詔下，次年己未三月初一日，試於體仁閣下。"清代第一次博學鴻詞科是康熙十八年舉行的。雍正十一年，清廷決定開一次博學鴻詞科，"至乾隆元年丙辰，試於體仁閣"。

許儒龍受四川巡撫、都察院右副都御史楊馝舉薦，參加的就是乾隆元年的科考。當年參加考試的，江南省有七十八人，浙江省有六十八人，四川卻祇有許儒龍一個代表。這一次，許儒龍的運氣也不好，他半路感染了霍亂。《水南詩集》卷二《紀病四絕句》序文說："予以八月至都門，緣道途感觸常苦霍亂，然時病時已，未甚也。至九月初旬病益增劇，嘔吐癯痢，諸證交作。"這次旅途疾病影響了許儒龍在考場上的發揮，沒能考中也是意料中事。這也讓許儒龍感到命運的無常。大概此時他就決定不再過問功名之事，《出彰義門》詩末句"以此合歸去，天命在林泉”，是許儒龍後半生的寫照。

　　據《咸豐朝實録》卷三百三：“咸豐九年。己未。十二月。…甲寅…予四川故徵士許儒龍……入祀鄉賢祠。”這是許儒龍身後最高的褒獎了。這個身後哀榮，極可能是其曾孫許天禄於咸豐六年刻成《許水南徵君詩文集》後申報爲先人爭取到的。

## 五　許儒龍的梅與鶴

　　提到許儒龍，不能不提到他喜歡的梅與鶴。《國朝全蜀詩鈔》卷十説許氏“性恬淡，焚香掃地撫琴調鶴，有瀟灑出塵之致”；嘉慶《郫縣志》卷三十二説“自匾其居曰梅海鶴天”；同治《郫縣志》卷三十二稱“有鶴天梅海諸勝”；《錦里新編》卷五稱其“時以一琴一鶴自隨”；嘉慶《四川通志》卷一百五十三言其“所居掃地焚香撫琴調鶴”。

　　《許水南徵君詩文集》中共收録詩七百來首，其中提到梅花的就有三十多首，提到鶴的詩歌至少有四首，另外還有《澹志齋記》《水南園記》和《養鶴説》專門談及梅與鶴。雖然詩集裏也有詠蓮、詠牡丹、詠菊花的詩，但數量上則遠不能及。

　　據許儒龍《澹志齋記》説，從他父親就開始種梅花：“始，予年十五，先子於犀浦西村度地種梅。”又説：“於是距度地時十年餘矣，前所種梅本大如盌。”大概自開始經營水南園起，許儒龍就大量種梅。《水南園記》有云：“益種花木，梅三百餘本”。

　　許氏既愛梅花，往往多方羅致佳種。這些在其詩中多有反映。如有得自江南平望的緑萼梅，有得自陰平萬山下的點脂花，還有得自成都城裏故明代蜀王府墙邊。

　　許儒龍非常喜歡紅梅，“移植犀浦村園之東偏。花時舉觴其下，足以娱親。兹物不虚有矣”。有《紅梅》詩九首，前序稱賞云“日月之久，無逾此者”。其中一首説他在梅花下流連的光景：“草閣疏籬景亦幽，時時花下作勾留。朱霞低射日亭午，不覺清寒襲敝裘。”

　　許氏最欣賞緑萼梅。有一首詩的題目是《小園五畝，種梅將遍，最後得緑萼一株植之齋側花時獨坐其下賦絶句三章》，可見其對緑萼梅的癡迷。寫緑萼梅的詩還有如《獨酌緑萼梅下》。另有《緑萼梅》一首，“尚憶江南水際村，而今瀟灑共朝昏”，下注：“丙申二月舟過平望，初見緑萼梅，今屬友人得其種。”這是許儒龍自述得到緑萼梅的緣由。有一次，他在蔡時豫家附近的田野裏發現一株大可合抱的緑萼梅，也不忘寫兩首詩表示欣賞：“亭亭碧玉點春煙。”蔡時豫家舊址大概在現唐昌吕仙橋附近。

　　他外出旅行，以詩別梅花：“花若有情能憶我，南枝休嚮早春開。”在外時

《寄內》詩説完其他事後，不忘提一句"草堂三度放梅花"，表示在外已經三年了。

除了梅，他還愛鶴。大約許儒龍共養過兩次鶴。《養鶴説》記他早年從同學的兄弟楊玉山處得到一隻鶴，爲這隻鶴"治園穿池以蓄之"。《水南詩集》卷一有《乞鶴》一詩，説楊玉山從福建帶回兩隻鶴，後來雌鶴死了，許儒龍就寫一首詩向楊玉山討要雄鶴，"且籠隻影過柴扉"。許儒龍得到鶴，好友崇寧蔡時田作詩表示祝賀，許氏也寫了《得鶴》七律二首和蔡時田韻。蔡時田即前文提到的"修來"，又作"修萊"，號雪南，爲許儒龍不多的好友之一。

後來，許儒龍前往福建，家裏的鶴被有勢力的人強取豪奪去。他聞得此信，又再通過朋友在福建買了兩隻幼鶴，千里迢迢用船載回犀浦老家養起來。

許儒龍在外旅行也不曾忘掉他的鶴。《西江八詠》中《慰鶴》有句云："好與梅花重結侶，幾回清唳悟前因。"《宿馬道夜夢家園雙鶴》，既云"雙鶴"，當是重新由福建帶回的兩隻鶴。"夢到家園景自清，梅花深處露禽鳴。"在這裏，也是將梅花和鶴相提並論。

許儒龍去世後，梅與鶴均煙消雲散，不免讓人唏噓。其好友溫江人韓崍《過許水南先生廢宅》詩八首弔之，其一云：

> 丁卯橋西處士莊，昔年長此戀壺觴。
> 千尋老樹栽幽墊，十里溪雲壓短墻。
> 聞道梅花香似海，聽殘鶴唳月窺廊。
> 兹來未減清狂興，落日無邊蔓草荒。

## 六　許儒龍的詩文集

許儒龍在當時的四川詩文名聲很大，加上受保舉入京參加博學鴻詞科考試，無疑更增加了他的文名。

許儒龍生前自己刊刻了詩集。《蜀雅》卷十七和《國朝全蜀詩鈔》卷十説許氏有"《水南詩草》"；張邦伸《錦里新編》卷五和《四川通志》卷一百五十三説是"《岷南詩草》"；乾隆《郫縣志》沒有提到他的詩文集，大概當時沒采訪到；嘉慶《郫縣志》僅説"有詩文集行世"；同治《郫縣志》説"《水南詩草》八卷"；民國《崇寧縣志》則綜合上説爲"門人爲刻《岷南草》行世，又有水南詩文等集"；光緒《彭縣志》又説他"著有《水南詩文集》行世"，當時指咸豐五年其曾孫許天禄所刻《郫犀許水南徵君詩文集》，當作別論。

以上諸種記載頗有異同。又，咸豐六年，魏秀仁爲《郫犀許水南徵君詩文集》作的序裏説："昔年文集未刊，《岷南詩草》雖已流布海內，而板亦無存。"溫均的序文也説：“當其返棹閭門，而《岷①南詩草》先行刊布，毛公序之於吳，胡公序之於蜀。”

由上可見，許儒龍生前是刊行了《岷南詩草》的，至於有無《水南詩草》則不敢肯定，或許是李調元的筆誤。《岷南詩草》在咸豐年間許天禄彙編許儒龍詩文集時尚有存本，今則已不可見，不知存佚。道光重刊嘉慶《郫縣志》卷三十五《藝文》載韓崍《過許水南先生廢宅》詩有句“猶幸故人毛司馬，收將十一付青梨”，句下自注：“司馬公有《半畝居士集》行世，内附《水南集》二卷。”毛司馬爲許儒龍好友毛翥蒼。既然有《水南集》附於毛氏詩集後，可能李調元和孫桐生看到的“水南詩草”即此版本。

到咸豐五六年間，許儒龍的曾孫許天禄在綿陽任職，彙集《岷南詩草》和文章，刻成《郫犀許水南徵君詩文集》，前有魏秀仁和温均的序，今存。魏秀仁説：“賢裔茀田千戎恐手澤之就湮，乃出家藏詩本，商諸晉熙掌教温可垣孝廉，又鳩集遺文兩卷，都爲一集，刊之綿陽。”晉熙書院的掌教温均的序裏説得也差不多：“出示其家藏詩集若干卷，屬爲序而付梓。豈意天地菁英不墮塵劫，豐城龍劍終當相會。於延平津開雕甫訖而文集之未盡散佚者又得之於世閥名門。”本來是刊刻詩集，誰知意外地找到一些文章，也算幸運之極。《郫犀許水南徵君詩文集》可算是目前許儒龍先生的詩文總集，集外佚詩可得者也不過一二了。

## 七　許儒龍詩文在各選本和方志中的體現

最早選録許儒龍詩歌的大概是乾隆《郫縣志》。此書編成於清乾隆十六年夏，當時許儒龍剛去世。大概因没采集到更多的詩文，故録入四首與郫縣無關的詩——《遊淩雲》《遊金山》《獨鶴》《秋日村居》。接著還解釋了録入的原因：“藝文中近人著作非關邑事者多不載，今特録君四詩，附記數語以存貞士之名，毋亦使其無傳焉。”

接著是李調元編清代四川詩選《蜀雅》，在第十七卷收入許儒龍詩《新灘》《黄牛峽》《止止庵》《題畫鍾馗圖》《自題負雪圖》《春池》《行舟》《到岸》《雨中過安莊山》《天柱庵》、《泊光澤縣西郭》共計十一首。

《國朝全蜀詩鈔》凡例説，乾隆三十年以前的詩作，多依《蜀雅》。《詩鈔》卷十録許儒龍詩二十首，與《蜀雅》相較，少《蜀雅》卷十七中《題畫鍾馗圖》《自題負雪圖》二首，增加《夜發遂平風沙失道入野田中十餘里卻返悵然作》《觀武連覺苑寺顏魯公逍遥樓碑作歌》《下峽》《沙市舟中即事》《除夕》《登城野望》《長安旅次》《白虎寺夜歸山莊》《白鸞江抱屙夜坐》《寄内》《初秋》等十一首。兩書字句間小有不同，如《蜀雅》中的《泊光澤縣西郭》，《詩鈔》本作《泊光澤縣西南》。

---

① 當是“岷”之誤字。

民國間的徐世昌《晚晴簃詩彙》卷八十七錄許儒龍詩《到岸》《登城野望》《白鑾江抱屭夜坐》《初秋》共四首，應全部來自《國朝全蜀詩鈔》，然字句亦有出入。

嘉慶《郫縣志》收許儒龍詩較多，共十六題二十三首，且這些詩與《全蜀詩鈔》所錄大部分不同。詩目如下：《春暮村居雜詩》四首，《自題負雪圖》《丁未十月三日蔡修來過予，同宿，值大雪，經一日夜集三寸許，乃蜀地未見者，屬有所感因以長句紀之並呈修來》《堰決行》，《水南軒曝書以秋陽曬殘卷為韻》五首，《九日偕山妻稚子飲鶴夢堂酒半登池中小臺有感作長句》《幽居》《春池》《舊宅老梅》《秋日懷蔡雪南》《景德寺》《秋夜》《秋曉》《秋雨》《秋晴》《晚釣》。另外還收入文三篇：《上楊撫軍言夷事書》《玉泉寺裝塑佛像碑記》《劉公柳蔭碑記》。

同治《郫縣志》則照抄嘉慶《郫縣志》的詩歌部分並減少兩首長詩《丁未十月三日蔡修來過予，同宿，值大雪，經一日夜集三寸許，乃蜀地未見者，屬有所感因以長句紀之並呈修來》《九日偕山妻稚子飲鶴夢堂酒半登池中小臺有感作長句》。並改寫《上楊撫軍言夷事書》入許儒龍傳。

嘉慶《彭縣志》卷四十二收許氏《遊大隋山記》和詩六首：《遊龍興禪院》《過白鹿寺一帶山溪》《龍興寺破塔用壁間韻》《由溪口至白鹿寺山尋讀古碣不獲》《同滕振斯遊白鹿寺，步壁間冀太守韻》《雙女墳》。其中《同滕振斯遊白鹿寺，步壁間冀太守韻》一首，《許水南詩文集》失收。光緒《彭縣志》卷十收前述六首外，加入《景德寺》一詩，大約選自嘉慶或同治《郫縣志》。

如果光緒《彭縣志》的編者見到《許水南徵君詩文集》，相信會錄入更多與彭縣相關的詩。嘉慶《崇寧縣志》卷三收許氏《過君平墓》詩，民國《崇寧縣志》卷六收《遊劉敬躋園詠紅蓮》。這兩首都不見於《許水南詩文集》，可以補遺。

之所以要不厭其煩地羅列目前所見的許儒龍詩文的選本收錄情況，是為了方便將來為許儒龍研究提供綫索。從上面各選本的收錄情況中可見一些有價值的資訊。以上諸書的情況可以分為四類。乾隆、嘉慶和同治三種《郫縣志》收許儒龍詩文為一個系統。《蜀雅》《國朝全蜀詩鈔》和《晚晴簃詩彙》有明顯的承襲關係。嘉慶《彭縣志》中的許儒龍詩文，光緒《彭縣志》都沿襲下來，祇增加一首《景德寺》，完全可能從《郫縣志》中過錄。嘉慶及民國《崇寧縣志》可能見到的是許儒龍流失在外的詩稿，故入選的詩，《許水南詩文集》中也沒有。

作為一名詩人，許儒龍在清代四川文學史上占有重要地位。一九八零年代及最近新修的《郫縣志》或許由於資料的缺乏和體例限制等原因，均未收入他的作品。這實在是一件憾事。

作者單位：四川省楹聯學會

# 李調元的學術與文藝思想淵源考論

鄭家治

作家李調元（1734—1802）是清代巴蜀第一學人，百科全書式的人物。作爲作家，他有大量的詩、詞、文、賦傳世。作爲學者，其著述頗爲宏富，遍及四部，達七十餘種。他曾編輯刊行大型文化叢書《函海》，該叢書以文藝爲主，包括詩、詞、文、賦等文學作品，兼及書畫、金石、曲藝、戲劇等藝術，還囊括語言、音韻、歷史、考古、地理、農業、民俗、姓氏、庖廚等。李調元還是著名的文藝理論家，傳世的編著有《雨村詩話》三種共二十二卷，《雨村詞話》四卷，《雨村曲話》二卷，《雨村劇話》二卷，《雨村賦話》十卷，還有不少評論詩文創作的書信、書序，對詩、詞、曲、文、賦以及戲劇都有專著或專文評論。就其全面性而言，可稱清代第一人，也可稱古代第一人；就其分量而言，在整個中國古代也是少有其比的。因此，李調元可稱爲清代中國著名的文藝理論家。

李調元作爲著名學者，又是著名作家與文藝理論家，其學術思想與文藝思想應該既有聯繫，又有區別，而所受的影響則是多方面的。下面擬考察其學術與文藝思想的淵源。

## 一　巴蜀深厚文化文學傳統積澱的影響

巴蜀之地，古稱"天府之國"。漢代"文章冠天下"[①]，司馬相如、揚雄及王褒以賦稱雄天下。唐宋時期，"繁勝與京師同"[②]，時人號稱"揚一益二"[③]，文學更加燦爛輝煌：唐代陳子昂以復古爲革新，奠定了唐詩繁盛的基礎，李白更是流傳千古、享譽世界的大詩人；兩宋時期，巴蜀文學登上頂峰，"唐宋八大家"中宋代眉山蘇氏居其三，蘇軾更是獨領千年風騷。

隨著宋末元初蒙元平蜀，巴蜀遭受長達數十年的戰亂，"蜀人受禍慘甚，死傷殆盡，千百不存一二"[④]，明末清初巴蜀在還未復蘇的情況下又遭受數十年的史無前例的戰亂，加之元明清時期中國政治、經濟、文化中心的北上與繼續東移，形成了北京至杭州運河沿綫的繁盛數百年不衰的文化帶，巴蜀文化因這兩大原因

---

① [漢]班固：《漢書·地理志》，百衲本二十四史。
② [宋]周密：《癸辛雜識》續集卷上，中華書局1988年版，第209頁。
③ [宋]司馬光：《資治通鑒》卷二百五十九，四部叢刊初編本。
④ [元]虞集：《史氏程夫人墓誌銘》，見《道園學古錄》卷二十，《文淵閣四庫全書》本。

而走向衰微與邊緣化，值得稱道者唯元代的虞集與明代的楊慎而已。

巴蜀文化先賢，自司馬相如、揚雄開始，中經三蘇，到楊慎，揚名後世者都不是純粹的學者，而是詩（文）人而兼學者。巴蜀文人有三個方面的傳統：一是普遍重視自身人格的完美，保持士人的浩然正氣，不趨炎附勢，不隨波逐流，不因爲時風而放棄自己的政治觀點與思想觀點，但又不頑固僵化；二是重視文學創作，將詩文辭賦當作自己的名山事業，以詩賦散文享譽當代，馳名後世；三是在學術研究中重視文學與其他學術研究的結合，注重學術研究與經世致用的結合，重視學術傳統的繼承而又有所創新，宣導獨立思考而又不隨便開宗立派，學術思想則以儒家爲主而兼及其他。

在第一個方面，李調元做得很好，具體表現就是積極入世，少有大志，且一生矢志不渝，剛正不阿，人格獨立高尚，還一生憂國憂民。

在第二個方面，李調元也很成功。李調元一生真正心儀者當是漢代的司馬相如、唐代的李白、宋代的蘇軾，而直接仿效與趕超的應該是同樣以博學與著作之富揚名於後世的才子楊慎，所以他成了藏書大家，編輯大家，而且學術研究的範圍極廣，著作甚多，但成就最大者還是詩文創作與文藝理論研究。他在詩文創作上以巴蜀先賢爲楷模與趕超對象。李調元《讀祝芷塘德麟詩稿》說："抗懷思古人，屈指嘗竊評。緬維炎漢初，文章我蜀盛。司馬與王揚，洪鐘破幽磬。祠壇列俎豆，萬古殘膏剩。子昂起射洪，高蹈寡聲應。感遇篇三十，丹砂金碧瑩。删述志非誇，垂輝千載映。眉州蘇父子，玉局我所敬。大海揚鴻波，餘流空汀澄。後來頗落落，道古或差勝。斷獄老吏①能，遺山集可並。有明三百載，升庵獨雄橫。百代為牢籠，肯與李何並。……鄉風敢云繼，庶幾有獨醒。大雅君扶輪，前賢我作鏡。君當為羽翼，我亦堪佐乘。誰蹠巨靈掌，一手湮河堋。誰持照妖鑒，遏斷邪魔徑。偽體倘不裁，風騷滅真性。"②因此有人說："可見，在漢代司馬相如、王褒、揚雄、唐代陳子昂、李白、宋代三蘇、元代虞集、明代楊慎之後，李調元有意重整文苑蜀學雄風，他畢生都在為實現這一目標艱苦奮鬥。"③對於杜甫這個長期寓蜀的先賢，李調元也是敬慕有加，還從方面繼承之，典型的例子是他雖然宣導學詩當從李白入手，但他在詩歌創作中從思想、藝術等方面仿效杜甫處卻更多，而且其最有理論意義的二卷本《雨村詩話》總共祇有八十三條，論述讚揚杜甫者竟然有二十二條之多，且說："余于詩酷愛陶淵明、李太白、杜少陵、韓昌黎、蘇東坡，丹鉛數四矣，率多為人竊去。就中少陵全集，批點最詳，今宦游四方，半濕于水，十忘七八矣。漸衰漸耗，不知何時再得細讎一過也。"④於此可見他對杜甫詩歌及詩學的重視，也可以說明他的詩學與詩歌和袁枚相去甚遠。

---

① 指虞集。
②《童山詩集》卷八，叢書集成初編本，中華書局 1985 年版。
③ 沈時蓉：《李調元文藝美學思想發微》，《李調元研究》，巴蜀書社 2007 年版，第 322 頁。
④ 郭紹虞：《清詩話續編》（三），上海古籍出版社 1983 年版，第 1526 頁。

在第三個方面，李調元也是成功的。從本質上講，他是一個才子型作家兼學者。作爲才子型作家兼學者，他的學術研究受到了巴蜀文化的深刻影響。巴蜀學者，自司馬相如、揚雄開始，中經三蘇，到楊慎，揚名後世者都不是純粹的學者，而是詩（文）人而兼學者，在學術研究中則重視文學與其他學術研究的結合，注重學術研究與經世致用的結合，重視學術傳統的繼承而又有所創新，宣導獨立思考而又不隨便開宗立派，學術思想則以儒家主而兼及其他。李調元注重學術研究與經世致用的結合，以儒家思想爲主而兼及其他的典型表述，如《策一》説："文必本乎經術，而後爲有用之文。經術者，經濟所從出也。仲舒《繁露》，根抵《春秋》；賈誼《新書》，出入《大戴》。子雲之《太玄》、《法言》，未免艱深；相如之《上林》、《子虛》，尤精華瞻。司馬、班、範，則固文章之巨擘也。劉歆著《七略》，説者以爲即集之所肇端。然荀悦之《申鑒》，桓譚之《新論》，皆集之純雜互見，不足稱也。晁《家令》、《對策》，泛引五帝之德，公孫宏《召對》改爲媚悦之詞，所謂緣飾經術，白衣取卿相者，反不如桑宏羊論鹽鐵厲害，尤爲有用之文也。黃初、建安之間，三曹、二陸、三張、王粲、孔融、陳琳、應瑒、徐幹、劉楨之徒，緣情綺靡，漸趨華縟。謝靈運、康樂、顏延之、任昉、何遜、沈約、江文通、徐陵之輩，則未免以文滅質，以博溺心矣。"[①]策論自然免不了迎合主流思想，但結合李調元的全部作品，可知這段話還是表現了他的基本思想，即詩文創作要本於儒家經術，也即以儒家思想爲準則，爲基礎，進而要求"爲有用之文"，其功能便是經世濟用，也即孔子所説的"興觀群怨""邇之事父，遠之事君"與"多識鳥獸草木之名"[②]。後面他評論漢代的文章辭賦，認爲董仲舒、賈誼的著作都本乎經術，而揚雄的《太玄》《法言》雖本乎經術卻未免艱深；司馬相如之《上林》《子虛》則衹長於華瞻，司馬遷、班固、範曄的史書是"文章之巨擘"，但卻與經術無關；後來的文章或者"純雜互見，不足稱"，或者乾脆成了"媚悦之詞"，衹是"緣飾經術"罷了，衹有桑宏羊的《鹽鐵論》是經世濟用的有用之文。後面他進而認爲魏晉建安、黃初、太康之文是"緣情綺靡，漸趨華縟"，已經背離經術；而東晉六朝的詩文則"以文滅質，以博溺心"。這説明李調元的文藝理論思想是以儒家爲基礎的，非常重視經世致用。

李調元非常重視道德人品對畫品、文品、詩品的影響，這種論述很多。如《跋鶴峰墨蘭十二册》第二册跋説："芝蘭生於深谷，不以無人而不芳；君子修道立德，不爲窮困而改節。觀此畫可以知其爲人矣。"[③]認爲君子的人格道德不應該因榮辱窮達而改變，這種道德節操像芝蘭的芳香一樣是不受世俗影響的，它自然表露在文章書畫之中，是文章書畫之本，因此人品影響並決定詩品、文品與畫品。

李調元論詩文還強調儒家的性情，認爲詩歌應該表現性情。《雲穀詩草序》：

---

①《童山文集》卷二，叢書集成本初編本，中華書局1985年版。

② [宋]朱熹：《四書集注·論語·陽貨》，中華書局1983年版，第178頁。

③《童山文集》卷十四，叢書集成本初編本，中華書局1985年版。

"詩也者，人之性情也。人之性情稟乎五行。五行者金木水火土也。在天為五星，在地為五方，在時為五德，在人為五常，發于文章為五色，播於音律為五聲，而總其精氣之用，謂之五行。五行者，互相生而間相勝也……本于水者，其詩漂流沒溺；本於火者，其詩燔燎焦然；本於木者，其詩幹舉機發；本于金者，其詩鋒刃銛利；惟本於土者，其詩敦靜安鎮，而能含萬物，為萬化母。廣漢張雲轂名邦伸者，余同年姻家也。為人敦靜安鎮，得於土之德為多。故其待人也，以忠以信；處事也，必敬必恭；由己卯孝廉歷宰襄城、固始，實心實政，孚及豚魚者孚萬民；誠己誠人，格及鬼神者格造化。故其發而為詩，無非勸善規過，激濁揚清，義取關乎風化，而不以剪紅刻翠為工。詞取通乎賢愚，而不以風雲月露為巧。初讀之，若無一奇字異句，足以動人。而細味之，則興觀群怨無不包焉。此非能含萬物，而以萬化為母哉。吾故曰：得於土之德為多也，讀其詩，凡體乎水火木金者，胥拜下風矣。"[1]文章認爲詩歌的本質是抒情，不過這個情不是潘嶽所說的"詩緣情而綺靡"的情，而是儒家所說的性情，即他所讚揚的張雲轂的"待人也，以忠以信；處事也，必敬必恭"，以及"實心實政，孚及豚魚者孚萬民；誠己誠人，格及鬼神者格造化"，即儒家所宣導的忠信、恭敬、誠己誠人而又推及萬物，以及憂國憂民。本著這種思想，所以"發而為詩，無非勸善規過，激濁揚清，義取關乎風化，而不以剪紅刻翠為工。詞取通乎賢愚，而不以風雲月露為巧"，其美學風格便是所謂土德之詩，既包含著興觀群怨，而又不失溫柔敦厚。這是典型的儒家詩學思想。

他説："詩雖發於情，而實本於性，性不篤者，情不真也。吾同年友鶴林篤於性者也。其為人冲和澹雅，使人望之如瀰瀰千頃之波，可望而不可即。而其與人談論往古及天下之事，則又踔厲風發，率屈座人。嗟乎，何多才也。此豈但學力成之，要所謂篤於性矣……夫以吾友如此之天性，使假之年，吾烏能測其學之所到，而即此殘篇斷簡，已似珠光劍氣，照耀人間。則更數千百年，其不埋沒於荒煙蔓草可知也。"[2]這段話論述性情，認爲"詩雖發於情，而實本於性"，強調詩歌當情真。"真"源於道家，但他強調的"真"的前提卻是儒家的"性篤"，即以仁義爲本，内在"冲和澹雅"，心胸開闊博大，外在則"踔厲風發，率屈座人"，關心時代社會，表現爲一種陽剛之美。

他的詩學思想也兼及道家思想，但其根本是儒家思想。《直如朱絲賦》中說："情自儕於爽籟，術豈濫於吹竽。況既知白而守黑，尤嚴惡紫之奪朱。"[3]說琴弦演奏表現的情感要真實自然，有如"爽籟"。"爽籟"即天籟，也即追求自然之美，這是道家的觀點。演奏之術要精妙，還要知白而守黑，知白而守黑語出《老子》"知其白，守其黑，為天下式"，意爲内心光明，行爲潔白，卻要以沉默昏

---

① 《童山文集》卷五，叢書集成本初編本，中華書局 1985 年版。
② 《張鶴林詩集序》，《童山文集》卷五，叢書集成本初編本，中華書局 1985 年版。
③ 《童山文集》卷一，叢書集成本初編本，中華書局 1985 年版。

暗自守而做到和光同塵。還要"惡紫之奪朱"。"惡紫之奪朱"語出《論語·陽貨》："子曰：'惡紫之奪朱也，惡鄭聲之亂雅樂也。'"邢昺疏："此章記孔子惡邪奪正也。惡紫之奪朱也者，朱，正色；紫，閒色之好者。惡其邪好而奪正色也。"①所謂"惡紫之奪朱"，便是不能用鄭衛之聲影響真正的風雅精神，也即前面提到的"義取關乎風化，而不以剪紅刻翠為工。詞取通乎賢愚，而不以風雲月露為巧"。

因此，可以説巴蜀文化的優良傳統與深厚積澱是李調元成功的歷史文化原因，而李調元對先賢的追慕與趕超則是其取得成就的主觀動因。

## 二 乾嘉學風對李調元學術思想的影響

李調元的學術研究也受時代學術思潮，即乾嘉學派的影響。乾嘉學派又稱漢學、樸學、考據學派。因其在乾隆、嘉慶兩朝達於極盛，故名。乾嘉漢學家繼承古代經學家考據訓詁的方法，加以條理發展，治學以經學為主，以漢儒經注為宗，學風平實、嚴謹，不尚空談。其以古音學為主要研究物件，通過古字古音以明古訓，明古訓然後明經，此為其共同的學術主張。此風自清初顧炎武開其端，中經閻若璩、胡渭等人的推闡，至惠棟、戴震、錢大昕而張大其説，至段玉裁、王念孫、王引之而臻於極盛。這一學派首重音韻、文字、訓詁之學，擴及史籍、諸子的校勘、輯佚、辨偽，留意金石、地理、天文、曆法、數學、典章制度的考究。在諸經的校訂疏解中，取得了超邁前代的成就。對古籍和史料的整理，亦有較大貢獻。但清初漢學興起之時，有濃厚的反理學内容及反民族壓迫的思想，而考據祇是藉以通經致用的手段。顧炎武關注社會現實，反對理學，進而主張以經學去取代理學，目的就在於"經世致用"。顧氏之後，此風漸趨蜕變。段玉裁、王念孫、王引之以下，更是遠離社會現實，止於訓詁考據。總之，清初之學，以博大為其特色；乾嘉漢學，則以專精而揚其旗幟。乾嘉學派諸學者，無論在經學、史學、音韻、文字、訓詁，還是金石、地理、天文、曆法、數學等方面，都取得了當時最好的成就。其平實、嚴謹的學風以及精湛的業績，是值得肯定的。李調元的學術走的也是乾嘉學派的路子，所以他在經、史、子、集四部及小學等方面都有不少著述，涉及面之廣在清代可稱居西部之首，在整個中西部也祇有王船山可與其相比，元明清三代巴蜀學者中也祇有明代的楊慎可與其相比。

李調元不僅著述極多，而且範圍極廣，既重視音韻、文字、訓詁之學，也重視經、史、子的研究，以及金石、地理、天文、曆法、數學、典章制度的考究，在這些領域進行校勘、輯佚、辨偽工作。因為李調元是才子型學者，且一生以修齊治平為己任，青壯年時期又多在求學、求仕及為官，晚年隱居林泉期間亦沒有

---

① 《論語注疏》卷十七，阮元刻十三經注疏本。

專力於學問，而是以詩酒戲劇自娛，整個一生都沒有定下心來專心深研學問，所以其學術涉獵甚廣，著述甚多，在各個領域都有一定成就，但其總體成就，尤其是學術深度與影響，與清初王夫之、黃宗羲、顧炎武相比，不僅沒有清初三大家濃厚的反理學內容及反民族壓迫的思想，其影響也相對較小。即便與乾嘉時期的經學家、子學家、小學家，如李調元著作中涉及到的或者與其有交往的乾嘉學派代表人物惠棟、戴震、錢大昕、段玉裁、王盛鳴、全望祖、阮元，以及長於詩、詞、文的杭世駿、厲樊樹、朱竹垞、方苞、姚鼐相比，或是與長於戲劇、小説的李漁、金聖歎等相比，也較爲遜色。而其史學研究與其好友趙翼相比，差距也很大。這自然與明清時期學術中心東移，中西部學者沒有話語權而得不到重視有關，也與其成就相對遜色有關。不過，隨著李調元研究的全面開展與深入，對其學術成就的評價也會改變。

綜合而言，李調元最有成就的學術領域還是文藝理論研究，留下了數十卷的詩話、詞話、賦話、劇話、曲話，就種類齊全的角度看是超越前人的，就總體成就而言也可稱清代一個大家，但他卻沒有開宗立派。其深度與影響以戲曲研究、辭賦研究爲大，而詩話、詞話則相對遜色。其文藝理論研究既受其人格思想的影響，也受巴蜀文化的影響，還受時代風氣的影響，其鮮明特點是注重學術研究與經世致用的結合，以儒家思想爲主而兼及其他。

### 三　李氏家族忠厚家風與深厚家學的影響

李調元的曾祖李攀旺（1627—1700）爲羅江縣雲龍壩人，三歲而孤，隨母王氏再適而育於同里南村壩李雲卿，明末亂後回鄉，白手起家，歷盡艱辛。四十一歲始娶官宦孤女李氏爲妻，五十一歲定居南村壩，六十二歲得孿生二子。其祖父李文彩（1688—1757），李氏《族譜》云：文彩公"嗜讀書、明事理、通大義、好施捨"，"鄉人以李善人稱之"[①]。其父李化楠幼時隨父耕讀於壟上，少有大志，年十九爲諸生，乾隆辛酉（1741）秋鄉試中舉。壬戌（1742）進士及第，官選咸安宮教席，卻不就而歸。回鄉後先於雲龍壩築醒園，執教鄉人子弟，又受羅江縣令沈潛之聘參與修撰《羅江縣誌》，後又受聘於縣城東街豐都廟教學，繼又辦學於綿州。乾隆十六年（1751）補官浙江，歷任余姚、秀水知縣，嗣權平湖，曾兩充鄉試同考官。其在浙江爲官七年，政績卓著，被譽爲第一循良，曾被保舉升任知府。旋因父喪，回四川羅江丁憂，離去之日，"父老焚香跪送者數萬，哭聲震野如失父母"[②]。乾隆二十五年（1760），入京補授直隸滄州知州；二十七年（1762）扈駕乾隆南巡，榮賜荷包，遷涿州；二十八年調任天津海防同知，是年丁母憂回川。

---

① [清]李化楠：《石亭文集·英華公傳》，叢書集成初編本，中華書局1985年版。
② 賴安海：《李調元編年事輯》附編《李化楠傳》，中國文史出版社2005年版，第143頁。

三十一年（1766）補官宣化府同知，三十三年調任順天府北路廳同知，委辦平穀城工，又兼署密雲縣事，辦理乾隆秋獮諸事，被乾隆帝嘉爲“强項令”。是年末，因懲處密雲知縣任寶坊勒索銀兩案，已定讞，然而上憲提審時任某卻翻供。直隸臬司、保定知府、冀州知州與任某皆爲姻親，三人從中袒護，李化楠反因此遭受諷刺侮辱。李化楠素重名節，經此一事，便突發“氣喘怔忡”之症，拔劍自刎，“殉名”而亡。李化楠著有《石亭詩集》十卷，《石亭文集》六卷，《醒園錄》食譜二卷。他在鄉近宗祠處修醒園、築書樓，“以川中書少，多購諸江浙，航來於家貯之”①。李調元的好學、好書、好園林，尤其是廉潔勁直的氣性當與父親的影響有密切關係。

　　如前所述，平民出身，祖、父數輩所顯示的忠厚家風爲李調元的人格思想提供了典範，所謂身教重於言教。尤其是父親李化楠，這位積極入世、以修齊治平爲理想、堅守人格操守、剛正不阿的重視詩文的模範士子與清官能吏，對李調元的影響是巨大的，也可以説是超越其他影響的。可以説李調元的一生是他父親的翻版，衹不過他在文藝與學術上走得更遠，成就更大。李調元的思想是儒家思想，這與其家庭出身有關。李調元的曾祖李攀旺三歲而孤，身歷明末清初的戰亂，是個歷盡艱辛、白手起家的普通農戶。其祖父李文彩“嗜讀書、明事理、通大義、好施捨”，“鄉人以李善人稱之”②，是個富有儒家仁德思想的鄉村讀書人。其父李化楠幼時隨父讀書，少有大志，積極入世，以修齊治平爲終身理想。進士及第後以未成翰林而遺憾，初官選咸安宫教席即不就而歸，意在有實權、能做實事。乾隆十六年（1751）補官浙江，在浙江爲官七年，政績卓著，被譽爲第一循良，保舉升任知府。乾隆三十一年（1766）補官宣化府同知，三十三年調任順天府北路廳同知，委辦平穀城工，又兼署密雲縣事，辦理乾隆秋獮諸事，被乾隆帝嘉爲“强項令”。綜觀其一生所爲，可知其是典型的幹員良吏。然最終因秉公辦事而與貪腐同僚及官場潛規則鬥爭失敗受辱，理想破滅、名節受損而突發“氣喘怔忡”之症，進而拔劍自刎，“殉名”而亡。父親忽然卒於任所，其根本原因是乾隆中後期日漸驕墮專斷，朝政委於和珅等人，外則階級矛盾與民族矛盾日益尖銳，内則腐化墮落，傾軋爭鬥無已，官場官官相護的潛規則盛行，這讓一心報效國家與聖明君王的李化楠難以適應，極度憤忿，再加上疾病，最終暴亡於任所。這對李調元的影響與刺激是很大的，甚至是空前的。

## 四　清代巴蜀移民開放交融風氣的影響

　　明末清初四川的戰亂長達五十年，崇禎七年甲戌（1634）“旋以賊亂，師辭

---

① 賴安海：《李調元編年事輯》附編《李化楠傳》，中國文史出版社2005年版，第146頁。
② [清]李化楠：《石亭文集·英華公傳》叢書集成初編本，中華書局1985年版。

館"①，順治元年張獻忠入川至順治三年敗死，此後又有姚黃十三家與夔東十三家起事，其"蹂躪川東北，屠割之慘，不在張獻忠下"②，農民軍餘部、流民軍、南明軍及清軍在川展開拉鋸戰式混戰，稍後又有三藩叛亂與平叛之戰，至康熙二十年（1681）戰亂纔得以平息。四川耕地由明萬曆時的十三萬餘頃減少至順治時的萬餘頃③，四川不少地方"十室九空"④，"百里無煙，人民所存有數，頻年進剿，遷移僅存皮骨"⑤，時人認爲百姓"自甲申以來，民之死於兵者半，死於荒者半，死於虎者半"⑥"今統十分而計之：其死於獻賊之屠戮者三，死于搖黃之擄掠者二，因亂而自相殘殺者又二，其一則死於病也"⑦。順治十八年統計四川人口僅 8 萬餘人⑧，即便如李世平研究的結果，也不過 50 萬左右⑨，也是十餘一了。

針對這種情況，清政府先後提出了"安民爲先""裕民爲上""便民爲要"的治蜀方針。在清朝統治者的支持與鼓勵下，四川開始了規模的空前大移民活動。順治十年（1653）清政府提出"四川荒地，官給牛種，聽兵民開墾，酌量補還價值"⑩的政策，康熙五十一年（1712）又諭令各地"滋生人丁，永不加賦"⑪，四川貫徹落實得較爲徹底。隨著"湖廣填四川"的大移民活動，全國各地人民，尤其是湖廣、陝西、江西、福建、廣東等地的百姓彙聚四川，使四川在人口、政治、經濟、文化藝術、科學技術等方面進行了廣泛的雜交，出現了新的面貌。大量湖廣及江南士子來川爲官，各地均重視教興學，文化教育逐漸復蘇，官員認爲"書院與義學均為造就人才之根本"⑫，清代四川書院總數超過前代，特別是乾隆一朝所建最多，清代民辦書院占總數的 30～40%，官辦書院約占 60～70%⑬。但是，由於康熙、雍正、乾隆時期大興文字獄，故乾嘉時以考據之風爲盛。時之羅江，據《羅江縣誌》："（羅江）明季兵燹後廢爲頹垣，國朝初，併入德陽。欣逢皇恩廣被，文教日新，遐陬僻壤，咸爲樂郊。羅雖蕞爾，邑亦木拔道通，人民幅集，又屬皇華孔道，商旅絡繹不絕。雍正七年（1729）復設羅江縣，衙署、祠廟煥然一新，士習民風，蒸蒸向化。以視從前，榛莽荒蕪、不啻相隔天壤矣。"⑭又據《羅江縣誌》李化楠《明倫堂碑記》説："乾隆乙丑（1745），旌陽闞明府來治吾羅，

---

① [清]張烺：《爐餘錄》，見胡傳淮《爐餘錄注》，中國文史出版社 2010 年版，第 8 頁。
② [清]向庭庚：《史詠》，同治《成都縣志》卷十六《雜類志·紀餘》。
③ 參考《明會要》及《清文獻通考》卷一《田賦》。
④ 民國《蒼溪縣志》卷十三。
⑤ 康熙《四川總志》卷十《貢賦》第 19-26 頁。
⑥ [清]韓相國：《流民傳》，見譚紅主編：《巴蜀移民史》，巴蜀書社 2006 年版，第 468 頁。
⑦ [清]張烺：《爐餘錄》，民國本《遂寧張氏族譜》卷四。又見胡傳淮《爐餘錄注》，中國文史出版社 2010 年版，第 29 頁。
⑧ 陳世松主編：《四川通史》第五冊，四川大學出版社 1993 年版，第 177 頁。
⑨ 李世平：《四川人口史》，四川大學出版社 1987 年版，第 155 頁。
⑩ 嘉慶《四川通志》卷六十《食貨·田賦》。
⑪ 《清聖祖實錄》卷二百四十九。
⑫ 道光《城口廳志》卷二十《藝文》。
⑬ 胡昭曦：《四川書院史》，巴蜀書社 2000 年版，第 194 頁。
⑭ 嘉慶《羅江縣志·闞昌言〈舊志〉序》。

下車之始，目擊學宮曠缺，慨然議新之"，"自今羅人士執經問業，博習親師，不患無地"。[1]總的講，清代在廢墟上建立起來的四川教育，既繼承了四川悠久的教育傳統，又吸收各省創辦教育的經驗，培養出了大批進士、舉人和生員士子，也造就出繼明代楊升庵後又一位巴蜀文化巨匠——世居羅江的"全才大學者"[2]李調元。因此，受清初大移民影響的四川經濟、文化的開放與交流是李調元橫空出世的社會時代方面的原因。

李調元欣逢政治較爲穩定，經濟較爲繁榮，而文化教育又經過大半個世紀積累發展的乾嘉時期，少年時在家學習、生活，就學於羅江、綿州以及成都的錦江書院，如果沒有清初的大移民與文化融合，以及教育的發展，他就不可能受到這種多種文化融合的良好教育與影響。他晚年隱居家鄉，交遊、活動於蜀地，以詩酒、戲劇自娛，還舉辦家庭戲班，創作戲劇，其《雨村劇話》與《雨村曲話》的編撰與大移民之後形成的融會南、北、東三方戲劇而形成的川劇有直接的關係。而且四川戲曲本身便是移民文化影響的結果。一般而言，昆曲或源自清初以來川官員的提倡，或順長江水道而上；彈戲來自陝西；高腔或順江而上，或從湖南傳來；胡琴戲或由江西傳來，或受漢調二黃影響。可以説，如果沒有隨大移民而來而又本土化的戲曲，便不會有李調元的戲曲理論研究與戲曲實踐活動。

## 五 四方師友及四種文化相交融的影響

巴蜀文化是一種成熟的、有自身鮮明特點的文化，但若不與國內其他文化交流，也不會有輝煌的成就，唐宋時期的杜甫、元稹、李商隱、范成大、陸游等都是典型。自古天下詩人皆入蜀，入蜀則面貌大變，成就突出；反之，巴蜀文人則要北上東出，融入華夏文化的大家庭，否則也不會成爲享譽當時、稱雄後世的傑出人才。縱觀巴蜀本地文人，真正生長於蜀地而或爲名家的文人祇有五代前後蜀的"花間詞派"，以及以詞學著稱的王灼，但前者僅僅是一風格單一、內蘊也單一的詞派，而後者在詞學之外的其他方面則可取之處不多。而出川便成大家、名家者則舉不勝舉，可以説已是規律，典型者如司馬相如、揚雄、李白、蘇軾、蘇轍、楊慎等人。

説到老師的影響，父親李化楠是李調元的第一個老師，也是對其影響最大的老師。除父親之外，李調元授業之師頗多，如中江縣一碗水嚴師生劉一飛、父親門生三台諸生周光宇、綿州涪江書院名師張巨堂、浙江余姚姚江書院掌教李祖惠、浙江舉人俞醉六、其父同年進士嘉興府教諭施滄濤、錢塘名士陳學川、編修徐君誨、進士查吾崗、善詩畫的陸宙冲、詩名重朝野的退休大司寇錢香樹、錦江書院

---

① [清]李化楠：《明倫堂碑記》，見嘉慶《羅江縣志》卷二十六。
② 張力：《全才學者李調元》，《李調元研究》，巴蜀書社 2007 年版，第 56 頁。

父親同年進士高白雲，這些都是學問、人品俱佳的名師，主要是文化教育蒸蒸日上時的巴蜀名師名士，以及積澱深厚、自宋代起就引領潮流的江浙名士與名師。巴蜀文化與江浙文化既有異質性，又有同質性，二者共同作用於才子李調元，對李調元的詩文創作、文藝理論及其他學術研究產生了很大的影響，至少主導了他的主要方向，使他最終成爲才子型詩人、文藝理論家兼學者。

談到益友，詩人一生交友達數百人之多，就身份而言，有大臣學者名士、普通官員同僚、同科舉人進士及學生、鄉邦官員及文人、無名文人，以及僧道閨媛與傭僕；從地域來看，則遍及全國各地，主要是巴蜀、江浙、京都等地的文人與官員。這些友人中除極少數後來曾投靠和珅，如吳省欽、吳省蘭，其餘都是方正而有學問者，李調元與他們交遊，或吟詩唱和，或切磋學問，或互相交流，對李調元的創作與研究必然會產生很大的影響。典型者如李調元著名的《雨村劇話》，就應當受江浙友人及京城友人的影響，因爲江浙既是乾嘉學派的中心，也是戲曲等俗文學的中心，而北京則是當時北方的文化中心與各地戲曲的匯聚地。與李調元交往（包括書信）密切者有袁枚、趙翼這兩員性靈派主將，所以李調元的詩歌創作與性靈派詩歌有相似之處，當時及後世一般人也把他看作性靈派詩人。他的《雨村詩話》十六卷本、《雨村詩話補遺》四卷在編寫宗旨、編排體例、所選詩歌、評論觀點上都與袁枚的《隨園詩話》有相似之處，從某種角度看，甚至可以説李調元的《雨村詩話》就是袁枚《隨園詩話》的四川版。

李調元一生四處交遊，到過中國的大江南北，主要活動的地方有四處，這四處其實是四個不同的文化區，即巴蜀文化區、京城文化區、江浙文化區、閩粵文化區。他早年在故鄉接受基礎教育與巴蜀文化熏陶，晚年又隱居故鄉，從記事之年始共約三十四年，包括青少年家鄉求學期（十五年）、錦江書院讀書期（約一年半）、晚年歸居羅江期（十七年）。巴蜀文化區是一個有深遠歷史與巨大影響，元代以後逐漸衰微而又在清代逐漸中興的融合了荆楚文化、客家文化、秦隴文化、嶺南文化以及江浙文化，又與現代相結合的文化區。李調元在巴蜀生活的時間最長，這種早年的教育與熏陶最爲關鍵，使他受用終生，而飽經宦海風波之後的十多年又是他最爲成熟的時期，因此他受巴蜀文化的影響與熏陶最深。其次是京城爲官時期，前後共約十七年，包括國子監學録時期（約兩年）、翰林唱和時期（約兩年）、吏部任職時期（約十一年）、直隸通永道時期（約三年），這是他風華正茂的時期，也是他人生最爲重要的時期。北京自元代起便成爲中國的政治中心，同時也成爲中國北方經濟文化的中心，北起北京、南至杭州的運河沿綫的經濟文化帶至清而達到極盛。李調元在京城及近郊直隸求學、爲官，瞭解了上層社會，熟悉了京都文化，濡染了北方文化，開闊了眼界，因此便能宏觀、全面地認識與把握中國社會與中國文化，這對他的詩文創作、文藝理論研究與其他學術研究產生了重大影響。其主要影響如：因朝廷編撰《四庫全書》，李調元便有了編輯出版大型叢書《函海》的想法，而且也有了搜集有關書籍的便利；北京是各地方戲劇的融匯地，也是京劇的形成地，他也因此而熱愛戲劇，進而撰寫了《雨村曲話》與《雨村劇話》；北京是政治中心和文化中心，李調元長處其中，融合其中，在熟悉的基礎上深思，因而其詩文表現時代及其思想的角度更爲廣闊多變，而且在思想內蘊的高度、深度等方面也有所提升。再是隨父至浙江問學期（約五年，從乾隆十九年至乾隆二十三年夏），這是他求學與世界觀形成的最爲重要的時期。在浙時期，他先後授業於李祖惠、俞醉六、施滄濤、陳學川、徐君諱、查吾崗、陸宙冲、錢香樹等人，與之交遊者主要有張羲年、邵晉函、沈初、錢受之、錢受穀等人。江浙求學時期雖短，但對他的影響卻很大。江浙自南宋開始就是中國的經濟文化中心，其文化積澱極爲深厚，特色非常鮮明。在乾隆時期，江浙的詩文創作、戲曲小説創作、文藝理論研究、乾嘉學派的學術研究都引領潮流，走在全國前列，才子、大師輩出。李調元身處其中，通過對比與交流，更能找到自身與他們之間的差距，進而在學習仿效的基礎上推行創造，最終成爲才子型作家兼學者。因此可以説李調元的詩詞創作、文藝理論研究及其他學術研究都沾溉於江浙文化。具體表現爲：一是詩歌創作融合性靈派與格調派，形成獨有的風格特點；二是有感於袁枚的《隨園詩話》而作《雨村詩話》十六卷與《雨村詩話補遺》四卷，有繼承袁枚且與之媲美的意思；三是受江浙學術研究，尤其是乾嘉學派的影響，對其成爲研究領域全面的西部學術大師有促進作用；四是江浙是戲曲創作演出及研究的中心，這對他熱愛戲曲、研究戲曲、編撰《雨村劇話》和《雨村曲話》有直接的啟發。李調元曾兩次宦遊廣東，第一次是乾隆三十九年（1774）五月充任廣東鄉試副主考，與主考王懿修結交，與同考官廣東仁和許石蘭、龍門趙雪樵、連山李雲圃、澳門司馬宋天波互相唱和，十一月返京。第二次是南下廣東督學期（乾隆四十三年至四十五年），前後約三年時間。李調元在廣東的時間不長，但對其影響卻不小。因爲廣東遠在嶺南，南宋以前還屬於所謂天涯海角的煙瘴不毛之地，此後逐漸發展成爲有特色的客家文化與南洋文化交融的文化圈，自明代葡萄牙占據澳門以來，則逐漸發展成爲與西方交流的前沿與中心，相對嶺北黃河文化與長江文化，其異質性最強。李調元在粵時間雖短，且公務繁忙，但他天生敏感，好新喜異，編著了《粵東皇華集》十卷、《使粵程記》一卷、《然犀志》二卷，《雨村賦話》十卷，還有《嶺南視學册》二十六卷、《觀海集》十卷、《粵東試牘》二卷、《全五代詩》一百卷、《南越筆記》十六卷、《制義科瑣記》四卷、《粵風》四卷，這些創作與學術研究在當時以至後來很長一段時期都是具有開拓性的，在研究民風民俗與地方文化方面，以及對西方交往等都具有很大的作用。因此可以説李調元是開眼看嶺南文化的巴蜀第一人，甚至可以説是開眼看西方的巴蜀第一人。

# 餘　論

　　上面簡述了清代巴蜀文化第一人李調元的文學及學術成就，還從五個主要方面論述其學術與文藝思想所受的各種影響。綜合而言，李調元一生在思想上以儒爲主，積極入世，以儒家"窮則獨善其身，達則兼善天下"爲宗旨，剛正不阿，憂國憂民，以清官良吏自律，始終保持了高尚的人格操守。同時，作爲才子，他在文學創作的各個領域，如詩、詞、賦、文及戲曲上勤奮筆耕，成爲全才型文學家，在經、史、子、集等領域，尤其是文藝理論研究方面取得巨大的學術成就，成爲著述最富的清代西部第一學者與涉及範圍最廣的中西部第一文藝理論家。其理論特色鮮明，如創作與理論研究並重，善於縱向繼承前代巴蜀的優秀文化傳統與橫向學習清代不同地域的文化，以儒家觀點爲主而又兼及其他，繼承傳統而又獨立思考與創新，善於創新而又不宣導異端，理論研究與實踐結合而不故弄玄虛，這些成就與特色既源於他超人的天分與勤奮，也源於他一生閱歷豐富、交遊廣泛，其中包括縱向繼承巴蜀深厚文化文學傳統並超越前賢，繼承忠厚家世與深厚家學並光耀祖宗，橫向則受乾嘉學風的影響與四方師友及四種文化圈交融的影響而與時俱進，而清代巴蜀移民所形成的文化開放與交融則爲其成功提供了外在環境。

作者單位：西華大學人文學院

# 南羲采《龜磵詩話》對李白詩歌的評價

冉 馳

李白的詩歌大約在 10 世紀就傳入了朝鮮半島，並受到朝鮮文人的喜愛和重視。其在詩歌創作以及詩歌理論方面都對朝鮮文人產生了極其深遠的影響。南羲采的《龜磵詩話》中有關李白的材料就有三百多條，其中包含不少南羲采對李白詩歌的評價。南氏或摘句品評，或對整首詩的風格進行鑒賞，或將李白詩作與他人進行比較。筆者擬對其中材料進行一一述評。

"評瀑"條：

唐宋人瀑布詩甚衆，而其中數三家最優。張曲江詩曰："絶頂有懸泉，喧喧出煙杪。不知幾時歲，但見無昏曉。閃閃青崖落，鮮鮮白日皎。灑流濕行雲，濺沫驚飛鳥。雷吼何噴薄，箭馳入窈窕。吾聞山下蒙，今乃林巒表。物情有詭激，坤元曷紛矯。默然置此去，變化誰能了。"語意極古奇。李草堂詩曰："西登香爐峰，南見瀑布水。掛流三百丈，噴壑數千里。欻如飛雷來，隱若白虹起。初驚河漢落，半在雲天裏。仰觀執轉雄，怪哉造化功。海風吹不斷，江月照還空。而我遊名山，對之心益閑。無論漱瓊液，且得洗塵顏。但諧宿所好，永願辭人間。"語意俊逸。范龍圖詩曰："靈源何太高，北斗尚可挹。凌日五光直，逗雲千仞急。白虹下澗飲，寒劍倚天立。閃電不得瞬，長雷無敢蟄。萬丈岩崖折，一道林巒濕。險逼飛鳥墜，冷灑山鬼泣。須當截海去，濁水不相入。"氣格甚高，末語尤可見自期之正大，譬之水。曲江詩鏡波無風也自生奇，草堂詩千里煙波汪洋無涯，龍圖詩層浪風激雪山嶄岩，其餘諸家皆不出三子範圍之內也……"[1]

在中國古代的山水詩中，瀑布作為一個重要的題材而受到歷代詩人的青睞，例如歷史上最著名的李白與徐凝瀑布詩公案。在這個公案中，最受到人們關注的莫過於李白的《望廬山瀑布·其二》和徐凝的仿作。後代詩論家對這個論題也爭論不休。這兩首詩可算是歷史上最爲著名的瀑布詩了。南羲采此處獨闢蹊徑，雖爲評價瀑布詩，卻繞開了這兩首詩，以其獨特的視角對李白、張九齡、范仲淹的瀑布詩做比較，總結了唐宋瀑布詩的特點。詩人的個性、遭際、寫作特點不同，在寫作時便會創造出不同的意境，因而呈現不同的特點。

---

[1] 蔡美花、趙季主編：《韓國詩話全編校注》，人民文學出版社 2012 年版，第 6803 頁。

南羲采認爲李白《望廬山瀑布·其一》"語意俊逸""千里煙波，汪洋無涯"。且將其與張九齡、范龍圖的瀑布詩進行比較。南羲采認爲"唐宋人瀑布詩甚衆，而其中數三家最優"，並評價道"曲江詩鏡波無風也自生奇，草堂詩千里煙波汪洋無涯，龍圖詩層浪風激雪山嶄岩"，且認爲"其餘諸家皆不出三子範圍之內也。"

《舊唐書》云："張九齡，字子壽，一名博物，曾祖君政，韶州別駕，因家於始興，今為曲江人。"[①]張九齡生於唐高宗儀鳳三年（678），卒於唐玄宗開元二十八年（740），享年六十三歲。張九齡詩歌成就頗高，有《曲江集》二十卷傳世，南宋詩人楊萬里曾云："人物，粵產古不多見，見必奇傑也。故張文獻公一出而曲江名天下。"[②]邱濬更推崇張九齡是"嶺海千年第一人"[③]。上述詩爲張九齡《入廬山仰望瀑布水》，描寫了廬山瀑布的壯美景觀：懸掛在高空的瀑布，仿佛從雲天之上落下，水花好像濺濕了行雲，驚到了飛鳥，伴隨著巨大的水落聲，瀑布飛馳地落進谷底。面對如此雄偉奇特的自然景觀，作者不禁感歎"物情有詭激，坤元曷紛矯。默然置此去，變化誰能了"，世間萬物的變化多麼無常，大地滋生萬物何其紛繁，面對這些變化，誰又能全然明瞭呢？由客觀的景物描寫上升到對世間萬物的哲理感悟，真可謂南氏所謂"語意極古奇"。爲讀者呈現了一幅壯美、大氣不凡的瀑布景觀圖。張九齡筆下的瀑布被其賦予了象徵意義，不僅僅作爲一種雄偉的自然景觀，同時成爲了詩人藉以抒發自己理想抱負的媒介。

中國詩話中多關注徐凝對李白《望廬山瀑布·其二》的模仿，不過從李白的同時代學人到清代學人，仍有提及《望廬山瀑布·其一》的。例如李白友人任華就在《雜言寄李白》中説道"登廬山觀瀑布：海風吹不斷，江月照還空，余愛此兩句。"[④]直言不諱地道出對"海風吹不斷，江月照還空"一句的喜愛之情。宋朝的蘇軾、劉辰翁、王阮、葛立方都曾稱讚過該詩，茲以蘇軾所論爲例："余謂太白前篇古詩云：'海風吹不斷，江月照還空'磊落清壯，語簡而意盡，優於絕句多矣。"[⑤]還具體道出了這兩句詩在藝術特徵上的好處。明清時人大體都持類似觀點，瞿佑、韋居安、王曉堂、愛新覺羅·弘曆等人都有相關論述。例如，瞿佑《歸田詩話》載："然太白又有'海風吹不斷，山月照還空'，亦奇妙句，惜世少稱之者。"[⑥]《望廬山瀑布·其一》先用"三百丈""數十里"的數位寫出了瀑布的高度和水勢，給人一種直觀感，然後用一系列比喻強化了這種感覺，瀑布水勢之疾就如"飛電""白虹"，让人以爲是銀河從天上掉下來了呢，海風吹不斷，月

---

① [五代]劉昫等撰：《舊唐書》列傳第四十九，中華書局 1975 年版，第 3097 頁。

② [宋]楊萬里《韶州州學兩公祠堂記》，《誠齋集》卷七三，上海古籍出版社 1987 年影印《文淵閣四庫全書》本第 1161 冊，第 18 頁。

③ [明]邱濬：《寄題曲江張丞相祠十首》之一，《重編瓊台會稿》卷四，四庫本第 1248 冊，第 73 頁。

④ [唐]李白著，[清]王琦注：《李太白全集》，中華書局 1977 年版，第 1491 頁。

⑤ [宋]胡仔撰，廖德明點校：《苕溪漁隱叢話》後集卷四，人民文學出版社 1962 年版，第 23 頁。

⑥ [明]瞿佑：《歸田詩話》，見吳文治主編：《明詩話全編》，鳳凰出版社 1997 年版，第 306 頁。

光卻能直射其中，水流不僅四處飛濺，還散發出彩色的霞光。有一種一瀉千里、不可阻擋的氣勢。面對如此之景，作者不僅頓覺心胸寬廣，還惟願長居此地，永辭人間。給人一種飄逸灑脱的感覺。

此處范龍圖指范仲淹，因其在李元昊造反時，以龍圖閣直學士與夏竦經略陝西，號令嚴明，夏人不敢犯，故羌人稱爲龍圖老子。此詩爲范仲淹《觀瀑布》，詩中用了大量的比喻來描寫瀑布的氣勢，比如"靈源何太高"將瀑布比喻爲靈源（仙水的源頭）；又説"白虹下澗飲"，瀑布奔流而下，像一道白虹深入澗底；"寒劍倚天立"將瀑布比爲寒劍。全詩從水勢、高度、聲響等方面描繪出瀑布的險絶雄奇。尤其是末語"須當截海去，濁水不能入"，借瀑布抒發胸臆，説明它終究會投向大海，這樣纔不會受到濁水的污染，借瀑布表明了自己的氣格。南氏所謂"氣格甚高"。

綜上，三首瀑布詩確實風格各異，將其比較論述，確能發現新意。至於是否真如南氏所言"其餘諸家皆不出三子範圍之内也"，還有待考證。中國詩論對《望廬山瀑布·其一》的評價多著眼於"海風吹不斷，江月照還空"一句，忽視了對本詩的整體評價，在中國詩話中，尚未看見類似南羲采的説法。該條材料雖是南羲采的讀書心得，卻有利於我們深入瞭解其詩學觀。其與中國詩評家對李白詩歌闡釋的異同之處對我們不無啟發。

還有朝鮮文人將《望廬山瀑布·其一》與其他詩人的詩作進行比較論述的情況。例如李瀷在《星湖僿説》中將李白的《望廬山瀑布·其一》與沈約《八詠詩》中的《被褐守山東》做比較。他認爲沈詩"語意超絶""如玄賞隱蹤"，李詩則"換骨傳神""如步虛金骨"[①]，二詩各有千秋，不分伯仲，同樣爲我們討論李白《望廬山瀑布·其一》提供了不同的視角。

"神鷹一擊"條：

……李白詩曰："神鷹夢澤，不顧鴟鳶。爲君一擊，鵬搏九天。"蓋謂士之用於世，當爲國立大功，如神鷹之不顧凡鳥，而但擊九天之鵬也。其取譬造辭，令人有逶拖風氣，直欲以長槍大劍馳獵于燕山雪草之場也。[②]

"神鷹夢澤，不顧鴟鳶。爲君一擊，鵬搏九天"出自李白《獨漉篇》。

李白的樂府《獨漉篇》含義朦朧，較難理解，後世注家各持一説。陳沆《詩比興箋》説："此篇自昔付之不解。"[③]清代王琦説："此詩依約古辭，當分六解……解各一意，峰斷雲連，似離似合，其體固如是也。若强作一意釋去，更無是處。"[④]沈

---

① 蔡美花、趙季主編：《韓國詩話全編校注》，人民文學出版社2012年版，第3818-3819頁。
② 蔡美花、趙季主編：《韓國詩話全編校注》，人民文學出版社2012年版，第7744頁。
③ [清]陳沆：《詩比興箋》，上海古籍出版社1981年版，第154頁。
④ [唐]李白著，[清]王琦注：《李太白全集》，中華書局1977年版，第221頁。

德潛《唐詩別裁集》說：此詩"中三解未易窺測，恐强解之，轉成鑿耳。"①

此詩的創作時間難以確定，也是造成其詩意朦朧的原因之一。按詹鍈《匯釋集評》採用上海古籍出版社《李白詩選注》的說法，認爲此詩作於唐肅宗初年，詩人避難於金陵、秋浦、尋陽一代，是其面對安史之亂而作。則該詩主旨應爲詩人欲效法搏擊九天之鵬的神鷹，殲滅叛軍，報效國家。

"神鷹夢澤，不顧鴟鳶。為君一擊，鵬搏九天"一句更是點明主旨的中心句。按王注分爲六解，則第一節"獨漉水中泥，水濁不見月。不見月尚可，水深行人沒"爲烘托環境，隱喻當時的政治黑暗和人民多災多難。"越鳥從南來，胡鷹亦北渡。我欲彎弓向天射，惜其中道失歸路"一節便有歧義，此處茲按《李白詩選注》的說法，乃"借對飛鳥的同情，來抒發自己身世飄零之感"②。第三節"落葉別樹，飄零隨風。客無所托，悲與此同"延續上一節之意，仍指詩人之飄零。第四節"羅幃舒卷，似有人開。明月直入，無心可猜"以擬人的手法表示與清風明月爲友，自己很孤寂。第五節"雄劍掛壁，時時龍鳴。不斷犀象，繡澀苔生。國恥未雪，何由成名"追昔撫今，感慨繫之，表達了自己的報國無路，壯志未酬。第六節"神鷹夢澤，不顧鴟鳶。為君一擊，鵬搏九天"乃蕭士贇所謂"此比興之意，謂士之用世，當為國雪恥，立大功以成名，如神鷹之不顧凡鳥，而但擊九天之鵬也"。

"其取譬造辭，令人有邐迤風氣，直欲以長槍大劍馳獵于燕山雪草之場也"。"神鷹"蓋太白自喻，代表此詩所包含的氣魄，磅礴大氣，令好男兒熱血沸騰。

"關山月詩"條：

《關山月》，《樂府題辭》："李延年所作《鼓角橫吹》十五曲之一也。"王褒詩"無復漢地關山月"，老杜詩"三年笛裏關山月"是已，蓋武樂也。李白《關山月》云："明月出天山，蒼茫雲海間。長風幾萬里，吹度玉門關。"《吳氏語錄》云："太白詩如《關山月》氣蓋一世，學詩能熟味之，自不褊淺矣。"其言信然。③

除了《吳氏語錄》以外，呂居仁《童蒙特訓》、呂本中《紫微詩話》都有類似說法。《關山月》本爲一首樂府古題，盧照鄰、沈佺期、陸游、徐陵等詩人都寫過。吳兢《樂府古題要解》：（《關山月》）"皆言傷離別也"④。

李白此首詩主要表達的是戍卒與思婦兩地相思的痛苦。這首詩受崔融《關山月》的影響較大。全詩分為三層，開頭四句"明月出天山，蒼茫雲海間。長風幾萬里，吹度玉門關"主要寫邊塞景象，從而表現出征人思鄉的情緒；中間四句"漢

---

① [清]沈德潛：《唐詩別裁集》卷六，上海古籍出版社1979年版，第188頁。
② 詹鍈：《李白全集校注彙釋集評》(二)，百花文藝出版社1996年版，第501頁。
③ 蔡美花、趙季主編：《韓國詩話全編校注》，人民文學出版社2012年版，第8022頁。
④ [清]丁福保輯：《歷代詩話續編》，中華書局1983年版，第52頁。

下白登道，胡窺青海灣。由來征戰地，不見有人還”具體寫到戰場悲慘的景象；後四句“戍客望邊邑，思歸多苦顏。高樓當此夜，歎息未應閑”寫征人和思婦間的思念之情。

“明月出天山，蒼茫雲海間。長風幾萬里，吹度玉門關”四句是太白之《關山月》從衆多《關山月》中脫穎而出的原因。署名嚴羽的《評點李太白詩集》云：“‘天山’亦若‘雲海’，皆虛境。若以某處山名實之，謂與‘玉門關’不遠，即曲爲解，亦相去萬里矣。”[1]胡應麟《詩藪》：（青蓮）“‘明月出天山，蒼茫雲海間。長風幾萬里，吹度玉門關’，渾雄之中，多少閑雅！”[2]應時《李詩緯》評此四句“飄忽如仙”。[3]這四句本爲後文描寫戰爭的殘酷和征夫思歸之情所做的環境鋪墊，但這首詩的景物描寫歷來爲人稱道，不僅在於其寫出了景物雄渾的氣勢，爲後文做好了環境鋪墊和氣氛渲染，還在於景物描寫中包含的情感。這幾句是情景交融的，征夫的情感都寄託在了他眼前的景物中，太白並未一開頭就直接抒發征夫的思鄉之情，而是通過征夫眼前所見的深遠遼闊的意境，爲思鄉之情做好鋪墊和烘托。

“明月出天山，蒼茫雲海間”兩句不僅境界壯闊，而且內涵豐富。正如王琦所論：“月出於東而天山在西，今曰‘明月出天山’，蓋自征夫而言，已過天山之西而迴首東望，則儼然見明月出於天山之外也。”[4]從征夫的角度來看，他在征途中已經路過天山，在回首家鄉的方向時，纔會看到天山背後的明月。這句中詩人雖然祇寫了天山、明月、雲海等高處的景物，而未寫近處之景，原因在於征夫一直在眺望遠方，借高處之景懷念家鄉。“長風幾萬里，吹度玉門關”是征夫陷入對遠方的思念時，從廣袤無垠的荒野吹來强勁的秋風，那秋風，吹過荒野，吹過天山，一直吹到了玉門關。征夫自然不能歸去，而長風卻可以帶回征夫的思念。

這四句由明月、天山、雲海組成的景象爲我們描繪了一幅空曠、雄渾的邊塞景象，其既可以是對玉門關的實際景色的描寫，也可以是讀者腦海中構想出的景色。這都不影響這幅景色背後蘊藏的很大的想象空間。南氏贊成中國詩論的觀點也可反映他對李白詩歌及其評論的熟悉。

“君馬黃傷友”條：

樂府《簫歌》二十二曲中有《君馬黃》，其詞曰：“君馬黃，我馬蒼，二馬同逐臣馬良。”終言美人歸以南、以北，“賀車馳馬，令我心傷”。但取第一句以命題，其立意不在馬。李白《君馬黃》亦然，白其得古意者乎？如張正見、蔡知君之流祇言馬而已。按謝燮云：“或聽鐃歌曲，誰吟《君馬黃》？”古人知音別曲，見於賦韻者如此。李白詞：“君馬黃，我馬

---

① 陳定玉輯校：《嚴羽集·評點李太白詩集》，中州古籍出版社 1997 年版，第 145 頁。
② [明]胡應麟著：《詩藪》，上海古籍出版社 1979 年版，第 120 頁。
③ [清]應時編：《李杜詩緯》，康熙年間刻本。
④ [唐]李白著，[清]王琦注：《李太白全集》，中華書局 1977 年版，第 219 頁。

白。馬色雖不同，人心本不隔。各有千金裘，俱為五侯客。猛虎落陷阱，壯士時屈厄。相知在急難，獨好亦何益。"詩意蓋言士而遭厄，猶虎落井，而同時儕流不肯垂一指之援，獨善其身，何有"益三友"之義哉？此詩傷其友道之缺，而抑白被誣時作歟？婉而不迫，得《國風》體矣。①

南氏後所論《君馬黃》之詩意蓋引自蕭注。此詩的創作時間無定論，所以蕭氏所謂"而抑白被誣時作歟？"並無依據，也沒有探討的意義。正如朱諫所論："舊說此詩以為李白遭誣被謗之時所作，恐未盡然。白為樂府，因君馬黃之義而敷揚之，未必專言己事也。況其時之先後亦無所考，每篇必求一事以實之者，恐失之鑿。以此而觀李杜詩則泥矣。"②這種觀點是十分正確的。的確，很多詩論家在分析詩歌時希望每首詩歌都能找到現實的依據，以至於為達此目的而強加附會。樂府古題僅僅詠馬，唯李白此詩發為新意，寫出人之相交貴在急難之意，正如前郁賢皓所言，李白寫樂府舊題常能對傳統加以變化，沿著原來的規定向前發展。

前四句"君馬黃，我馬白。馬色雖不同，人心本無隔"，以馬色喻身份雖不同，但心意卻可以不隔。然後雙方關係進一步發展，"共作遊冶盤，雙行洛陽陌"，寫"我"與友人騎馬外出遊玩，行進在洛陽路上，同遊同樂。"長劍既照耀，高冠何赩赫！"我們衣著華麗，佩戴著長長的寶劍，閃閃發光；戴著高高的紅冠，十分耀眼！且在經濟和政治上都有足夠的資本，"各有千金裘，俱為五侯客"。接下來詩意發生了較大的轉折。"猛虎落陷阱，壯士時屈厄"，寫友人遇到了危難，正像奔突的猛虎不免誤入陷阱，名聲顯赫的壯士也會處於困境，詩調轉為低沉。但最後二句"相知在急難，獨好亦何益"，調子又一揚，道出詩歌的主旨：言人之相知貴在急人之難。詩意明瞭，結構逐層遞進。最後在一種較平和、舒緩的節奏中道出了交朋友重在於急難之時相互救助。

此處"婉而不迫，得《國風》體矣"，主要是指詩歌不直接表明含義，而是通過比興手法的運用，含蓄婉轉地表達詩意。例如此詩開頭，本意要說兩個人心意不隔，卻以兩匹馬的顏色不同起興。後結尾想要表明友人遭難，也使用"猛虎落陷阱"來作為比喻。最終含蓄委婉地表達出交友重在危難之時的互相幫助，歎息如今友道之缺。

"詩用語助"條：

……又古人云："李白以詩為文，故曰：'生不用封萬戶侯，但願一識韓荊州。'韓愈以文為詩，故曰：'破屋數間而已矣。'"然李詩有云"秦人相謂曰，吾屬可去矣"，此以文為詩也。韓文云"夫子至今有耿光"，此

---

① 蔡美花、趙季主編：《韓國詩話全編校注》，人民文學出版社 2012 年版，第 8023 頁。原文缺"共作遊冶盤，雙行洛陽陌。長劍既照耀，高冠何赩赫。"據王琦《李太白全集》補。

② 詹鍈：《李白全集校注彙釋集評》（二），百花文藝出版社 1996 年版，第 861 頁。

以詩為文者也。①

此則材料南氏當引自李晬光《芝峰類説》。

“生不用封萬戶侯，但願一識韓荊州”出自李白的《與韓荊州書》，這本是李白寫給韓荊州的一封求薦信，信中慷慨激昂地陳述了自己的身世，希望能得到韓荊州的舉薦。此處被當作太白“以詩為文”的典範，因其以氣馭文，意在筆先，這本就是李白典型的詩歌風格。作爲干謁文字，卻沒有低眉折腰之態，反而體現了太白的傲岸之情。個性突出，洋溢著强烈而鮮明的主觀色彩，與太白的詩歌如出一轍。如其干謁之詩《永王東巡歌·其二》“但用東山謝安石，爲君談笑靜胡沙”②，就以東晉名相謝安自許。比興手法自《詩經》起，便被大量地用於我國古典詩歌的創作中，李白卻自出新意，將其大量地運用於散文創作中，使得李白的散文充滿了一種詩性特質，而這種詩性特質正是他人格的真實流露，也是他區別於其他作家的重要標誌。“秦人相謂曰，吾屬可去矣”出自李白《古風·其三十一》：“鄭客西入關，行行未能已。白馬華山君，相逢平原里。璧遺鎬池君，明年祖龍死。秦人相謂曰，吾屬可去矣。一往桃花源，千春隔流水。”③詩歌中以散文句法爲詩。《四六法海》云：“太白文蕭散流麗，乃詩之餘。”④以文爲詩和以詩爲文之所以同時存在於李白的詩歌中，是因爲在李白的創作中，詩、文本就沒有做嚴格的區分，如其《天門山銘》和《天門山》《望天門山》，《劍閣賦》和《蜀道難》，《溧陽瀨水貞義女碑銘》和《游溧陽北湖亭，望瓦屋山懷古，贈同旅》等，都體現了詩、文同構的特點。

“以文爲詩”可以説是由杜甫開創的，亦是韓愈詩歌創作的最大特點，其具體表現爲多賦體、多議論、句式散文化。最早提出這一點的是黄庭堅：“詩文各有體，韓以文爲詩，杜以詩爲文，故不工爾。”⑤韓愈可謂開創了宋人“以文爲詩”的先河。韓愈的散文感情豐富飽滿，如《祭十二郎文》長歌當哭，感人肺腑，被譽爲“祭文中千年絶調”⑥。《雜説》《獲麟解》比興寄託，感慨遙深。比興手法的使用和抒情的强烈，均是詩家當行。所以何焯稱説韓文多“詩人比興之道”⑦，有“詩人之意”⑧。清代趙翼也説：“以文爲詩，自昌黎始，至東坡益大放厥詞，別開生面，成一代大觀。”⑨

“破屋數間而已矣”出自韓愈《寄盧仝》，此句明白如話地道出了盧仝艱苦的

① 蔡美花、趙季主編：《韓國詩話全編校注》，人民文學出版社 2012 年版，第 7430 頁。
② [唐]李白著，[清]王琦注：《李太白全集》，中華書局 1977 年版，第 426 頁。
③ [唐]李白著，[清]王琦注：《李太白全集》，中華書局 1977 年版，第 127 頁。
④ [明]王志堅：《四六法海》，見紀昀等編：《文淵閣四庫全書》，臺灣商務印書館 1982 年版，第 1394 册，第 666 頁。
⑤ [宋]陳師道：《後山詩話》，見吴文治主編：《宋詩話全編》，江蘇古籍出版社 1998 年版，第 1017 頁。
⑥ [清]吴楚材、吴調侯編：《古文觀止》，中華書局 1959 年版，第 380 頁。
⑦ [清]何焯：《義門讀書記》第三十二卷，中華書局 1987 年版，第 559 頁。
⑧ [清]何焯：《義門讀書記》第三十一卷，中華書局 1987 年版，第 542 頁。
⑨ [清]趙翼：《甌北詩話》卷五，人民文學出版社 1963 年版，第 56 頁。

居住環境：數間破屋。"夫子至今有耿光"出自韓愈《祭田橫墓文》。韓愈"以詩爲文"的特點源出曾國藩，而由錢穆首揭。曾國藩評韓愈《題李生壁》："低徊唱歎，深遠不盡，無韻之詩也。"①至錢穆纔明確提出"是乃韓公之以詩爲文耳"②。謂其筆端常富感情。而域外學者自李晬光到南羲采早於中國學者有如此見地，實在難能可貴。

　　詩歌和散文這兩種文體一直以來都有不同程度的互滲現象，歷來引起人們諸多的爭議。例如陳善在《捫虱新話》中說："韓以文爲詩，杜以詩爲文，世傳以爲戲。然文中要自有詩，詩中要自有文，亦相生法也。文中有詩，則句語精確；詩中有文，則詞調流暢。謝元暉曰：'好詩圓美流轉如彈丸'，此所謂詩中有文也。唐子西曰：'古文雖不用偶儷，而散句之中，暗有聲調，步驟馳騁，亦有節奏'，此所謂文中有詩也。"③而黃庭堅則強調："詩文各有體，韓以文爲詩，杜以詩爲文，故不工耳。"④明人對"以文爲詩"就很不滿。如李夢陽就認爲詩與文的主要差別即在於詩歌要有聲律格調，可資詠諷，並且用比興手法婉轉表達作者的情思。無論是以詩爲文還是以文爲詩，實際上都是文人在寫作時所用的一種創作手法而已，各有優劣。對李白和韓愈來說，李白的散文中滲透了很多他寫作詩歌時的藝術手法，這就是他的"以詩爲文"；韓愈在寫作詩歌時就像他寫作散文一樣隨意，這就是他的"以文爲詩"。如陸時雍《詩鏡總論》："青蓮居士，文中常有詩意；韓昌黎伯，詩中常存文情。則其所長在此。"⑤這不僅是二人的寫作特點，更是二人所擅長的。韓愈對這兩種手法的運用自然有太白的流風遺澤。

　　司空圖在《題柳柳州集後序》中說："杜子美祭太尉房公文，李太白佛寺碑贊，宏拔清屬，乃其歌詩也。張曲江五言沉鬱，亦其文筆也。豈相傷哉？"⑥認爲杜甫、李白、張九齡在創作實踐中詩文互滲，兩不相傷。

　　綜上，南氏對李白詩歌的評價，有他自己原創性的觀點，有對中國注家觀點的吸收，也有對韓國前代學者觀點的借鑒。這三面共同構成了南氏對李白詩歌的評價。我們也可以從中窺探出韓國文學對中國文學的繼承與發展。

作者單位：首都師範大學文學院

---

① 曾國藩著：《曾國藩全集》卷十五，嶽麓書社 2011 年版，第 267 頁。
② 錢穆著：《中國學術思想史論叢》(四)，生活・讀書・新知三聯書店 2009 年版，第 42 頁。
③ [宋]陳善：《捫虱新話》，見王雲五主編：《叢書集成初編》上集卷一，商務印書館 1937 年版，第 3 頁。
④ [宋]陳師道：《後山詩話》，見吳文治主編：《宋詩話全編》，江蘇古籍出版社 1998 年版，第 1017 頁。
⑤ [明]陸時雍：《詩鏡總論》，見吳文治主編：《明詩話全編》，江蘇古籍出版社 1998 年版，第 10645 頁。
⑥ [唐]司空圖撰：《司空表聖文集》第二卷，上海涵芬樓藏舊鈔本。

# 家族文化對劉咸炘的影響

## 馬 旭

近年來，在傳統文化研究領域中，文學地理學逐漸受到學術界的關注。雖然這算不上是一個新興學科，但卻是一種新的研究方法，擴寬了我們研究傳統文化的視野。較早認識到地理與文學的關係並進一步加以論述的是近現代學者梁啟超，他的《近代學風之地理的分布》《中國地理大勢論》等論文都強調了地理環境與文化之間具有的緊密聯繫。如果要進一步探討文化根本的發展過程，就應該注意文化所生長的家族環境。家族是文人生長的最初環境，從一定意義上说，在地域和家族二者之中，家族更具有核心的地位。"對於文學家而言，家族是其被直接孕育並與之血脈通連的母體。"①因此，當我們在進行文人個體研究時，應該重視家族文化對個人的影響。該篇論文以清末民初蜀中學者劉咸炘爲研究對象，試論家族文化對其性格、學術、治學等方面的影響。

劉咸炘（1896—1932），字鑒泉，別號宥齋，成都雙流人。"幼承家學，五歲能屬文，九歲能自學，日翻書數十册。稍長，就學於家塾，習古文，讀四史。"②後又研習章學誠《文史通義》，推崇其治學方法和著述體例，終身私淑章實齋。其學術成就主要體現在著作《推十書》中，《推十書》涵蓋了哲學、諸子學、史志學、文學、校讎目錄學及其他雜著，共二百三十一種，四百七十五卷，取名原於許慎《説文解字》解"士"字爲"推十合一"之意。二十世紀學術大家對劉咸炘推崇不已，張孟劬先生稱爲"目光四射，如球走盤，自成一家之學"③，蒙文通謂"其識已駸駸度驊騮前，爲一代之雄，數百年來一人而已"④。劉咸炘之所以取得如此高的成就，與他家族文化的熏陶是分不開的。

## 一 家學的傳承

家學，即家族世代相傳之學。家學的傳承對家族後代學術方向、知識積累等都發生著重要作用。劉咸炘祖籍湖北，其先祖在明末清初時遷居四川。劉咸炘遠祖劉朝彌，字棐忱，麻城廩生，"因明季不綱，惟蜀可以避亂，方溯江而上，止

---

① 羅時進：《地域・家族・文學——清代江南詩文研究》，上海古籍出版社 2010 年版，第 3 頁。
② 劉咸炘：《推十書》，上海科學技術文獻出版社 2009 年版，第 1 頁。
③ 劉咸炘：《推十書》，上海科學技術文獻出版社 2009 年版，第 14 頁。
④ 劉咸炘：《推十書》，上海科學技術文獻出版社 2009 年版，第 13 頁。

於眉，以授徒講學為業。僅足衣食，年八十而終"①。劉氏家族從始祖起就"以授徒講學為業"。其曾祖父劉汝欽，字敬五（1742—1789），精通易學，生性慷慨，頗有才能，劉汝欽之易學在《國史館本傳》中有記："父汝欽，精易學，洞澈性理。謂河出圖，洛出書，聖人則天，實天啟聖人以明道化，不僅在數術也。伏羲主乾南坤北，文王主離南坎北，即先天後天之所由分。且連山首艮，歸藏首坤，艮止坤藏之義，即大學止至善、中庸至中和之學、文王之緝熙敬止、成王之基命宏密，胥不外此。"②祖父劉沅更是繼承並發展了劉汝欽的易學成就。劉沅，字止唐（1767—1855），生性穎悟，沉潛嗜學，隨其父兄讀書，七歲成誦。曾由拔貢中試舉人，後進京參加會試，落榜，歸途中邂逅果園老人，授以心性之學，研習終身，會通儒釋道三學。清《國史館劉沅本傳》："沅因仰承家訓，更求存養之功，內外交修，久而知愚必明，柔必強，仁者壽，大德必壽，聖人窮理盡性，神通造化，非若道流欺世之談也。讀《左氏傳》，至劉子曰：'民受天地之中以生，所謂命也。'稱其言至為襲取。以反身而誠，欲仁仁至，必有事焉，勿忘勿助長等語，為治心之本，殊釋子之頑空。又謂喜怒哀樂之未發謂之中，發而皆中節謂之和，積中以求和，則可寡尤悔以底於純粹而無欲，且能知行合一，以身教人，故師取者多此理。"③劉沅傳經講學，主要著作由後人和門人編為《槐軒全書》，《槐軒全書》以《十三經恒解》所占比重最大。十三經是儒學元典，可見，劉沅是以儒學為基礎，兼並道家思想，仰承家訓易學而自創了"槐軒學派"。"槐軒學派"在當時四川國學界頗有影響。清末民初，蜀中多位學者都受教於劉沅，《國史館劉沅本傳》記載："平日裁成後進，循循善誘，著弟子籍者，前後以千數，成進士登賢書者百餘人，明經貢十三百餘人，薰沐善良得為孝子悌弟賢名播鄉閭者，指不勝屈。"④劉沅的學術不僅在蜀地流傳，甚至傳入閩浙，被閩人稱為"川西夫子云"⑤。劉咸炘的父親劉梖文，字子維，"繼槐軒講學，門徒益衆，為蜀人所敬重"⑥。劉梖文繼承父親之業，講授槐軒學說，門徒衆多，受到弟子和門人的敬重。雖然在劉咸炘的著作中少有提及父親，但從家學的傳承方面來講，劉梖文不僅給劉咸炘提供了很好的家學環境，而且教子有方，對劉咸炘學術成就的形成功不可沒。

　　劉咸炘的學術思想主要來源於祖父劉沅，在他的《推十書》中多次提到祖父對他的影響，在其《自述》中說："所從出者，家學祖考槐軒先生，私淑張實齋先生。……槐軒言同，吾言異；槐軒言一，吾言兩；槐軒言先天，吾言後天；槐軒言本，吾言末而已。"⑦劉咸炘對家學的繼承，最突出的表現即是對儒學的傳承。劉氏家族從始祖起就以授徒講學為業，所講之學即為儒學，到祖父劉沅一代已將

① [清]劉沅：《劉氏族譜·始祖諱朝弼》。
② [清]劉沅：《槐軒全書》書首《國史館本傳》，巴蜀書社2006年版，第5頁。
③ [清]劉沅：《槐軒全書》書首《國史館本傳》，巴蜀書社2006年版，第6頁。
④ [清]劉沅：《槐軒全書》書首《國史館本傳》，巴蜀書社2006年版，第6頁。
⑤ [清]劉沅：《槐軒全書》書首《國史館本傳》，巴蜀書社2006年版，第7頁。
⑥ 蕭萐父：《〈推十書〉前言》，《推十書》（增補全本，甲輯一）。
⑦ 劉咸炘：《推十書》戊輯第二冊，上海科學技術文獻出版社2009年版，第519頁。

儒學發揚光大，著《十三經恒解》來解釋儒門大義。《十三經恒解》最好的版本是
西充鮮於氏特圓藏本，是由劉咸炘親校大字本，書品清晰，版式疏朗，校勘謹嚴。
由此可見劉咸炘對祖父儒學的認真研讀，在繼承祖父儒學思想的基礎上，劉咸炘
也提出了自己的觀點。首先，在對《禮記·儒行》的認識上，劉咸炘和祖父劉沅
保持一致，認爲《儒行》爲孔子所言，並且應該把《儒行》放到當時孔子與魯哀
公的對話語境中去理解，否則便會望文生義。①這個觀點其實是對《儒行》的重新
認識，是對儒家思想的推崇。其次，劉咸炘重視對《大學》《中庸》《孝經》的研
究，他説："儒者之道，莫備於《大學》《中庸》。"②他對《大學》《中庸》二書
的重視也是源於祖父劉沅。劉沅著有《大學恒解》《中庸恒解》，劉咸炘在祖父研
究的基礎上得出新的觀點。他認爲，從先秦儒學的發展脈絡來看，《大學》《中庸》
《孝經》分別從不同方面拓展和深化了孔子在《論語》中闡釋的孝道思想，而這正
是儒家思想的具體表現。最後，劉咸炘將儒家思想融入到家庭倫理思想中，他接
受祖父在《大學質言》中對孝道的重視，他説："是篇分五節，首節顯正，末節
破邪，中三節分論家人三倫。初欲以吾祖考《大學質言》爲主而申説之，繼恐條
理不明，乃別爲結構，而以聖謨先訓及採用之説散入之。"③在《家倫》一文中，
劉咸炘闡釋了孝道的重要性。他將"修身、齊家、治國、平天下"儒家思想看作
是家庭倫理道德的具體表現。他贊同祖父提出的兄弟平等説，"吾祖曰：兄弟本
相等也，而兄獨尊，事兄必恭，人遂以兄爲尊，卑弱其弟，世俗竟妄言曰：長兄
當父，長嫂當母，其不通已甚，大爲人倫風俗之害，最當辨之"④。認爲兄弟之間
不應以尊卑相稱，批判了自古以來"長兄當父，長嫂當母"的傳統思想，提倡兄
弟之間應講平等。劉咸炘對儒學的認識顯然是受到家傳儒學的影響，儒家思想貫
穿於劉咸炘學術思想的始終，可見家學對劉咸炘早期學術思想的形成起著必不可
少的作用。

## 二　母教和聯姻

在家族文化研究中，除了家學傳承之外，還有兩個重要的因素：母教和聯姻。
如果說家學是家族文化的主體，那麼母教和聯姻便是主體的雙臂，讓家族文化的
發展更加持久。母教，即母親的教育，母親在孩子幼年時期的教育中扮演著重要
角色，這與家庭中父親的活動緊密相關。父親要科考，要遊學，要外出做官等，
孩子一般不能隨從，因此對幼小孩子進行教育的重任都落在了母親的肩上。早在
先秦時期就有孟母三遷的故事，後來歐陽修之母畫荻教子等，都説明了母教對孩

---

① 劉咸炘：《推十書》甲輯第一册，《〈儒行〉本義》，上海科學技術文獻出版社 2009 年版，第 77 頁。
② 劉咸炘：《推十書》甲輯第一册，《〈大學〉〈孝經〉貫義》，上海科學技術文獻出版社 2009 年
　　版，第 81 頁。
③ 劉咸炘：《推十書》甲輯第二册，《家倫》，上海科學技術文獻出版社 2009 年版，第 814 頁。
④ 劉咸炘：《推十書》甲輯第二册，《家倫》，上海科學技術文獻出版社 2009 年版，第 814 頁。

子的成長乃至於成才都起著至關重要的作用。聯姻是宗族血緣關係能够持續的主
要方式，"是一種以下一代血緣關係爲紐帶擴大族親範圍，以增加同一社會層次
文化家族之間情感合力的方法"①至於家族文化是否能够被擴散，是否能够被增
强，這與所聯姻的家族的情況息息相關。劉氏家族可算是書香門第，世代以授學
爲業，劉咸炘在這樣的家族中成長，其學術主要受傳於家學，而其所取得的學術
成就則與母教和聯姻都有關係。

劉咸炘父親劉梫文，娶妻王氏，祇生一女，後又娶妻謝氏，生劉咸炘。劉咸
炘對生母謝氏的生平記述不多，對王氏的生平記録則在《先妣行述》中完整地體現，
也反映出劉咸炘的母教主要源於王氏。《先妣行述》一文頗有歸有光《先妣事略》
的神韻，樸實細碎的語言中包含者真摯的情感，記述了王氏的生平及其對劉咸炘的
教育。現摘録部分如下：

> 先妣氏王，生於犍爲五通橋。王故巨族，世德具詳先王考所作《菊源
> 宗祠記》，在《槐軒雜著》中。後移居井研，外伯考朝議葆山公、外王考奉
> 政鶴岡公，及伯舅訓導竹坡公，兄弟九人，皆從學於先王考，以師友結婚
> 姻。外王考生平，不孝不能詳，惟知其友愛過人。外王妣胡大宜人，壽逾
> 八十乃終。今井研千佛場聚居數百人，皆諸舅之後，頗有學道從善者，遺
> 澤猶未艾也。先妣年二十來歸時，先王考已歿，王妣袁太恭人治家嚴肅，
> 昧爽即興，諸婦從之入廚。晚休於內庭，猶各有操作。子婦朝夕定省，罔
> 敢嘻嘻。先妣晚年常與伯妣黎恭人、叔母袁孺人話當時事，告不孝等曰：
> "當時何等規矩，吾輩何等嚴畏。習之既久，故至老不敢恣肆。今人能堪
> 之耶？
>
> ……至晚歲，儲金猶在笥也。以無衣故，每不與人慶宴。平居非有事
> 不鮮衣，非餓不飣飯。八十以後，猶不肯多制新樣之衣，頻設珍貴之食。
> 不孝受室後，室中始有煤油燈、自鳴鐘。常告不孝曰：爾祖母以家計憂勞
> 終，吾今服用勝祖母已多，心常不安，況加此乎？顧先妣雖儉嗇，而無不
> 中禮。先考素不以財乏而吝施減禮，先妣能承其意，未曾有怨言。
>
> ……先妣勤儉助夫之事不可具舉。不孝生晚，亦未及盡詳，僅能舉一
> 二，以示其概。前輩人勤儉者多，而先妣之勤儉，則所系非小。先考嘗面
> 譽其內助之功，謂：非爾則我不得任斯道也。先妣嘗告不孝曰：爾父平生
> 不道家族長短，吾亦不敢言。
>
> ……嗚呼！言先妣之於不孝，則高天厚地，未足以喻其恩也。不孝自
> 免乳，即隨先妣臥起，直至十五歲始別寢，猶常跪母懷而受撫弄。先妣病
> 傷寒，視而不見，神昏譫語，猶呼不孝來前。時不孝亦病，紿以他兒往。
> 手摩其頂曰，此非吾兒也。不孝十五歲前，兩患重病，先妣不寐者數月，

---

① 羅時進：《地域·家族·文學——清代江南詩文研究》，上海古籍出版社 2010 年版，第 31 頁。

垢污滿身，涕淚常出，愛護之篤，非文字所能詳。……顧先妣於不孝不稍姑息，孩提時常抱而吟俗歌，説故事。……自不孝有知識，訓誡尤密。繁而不殺，瑣而不厭，洋洋盈耳，不可勝書。

　　……先妣生平嘉言懿行，姻黨朋友中見知聞知者甚多。不孝德業無成，不能顯揚，今此追述，特其大略。務在質實，故不避煩碎，不敢稍作渾泛文飾之語，以蹈誣親之罪。苫塊昏迷，語無倫次，伏惟矜鑒。丁卯年四月，不孝男咸炘泣述。①

　　從上面的引文中，我們可以清晰地瞭解王氏的生平以及王氏對劉咸炘的關愛和教育。王氏乃犍爲五通橋人，父兄皆從學於止唐先生，因師友而成婚姻。王氏一生勤儉持家，與家人鄰里相處和睦。王氏膝下無子，劉咸炘自免乳即隨王氏臥起。王氏視劉咸炘爲己子，雖有嬌慣，但仍教子有方，自劉咸炘孩提時便教誦詩歌，講述故事，在咸炘習得知識後更是管教嚴屬，期望咸炘能夠勉率父師之教。王氏正是用自己的實際行動來感染著劉咸炘，她的勤儉，她的和睦待人，她的善良以及慈祥的母愛無不影響著劉咸炘性格的塑造。劉咸炘在《自狀詩》中説：“濟濟官高卑，不敢亦不欲。續續財出入，不計亦不覺。衆皆熱出頭，我獨冷縮足。古人羅滿前，古書堆滿腹。告以今時事，瞢然但張目。”②他淡泊名利，與世無爭，閉門讀書，後來在學術上取得卓越成就，這與母親在他幼年時期的教育是分不開的。

　　劉氏家族的聯姻，主要是以師友而成婚姻。上文中提到的劉咸炘的母親王氏，其父兄都是止唐先生的學生。止唐先生在《菊源祠記》中記載：“王子敬庭，其先粵之興，甯人曾祖上厚公，食餼而厄於鄉焉。慕蜀山水之盛，攜子西上，留孫毓源於粵，久而不還，毓源侍其祖母彭終身，既壯思父久客，弗歸乃負彭遺骸，徒步入川。敬庭者，毓源之第八子也，幼穎悟，嚴督而不喜呻唔。……敬庭子葆山孫裕緒先後來遊於門，益得悉其行誼，並知敬庭配楊繼室帥，均能同德同心，為戚黨宗，然則敬庭不特富，而好禮，且修身齊家，克昌厥後，方未艾也。”③王敬庭是劉咸炘的外曾祖，從止唐先生的記載中可知，王家是從廣東遷來四川，以鹽業起家，王敬庭子承父業，繼續經營鹽業，並且經營有道，擁有一定資產。他爲人正直，常常幫助有困難的鄉親。他重視對子女的教育，他將兒子葆山送到劉門學習，纔促就了劉咸炘雙親的婚姻。王家可算是一代儒商，其與劉家聯姻，有利於劉氏家族文化的傳播。劉咸炘本人也受到外家的影響，他曾爲外曾祖、外曾祖母、外祖妣作贊，贊揚他們“遐哉先正，德餘於家”“持靜養素”的高尚品德，他説：“繄我外氏之德，大於敬庭翁，而太宜人爲相夫之賢婦。外氏之學，開於葆山公昆弟，而太宜人爲教子之賢母。”④

① 劉咸炘：《推十書》戊輯第二册，《先妣行述》，上海科學技術文獻出版社 2009 年版，第 518 頁。
② 劉咸炘：《推十書》戊輯第二册，《自狀詩》，上海科學技術文獻出版社 2009 年版，第 634 頁。
③ [清]劉沅《槐軒全書》，《菊源宗祠記》，巴蜀書社 2006 年版，第 3462 頁。
④ 劉咸炘：《推十書》戊輯第二册，《敬庭翁繼配帥太宜人像贊》，上海科學技術文獻出版社 2009 年版，第 544 頁。

劉咸炘之妻吳氏，其父兄是子維先生的門人。“亡妻吳氏，其名字凡三四，吾爲擇一以行，曰承，字仲順。吳故綿州巨室，其族父兄多吾考門人。父諱朝蒸，字士英，州學生。母姜氏。外租兆鯉，又吾伯考門人也。以其族兄質誠之言，婦於我。”①劉咸炘對吳氏的父親非常敬重，吳氏到劉家之前，父親已經去世，與咸炘未曾蒙面，但劉咸炘爲祭奠吳氏的父親，寫了《祭外舅文》一文，肯定父親對女兒的培養：“府君之女，性頗質願，與咸炘性近，方相勵以讀書學道，奉親偕隱。若其有成，則府君之靈也。”②吳氏生性柔順，少通文墨，與劉咸炘性格相似：“吾性好倜儻，坦率少城府，不喜勢利，不計錙銖，不宿小怨，深惡婦人篡豆猜嫌，咕囁微語……而其最可取，與吾契，令吾思之不能忘者，則倜儻坦率也。”③應該說，劉咸炘的婚姻生活是幸福美滿的，他與妻子志同道合，家庭溫馨，祇可惜吳氏去世太早，劉咸炘悲痛萬千，爲其靈柩題詞曰：“終鮮兄弟，惟予與汝，胡轉於恤？”④吳氏去世後，並沒有留下子女，在同學的介紹下，劉咸炘取萬氏爲繼室。萬氏，華陽人，其長兄爲劉咸炘同學。萬氏爲人善良，頗有吳氏之性格。劉咸炘有詩：“癡漢迂生本性成，由來最怕鬥心兵。亦知坦白今希見，所幸遭逢多有情。頗恐新人不如故，欲知弟性視其兄。阿哥稱汝柔而直，我信他誠信汝誠。”⑤讓劉咸炘頗爲欣慰的是，萬氏溫柔而剛直的性格正如故人（吳氏），並與自己“癡漢”之性相符合，所謂“心同赤子貌嬰兒”⑥是也。

這種以師友聯姻的方式有利於家庭中文人的發展。首先是因爲這種方式有利於家風和家學的培育，男方與女方家庭都通文墨，女性的出嫁帶出了女方的家教及家學，再與夫方的家學與家教融合，會讓家學的傳承注入新的血液。其次，家庭中文人受到新鮮血液的洗禮，會有新的思想、新的體會，從而在其學術上有所發展。可以說劉氏家族學術成就的取得與這種聯姻方式是息息相關的。

## 三　家族書塾的成立

家族書塾不僅是一個教育機構，更重要的是它是儒學傳播和文人文化交流的場所，家族書塾的成立有利於家學與家風的發展。劉氏世代以講學爲業，祖父劉沅在成都純化街家中聚徒講學，講學地名叫槐軒，其門人自稱爲槐軒學派。之後，其子劉梖文，即劉咸炘的父親在清末民初創辦十二學堂，後由咸炘之兄劉咸焌繼承。1915年在成都純化街延慶寺內創辦明善書塾，1918年更名爲尚友書塾，其名源

① 劉咸炘：《推十書》戊輯第二冊，《亡妻事述》，上海科學技術文獻出版社2009年版，第515頁。
② 劉咸炘：《推十書》戊輯第二冊，《祭外舅文》，上海科學技術文獻出版社2009年版，第597頁。
③ 劉咸炘：《推十書》戊輯第二冊，《亡妻事述》，上海科學技術文獻出版社2009年版，第515頁。
④ 劉咸炘：《推十書》戊輯第二冊，《亡妻事述》，上海科學技術文獻出版社2009年版，第515頁。
⑤ 劉咸炘：《推十書》戊輯第二冊，《十一月初二日續娶作詩三首示新婦季萬》，上海科學技術文獻出版社2009年版，第655頁。
⑥ 劉咸炘：《推十書》戊輯第二冊，《題季萬影像》，上海科學技術文獻出版社2009年版，第656頁。

於《孟子·萬章下·尚友章》①，劉咸炘於 1915 年在此擔任塾師。書塾設有"幼學"
"少學"和"研究班"，幼學是低級班，少學和研究班是高級班，研究班學生是
從少學中選出。劉咸炘在《推十書》中多次談到與尚友書塾相關的事件。首先是
教學內容，劉咸炘著有《戊辰春講語》《講史裁篇》（一、二、三），類似於今天的
課堂講稿，現摘錄一則如下：

> 這章書②是我們書塾命名取義的所在。有兩點須講：一是儒家修、齊、
> 治、平系統的道理；一是孟子特別傳出的史學。

> 這章書上節橫説，下節縱説，總是人與人的問題。本來世間止得人與
> 人的問題。上一節就是修身、齊家、治國、平天下，把治、平説作原善。
> 表示一個善性表達同化，是孟子宗旨最明直所在。中國聖人講人治不講法
> 治。這裏説由一個身子推到家國天下，就是儒家的主旨。古來封建用人治，
> 後來改成郡縣，就不得不用法治，是因形勢遠近的不同，法治是不得已的
> 法子，止算勉強敷衍。譬如捏沙，終不成團。又如箍桶，終於要爆裂。人
> 治如糖粘穀花，一個粘一個，粘成一塊。又如點燭，一支燭可惹燃衆燭，
> 雖燭質有幹濕，燃有早遲，而燃總是一樣的，但效驗很緩。所以説儒家迂，
> 迂者路遠也。這個迂字，我們要承認，但要曉得，除了這個迂的，格外沒
> 有捷路能達到目的。這個問題很大，曲折也很多，這裏祇能説個大概。③

劉咸炘講修身、齊家、治國、平天下的道理深受儒家傳統思想的影響，同時
在講稿中他還聯繫實際談人治和法治，並且用捏沙和糖粘穀花這兩個形象生動的
比喻來説明二者的區別。顯然，這樣的講稿既突顯了教師教學的水準，同時也能
達到便於學生理解的目的。其次是書塾規約，劉咸炘著有《尚友書塾程作》與《尚
友書塾規約》，記載了尚友書塾具體的規章約束，包括學生的作息時間，請假、記
過、收費等各種規定。最後還記錄了與書塾相關的事件。他在《尚友書塾寄存書
記》中記載了自己將五千冊書籍捐入尚友書塾中，他説："……計有三便焉。塾
中增修新舍，特辟廣室以儲書。窗牖麗廞，風日所經，内樓高燥而背風。故薪來
風而卑濕，此室兼而勝之，一便也。吾教於塾八年矣，日必半日在焉。塾又與吾
家望衡，取閲甚易，二便也。吾喜以書假人，尤喜示諸生。朝暮往來，常攜一囊。
今可免此勞縈，三便也。"④其實，將書存放在書塾中最大的便利是以書會友，在
書塾中，劉咸炘將書籍傳借給他人，爲他人提供了便利，在傳借過程中還可探討
書中知識，爲學術研究提供有利的條件。另外，他還寫有《書塾孔子生日會祭攝
影題》，記錄了師生祭祀孔子的全過程。在《戊午正月尚友書塾開講辭》中，他
向學生提出了學習的四點要求：戒浮、戒誇、戒躁、戒剽。這四點要求放在今

---

① 劉咸炘：《推十書》己輯，《戊辰春講語》，上海科學技術文獻出版社 2009 年版，第 361 頁。
② 《孟子·萬章下·尚友章》。
③ 劉咸炘：《推十書》己輯，《戊辰春講語》，《講史裁篇》卷一、二、三，上海科學技術文獻出
　版社 2009 年版，第 361 頁、429-441 頁。
④ 劉咸炘：《推十書》戊輯第二冊，《尚友書塾寄存書記》，上海科學技術文獻出版社 2009 年版，
　第 525 頁。

天的學術研究中依然實用。書塾爲文人提供了學術研究的場所，作爲塾師，劉咸炘以身作則，正是老師的這份責任感讓劉咸炘養成了嚴謹的治學態度，這種態度貫穿於他的學術研究的始終。

從以上結論可以看出，劉氏家族文化對劉咸炘具有深刻的影響。家學的傳承讓劉咸炘接受了儒家傳統思想的洗禮，即便他生活在改朝換代的歷史時期，但從他的學術研究方向來看，他依然屬於當時的保守派，這與他所生活的環境和接受的家庭教育息息相關。母教與聯姻的影響，塑造了劉咸炘寡言少語、淡泊名利的性格，他一心讀書、做學問，在他短暫的生命中卻爲世人留下了一百三十卷的巨著，其學術內容涵蓋了史學、文學、目錄校讎學等方面。家族書塾的影響與書塾的成立爲劉咸炘提供了更多的學習空間，他在學術方面的成就很大程度上在於他是一名塾師，因爲要教育學生，自己必須以身作則，研習更多知識，纔能傳之於人。所以，我們在對作家作品進行研究時，應該重視家族文化對其的影響。

值得注意的是，對於家族文化與地域文化，劉咸炘本人是有所論述的，他在《蜀學論》中說：“夫民生異俗，土氣成風。揚州性輕則詞麗，楚人音哀則騷工。徽、歙多商，故文士多密察於考據；常州臨水，故經師亦搖盪其情衷。吾蜀介南北之間，折文質之中，抗三方而屹屹，獨完氣於鴻濛。”①《自述》中也有類似之語：“即以吾法自論，其得於土風、遺傳、時風者，華夏南多水，其風柔文，北多山，其風剛質。而蜀介其間。蜀之北多山，其風剛質，謂之半秦；東多水，其風柔文，謂之半楚。而中部平原介其間。”②劉咸炘已經注意到不同的地域將孕育不同的文化，蜀地處於南北之間，其文化特徵也兼具南北之和。劉咸炘作爲蜀中之人，且一生足不出川，自然受蜀地文化之熏陶，具有典型的蜀文化特徵。其次說到家學，劉咸炘自認爲其性格的養成和學術氛圍的培養都源於此，他說：“先考盛德溫良恭讓，雖疏者無間言。吾生母則剛直，故吾性怯於抗爭，惟恐忤人，有過於徇情之失，而又時卜急暴氣，乃至事親不能柔聲。惟好讀書，多默坐，故此病少見而急性內抑，乃形成陰鬱，頗似俄羅斯人之具矛盾性。其不同者，柔多於剛耳。至於時風，則可謂無與。幼受庭訓，弱冠從兄，未嘗就外傅，根本未壞，父兄之恩也。”③因此，對劉氏家族文化特徵以及他們之間的相互聯繫的認識，將有助於理解劉咸炘的學術思想的形成，也有助於理解其創作的淵源和特質。

作者單位：四川師範大學文學院

---

① 劉咸炘：《推十書》戊輯第二冊，《蜀學論》，上海科學技術文獻出版社 2009 年版，第 493 頁。
② 劉咸炘：《推十書》戊輯第二冊，《自述》，上海科學技術文獻出版社 2009 年版，第 520 頁。
③ 劉咸炘：《推十書》戊輯第二冊，《自述》，上海科學技術文獻出版社 2009 年版，第 520 頁。

# 成都市首任市長

## ——黃隱將軍

曾明偉　王遠兵

　　四川成都在二三十年代時處於軍閥的統治之下，成都的第一任市長叫黃隱，也叫黃逸民，是民國時四川大軍閥鄧錫侯的五虎將之首（其他爲李家鈺、陳書農、羅澤洲、馬毓智）。黃隱當上成都首任市長時得到了當時的最高政府的行文。

　　黃隱（1890—1969），字逸民，原名黃良忠，出身於地主兼工商家庭。祖籍廣東惠州，其先祖黃尚美於清朝雍正三年遷徙入川，定居新都石板灘雞公山。後一系發展到龍泉萬興鄉止馬店，到清朝中期又搬遷到義和長梁村，黃隱便出生在這裏。黃隱之父爲黃輔熙，又名黃紹雍，時有田地 300 餘畝，並在石板灘開設"積厚堂"藥鋪，經營藥材生意，家庭富有。

## 一　辛亥從軍　出任市長

　　黃隱生長於帝國主義侵略、民族危機四伏的舊中國的動盪年代。1897—1903年，他先後在石板灘小學和華陽縣預備學堂畢業，選擇了投筆從戎。鑒於清廷腐敗，外禍日深，他常與好友談其抱負，常說"天下興亡，匹夫有責"的豪言壯語。當時清廷在成都開辦四川陸軍小學堂，他前往報考並被錄取。1908 年他又以優異的成績考入陝西陸軍中學堂，後被選送到保定陸軍軍官學校學習。在軍官學校他認識了四川同鄉、被南京陸軍中學堂選送來的鄧錫侯。這爲黃隱日後的仕途發展奠定了基礎。他們課外閒時一起談抱負、談理想，成了知心朋友。辛亥革命前，因受革命影響，黃隱在軍官學校還未畢業，即回川參加新軍，奉命去武昌製造炸彈，參加武裝起義。辛亥革命後，他改名黃隱，第二次入保定軍官學校二期學習，於 1917 年畢業，供職於川軍。

　　1917 年黃隱回川後，任四川督軍署少校參謀，適逢蔡鄂在雲南起兵討袁，黃隱加入呂超部參加護國戰爭。這時，鄧錫侯已回四川在劉存厚部任營長，鄧響應蔡鄂號召，參加起義，與北洋政府派來的北洋軍曹錕、張敬堯等部在瀘州作戰，他憑險要地勢擊敗北洋軍的精銳部隊，立了戰功，被蔡鄂獎賞。護國戰爭勝利後，鄧錫侯被提升爲劉存厚部獨立第五旅旅長。

鄧錫侯回川後，黃隱一直與他保持聯繫，他們經常一起暢談未來。黃隱才識過人，滿腹經綸，在學校時就有小"孔明"之稱。鄧錫侯在駐防眉山、彭山、仁壽一帶時，嚴格控制部隊，使之成爲自己的私有武裝力量。鄧錫侯爲抓住人才，培植親信，便在眉山開辦軍事教導團，大力起用保定幫學員。這個時候，黃隱即被召入到他的隊伍，被任命爲中校參謀，成了他的左右手。

這年秋天，各路軍閥在四川混戰。爲趕滇黔軍出川，川軍聯合起來在龍泉山與滇黔軍激戰，鄧錫侯、田頌堯兩部奮力猛攻，黃隱隨軍出戰。爲打贏這場戰爭，黃隱爲鄧錫侯出了不少點子，終將滇黔軍趕出成都，取得了勝利。鄧錫侯被督軍劉存厚任命爲第三師師長，黃隱則被鄧錫侯提拔爲三師炮兵團長，後升任獨立旅旅長。

有了屬於自己的武裝力量，黃隱亦有了用武之地。他與鄧錫侯愈加貼心，自始至終都不曾與他分離。

1922 年，四川軍閥再次混戰。這時四川督軍劉存厚已下野，鄧錫侯站在熊克武的一軍系方面，同二軍系的楊森開戰。黃隱奉命率領部隊向二軍系的駐地重慶開進，發揮自己的軍事指揮才能，協助友鄰部隊攻下重慶，樹立了他在川軍中的威望，從而更加受到鄧錫侯的賞識，遂被任命爲師參謀長。同年，敗退到湖北的楊森起兵再圖四川。而這時鄧錫侯與熊克武爲權力之爭已反目成仇，鄧錫侯的部隊與熊克武部隊在石板灘、西河場一帶激戰時，被熊部擊潰，敗退川北。後來在黃隱的建議下，鄧錫侯與楊森聯合起來，同熊克武開戰，並通電擁護北洋政府，被北洋政府委任爲第 30 師師長，和楊森、盧金山、陳國棟、田頌堯分五路向熊克武部全面反攻。黃隱積極獻策，先攻占重慶，後攻下成都，最終取得勝利。反熊各軍勝利後，北洋政府即任命楊森爲四川督軍，任命鄧錫侯爲四川省長，黃隱也得到了嘉獎。

1925 年，楊森爲獨霸四川，吞併各路軍閥，發動了川內之戰。駐防重慶的劉湘則聯合川內軍閥鄧錫侯、劉文輝、田頌堯、賴心輝等部共同反楊，兵分幾路向成都進攻。鄧部擔任資中、資陽的主攻任務。黃隱爲戰役布置，再次出謀劃策，首先將楊森的 10 個團吃掉，爲最後勝利奠定了基礎，然後勸說楊部 16 師師長王纘緒反戈倒楊，最後把楊森趕出四川。

1927 年，北伐軍進攻至湖北武漢，北洋政府節節敗退。四川軍閥部隊先後易幟，改爲"國民革命軍"，鄧錫侯被任命爲國民革命軍第 28 軍軍長，劉文輝被任命爲 24 軍軍長，田頌堯被任命爲 29 軍軍長。黃隱被任命爲 28 軍 2 師師長，並兼任四川江防軍總司令。由於各路軍閥仍心懷鬼胎，除各有防區外，成都則處在三軍的共同管治之下。

爲加強成都市區管轄，保障後勤供給基地，提防各路軍的預謀，1928 年 9 月，由 28 軍看守的成都市政公署改組爲成都市政府，組成政府班子，鄧錫侯委任黃隱爲成都市首任市長，加強市政管理，同時獲得了國民政府的正式任命。

這就是成都歷史上的第一任市長——黃隱。黃隱一上任，就勵精圖治、整治市容，擴充武裝力量，深受鄧錫侯的信賴。黃隱擔任市長一直到 1931 年 11 月卸任。

在擔任市長的過程中，黃隱把握成都市區的軍政大權，聲望大增。他從鄧錫侯的一個軍僚躍升爲獨霸一方的風雲人物，擁有了自己的武裝部隊，在他防區內的兵力曾擴充到 20 個團以上。

由於他和鄧錫侯的特殊關係，他的部隊成了鄧錫侯的嫡系力量。當他羽翼豐滿，有下屬要擁黃反鄧時，他站出來說：“不能反對鄧軍長，鄧軍長倒了，我們就沒有依靠了。不願在本軍幹的，可以離去，我是堅決擁護鄧軍長的。”鄧錫侯知道後，很是感動，一再說自己沒有看錯人，對黃隱愈加信任。

隨後，黃隱又跟鄧錫侯繼續參加四川軍閥混戰，聯合劉湘打劉文輝。黃隱被任命爲前敵總指揮，在遂寧、樂至、灌縣、廣漢、新津等地與劉文輝大戰，攻城奪地，各有得失。直到工農紅軍第四方面軍進入川東北後，劉湘、鄧錫侯意識到情況嚴重，纔向蔣介石急電求援，蔣的勢力乘機入川，大搞安撫、收買政策，使四川長期的軍閥混戰從此結束，開始了針對工農紅軍的作戰。

## 二 阻擊紅軍 支持抗戰

1933 年，川北的革命烽火已成燎原之勢，蔣介石任命劉湘爲“四川剿匪總司令”，統一指揮全川各軍抵禦紅軍。

劉湘任新職後，乃命鄧錫侯、田頌堯、李家鈺、楊森、王陵基、劉存厚等部前往川北阻擊紅軍。鄧錫侯爲保存實力，祇將 28 軍一部分派往廣元、綿陽一綫設防，而讓黃隱留守成都，給予後勤支援。鄧錫侯率部在大巴山與紅軍激戰時，傷亡過半，敗走廣元，部隊番號被蔣介石改爲 45 軍，黃隱所部也由 2 師改爲 126 師。

1935 年 3 月，紅四方面軍撤離川陝革命根據地，向川西北挺進，與毛澤東、朱德率領的紅一方面軍會師。爲阻擊紅軍會師，鄧錫侯奉命向廣元的寶輪寺、劍門關設防，又令黃隱率部在安縣、綿陽一帶布防，被紅軍擊敗。事後，鄧又奉命到天全、寶興縣阻擊中央紅軍，到達時，紅軍大部早已通過。鄧乃派黃隱和李樹驊旅從後山側擊寶興並追擊紅軍。途中，鄧錫侯接到紅軍朱總司令給他的密信，大意爲：“中共中央號召，國難當前，應停止內戰，一致抗日。紅軍北上抗日，如兄部願來，我們歡迎；如有困難，可暫時不來，希望互不幹擾……”鄧隨即密令黃隱和李樹驊與紅軍保持一天行程的距離，祇要知道紅軍行蹤，能上報應付了事。黃隱奉此密令後，即遵令執行，未再與紅軍接觸。

1937 年，“七七”事變前夕，蔣介石派何應欽整編川軍，將鄧錫侯的 45 軍（由 5 個師和 1 個警衛部隊組成）整編爲兩個軍 4 個師，番號爲 45 軍和 95 軍，鄧錫侯仍爲 45 軍軍長。經鄧錫侯推薦，黃隱被提升爲 95 軍軍長，授予中將軍銜。

"七七"事變後，45 軍出川抗戰，鄧錫侯被蔣介石任命爲第 22 集團軍總司令，率所部 45 軍和孫震的 41 軍、李家鈺的 47 軍，經西安轉赴山西前綫與日寇作戰。同時出川抗戰的還有劉湘的 23 集團軍。兩個集團軍共約 30 萬人。黃隱的 95 軍則留在四川維持治安，保障後勤支援，並作爲鄧錫侯的嫡系力量保存下來。蔣介石幾次想調 95 軍出川，但在黃隱的周旋下，最終沒能達到目的。

當時，川軍武器裝備極差，每個士兵祇有一支步槍和兩個手榴彈，全憑血肉之軀與擁有飛機、大炮、坦克的日軍搏鬥，傷亡慘重。1937 年 11 月 6 日，鄧錫侯在太原附近與日寇遭遇，差點被俘，在衛隊和八路軍遊擊隊的掩護下方纔脫險。在抗日根據地，鄧錫侯見到了朱德總司令，與之交談，深受啟發，從而對共產黨有了進一步瞭解。

1938 年，劉湘於武漢病故後，鄧錫侯任川康綏靖公署主任，黃隱也自然成了四川軍政的實力人物，他組織軍民加緊生產各種抗戰物資，及時運往前綫，保障了前綫的物資供給，爲抗戰做出了貢獻。

## 三　棄暗投明　彭縣起義

抗戰勝利後，蔣介石發動全面內戰，進攻延安和東北失敗後，把全面進攻改爲全面防禦。1947 年，四川作爲重點防禦地區，實力保存完好的黃隱 95 軍被蔣介石調入川北大巴山一綫設防。黃隱將前進指揮部設在廣元，派其副軍長坐鎮廣元，加固了巴山地區的各種軍事設施。黃隱所屬新編 9 師被派往陝西寶雞布防，與解放軍直接交戰。同年，該師第 27 團參加陝北洛川戰役，被解放軍擊潰，以團長彭友明爲首的全團官兵均被俘。團長彭友明和營長羅成松被俘後，受到解放軍王震司令員的接見。在王震的感召下，彭友明、羅成松決定爲解放軍做一些事，帶上了王震司令員對鄧錫侯的問候和王震致黃隱的密函一封。彭、羅返回成都後，向黃隱報告了他們被俘後受到的優待和在解放區見到的真實情況。通過這一事件，黃隱對中國共產黨有了進一步認識，從而奠定了他日後率部起義的思想基礎。

這年，鄧錫侯除繼續擔任川康綏靖公署主任，還兼任了四川省主席。1948 年春，蔣介石要他急調 10 萬石軍糧和加征 12 萬名壯丁到胡宗南部隊，被鄧錫侯拒絕。蔣介石大怒，即撤去了他的省主席職務（由王陵基擔任），也削去了他的兵權。鄧在失意之下，到上海治病，與進步人士時有交往。後來中共派劉連波、胡春圃等同志與他聯繫，使他認清了國內外的形勢，瞭解了共產黨的政策，決定協助解放軍解放成都。

1948 年夏，解放軍第二野戰軍司令員劉伯承派黃隱之侄黃實（黃隱胞弟黃慕顏的兒子，黃慕顏是共產黨的地下工作者，與劉伯承私交甚厚）由上海繞道回成都，策動黃隱起義。9 月上旬，第二野戰軍又派特派員章浩然（本名鄒超）到成都與黃隱直接聯繫，傳達了第二野戰軍首長的指示。爲便於聯繫，章被黃隱委以 95 軍少校參謀之職，設立電臺與解放軍聯繫，隨時聽取中共中央的聲音，相機起義。加之鄧錫侯、潘文華和西康省主席劉文輝都與共產黨建立了聯繫，他們時常互通情況，商討對策。爲不被蔣介石利用，便於起義，黃隱還將 95 軍各部做了調整部署。

1949 年，重慶解放了，人民解放軍直指西南重鎮、四川省會成都。國民黨胡宗南部接管了成都警備任務，公布了“十殺令”。一時整個蓉城人心惶惶，籠罩著一片白色恐怖。重慶解放後，蔣介石飛到成都，做保衛成都的部署，這時蔣察覺到黃隱等川軍將領的異樣，即令軍統特務嚴密監視鄧錫侯、劉文輝、潘文華、黃隱的行動。

黃隱在成都期間，一直住在東打銅街的公館內。被軍統特務監視後，他託病不出，等待時機。1949 年 12 月 7 日，鄧錫侯、劉文輝、潘文華、黃隱見時機成熟，拒絕出席蔣介石在成都北較場召開的重要軍事會議，他們秘密潛往彭縣龍興寺，於 12 月 10 日分別在雅安、彭縣發動起義，爲川西平原的和平解放做出了貢獻。

第一野戰軍進入成都，成都和平解放。12 月 30 日，劉、鄧、潘、黃等川軍將領和成都各界愛國人士以及全市人民參加了解放軍的入城歡迎儀式。

解放後，黃隱 95 軍與解放軍的 60 軍合併，黃隱調任川西軍區任副司令（後改爲四川省軍區）。四川省人民委員會成立後，黃隱又調任四川省人民委員會委員，並擔任成都市政協主席，同時被選爲全國人民代表大會代表。

1969 年黃隱因病在成都逝世，終年 79 歲。

作者單位：成都市龍泉驛區圖書館

# 漫談蜀中名士林思進的另類文學成就：聯語

景常春

林思進（1873—1953），字山腴，別署清寂翁，四川華陽（今屬成都）人。爲近代蜀中著名教育家、詩人，成都"五老七賢"之一。1949 年前後任成都多所大學教授，後任省文史研究館副館長。工詩、詞、文，擅對聯。義寧陳三立評其詩："才思格律，入古甚深。五古幾欲追二謝，七言直攀高、岑。"此外，對聯也是他的文學成就之一。《中國文學概要》《清寂堂文録·詩録·詩續録·詞録》《吳遊集》《悼孫集》《村居集》《清寂堂聯語輯録》等，大多於二十世紀二三十年代自家霜柑閣刻印。1989 年，巴蜀書社出版由其門人劉君惠、王文才選編的《清寂堂集》，僅收入其詩、詞、文三類，未收對聯作品。《文史雜誌》曾介紹過他的詩作，而世人知其擅對聯並兩次刻印對聯專集的卻不多，謹專此就其基本情況與主要特點做一漫談介紹，以見先生聯藝風采。

## 一　林思進兩册對聯專集及以外的作品情況

### 1. 第一册專集

書名爲《清寂堂聯語輯録》（以下簡稱"聯語"），是林山腴之子祖轂應余光弼之約搜集，1931 年 10 月由怡盦刻印，不分卷，基本上以聯作的時間先後爲序，共有 130 副。有林祖轂跋、余光弼序，由大關唐鴻昌篆箋。林祖轂跋與余光弼序道明了刊印此書的原委，及對林山腴聯語的稱道。

林祖轂跋云：

"家大人平日所撰聯語，每爲人傳誦。然自謂是隨俗應酬之作，不甚愛惜，多隨手棄去。而怡盦主人嗜之尤酷，屢囑予撮録相示。今年暑休少暇，乃就日記中所著得若干副，書與怡盦，異時或印而行之，以公同好。雖曰談藝之末，庶亦津逮所在云爾。辛未（1931）秋日男祖轂謹識

余光弼序云：

"華陽林山腴先生，詩古文辭見稱於時久矣。即偶以餘事旁綴聯語，亦典雅精雋，非他人所能及，僕夙嗜之。顧先生頗視爲小道，無專册以存也。今年夏間，晤公子季豐，請其鈔録見畀，季豐允之，逾月竟踐前諾。

辛亥以前僅僅數聯，辛亥以後，從日記中共輯得若干副，蓋十亡四、五矣。展誦既訖，歡喜過望，乃亟爲印行，公諸同好。夫文章之道，佳惡好尚，萬有不齊。然蛾眉不同貌，取悦於魄；芝蘭不同臭，取悦於鼻。以僕所嗜，雖不能概之人人，世有知言，固當不謂爲阿其所好也。辛未八月新繁①余光弼

余光弼爲成都新繁人，號孝風，一作嘯峰。生平失考。平時常請林山腴代作對聯。據其序文與林祖毅跋語，以及林思進丙子年（1936）版"自序"，可知"怡盦主人"就是余光弼之號。林山腴 1931 年此本對聯專集由怡盦刻印，就是余光弼私家刻印之意。

爲此本篆箋者唐鴻昌，字少坡，一字少公，雲南大關人，民國收藏家、鑒賞家、刻書家，晚清總兵唐友耕之子。其寓居成都，與四川文人雅士、官員寓公廣泛交往。與其兄鴻學經營怡蘭堂刻書坊，爲成都有名的私家刻書坊之一。其與林山腴亦交往甚密，林曾爲唐氏刊刻的《怡蘭堂叢書》作序，以及作聯挽唐母、其子唐鴻齡等。②

### 2. 第二本專集

書名爲《清寂堂聯語》。因第一册印出後很快即被搶購一空，故擬重刻一本，以饗讀者。此爲其子祖毅輯録，思進增補第一册後的作品之本。沈慤篆箋，有林思進自序，丙子年（1936）芒種（農曆五月初一）以自家霜柑閣名刊印。仍未分卷，略以作品時間先後爲序，數量約比第一册多五分之二，共 206 副。值得注意的是，此册沈慤篆箋、林思進自序均爲丙子年芒種，那收入書中的聯語應是此時間以前之作，結果書後還收入了 1937 年至 1942 年的部分作品。這説明思進原擬1936 年刊印，可能是因已臨近戰亂無法刊印，遲至 1942 年纔印出，刊印時又加入了這六年的作品。林氏原本甚嗜聯語，在川内頗受稱道，作聯較多，但據其"自序"可知，約於辛亥前後之作均未録存，佚者大半，殊爲可惜。今見此兩册"聯語"的第一副，僅有挽楊鋭聯是最早的一副。

爲此本篆箋者沈慤（1893—1961），是民國時四川浙派篆刻家。原名沈策，後改沈慤，字少成（紹成），號涓荄、鑒湖居士等，浙江紹興人。曾在軍中做過書記員，後到成都，潛心鐵筆丹青。其於詩書、畫印、古琴，無一不精。與兄沈中（1872—1943）號稱"大小二沈"。

林思進在此本"自序"中回憶了自己對楹聯的愛好，以及對史上名家的評價。《清寂堂集》未收此序。因"自序"對我們瞭解與學習、研究林思進的楹聯有所幫助，兹録全文如下：

> 文章一小技，於道未爲尊。至如楹聯，豈非小之尤小者哉？然自清之

---

① 今屬成都新都區。
② 蔣藍：《唐友耕家族與出版業》，《蜀學》第八輯，巴蜀書社 2014 年版，第 175 頁。

中葉，斯唱既興，作者間出。高或弔古憑今，下則侑觴助綈。大雅宏達，莫之能廢。而近代以來，擅此稱者，若何東洲、曾文正、張廣雅、俞曲園、王湘綺、李越縵諸賢，皆時時喜自誦說。其流風遺韻，戛然響臻，甚可思也。予平生所爲聯語，初不省録，佚者大半。辛未之歲，余君怡龕偏嗜篤好，曾囑兒子季豐鈔輯百許帖，付諸鉛[1]印。俄頃遂空，更無一册，而乞者尤不已，無以應之。今年四月，季子乃取前録，附以近撰，令工别刻，聊省傳寫之勞而已，非拾以爲己寶也。夫小之尤小，予固不已言之乎。然而昔賢之猶有樂乎此者，抑豈無謂？夫"斷木爲棋，捖革爲鞠"，小矣，然不自有其法在乎？法在，則小固未嘗無可觀也。而世之常騖其大者，顧乃以爲無所用法焉，何也？丙子（1936）芒種清寂翁題

3. "聯語"外的作品

1936年距思進1953年去世還有17年之多，無疑應該還有聯作問世，據筆者所知至少有三種情況。首先，是"聯語"一書應收而未收者亦不在少數。筆者曾查閱了《清寂堂日記》(以下簡稱"日記")手稿影本（共約廿四年之記，惜缺十二年)，以其"聯語"收止1942年爲限，結果有32副作品未收，另有8副爲1943、1944年之作。如：1924年挽劉季吾、挽王兆奎母，1926年挽徐申甫母、挽尹朝楨太翁，1930年題華西大學鐘樓，1931年挽顔憲和、賀李亞衡六十壽，1932年賀彭子猷新居，1933年代人挽陸景庭，1934年挽舒仲平，1935年挽魏炯若妻、挽沈韶九，1942年賀法光長老重主空林、挽尹昌齡，等等。其次，第一册"聯語"末，筆者見林思進弟子陶亮生藏本，有其手抄挽先子仁山府君一副；第二册"聯語"末，筆者見林思進弟子、書法家李啟明抄録本有補遺二副，一是挽徐炯，二是挽曾道。最後，《龍門陣》刊陶亮生《蜀中聯語偶談》有賀洪愛棠五旬、賀陶亮生續弦，《龍門陣》刊文挽王銘章師長，《桂湖古今楹聯輯注》代鄧錫侯題桂湖，《清寂堂集·前言》題爵版街清寂堂大門等。

綜合以上情況，估計林思進一生所作對聯在300副左右。

## 二　林思進對聯語的喜好及創作之因

1. 出於興趣愛好

作爲一個文人、詩人，林思進的興趣愛好是多方面的，其文化修養也頗爲精深。其在《清寂堂文乙録》"自序"中談到他早年學習駢體文的經歷："若余之於駢儷，則誠哉其無知也。嘗記少日讀書里塾，從人學尊經院試，聞遇詞試，輒踸踔……年逾二十，始得洪稚存、孔顨軒文讀之，深愛其工。嗣又求得汪容甫、

[1] 實爲刻版。

龔定庵、王壬甫、李越縵諸家所作，則尤喜諷誦，幾於篇篇上口。於是思有所涉，頗能成篇。"① 駢體文講究對偶，對偶是聯語對仗的基礎，後來纔發展為對聯的對仗特點。可見林先生從青少年時開始，即已有意識地關注對偶，向前人學習作文、求得工對，這就為作對聯打下了基礎。從林山腴先生的"自序"中，可以看到他對聯語的喜好。序文提到的何東洲（紹基）、曾文正（國藩）、張廣雅（之洞）、俞曲園（樾）、王湘綺（闓運）、李越縵（慈銘）這些人物，均是晚清作聯高手，留有眾多聯語或專集，對當時及後世頗有影響。故山腴說"其流風遺韻，戞然響臻，甚可思也"。以上人物除李越縵外，都有聯語留存成都及周邊，王湘綺的《湘綺樓聯語》就有二十世紀二十年代在成都的刻印本，林山腴對這些不可能不知道；另外，蜀中名勝古迹舊時有甚多楹聯長期存在，它們必然對山腴喜好聯語產生重要影響。故作者在"自序"中說："夫小之尤小，予固不已言之乎。然而昔賢之猶有樂乎此者，抑豈無謂？夫'斷木為棋，挽革為鞠'，小矣，然不自有其法在乎？法在，則小固未嘗無可觀也。"意思是聯語雖然在文學殿堂中小之又小，但它是有其自身法度和作用而產生的，正如揚雄在《法言·吾子》中所說，把樹木切斷做成棋子，把皮革製成皮球，不都是從大變為小後而有其自身的作用的嗎？所以，我們不能輕視小小的東西和事物。

### 2. 因實用性文學之故

對聯實際上是一種實用性文學，這就決定了它的作用和意義。李天根《討論作對聯方法淺說》"總論"云："對聯為應酬上不可少之一種文字，或慶賀或哀挽，借此可以表情；或名勝題留，苟為膾炙人口之作，則名以聯傳。故每一喜筵，每一追悼，每一名勝地方，講求文字者，未嘗不特別注意。如遇傑作，即傳誦一時，否則大廷廣眾，貽笑方家。若是，則此種文字，烏可以不講哉。"② 胡國樑自序《味根室聯語》說："聯對小道也，為酬應必須品，吾鄉擅此者甚鮮，凡遇婚喪喜慶都請樑為之。或在酒家，或在店肆，喚取紙來，即書與之。"③ "世俗往來，社會交際，慶賀作吉利之語，哀挽用慰唁之言，縱不須蘇海韓潮，發揚文氣，亦宜有江花謝草，點綴詞華。而況第宅園林之內，廳堂廡宇之中，欲教左右交輝，光生四壁，須有短長聯語，分掛兩楹。"④ 劉麟生說："聯語可壯觀瞻、志哀樂、增談助、資酬應，雖係遊戲小品，已成交際必需之物。"⑤ 這些前人所論，雖說對聯是"應酬文字""酬應必需品"等，但實質均說明了對聯實際上是一種實用性文學，但凡各種行當場合，無一不適用對聯。詩、詞屬於贈友唱和、婚喪壽誕一類者，其實也帶有實用性，所以林先生的詩、詞中，每多贈友、懷念之作，表現

---

① 劉君惠、王文才選編：《清寂堂集》，巴蜀書社 1989 年版。
② 李天根：《討論作對聯方法淺說》，1923 年（成都）念劬堂刻本。
③ 胡國樑：《味根室聯語·自序》（上下卷），1939 年上海華文印刷所承印。
④ 江蔭香：《新式合用楹聯觀海·自序》，上海廣益書局 1924 年版。
⑤ 劉麟生：《中國駢文史》，商務印書館 1937 年出版，東方出版社 1996 年重版。

於對聯則多爲贈友、賀壽、挽聯。因此，林思進的聯語也是因實用而產生、而創作。而且，他對自己的聯語頗爲自負。1932 年春，温江人李少湘去世，李父汝南（號湘石）以畫名世，尤善畫蘭，汝南病逝時，喬樹枏挽聯有“筆花墨雨遍天涯”句，在當時名重一時，思進請少湘爲憶全聯。後思進挽少湘聯之上比即用此典實：“話舊記先人，墨雨筆花，去年尚寫傷心句”，並自稱“吾今之聯自謂不讓茂翁（指喬樹枏）矣”。另從“日記”可知，思進作聯多是於枕上或途中一時半刻而成，可見其水準之高，可謂駕輕就熟。

林山腴的聯語，以第二本 206 副計，有題署 13 副、慶賀 15 副、弔挽聯 178 副，以挽聯居多。按理，對聯種類頗多，另有春聯、酬贈聯、治學聯、格言聯、集句聯、生肖聯、節令聯等，據閱山腴的“日記”，發現以上幾種聯均無記載，就連每年春節那麼重大的節日，他也從不作春聯。之所以以上幾種聯均無，這是因對聯爲實用性之故，一般來説，有人請你作，你纔可能寫作。而挽聯則不同，因傳統的風俗習慣，無論親戚友朋去世，均要治喪哀悼，弔唁者除送上錢物致悼外，同時送與挽聯、挽詩等文字。林山腴交誼文朋、前輩甚多，所作挽聯則極富。挽聯最易表達真情厚誼，交往深厚的摯友文朋去世，豈能不寄情於文字。不論從林思進的詩、詞、文集，還是其對聯集，均可見他是十分重情重誼之人。不僅交誼深厚的文朋去世要作挽聯致悼，以表哀思，就連朋友的父母、前輩的夫人病故，亦送挽聯。甚至是交往較少者，其人病故，也送挽聯，對有的前輩、摯友還另作挽詩。如挽一面之交者，孫紫廉本河北人，是思進早年在開封參加會試進士而相識者，孫氏後任新津縣令、邛州知州，於 1931 年 10 月病逝於綿陽，綿陽爲之開追悼會，林先生聞知即撰送挽聯。再有去世於遙遠之地的友人，思進也寄挽聯致哀。如王乃澂（1861—1933），字聘三，號平珊、病山，四川中江人。光緒十六年（1890）進士。曾官貴州巡按使、湖北布政使等。晚年僑居，逝於上海，思進聞訊即於是年十二月初四撰寄挽聯。另外，林思進的聯語中之所以挽聯極多，似受曾國藩的影響。曾氏一生於對聯頗爲自得，他嘗説：“吾他日身後文采傳世正不可必，但必有楹挽一書[卷]行世。”①

### 3. 爲人捉刀之作

林山腴先生的聯語中還有 35 副是代人所作。爲人捉刀是舊時文人常有之事，他人因其擅長作聯，即多求之代撰。除可見的 35 副代人之作外，“日記”中還常見代人作聯惜未披露内容的記述。但林山腴也不是任何人請作聯都會應允，他是個有氣節的文化人。如 1931 年 7 月 4 日（農曆），灌縣（今都江堰）縣長高式之來請山腴爲鄧國璋之母書寫壽屏、壽聯。鄧國璋是川軍將領，四川永川人，綠林出身。1922 年接受招撫，任鄧錫侯部第 3 師獨立 2 團團長。後來又投靠劉文輝、

---

① 胡君復：《古今聯語彙選初集·自序》，商務印書館 1918 年版。

劉湘，1931 年任四川江防軍第 2 路司令，駐軍灌縣，故高式之爲之求賀。但山腴對此等之輩當即回絕。相反，對在抗日中血戰台兒莊殉國的王銘章師長，山腴不僅爲其墓廬題書對聯，還另作了篇長長的《神道碑銘》，對王師長做了熱忱的贊頌與高度的評價。這表現了山腴先生乃爲一有氣節、愛憎分明之人。

## 三 林思進先生聯語的特點

林思進之聯幾乎爲 20 多字至 50 多字的短聯，僅有"題新繁東湖三賢堂"爲 72 字。總體而言，其對聯簡潔通暢，詞雅格高，用典深奧，力求工整，以行文之法，出血性之言，凝重而洗練，輕描而淡雅，頗爲可觀。其特點主要有以下四個方面。

### 1. 善於用典，比喻貼切

林思進之聯常借典故喻人喻事，對揭示問題具有强烈效果。如挽戊戌六君子之一楊銳聯：

氣愴岷峨，立墓幾時來大鳥；
獄非劉柳，空山萬古有啼鵑。

"幾時來大鳥"是用東漢楊震典故，同時可表示切楊氏姓。據《後漢書·楊震列傳》："歲餘，順帝即位，樊豐、周廣等誅死，（楊）震門生虞放、陳翼詣闕追訟震事。朝廷咸稱其忠，乃下詔除二子爲郎，贈錢百萬，以禮改葬於華陰潼亭，遠近畢至。先葬十餘日，有大鳥高丈餘，集震喪前，俯仰悲鳴，淚下沾地，葬畢，乃飛去。"此處作者設問大鳥何時飛到楊銳的墳上，藉此爲楊銳鳴冤。"獄非劉柳"，指柳宗元、劉禹錫。劉早年與柳同登進士，同爲官，共同參加永貞革新，同貶南荒，故"劉柳"並稱。此處作者的意思是"戊戌六君子"的命運比劉、柳還慘，劉、柳僅是貶官，而六君子則被清政府殺害了。兩個典故諷刺、批判了清政府的反動和黑暗，表達了對仁人志士的同情與惋惜。

又如代席桐卿挽其夫人：

五千餘里念家山，多病憐卿，上計方攜徐淑去；
三十華年淒錦瑟，無成似我，斷機偏慟樂羊悲。

席桐卿名鑅，肄業於北京之法律學堂，林思進早年與他同客京城。席桐卿夫人三十餘歲就病逝了，林代席作聯挽之。此聯短短六句，卻用了三個典故，兩對夫妻，一個詩人。

徐淑，東漢隴西女詩人。其夫秦嘉，桓帝時爲郡上計簿使，後赴洛陽被任爲黃門郎。秦嘉赴洛陽時，徐淑因病還家，未能面別。《錦瑟》是唐代詩人李商隱的代表作之一，詩人在詩中追憶了自己的青春年華，傷感自己不幸的遭遇。樂羊，指《後漢書》所載《樂羊子妻》故事的一節，樂羊子遠出拜師求學，一年後羊子回家，妻子問他緣故。羊子說："在外久了，心中想念家人。"妻子聽後指著織機說道："這些織品是從蠶繭生出，又在織機上一寸寸地織成，纔能成丈成匹。現如割斷它，那就無法織出整幅布匹。你積累學問，就應當如織布。"羊子被妻子的話感動了，重新回去修完了自己的學業。

此聯以秦嘉、徐淑夫婦比擬席桐卿夫婦，聯中"上計"，以秦嘉爲郡上計簿使比擬席桐卿在京求學而帶上其妻。下聯以李商隱的傷感暗喻自己至今一事無成，而我恰如樂羊子學業未完而你（席夫人）就病逝了。其對典故的運用十分精確，恰如其分。

如賀徐申甫四十：

> 富貴常蹈危機，黑頭早棄專城賞；
> 四十古稱強仕，白羽猶堪射石年。

徐孝剛（1880—1956），字申甫，成都人。1903年赴日本就讀於陸軍日本士官學校。回歸執教於四川講武堂，後任成都衛戍總司令、省政務廳廳長、第二十一軍參謀長等。陸軍中將銜。建國後任西南軍政會委員、四川省政協副主席。

專城，指主宰一城的州牧、太守等地方長官。李白有詩云："羽檄如流星，虎符合專城。"強仕，男子四十歲時，智力正強，志氣堅定，可以出仕。語出《禮記·曲禮》"四十曰強，而仕。"射石年，指李廣射石的故事。

此聯以專城指徐孝剛在青壯年時辭去東川道尹之職，以強仕之年切其四十生辰，又以李廣白羽箭深深射進石頭的故事，稱讚徐的神勇。這是賀聯中甚佳的寫法。

再如賀廖平師八十壽：

> 著述老名山，闡大義微言，直從聖譯追西漢；
> 里門望通德，想銜杯扶杖，恰有賢孫似小同。

經學大師廖平是林思進早年的恩師，1932年初爲其八十大壽，思進於上年底即書一壽聯，托人帶與恩師。聯中以經學名家鄭玄喻頌同爲經學大師的恩師，十分貼切。

聖譯，謂說釋聖人經義者。漢代王符《潛夫論·考績》："夫聖人爲天口，賢人爲聖譯。是故聖人之言天之心也；賢者之所說聖人之意也。"通德，即通德里，乃漢代山東高密著名經學大師鄭玄故里。小同，鄭小同，鄭玄之孫。學綜六經，初爲郎中，累遷至侍中，封關內侯，後爲司馬昭鴆殺。

因思進是事先書去的壽聯，自己怕到時不能蒞席，因此下聯設想在祝壽之日，老師在如鄭玄的故里拄著拐杖，在長孫廖次山（名宗澤，曾任教於雅安師範學校，1949年後任川大教授）的幫扶下喜飲壽酒。上聯稱頌老師的治學成就，下聯言祝壽，聯意中肯，聯文與用典均甚恰當。

又如賀王伯宜續婚：

盂粥佛香甜，笑今日王郎，卻扇猶堪稱快婿；

玉台人影倩，問新吟溫尉，屏風應早畫生祺。

王伯宜（1883—1956），字伯儀，成都人。早年留學日本，畢業於日本成城學校。歷任四川陸軍軍官學校、成都石室中學等校數學教師。從事算術教學，善運用啟發式教學，被譽爲成都“算術教學大師”。編有《算術應用問題詳解》。

盂粥佛香，舊時百姓有在農曆十二月初八吃臘八粥過臘八節的風俗，因是由中國佛教徒紀念釋迦牟尼佛成道而形成的一個風俗，故又稱盂粥。此指王伯宜的婚期。卻扇，舊時婚俗，新娘出嫁，須得蒙頭遮面，其用意有兩種：一是遮羞，二是避邪。快婿，即“東床快婿”。《世說新語》：東晉太尉郗鑒爲女兒找婿，派人到丞相王導家去挑選。回來說：“王家的年輕人都很好，但聽是選婿，都拘謹起來，衹有一位在東邊床上敞開衣襟，像未聽到似的。”郗鑒說：“這正是一位好女婿。”此人即王羲之。此藉以贊王伯宜，又切其姓。溫尉，指唐代詩人、詞人溫庭筠。本名岐，字飛卿。他曾任隨縣和方城縣尉。而言畫生祺，是因溫庭筠作有《生祺屏風歌》。此指新婦人嫁奩中有溫庭筠詩一部。以上用典極妙，對對方及其情事反映得恰如其分。

### 2. 精求工整，寬對補救

林思進之聯大多對仗工整，確不能工對時，參以寬對補救。如挽同科舉人鄧亞琛：

文章龍尾，是年少清才，同榜百廿人，攬涕又弱一個；

風雨鵑聲，算斯民先覺，乘桴三萬里，雄心自足千秋。

鄧絜（1884—1913），字亞琛，又名維潔，筆名金沙、佛哀等，四川屏山人。其具有變革思想。十四歲應童子試，名列前茅。1901 年入瀘州經緯學堂，次年應縣試，得第一名。1903 年參加鄉試，因不滿清政府賣國求榮等腐敗醜行，在試卷中指斥統治者，鄉試主考官批爲“筆有奇氣，惜多怨誹之詞”，故被錄爲末尾舉人。後留學日本，加入同盟會。參辦《鵑聲》《四川》雜誌，參與四川保路運動，克屏山縣城，宣布獨立。重慶蜀軍政府成立，任司法部長、省臨時議會議員。因病逝。

聯中“文章”“風雨”自對，“龍尾”“鵑聲”“年少”“斯民”“同榜”“乘桴”詞性相同而對，以上均十分工整；但“清才”“先覺”“攬涕”“雄心”等布以詞意而寬對。

又如挽唐蜚卿師：

總角記從游，愧蘇軾文章，昔日門生今白髮；

傷心歎零替，問中郎書籍，何人家業世青箱。

唐棐卿，林思進少年時的老師。聯中"總角""傷心""文章""書籍""昔日""何人""白髮""青箱"，均以詞性片語相同而工對；但"蘇軾"是用人名對官名，"中郎"乃東漢文學家蔡邕的官職，"門生"是指人，"家業"指事物，故這兩組是以詞意相同而寬對。

如代人賀劉禹九壽：

負弩壯先驅，看九校屯田，千里過師如枕席；

擁旄重專使，頌萬家生佛，一尊爲壽借醍醐。

劉禹九（1883—1944），名成勳，字禹九，川軍將領，陸軍中將，四川大邑人。於四川陸軍武備學堂畢業。歷任川軍旅長、師長、軍長。1923 年被孫中山委任爲四川省省長兼川軍總司令。1926 年被委任爲第二十三軍軍長。次年，遭到劉文輝的攻擊，防區盡失，部隊被收編。自此不問政事，回大邑閒居。因病逝。

聯中"屯田""生佛""枕席""醍醐"兩組是寬對，其餘詞性片語都因相同而對，十分工整。

再如賀方鶴翁移居：

夾宅何必清漳，自尋陸弟東頭屋；

高會宛如洛社，共望香山白髮翁。

方鶴翁，即方鶴齋（1851—1940），名旭，安徽桐城人，爲桐城派古文家。於清末任四川夔州府代理知府、四川提學使、川東道台等。辛亥革命後定居成都，爲"五老七賢"之一。能詩、善書、工畫。有《鶴齋詩存》《鶴齋文存》。

除"清漳""洛社"是工對外，其餘"夾宅""高會""陸弟東頭屋""香山白髮翁"，或因平仄不對，或是詞性不對，均屬於寬對。

3. 輕描淡雅，不事雕琢

山腴先生的對聯，大多輕輕描繪，平淡清雅，不事雕琢。比如賀俞子聞五十壽：

百歲方中二月方半；

春酒自酌鐵簫自吹。

俞子聞善吹笛，自號鐵簫道人。上聯言其壽數、日期，下聯述其特性，清新淡雅，信手拈來，但又十分精妙。

又如挽胡孝博師：

麻衣試士五千人，金菊出蒿蓬，諸生選首慚何武；

白髮從公三十載，海桑話清淺，今日平山哭醉翁。

胡孝博（1850—1924），名薇元，字孝博，號詩舲、玉居士等。大興（今北京）人。光緒三年（1877）進士。曾到廣西天河、四川西昌、涪陵、陝西等地爲官。晚年定居、著述、講學於四川犍爲，與蜀中衆名士諸多交往。

孝博在清末任華陽縣令時，林思進應童子試入縣學，被其三次拔爲第一。這層關係被舊時的讀書人識爲勝於父母。作爲弟子挽恩師之聯，大多會寫得語調深沉、内容厚實。但作者卻輕輕幾句話就把意思説清楚了。麻衣，是舊時舉子所穿的麻織服，此爲作者自指。何武，西漢郫縣人，西漢大臣，封氾鄉侯。何武在十四五歲時，把王褒頌揚漢朝政德的三篇詩與其他人等編成歌曲演唱。漢宣帝爲尋求人才，召見了何武等人，並給予了賞賜。上聯即以何武自作愧比講其入縣學時，被胡三次拔爲第一之事。下聯又再用自己拙劣如蒿蓬能忝居金菊之叢，又不如海桑生長極快，學問知識也懂得不清澈、不深入，仍處於膚淺，作自我謙指。從而由衷地表達了對恩師的哀悼之情。

再如挽胡雨嵐編修：

修短有不必言，所嗟搘柱宏艱，後事蒼茫竟誰屬；

毁譽付之當世，但論文章風誼，平生真賞似君稀。

胡雨嵐（1869—1909），名峻，字雨嵐，號貞庵，四川華陽人。1895 年進士，選翰林院庶起士，授編修。1902 年創辦四川高等學堂，爲第一任總理（即校長），是四川近代第一所文理科兼備的綜合性高等學校，在川轟動一時。1905 年，川漢鐵路由官辦改爲官紳合辦，胡峻任紳督並兼任鐵路學堂校長。1907 年 3 月，鐵路公司由官辦改商辦，胡爲公司總經理，對於川漢鐵路的變化，社會上存在著各種看法。胡爲全省鐵路日夜操勞奔走，積勞過度，心力交瘁，咯血病故。

林思進一向看重胡峻，1904 年與胡峻等赴日本考察，在詩中就大爲稱贊胡："相望東西川，才彥妙接跡。峨峨胡編修，廣己在困緝。"故此聯以胡操勞川漢鐵路爲重點，給予了中肯的評價，全聯詞句平實，不作雕琢。

又如挽鄧休庵觀察：

我從詹尹卜居，晤君十一日前，尚有詩歌相和合；

家在桂林何處，歸魂五千里外，不堪宦況極蕭條。

鄧休庵，名鴻荃（1855—1924），字雨人，號休庵，廣西臨桂（今桂林）人。爲臨桂詞派領軍者王鵬運的妹夫。鄧亦臨桂詞派之人。光緒十五年（1889）舉人，早年爲京官，後官四川候補道（亦稱觀察）。民國初年，曾在成都與趙熙、方旭、林思進等結成"錦江詞社"。作有《秋雁詞》。

還有挽駱成驤：

百歲大齊，剩有文章説魁首；

一哀出涕，偶因議事得聯名。

駱成驤（1865—1926），字公驌，資州（今四川資中）人。成都“五老七賢”之一。光緒二十一年（1895）狀元，授翰林院修撰。先後任貴州鄉試考官、廣西鄉試主考、山西提學使、北京國史官纂修、京師大學堂首席提調，籌辦北京蜀學堂、四川高等學校（四川大學前身）等。

林思進平時與駱交往甚少，聞其訃時，頗感難於著筆，後偶然想到曾於參議會共席（如下聯所言），方撰就此聯。以上幾聯，均詞語平淡，毫無渲染。

林思進這些聯之所以寫得如此平平淡淡，不作渲染，似乎有如前人所論。近代著名對聯家向義説：“挽聯不可過於悲哀，當作解脱語，以爲慰藉。若死而無知，何必致挽；死而有知，豈可增其悲慟耶？”①又如清末林慶銓《楹聯述録》言：“挽聯之作，有溯其人平日之品行事業者，有就其目前之事而淺近陳之者，語無泛設，便是佳章。”②挽聯應該以安慰爲主，不應過於悲哀，以傷亡靈，內容祇需陳述其人平日的品行事迹，祇要語無泛泛之詞，便是佳作了，看來林思進正是這樣考慮的。

### 4. 聯律均遵“馬蹄韻”

現代對聯界研究對聯格律，總結出凡兩句以上對聯主要有兩種形式：“馬蹄韻”和“朱氏規則”。無論是以前還是當代，絕大多數作者均喜用“馬蹄韻”，林思進之聯亦不例外。“馬蹄韻”最早由曾國藩提出，他在《鳴原堂論文·（陸贄）奉天請罷瓊林大盈二庫狀》説：“陸宣公③文則無一句不對，無一字不諧平仄，無一聯不調馬蹄。”④當代已故湖南聯人汪濤依此進一步把其規範化，從而形成了對聯格律“馬蹄韻”之説。馬蹄韻最基本的規則就是，每一分句的落腳皆爲平仄聲交替，下聯則相反，因狀如馬蹄的節奏而得名。也如同律詩句，每兩字作平仄聲交替，作平平仄仄仄平平。古今聯家均認爲祇有這樣，纔能讀起來抑揚頓挫、琅琅上口。

林思進的 206 副“聯語”中，兩句式有 44 副，三句式有 148 副，均遵“馬蹄韻”，其餘 14 副爲四句式以上者，多爲“馬蹄韻”變格式。因非專究對聯格律，對於“馬蹄韻”的內容此不詳述，僅分別舉例爲證：

兩句式如挽喬樹枬左丞：

話先人卅載交期，難忘京陌僧床飯；

---

① 向義：《六碑堪貴山聯語·論聯雜綴》，1923 年貴陽文通書局鉛印。
② 林慶銓：《楹聯述録》，光緒七年廣州刻版，龔聯壽主編：《聯話叢編》，江西人民出版社 2000 年版。
③ 《曾國藩全集》，嶽麓書社 1986 年版。
④ 唐陸贄。

感故國七年吟望，誰續華陽耆舊書。

又如挽宋育仁：

並世不數人，猶幸餘生能幾見；

高文足千古，漸驚鬼祟覆三豪。

三句式如挽顏楷：

平生論藝重安吳，剩敗筆如丘，誰題白虎蒼龍闕；

今日遊仙訪鳴鵠，想新宮待草，正要蓬池閬苑人。

又如題黃潤泉圓通場別鄰：

縈戟舊門欄，珍木奇花，高情預作平泉記；

前驅新鼓吹，輕裘緩帶，風度爭傳峴首人。

四句式以上如挽楊莘友：

嚴城鼓角每思君，揮快刃，斬亂絲，抗彼儒行，是鷙蟲攫搏不程勇者；

世路風雲多變態，困湘南，厄漢上，攬此細德，宜鳳凰搖翮逝而去之。

又如題新繁東湖三賢堂：

舉目看風月湖山，有千年老柏，一片荷花，萬頃繁田，招隱話前游，撫曲榭欹台，又換滄桑幾度；

屈指數宋唐人物，是名相贊皇，荊舒舊德，龍圖邦彥，幽情發思古，並鄉閭宦轍，不同吳郡三高。

縱觀林思進的聯語，總體水準與品質均頗高，又具有上述多方面的特色，但因其句式單一，尤其是三句式太多（占 72％），影響了其聯語句式的豐富性、生動性，這是其聯語的不足之處。

作者單位：四川省楹聯學會

# 淺草社中的川籍作家們

## ——文學地理學個案分析

趙海海

### 一

淺草社成立於 1922 年春，是林如稷會同上海、北京兩地的同學、朋友及文學愛好者組織起的文學社團。最初創建時的成員有上海的林如稷、陳翔鶴、鄧均吾、王怡庵、馬靜沉、陳竹影、章鐵民、胡傾白，北京的陳煒謨、李開先、羅石君，南京的黨家斌，天津的趙景深等十餘人。後來隊伍不斷擴大，有馮至、顧隨、韓君格、高世華、季志仁、湯懋芳、游國恩、陸侃如、馮文炳、王以仁、陳學昭、孔襄我、查士驥、王維克、周樂山、徐仲年……都成了淺草社成員或者經常撰稿人。①他們大都是在京、滬兩地的學生，雖然並不是互相之間都很熟悉，但是有著錯綜交叉的同學、朋友關係：羅石君、韓君格與林如稷是北京高等師範學校附屬中學的同學；陳翔鶴、鄧均吾是林如稷就讀上海中法通惠工商學院時認識的同鄉；陳煒謨和馮至雖是後來纔成爲摯友，但同是 1921 年考入北京大學預科的；此外，李開先、顧隨、陸侃如、高世華、湯懋芳、馮文炳、游國恩等也都是北大學生，而且大都就讀於外文系。淺草社於 1923 年 3 月 19 日在《民國日報·覺悟》刊出《淺草社消息》，並於 1923 年 3 月 25 日發行了 16 開本 102 頁的《淺草》季刊第一期；刊名由林如稷十三歲的朋友胡興元書寫，載有詩歌 44 首，小説 10 篇，戲劇 4 篇，雜録 22 條，作者都爲最初的淺草社員。創刊號發行之後，以其豐富的內容以及注重創作的主張引起人們的注意，外來投稿不斷增多，於是刊物篇幅逐期擴展，後三期分別爲 136 頁、159 頁和 207 頁，這在當時顯然已經算是大型的刊物了。季刊是自費出版的，後三期出版日期分別爲 1923 年 7 月 5 日、1923 年 12 月和 1925 年 2 月。淺草社原有繼續出版季刊第二卷的打算，在第四期的《編輯綴語》中陳煒謨説：“第二卷第一期的稿現在已經開始徵集，大約諸君批讀此期時，就可付印了。已經定了的和收到的稿有：林如稷的《死筵散後》( 小説 )，《入夢之前》( 小説 )，《去法國》( 詩 )；陳煒謨的《在鐵軌上》( 小説 )，《靜茝》( 小説 )；韓君格的童話 ( 未定名 )；索以的詩；王怡庵事物時；馮至的《雨中之月》( 戲曲 )，《繡幃幔

---

① 張曉萃：《淺草社始末》，《新文學史料》1987 年第 4 期，第 173 頁。

少的尼》（敘事詩）；顧隨的《生日》（小說），等。"①但是由於經費不足特別是書局印刷速度實在太慢，終未如願。

創刊號上的《卷首小語》是對創社和出版季刊的說明：

在這苦悶的世界裹，沙漠盡接著沙漠，矚目四望——地平綫所及，祇一片荒土罷了。

是誰撒種了幾粒種子，又生長得這般鮮茂？地氈般的鋪著：從新萌的嫩綠中，灌溉這枯燥的人生。

荒土裹的淺草啊：我們鄭重的頌揚你；你們是幸福的，是慈曦的自然的驕兒！

我們願做農人，雖是力量太小；願你不遭到半點蹂躪，使你每一枝葉裹，都充滿——充滿偉大的使命。②

此外，由林如稷撰寫的發表在季刊創刊號上的《編輯綴語》進一步申明他們的文學主張：

"我們不敢高談文學上的任何主義；也不敢用傳統的謬誤觀念，打出此系本刊特有的招牌。

"我們不願受'文人相輕'的習俗薰染，把潔白的藝術的園地，也弄成糞坑，去效那群蛆爭食。

"其實，在中國這樣幼稚——我們很相信我們——的文壇裹，也祇能希望文（壇）上的各種主義，象雨後春筍般的萌出；統一的癡夢，我們不敢做也不願做的！

"文學的作者，已受够社會的賤視；雖然是應由一般文丐負責。——但是我們以為祇有真誠的忠於藝術者，能够瞭解真的藝術作品；所以我們祇願相愛、相砥礪！"

…………

我們同人都是抱定不批判現在國內任何人的作品；別人批評我們的，也概不理論，任人估價，以免少糾紛的宗旨；所以我（們）決意把批評欄取消……

從中我們可以得知：淺草社以真誠、沉實的態度對待文藝，以包容的態度歡迎各種文學流派，不做批評文章，不參與各種文學論戰，祇專心於文學創作本身，他們是願做農人，呵護荒漠裹新嫩的淺草，欲讓它們地氈般地鋪滿世界。《淺草》季刊確實祇有文藝創作，四期共有小說35篇，詩歌140首，戲劇7個，童話劇1個，雜錄數十條，未登一篇評論性的文章。淺草社雖沒有旗幟鮮明地去揭露、抨

---

① 《淺草》第一卷第四期，《淺草》合訂本，上海書局，1984年9月，第207頁。
② 《淺草》第一卷第一期，《淺草》合訂本，上海書局，1984年9月，第1頁。

擊黑暗勢力，但實際上其作品大部分是進步的。

淺草社不單著眼於創作，還在整理舊文藝和介紹世界文藝上做了諸多努力，這方面的成果都集中發表於《文藝旬刊》上——這是他們在出版物上的新開拓。《淺草》季刊創刊後不久，王怡庵代表淺草社先後與上海《民國日報》洽談，經過不懈努力，最終得到邵力子先生的贊助，在《民國日報》成功開闢乙種副刊並定名《文藝旬刊》①，旬刊於 1923 年 7 月 5 日創刊，到 1924 年 1 月 25 日截止，共出版 20 期（從第 19 期改爲以周發刊，但《文藝旬刊》的名字用至 20 期），此外還有 1923 年 10 月 10 日增刊一期。關於開創旬刊的原因，陳煒謨早在《淺草》第二期的《編輯綴語》中就做了這樣的説明："我們這個小社，刊行一種祇載創作的季刊以後，總覺得趣味太單調，現在同志又增加很多，雖是季刊上加增篇幅，也不濟於事。所以我們現在再出旬刊一種，内容注重'論文''譯述''介紹''創作''雜文'……等，仍不登批評別人作品類的文字（但極端歡迎對於我們的批評文字）。"②他們將旬刊"與季刊第二期出版同日創刊（1923 年 7 月 5 日）"③，原計劃是拓展趣味，將季刊和旬刊區分職能、共同發展。關於旬刊的職能，羅石君在其創刊號的《前置語》中進一步申明説："本刊對於整理舊文藝和介紹世界的文藝作品，特別地注意。"旬刊"除社員自己所創作的稿件之外，尚有許多外來的稿件"④。旬刊 21 期（增刊在内）共發表論文 11 篇，有趙景深的《〈西遊記〉在民俗學上的意義》，湯懋芳的《初民的詩歌》，李開先的《論曹子建詩》《敘事詩之在中國》，羅石君的《金和的〈蘭陵女兒行〉》，楚茨的《非審美的文學批評》《小説的使命》，游國恩的《司馬相如評傳》《讀〈儒林外史〉》《樊川詩話》，以及陸侃如的《讀詩雜記》；在介紹世界文學方面，重點是翻譯名家名著，共有 25 篇，囊括法、俄、英、德、丹麥、美、印、日八國著名作家的作品，涵蓋詩歌、小説、戲劇和論文，涉及不同流派，有法國波德萊爾的《兩重室》《半夜之後》（王維克譯），俄國契訶夫的《老園丁的故事》《求婚》（高世華譯），英國王爾德的《馬國麗姑娘》《求愛》（趙景深譯）、華兹華斯的《水仙花》（王維克譯），德國海涅的《歸鄉集》（馮至選譯），丹麥安徒生的《蝸牛和玫瑰》（趙景深譯），美國愛倫·坡的《恩娜倍李》（席均譯），印度泰戈爾的《園丁集》（馬靜沉選譯），日本田邊衛雄講演稿《中國古代音樂之世界的價值》（李開先記）等。可見旬刊的確在這兩方面"特別地注意"，並取得了不小的成績。之所以如此這般努力，是因爲"我們以爲文藝是時代的驕子，是人生的必須品，是許多事業中之一種，有愛護與注意的價值"，"況且我們都是時間和精力的債人，動輒要受掣肘，與其還眼還牙，何不借這部分的時間與精力，來從事利人兼利己的工作呢？我們覺得非這樣，中國文

---

① 《編輯綴語》第一卷第二期，《淺草》合訂本，上海書局，1984 年 9 月，第 136 頁。
② 陳煒謨《編輯綴語》,《淺草》第二期。
③ 《編輯綴語》第一卷第二期，《淺草》合訂本，上海書局，1984 年 9 月，第 136 頁。
④ 李開先：《今年的淺草社》,《文藝旬刊》18 期，《民國日報》，1924-01-06。

壇衹有日趨渾濁，或日趨沉淪，絕無廓清烏煙瘴氣之一日"①。可見，他們認爲認真、謹慎地對待文藝，多整理經典的文藝、介紹世界文藝、創作"聽從純潔內心指使的作品"②纔是正當的，是於文壇有益的偉大的事業。旬刊從第三期之後開設了一個新的欄目——《讀淺草後》，是爲"歡迎對於我們的批評文字"③之用的。但可惜衹有高夢潔和陳學昭分別對《淺草》第一期和第二期的部分作品做了批評，但這也是可貴的嘗試了。

旬刊出至 1923 年末已至 17 期了，李開先在第 18 期的《今年的淺草社》中，代表社員對淺草社以後的發展方向做了規劃與展望，文中給出了很多新消息。就旬刊的發展而言，他説："我們爲要本刊的內容更爲充實，更爲創新起見，從今年度起，想把體例略微更變，這一定也是讀者諸君所贊許的。並且改爲週刊，每月可多發行一次。"可見至 1923 年末，淺草社的發展是很好的，至少稿件是很充盈的。此後，他對週刊的版面內容一一做了介紹。特別值得注意的是：在創作方面，"因爲季刊的時間的距離與篇幅的有限，常常有許多好的創作稿子，不能不堆積起來"，所以從週刊開始，在創作方面將會擇優發表；在雜文方面，"我們覺得現在的文壇上，先且不説成績如何，亦説努力一方面，詩的部分，確乎比散文方面發展得多，而尤其以美麗散文這一部更爲落寞，幾乎談至欲無了。至少這總該説是文壇上的一些疏忽或者説是損失，所以我們特別提出在這裏説一説，而且希望投稿諸君多供給我們這方面的材料"。淺草社根據文壇的走向來調整他們的發展方向，週刊之所以更看重"雜文，即包括雜談、雜感、遊記、小品等等屬於純散文一方面的東西"，是爲了平衡文壇，這樣的策略著實是明智的。在欄目方面，新設"通信"一欄，用於豐富內容、交代社員消息以及與讀者交流；在翻譯、論文方面繼續旬刊的宗旨。此文一出，次期就改爲週刊（即第 19 期），衹是從第 21 期開始正式啟用《文藝週刊》的名字，並單獨成册發售，一直出至 1924 年 9 月 16 日的第 51 期終刊。週刊的終刊代表著淺草社文藝活動的終止，至此，淺草社成員共發表作品近五百篇。關於淺草社的出版的困境，陳煒謨在第 41 期的《給讀者》中説："起初我們是困於錢，費了無數的苦心，纔湊足前兩期季刊的印款。後來我們是困於力。我們人少事多，而又散居各地，或以事遷，或以課忙，哪能有多量的製作。"④當期已移京編輯，他與羅石君一直堅持到第 51 期終刊號。可想《文藝週刊》的堅持著實不易，其最後的解散雖是令人遺憾，卻也在情理之中。關於出版速度，淺草季刊第四期於 1924 年初就編輯完畢並交於上海泰東書局付印，直到 1925 年 2 月纔最終面世。關於人力不足，據旬刊、週刊的"本社消息"欄得知：1923 年 10 月林如稷離滬赴法留學，11 月馬靜沉、陳竹影離滬

---

① 羅石君：《前置語》，《文藝旬刊》1 期，《民國日報》，1923-07-05。
②《編輯綴語》第一卷第二期，《淺草》合訂本，上海書局，1984 年 9 月，第 136 頁。
③ 羅石君：《前置語》，《文藝旬刊》1 期，《民國日報》，1923-07-05。
④ 陳煒謨：《給讀者》，《文藝週刊》41 期，《民國日報》，1924-07-08。

返川，1924 年 2 月 24 日陳翔鶴離滬赴京，6 月王怡庵離滬返川，1924 年 6 月 17日周樂山離滬。

## 二

綜合季刊的《編輯綴語》、"本社通訊處"，旬刊、週刊的"本社消息"等，可知在淺草社的出版物中承擔過編輯、出版事務的成員有林如稷、陳煒謨、陳翔鶴、李開先、羅石君、趙景深、黨家斌、王怡庵、周樂山、陳承蔭、馮至等 11 人，當然他們也都是主要撰稿人。其中林如稷、陳煒謨、陳翔鶴、李開先、王怡庵 5人都是四川籍貫（趙景深①祖籍是四川但本籍爲浙江，所以不算入其中），其他重要撰稿人還有鄧均吾、高世華、馬靜沉、陳竹影 4 位也是四川籍貫。這 9 人占淺草社總成員的 1/3 的比例（以文中所提 27 人爲據），其中林如稷、陳煒謨、高世華都有作品被魯迅收入《中國新文學大系・小說二集》。可見無論從核心骨幹還是社員人數來看，川籍作家在淺草社中都有中流砥柱的地位。

林如稷（1902—1976），四川資中縣人。其父林冰骨是清末秀才，1902 年赴日留學，1905 年在東京加入同盟會，回國後曾任同盟會四川支部負責人，1912 年任孫中山臨時大總統的秘書。林如稷從小深受其父資產階級民主思想的影響，其從小在資中縣私塾讀書，於 1919 年春到北京，先後在正志中學、北京高等師範附中讀書，受"五四"新文化運動的啓迪，開始創作，中學時期就有小說《伊的母親》《死後的懺悔》和詩歌《盼春》發表於《晨報副刊》。由於其愛好文學，又善於聯絡，在中學時期就與羅君石、韓尹格交好。1921 年 4 月考取上海中法通惠工商學院預科班，學習法語。創辦"淺草社"最早就是他提出的，名字也是他在北京與羅石君在圍爐聚話的時候決定的。淺草社建立之初，他被推選爲主要編輯，曾編輯《淺草》季刊第一期和第三期。在創作上，他著重創作小說和詩歌，共發表小說 10 篇——《狂奔》《童心》《止水》《嬰孩》《流霰》《醉》《葵菫》《故鄉的唱道情者》《將過去》《太平鎮》，散文 7 篇——《晨晝》《戀芳的死後》《初秋的雨夜》《弁言》《題無名詩人董嚼辛遺稿》以及《碎感》2 篇，詩歌 28 首——《踽踽》《宴席後》《長嘯篇》等，曾用"白星""索以"②等筆名。他的小說《將過去》被魯迅選入《中國新文學大系・小說二集》。其前期創作以小說居多，後期由於赴法留學之後課業太重，沒有時間創作小說，所以後期創作以詩歌爲主。他的留洋也給淺草社帶來了很大的損失。

陳煒謨（1903—1955），字叔華，在淺草社所用筆名有"楚茨""菽樺"，四川瀘縣人。他家原是書香門第，其父陳瑞麟是清末貢生，民初赴京參加考試，不

---

① 趙景深：祖籍四川，但他出生在浙江，後來長期生活在上海，以後也沒有回過四川。按照文學地理學以本籍爲準的原則，不算入其中。
② 張曉萃：《淺草社始末》，《新文學史料》1987 年第 4 期。

幸病逝北京，於此家道開始衰敗。他的母親堅持認爲"我們是書香門第，子弟就應該讀書！"所以二哥不惜變賣田地供他和另一個弟弟讀書，一直到大學畢業。父親病逝後他曾就學於瀘縣高等小學，1916 年春考入瀘縣縣立中學（四年制），畢業後於 1921 年秋考入北京大學英文班預科，1923 年秋轉入本科。①到北京後不久，他就認識了來自四川的林如稷和李開先，並因愛好文藝而交好。後來他成了淺草社的主要發起人之一，也是淺草社在北京的主要聯絡者和負責者。他曾承擔《淺草》季刊的主要編輯，其中第二期由他主編，第四期由他和馮至共同主編，《編輯綴語》由他執筆；《文藝週刊》第 41—51 期爲他和羅石君共同在京編輯。他亦是淺草社的主要撰稿人，在淺草社共發表了小説 5 篇，分別爲《輕霧》《烽火燎喉》《甜水》《狼筅將軍》《暮靄》；詩歌 1 首，即《甜水歌》；並以"楚茨"這一筆名發表論文 3 篇，即《非審美的文學批評》《小説的使命》和《近代劇中的家庭研究》；以"菽樺"筆名作《囈語》；此外，《淺草》季刊的第 2 期和第 4 期的《編輯綴語》以及週刊第 41 期的《給讀者》也是由他所寫。他的《烽火燎喉》曾被魯迅收入《新文學大系·小説二集》，並稱他是"未嘗自餒"②的作家。陳翔鶴曾這樣評價他："當時對於稿子，自始至終特殊努力著的，就莫過於陳煒謨兄一人了。又是若果爲著編輯的方便上起見，我們甚至於可以指定一篇外國短篇，或一個特定的題目，守著他，逼他馬上的就得譯了或作了出來。是的，我們中間有誰能以比他，無論對於國外文或本國文使用得那般敏捷、純熟的呢？"③

陳翔鶴（1901—1969），四川重慶人，中共黨員，著名作家、出版家、文史專家。在陳翔鶴的自傳中，在"我的出生"中他説："我於 1901 年出生在重慶的一個商人家庭裏，是長子。我父親開了一個匹頭雜貨商號，無土地、房產，祇有做生意的現金。他究竟有多少資金，我至今還不明瞭。十歲以後，隨父母移住宜賓、成都等地。起初我讀私塾，來到成都後，纔上省立第一中學，在那裏讀到畢業（1911年）。到十八九歲時，正當'五四'運動，我爲尋求新知識，反對舊家庭的專制，便偷偷跑到上海去了。到那裏上'上海復旦大學'，讀英文系。因爲想研究文學，搞創作，於是我又於 1923 年跑到北京，進北京大學，作'特別生'（等於研究生），又讀了三年，纔開始教書。"④他在復旦讀書的時候，認識了同鄉林如稷、鄧均吾，並一起發起了淺草社，在淺草社承擔過編輯事務。第一期的《編輯綴語》中説："第二期由煒謨編輯……寄給翔鶴在上海付印。"《淺草》第一、二期所給出的本社通訊處中就有他的地址。他在淺草社的創作涉及戲劇、小説、詩歌、通訊隨筆等，共有小説 4 篇，分別爲《茫然》《幸運》《樂園》《一件小事》；戲劇 5 篇，分別爲《耶誕節夜》《落花》《雪宵》《狂飆之夜》《婚筵》；詩歌 6 首，《吳淞江口

---

① 劉傳輝：《誠實堅韌的作家陳煒謨》，《新文學史料》1986 年第 3 期。
② 魯迅：《中國新文學大系·小説二集》導言。
③ 陳翔鶴：《關於"沉鐘社"的過去現在及將來》，《陳翔鶴選集》，第 425 頁。
④ 陳開第、祁忠：《我的父親陳翔鶴》，《新文學史料》1989 年第 4 期。

望海》（4 首）、《夢》；散文《斷箏》《春宵》，以及通訊隨筆《寄上海的朋友們》等。

鄧均吾（1898—1969），又名鄧成均，筆名均吾、默聲、成均、微中。爲四川古藺縣人，出生書香門第，其父鄧晴皋是清末舉人，曾奉派到日本考察，在詩文方面造詣較深。他出生時其父正在外遊學，家貧無產，全靠祖父教書維持生活。他於 1904 年入祖父私塾讀書，讀四書五經以及古典詩詞；1909 年隨父到河北上學，仍受正統的儒家教育，但已經開始接觸到新書刊；1912 年隨父遷往重慶並考入重慶廣益中學，因是教會學校，重視英語，所以打造了他良好的英文基礎，在校期間他讀了很多歐美方面的書刊和科學書籍，接受了資產階級民主思想。他於 1921 年 2 月到上海在泰東書局編輯所工作，在創造社成立不久後即加入（1921 年冬），是創造社在國內發展的首批社員之一。1922 年下半年，他與郭沫若、郁達夫、成仿吾同爲創造社的“四大編輯”和主要撰稿人，承擔《創造》季刊和《創造日》的編輯工作。在上海時，他結識了林如稷與陳翔鶴，參與了淺草社的發起，雖然沒有直接參與淺草社兩個刊物的編輯，卻用“默聲”這一筆名爲淺草社提供了不少稿件，主要爲詩歌。《淺草》季刊共有他的詩歌 15 首，有《流星》《一朵桃花》《悲哀》《飛鳥》等，《文藝旬刊》有譯作《藝術》（John GolsWarthy 作）《干道之上》等作品。此外，他還積極促進淺草社和創造社的友好關係，通過他的介紹，1922年夏天，陳翔鶴、林如稷先後與郁達夫、鄭伯奇、郭沫若、成仿吾等結識並成爲好友。後兩期《淺草》也是在他的介紹下，轉交泰東書局出版的。

王怡庵生平不詳，僅知道 1924 年 6 月要離滬回川時，他給出的家庭地址爲“成都市東鵝市巷九十八號”。在參加淺草社之前他曾是創造社的成員，直接參加了淺草社的創立活動，後來負責開闢《文藝旬刊》並長期擔任主編，由他編輯的旬刊、週刊共有 35 期。他於 1923 年 6 月因父親病重而返川。他在淺草社的創作主要有：小說《可愛的秋》《春風》，詩《琴聲》《桃花下的搖籃》《聽琴》《淺草篇》《春野》《曉游》《思鄉二章》《夏夜》《遊法國公園》《歌場》《別後》等約 16 首，雜文《東下雜憶》《留別上海的朋友們》《西歸泣血》《重見》，還有通信《秣陵通信》《復周國維》等。

李開先生平不詳，其於 1920 年考入北京大學英文班預科，1922 年加入淺草社，成爲首批成員。他在淺草社的創作主要有：小說《愛與恐怖》《回波》，戲劇《祖母的心》，詩歌《孤獨的呻吟》《心鳥之歌》《淚的新年》《寂寞的深度》《登碧雲寺石塔》，雜文《今年的淺草社》《我的生日》《水災》，論文《論曹子建詩》《中國古代音樂之世界的價值》（日本田邊衛雄演講，周作人口譯，李開先記）。

高世華生平不詳，其於 1920 年考入北京大學俄文班預科，也是淺草社的首批成員。他在淺草社發表的作品有：小說《沉自己的船》，翻譯俄國柴霍甫的《老園丁的故事》、劇本《求婚》以及《俄國民歌選譯》。後到蘇聯留學。

陳竹影，馬靜沅之妻，1903 年生於成都，父親陳煥圃是清末舉人，曾做過四川羅江教諭，後成爲成都的名醫。陳竹影是其次女，也是父母最愛的掌上明珠。

"新文化"傳到成都，高師在皇城（今市中心展覽館原址）開辦"注音字母"學習班，她去參加，認識了不少進步青年，他們響應《新潮》《新青年》《少年中國》《解放與改造》等進步刊物的號召，大張旗鼓地宣傳反封建文化，提倡白話文，主張婦女解放，社交公開。中學結束後，繼續到上海求學，是淺草社的第一批成員。她在淺草社發表的作品有：詩歌《月光》《冬》《雪是霏霏的下》，戲劇《潯陽江》，雜文《竹影漫錄》五則以及《哀歌——悼嚼辛》《致怡庵》。

馬靜沉，四川青川人，陳竹影的丈夫。其於 1918 年考入國立成都高等師範學校的附屬中學，1919 年五四運動爆發後，在校國文老師穆濟的介紹下，開始閱讀《新潮》《新青年》《晨報副刊》《少年中國》等進步刊物，1920 年還由穆濟介紹加入"直覺社"，出版半月刊《直覺》。[①]他後來到上海繼續求學，也是淺草社最早的成員。他在淺草社的作品有：小說《沉影》《孑孑》，詩歌《無聊》《夜步黃浦》《深夜》《在愛泉裏》，翻譯日本河田潤的《愛人的薔薇花園》、印度泰戈爾的《園丁集》（選譯）、俄國屠格涅夫的《兩個詩人》、丹麥安徒生的《蛺蝶》。

這九位淺草社成員的生平，大概有以下幾個共同特點：

第一，大都出生於 1900 年前後四川的書香門第，生活在"防區制"（四川軍閥創造的全國僅有的一種統治制度）下，軍閥混戰充斥著他們的童年記憶；

第二，早年在私塾學習，有著良好的古典文學知識和底蘊；

第三，中學時代正值五四運動期間，此時他們大都在新式學堂，開始接觸到《新青年》《新潮》等新刊物並深受啟發；

第四，在新思想的強大吸引下，中學之後走出夔門，走向北京或上海繼續求學，大都選擇外語專業，從而接觸到了西方文學。


三


淺草社的這群出生於四川的青年作家，首先接受到四川的地域文化——本籍[②]文化的影響；當他們到北京、上海之後，必然又會受到這個地域文化——客籍文化[③]的影響。這兩種文化對文學家的影響都是非常重要的，它們相互作用、相互融合。但這兩種文化中到底哪種對文學家的影響更爲主要、強烈呢？"'本籍文化'是他的'文化母體'，是他作爲一棵文學之樹得以萌生和成長的地方……本籍文化培養了他的基本的人生觀、基本的價值觀、基本的文化心理結構和基本的文化態度。這些東西構成了他這棵文學之樹的'根'和'本'，構成了他生命的'原

① 唐沅、韓之友、封世輝等著：《中國現代文學期刊目錄彙編·第二卷》，第 2768 頁。

② "本籍"即本人的出生成長之地，文學地理學所講的文學家的籍貫就是作家本籍。

③ 客籍是相對於本籍的概念，此處的"客籍文化"特指他們在北京和上海的大學所接觸到的新文化，包括資產階級民主思想、"五四"運動的新思想。

色'，而'客籍文化'祇能豐滿、粗壯著他的枝葉。"①

所以，分析清楚四川的地域文化特色就可直擊"他們的意識'先結構'"。這自然從他們的成長環境入手。地理學上將環境分爲自然地理環境和人文地理環境，人文地理環境中又有政治、經濟、文化的區分。我們首先來看四川的自然地理環境：四川簡稱"川"或"蜀"，位於中國西南部，屬於長江上游，介於東經97.217～108.31′和北緯26.037～34.19′之間，轄區面積48.6萬平方公里，是中國第五大省。它地跨青藏高原、雲貴高原、橫斷山脈、秦巴山地、四川盆地等幾大地貌單元，總體上可以分爲四川盆地和高原山地兩大部分。漢族多住在以平原和淺丘爲主的東部盆地，這裏地勢大概北高南低，較大的河流有岷江、沱江、嘉陵江，都由北向南終匯入長江，其中岷江和沱江經流盆地西部，形成占地6 200多平方公里的冲積平原——成都平原，是我國西南最大的平原。就氣候來說四川盆地北面是米倉山和大巴山，再向北是秦嶺，這兩山爲四川盆地阻擋了冬季風和寒潮的南下，因而冬天比較溫暖，霜雪少見，反而到處都是油綠一片；夏季由於東南面的山脈不高，來自海洋的夏季風可以吹入，而盆地地形又致使其不易散熱，所以夏季氣溫較高且溫差小，植物生長週期長，年降水在1 000～1 400毫米，多集中於夏秋季。此外，四川盆地廣泛分布著紅色的砂岩和頁岩，形成紫色土壤，其中富含磷、鉀等養分，十分肥沃。諸多方面都有利於農業生產。四川的稻米、油菜產量居全國第一，又是全國三大桑蠶產地之一，生豬、桐油、藥材等全國有名，另外副熱帶的產物像甘蔗、橘子、柚子、荔枝、榕樹等都可以生長。四川省內就有高原、山地、峽谷、盆地、丘陵、平原，江河、湖泊、溫泉、瀑布，亦有岩溶地形、丹霞地貌，可謂一應俱全，旅遊資源之豐富世界罕見，所以自古就有"天府之國"的美譽。這裏的人們生活富足、舒適，閑餘時間較多，因而四川自古就是盛產文學家的地方。

再看人文地理方面，由於當時四川軍閥混戰，經濟衰敗，所以重點從當時的政治環境和蜀學傳統兩方面來說。辛亥革命推翻清王朝後，全國沒有形成統一的領導核心：南京孫中山成立的臨時大總統府的政令到不了北方；北京的袁世凱又趁火打劫，竊取革命果實大搞復辟，其勢力又局限於北方。所以全國形成了南北對峙的局面，袁世凱最終在全國的聲討中死去。之後北洋軍閥各派開始爭奪北京政府領導權，於是出現了直系、奉系、皖系三系。護國戰爭後，四川省的領導權被入川滇軍羅佩金和黔軍戴戡掌控，各軍閥爲了爭奪地盤，便開始了數百次大小混戰。從1911年開始，直到1933年劉湘統一四川爲止。並且在這期間，各地土匪出沒，更加重了人民的苦難。淺草社的這九位成員無一例外地在軍閥混戰中度過童年時光，這使得他們對於民生疾苦和戰爭的思考要甚於同齡人。這些都反映在他們的創作主題中，例如陳煒謨的《烽火燎喉》《狼笑將軍》《甜水歌》，林如稷

---

① 曾大興：《文學地理學研究》，商務印書館2013年版，第18頁。

的《葵堇》，高世華的《沉自己的船》，馬靜沉的《影沉》等。其中《沉自己的船》寫出了人民反抗意識的覺醒，寧可同歸於盡也要抗爭到底；《烽火燎喉》與《狼筅將軍》是更爲深刻的思考，不僅寫戰爭使得民不聊生，還寫戰爭對人内心深層的傷害以及對人性的異化：在經歷長期戰爭之後，人的潛意識就會有想從受虐者變爲施虐者的願望，甚至從恐懼中解脱，轉而希望可以借助軍閥混戰實現人生的“飛黃騰達”。魯迅曾極爲贊賞他們在這一方面的努力：“玄髮朱顔，低唱著飽經憂患的不欲明言的斷腸之曲。雖是馮至的飾以詩情，莎子的託辭小草，還是不能掩飾的。凡這些，似乎多出於蜀中的作者，蜀中的受難之早，也即此可以想見了。”①

　　從文化上來説，自然要著重討論蜀學了。蜀學開始於西漢初年，在淵源、體系、思想和方法上它是中國學術的一部分，但由於四川獨特的歷史、文化特點而使其具備了獨特的地域特點，所以貫之名爲蜀學。四川由於偏於西南一隅，遠離中國的政治、經濟、文化中心，與時尚文化和學術新潮保持很大的距離，所以導致其文化和學術都有滯後的特點，這些蜀中學者因爲接受了較爲恒定的學術傳統，能夠客觀、冷靜地看待時尚文化，易於發現時尚文化的弊病。四川在思想淵源方面具有三個特點：“一、因遠離中原王朝，每個時代的統治思想在此地域都相對的薄弱，與主流文化保持著較大的距離；二、自西漢初年儒家經典在文翁興學時傳入蜀中，儒學畢竟缺乏牢固的根基，因而歷史上除了魏了翁等極少數而外，純正的儒家甚爲罕見；三、西蜀是中國道教的發源地，道家思想給予學者很大的影響，以致常見陽儒陰道的現象。”②每當中國的學術思潮處於轉型或出現某種偏離傳統的傾向的時候，到京都的蜀中學者就能嶄露頭角，即以一種維護傳統的姿勢力矯時弊，大膽革新，迅即成爲新思想的宣導者，有的還會成爲一代文宗。例如西漢初年司馬相如的賦深寓現實的諷喻的意義，歸於“正道”，開一代文風；唐代初年陳子昂反對綺靡文風，提倡“興寄”，發揚“漢魏風骨”；李白反對“綺麗”“雕琢”，主張“清真”“天真”；蘇軾更是鞏固了古文運動的成果；魏了翁爲周濂溪等儒學大家乞求謚號，從而爲理學正位做了巨大貢獻；楊慎破門戶之見，提倡求真窮理，解放學術思想，轉變一代學術風氣；近代的吳虞更在批判揭露封建禮教的罪惡上有顯著的成績，成爲新文化運動的激進人物。林如稷曾在《碎感》中這樣反思新文化運動：“談國内的新文化運動，實際上祇有些微的成績，不過是表面的解放和歐化一點。其實我以爲這於文化運動，尚不算是緊要的；因爲一國的文化，自有它已往長遠的歷史所遺留下來的靈魂。”“不然，祇從朝摹暮倣於素不相關涉——縱的方面説——的外來文化，忘卻或舍去自己國度文化所有的特殊魂質，即使能夠免脱於淺薄之形似，也祇是别人之學徒。”又説：“我對於倡中西文化調和論者亦贊同，這是因時勢的新趨向的，但我以爲兩種文化的調

① 魯迅：《中国新文学大系·小说二集》導言。
② 謝桃坊：《論蜀學的特徵》，《國學論集》，社會科學出版社 2011 年版。

和，衹能互相影響，若必甲强爲乙，乙强爲甲，仍爲不行。並且兩者衹能以精粹相滲溶，絕不能整個如吞果核而反哽噎之患。因此，我以爲現在我們若做介紹歐西文化工作，則必加以有眼光的適宜的選擇；而我們更應急對於中國固有文化之復興和廣大，然後這一步與西方文化調和以產生新文化。"可見這批年輕人並非激進派，他們對如火如荼的新文化運動保持著難得的冷靜的思考。而且他們不像文學研究會高舉"爲人生而藝術"的大旗，過分地誇大文學的現實社會作用，過分强調文學的社會價值；也不像創造社獨處"爲藝術而藝術"的高地，忽略文學的社會意義與價值；更没有像"學衡派"那般看不清歷史變革的趨勢，仍然頑固、保守地想要靠倫理道德的理論來凝聚中國。①他們對於當時流行的各種觀點、主張都加以辯證地學習，既不盲從也不全然否定，站在論戰之外又學在其中，這使得他們的觀點更爲穩妥。顯然這種批判精神和蜀學的精神是一脈相承的。相比而言，他們是一群虔誠、認真、敏鋭的後生，在努力地學他人之長，壯自己之體魄，像小草一般深深扎根於文學大地，不喧鬧、不張揚、不自負，腳踏實地地踐行著自己的誓言。但在另一方面來看，這使得他們没有比較突出的特點，從而導致他們在文學史上並不是那麼引人注目。

# 四

　　淺草社的九位四川作家差不多都於 20 世紀 20 年代初來到北京或上海，開始了大學生涯。而此時的北京和上海作爲思想、文化最爲活躍的地方，給他們的思維形成了不小的衝擊。馮至曾這樣説："五四以後，情況轉變的迅速，雖不能説是一天等於二十年，但在一些青年的頭腦裏激起的巨大變化，卻是過去歷史上很少見的。人們從漫長的睡夢中驚醒，好像天天都有人在外邊敲我們的門，傳播新思想的刊物也不脛而走，流傳到學校的宿舍裏。"②來自河北的馮至感受尚且如此，從更爲封閉、傳統的四川來的他們的感受可想而知。1911 年的辛亥革命宣布了兩千多年的封建帝制的結束，爲中國社會的轉型創造了基本的條件；第一次世界大戰後，帝國列强也暫時放鬆了對中國的控制和侵略，這讓我國的工業迎來了第一個春天；清末開始提倡的新式教育，造就了一大批有現代科學文化知識和自主開放意識的新型知識群體，他們成爲新文化與新文學運動的主力軍；現代出版業得到發展；清末科舉廢除之後，知識分子多選擇從事"思想""寫作"，用以謀生和體現其獨立價值。這一切條件的成熟，使得中國的"啟蒙運動"——新文化運動蓄勢待發。1915 年 9 月，《青年雜誌》（從第二卷起改名《新青年》）在上海的

---

① 錢理群、温儒敏、吳福輝著：《中國現代文學三十年》，北京大學出版社 1998 年版，第 8-14 頁。
② 馮至：《魯迅與沉鐘社》，《中國現代文藝資料叢刊》，上海文藝出版社 1979 年版。

創刊，標誌著新文化運動的開始。1917 年陳獨秀被聘爲北京大學文科學長，《新青年》編輯部也隨之遷京並於 1918 年 1 月改由陳獨秀、李大釗、胡適、劉半農、沈尹默、錢玄同等輪流編輯，同時還有魯迅、周樹人等供稿，這實際上形成了反封建的思想文化戰綫，而此刊便成爲其主要陣地。《新青年》主要從兩方面推動思想啓蒙運動：一方面重新評判孔子、抨擊文化專制主義，宣導自由；另一方面廣泛地引進和吸收運用西方文化。由於當時北大校長蔡元培主張"思想自由、兼容並包"，新文化運動便得以在這寬鬆的學術氛圍中茁壯成長，並終於導致了"五四"愛國學生運動，"五四"運動反過來又使得新文化與新文學運動到達高潮。就在這樣的大環境下，文學革命發生了，文學革命的先驅們都是一身二任，同時又是西文化運動的宣導者，所以文學革命便很自然地被納入新文化運動的軌迹，並成爲新文化運動最堅實有力的部分。這些先驅們表現出强烈的歷史主動性的批判精神，先集中力量摧毀舊文學陣地，此間便開始了新舊文學的論戰，如與"國粹派"的論戰，與"學衡派"的論戰，與"甲寅派"的論戰。在如此艱難的環境中，先驅們採取了激烈徹底的姿態，不斷的論戰使得新文學運動的理論更加明晰有力，腳跟也站得更穩。其主要成果有以下四點：第一，白話文的全面推廣；第二，外國文學思潮的廣泛湧入和新文學團體的蜂起；第三，文學理論建設取得了初步的成果；第四，文學創作取得了引人矚目的實績。[①]這是當時中國在文化、思想上的大環境，實際上也是他們來到北京、上海以後所接觸的文化背景。淺草剛好活躍於五四之後，實際上當時（1922 年）新文化運動的先驅們正在與"論衡派"論辯。他們對於自己所接觸到的各種文化、思想、文學流派都根據自己的喜好進行選擇，所以簡單地談大背景必然是不够的。經過分析，得知淺草社在國內同時受到魯迅和郁達夫的影響較大；而在國外的各種文藝思潮中，他們更傾向於英、法、德的感傷主義、浪漫主義，俄國的批判現實主義以及後現代主義文學。

　　關於魯迅對淺草社的影響，可以分三方面來說：第一方面，早期的影響，即在他們中學時所受到的啓發。魯迅於 1918 年 5 月發表了第一篇白話短篇小說《狂人日記》，借狂人之口，揭露封建禮教"吃人"的本質，這篇文章在當時的文壇就像夏日傍晚的一聲巨雷，振聾發聵，緊接著的《孔乙己》《藥》《一件小事》就是之後的傾盆大雨。此時的淺草社成員們都還是高中生，但在他們讀到這些文章的時候也受到了不小的衝擊。馮至說："從《史記》漢賦、唐宋古文轉到魯迅的《藥》，是一個要費很大力氣的跳躍。文字，當時比古文容易懂得多了，可是理解其中的涵義，並不容易。"[②]林如稷說："我從《新青年》雜誌上讀到魯迅先生的《狂人日記》、《孔乙己》、《藥》最早的三篇小說。雖然當時我僅是十七歲的少年，還不能完全瞭解這些作品的偉大意義，但那對於黑暗的揭露，反對封建禮教的主題，

---

　① 錢理群、溫儒敏、吳福輝著：《中國現代文學三十年》，北京大學出版社 1998 年版，第 8-14 頁。
　② 馮至：《魯迅與沉鐘社》，《中國現代文藝資料叢刊》，上海文藝出版社 1979 年版。

的確使我這樣一個受過蜀中連年的災禍和封建教育毒害的人，很是感動甚至震驚。"①又説："我之所以會在中學時代就發展了對文藝的愛好，乃至在次年也學著寫過兩篇以川中兵禍爲題材的不成樣子的短篇小説，並且大膽地發表在《晨報副刊》上，主要就是從那時候讀魯迅先生的作品得來的一點啟發。"陳翔鶴的《幸運》更是直接模仿《狂人日記》而得。可見魯迅對他們的啟發至早也至深。第二方面，他們對魯迅的崇拜以及魯迅對他們的關注和認可。1923 年，魯迅在北京大學開設"中國小説史"的課程，當時陳煒謨、馮至、高世華、李開先都爲北大在校學生，他們選修此課，更有了直接接觸魯迅的機會。馮至説在北大的那時候，他們那批人想認識魯迅的心情十分强烈，首先鼓起勇氣給魯迅寫信的是陳翔鶴，他還曾和郁達夫一起訪問過魯迅先生。陳翔鶴回憶説魯迅曾給他寫過一封長達三張信紙的信，信中對自己過去的消沉情緒進行了批評，希望現在的青年不要像他過去那樣。魯迅自己也曾在《一覺》中説："兩三年前，我在北京大學的教員預備室裏，看見進來了一個並不熟識的青年，默默地給我一本書，便出去了。打開看時，是一本《淺草》。就在這默默中使我懂得了許多話。啊，這贈品是多麼的豐饒呵！可惜那《淺草》不再出版了……"後來魯迅在《中國新文學大系·小説二集》中選了發表於《淺草》季刊上的作家有五人，分別爲林如稷的《將過去》、馮至的《蟬與晚禱》、高世華的《沉自己的船》、顧隨的《失蹤》、陳煒謨的《狼筅將軍》。同時在"導言"中對他們做了專門的介紹和評價，可見魯迅對淺草社是很爲關注和認可的。第三方面，他們受魯迅作品的啟發而有的創作。受魯迅現實主義手法影響的作品有李開先的《孤獨的呻吟》，陳煒謨的《烽火燎喉》《狼筅將軍》，林如稷的《葵菫》《太平鎮》《嬰孩》《童心》《故鄉的殉道情者》，高世華的《沉自己的船》，馬靜沉的《沉影》《孑孓》，陳翔鶴的《婚筵》等，或是反應四川軍閥混戰的，如《烽火燎喉》《狼筅將軍》等；或是反應舊社會青年的婚姻不自由、不幸福的，如《孑孓》《童心》等。他們大都以自身的經歷或真實見聞爲基礎，試圖像魯迅那樣去發掘封建社會的不合理，但是由於他們的接觸面太窄，思考也不夠深入，所以導致大多數作品衹是簡單、客觀地將當時青年人所遭遇的不幸講述出來，缺乏認真的、深層次的解剖與反思，並且小説的主人公也大都沒有覺醒和反抗的意識，進而使得他們的作品思想並沒有很深刻。但是這些年輕人有著下意識地反應、揭示生活的精神也是值得肯定的。另一方面，沒有刻意塑造正面人物而僅是客觀的描述，這種自然主義傾向的寫作，雖對當時的讀者來説不能從中汲取奮進的力量，也沒能帶領他們更好地反思，但卻讓後來的讀者能夠更爲接近當時青年的真實生活情感狀況。此外，像林如稷的《葵菫》《太平鎮》《故鄉的殉道情者》，馬靜沉的《孑孓》，陳煒謨的《狼筅將軍》等都是中國早期的鄉土文學，爲中國的

---

① 林如稷：《魯迅給我的教育》，《仰止集》，四川文藝出版社 1962 年版。

鄉土文學增添了四川的地方文化特色。

淺草社與創造社的關係可以從三個方面來説：第一方面，是成員之間的友好關係。淺草社在上海的成員們首先與創造社形成友好關係，尤其是與郁達夫形成了良好的師友關係，這歸功於同爲兩社重要成員的鄧均吾的橋樑作用，他積極促成兩社的友好關係，“通過鄧均吾的介紹，1922 年夏天，陳翔鶴、林如稷先後與郁達夫、鄭伯奇、郭沫若、成仿吾等相識並成爲好友。”①王怡庵也同爲兩社的成員。1923 年下半年，郁達夫到北京大學講授統計學，從而使得兩社的關係延伸到北京。馮至回憶：“郁達夫在課後，常到學生宿舍裏找愛好文學的青年談天，我們有時同他一塊兒到城外郊遊，逛舊書攤……陳翔鶴到北京後，同他來往的次數更多。”②陳翔鶴、陳煒謨等後來都曾寫過回憶郁達夫的文章，可見他們的私交關係是很好的。第二方面，在文學主張上的學習借鑒。創造社初期主張“爲藝術而藝術”，強調文學忠實於自己“内心的要求”；成員作品大都側重自我表現，帶有濃重的抒情色彩。在翻譯上，他們在借鑒創造社的同時也吸收文學研究會的觀點，也翻譯俄國現實主義的作品。鄭伯奇曾這樣説淺草社：“新興起來的青年作家團體。他們的傾向跟創造社很相近，可説是創造社的一支友軍。” ③第三方面，在文學創作上，淺草社的林如稷、陳翔鶴、陳煒謨的一些作品都很有創造社郁達夫的痕迹。陳翔鶴的《茫然》是自敘體的浪漫小説，其中的 C 君和郁達夫筆下窮困潦倒、感傷迷茫而又追求個性解放的人物形象如出一轍，C 還直接這樣説：“不然，就簡單些説，至少亦必須得如郁達夫君的灰色之死，此外，何事而非茫茫？……”林如稷的《流霰》《將過去》《狂奔》以及陳煒謨的《輕霧》的主人公都涉及醉酒、狎妓的行爲，他們内心痛苦、迷茫，但是找不到出口，也有自我懺悔，卻並不能將他們從痛苦中拯救出來，反而好像更加深了他們的痛苦，所以他們選擇醉生夢死，以示對命運的反抗。這些都有著足足的郁達夫的味道。

在作品内容上，他們“挖掘自己的魂靈”，或以個人生活體驗爲依據，寫他們那一代青年人所共有的對於現實生活的迷茫與苦悶，這一部分作品有著濃郁的感傷、頹廢氣，讀來感覺壓抑、沉悶，但聯繫作者們的生活現狀就可以理解，這並非簡單的“爲賦新詞強説愁”，而是對黑暗現實所導致的病痛的哀嚎，其成就和郁達夫、浪漫主義流派以及他們“憂鬱美”的審美傾向等諸多因素都有關；或從個人生活體驗延伸開來，去發掘民族的苦難，這部分作品多以蜀中受難的群衆的真實生活爲藍本，雖解剖和批判不深刻，但聯繫其二十剛出頭的年紀就能够體諒，更何況他們對於戰爭惡果的深刻反思足以讓人矚目，其成就和魯迅、俄國現實主義以及佛洛伊德的潛意識學説不無關係。在作品的表現手法上，他們“攝取

---

① 鄧穎：《鄧均吾在創造社和淺草社的文學活動》，《紅岩》1999 年第一期。
② 馮至：《魯迅與沉鐘社》，《中國現代文藝資料叢刊》，上海文藝出版社 1979 年版。
③ 鄭伯奇：《二十年代的一面》，《文壇》1942 年 1-5 期。

異域的營養”，在這一方面，他們遵循他爲我用的原則，嘗試各種有益於表現他們內心、魂靈的手法，從而形成這樣一些特點：第一，作品不再以人物、事件爲中心，而多以人物的心理爲中心來開展，文章有大段的心理活動描寫，極其重視人物的情感變化，極力展現他們內心的矛盾與苦悶。例如林如稷的《將過去》，作者嘗試西方意識流的寫法，小説情節全由若水的內心想法隨意支配。若水的動機是“尋春”與“逃離”，他反復地尋春卻又繼續逃離，他很多次從上海逃到北京，但總是得不到滿意，就繼續逃離，到了遠離人世的“香佛寺”依然像逃離，於是到了私娼的家裏，但最終又逃出，凍倒在雪地裏，故事纔有一個結尾。這讓人感受到若水那強烈的内心掙扎，但究竟爲何如此掙扎呢？從多次出現的“髮、蛇、唾”這樣的有著性暗示的後現代物象以及若水大段的“靈怪的幻想”就可以猜測出是由於性苦悶。然而爲何要因此而這般痛苦呢？若水最後懺悔到：“我是成了Criminal（法律上的罪人）？”“我是成了Pe'cheur（道德上的罪人）？”“我是成了……”實際上是自己心裏的禁錮，而這種禁錮又來自於封建禮教。全篇著力描寫若水的內心活動，即意識活動，他的行動也完全是由意識操控的，這顯然是對佛洛伊德主義的運用。如此這般直接地抒寫性苦悶，這是五四以來提倡人的文學的意志，是作者對封建倫理禁錮人性的反抗。第二，作品總體上有著濃郁的傷感、頹廢的情感基調，林如稷、陳翔鶴、陳煒謨、馬靜沅、李開先等以表現個人題材的作品的主人公無一例外地有張滄桑、無表情的臉，他們身體羸弱，沉默寡言，對事、對人悲觀，屬於孤僻的知識青年，也都無一例外地有著極其複雜矛盾的心理，一方面相信理想的美好，一方面對現實極端厭惡又無奈。這種濃郁的傷感首先是那一代知識青年所普遍具有的真實情感：生活在亂世的他們，接受的來自西方的新思想讓他們深深意識到自己生活的不幸，但是沒有足够的勇氣和能力去與過去的生活、與封建家庭決裂。第三，對夢境的運用。《止水》《將過去》《甜水》《烽火燎喉》等都有對夢境的運用，但並非像我國傳統小説那樣做情節的加速器，而是用於抵達人的潛意識，這顯然是對於佛洛伊德的精神分析理論的接受和踐行。例如《烽火燎喉》中的雨京的夢：他變成了A軍的排長，“白天下完操，就跑到附近農民家裏去搶家畜，雞、鴨、鵝、肥豬……一串串的弄回來，煮一大鍋；有時到田主家裏，祇需拿出槍來，他們還要恭而且敬的奉上‘花邊邊’呢。晚上去嫖土娟，也很有趣：兩塊‘花邊邊’可以請四五個客，輪流去睡覺。運氣好的時候，出門遇到附近人家十七八歲的閨女，二三十歲的婦人，或不論美醜的女學生，那就更好，可以隨意在菜畦上、森木內，接接吻，睡睡覺。”雨京如何會做這樣的夢？他每日生活在戰爭的恐懼之中，這些惡行也確實是他平日常見常聞的，所以此類片段拼湊起來出現在他的夢裏也是極有可能的。但是若分析人的潛意識就可知：在長期的受虐的環境中，受虐者產生想要改變身份變爲施虐者來緩解自己的痛苦與壓抑的潛意識也是極爲正常的。

　　表面上這九位來自四川的淺草社作家是在接受了"五四"運動、新文化運動以及西方各流派的影響之後纔開始創作的，其創作也是緊貼新文化運動的要求的。但是本籍文化卻深藏於他們思想的深處：在創作上，他們有一批作品是反映二十世紀初四川的現實狀況的；在文學主張上，他們不主張批評，不參加文學論戰，不偏向爲人生也不偏向爲藝術，對各個流派、思潮都加以批判地借鑒和吸收。這種比較客觀、冷靜的看待當時流行文化的態度實際上和蜀學的精神是一脈相承的。

作者單位：四川省社會科學院文學所

# 論歌德《浮士德》第二部及郭沫若的翻譯 ①

彭建華

歌德《浮士德悲劇》第二部（ *Faust, der Tragödie zweiter Teil* ）是一個拉丁式的五幕詩體悲劇，它較好地平衡了古典與浪漫的美學觀念，主要表現了浮士德個人同外界的關係，將浮士德納入積極的人生。1826 年 7 月歌德在信中寫道："在地點不變的情況下，描寫了三千年間發生的事情。嚴守了情節一致和地點一致兩條，而在時間跨度上，全憑幻想。"②

《浮士德》第二部中包含多種詩體，歌德運用韻律的變換來配合情節的進展並反映了這一詩體戲劇的情感色調變化。例如，第三幕第一場"斯巴達梅納勞斯的宮前"，董問樵指出："海倫出場時，使用古希臘悲劇的五音格詩，隨從人員使用古典的合唱。浮士德使用北歐古典的長短格五腳五韻詩。到了兩人接近，海倫改用德國五韻詩。隨著歐福良的出現，運用浪漫主義式的短行詩。到海倫消逝，又還用三音格詩，宮女侍從們都在八行詩中煙消霧散。"③

## 一 《浮士德》第二部的創作歷程

歌德《浮士德》第二部的創作主要包括三種文獻：1827 年《海倫娜，一個古典 - 浪漫主義幻想曲， "浮士德"插曲》（ *Helena, klassisch-romantische Phantasmagorie, Zwischenspiel zu Faust* ），1828 年《浮士德悲劇》第二部第一幕片段（發行紙幣）和 1831 年最後完成修改的《浮士德悲劇》第二部。此外還有少量的草稿（例如，1816 年海倫悲劇計劃提綱）、修訂稿片段等。

（1）"海倫悲劇"構成了《浮士德悲劇》第二部的第三幕（寫作於 1800—1826年），該幕由"斯巴達的梅納勞斯王宮""城堡內院""阿耳卡狄亞"三個相互關聯的場景構成。1827 年 5 月歌德《最後修訂版文集》（ Ausgabe letzter Hand ）第四卷刊印了《海倫娜，一個古典-浪漫主義幻想曲， "浮士德"插曲》。④ 歐洲古典

① [基金信息] 四川省教育廳人文社會科學（郭沫若研究）課題重點專案"郭沫若的德語文學的翻譯研究"（GY2013A05）。

② 轉錄自阿尼克斯特著，晨曦譯：《歌德與〈浮士德〉》，三聯書店 1986 年版，第 291 頁。
③ 董問樵：《〈浮士德〉研究》，復旦大學出版社 1987 年版，第 14 頁。
④ Ardent Media. *The Life of Goethe*, New York: Haskell House Publishers Ltd.,1905 年，第 268 頁。

文獻中存在著大量關於海倫的傳説，例如，荷馬史詩、赫西俄德、歐里庇德斯、阿里斯托芬、希羅多德、奧維德、西塞羅等都記載了林林總總的海倫傳説。[①] 顯然，浮士德與海倫的情愛故事是後來產生的。[②]《浮士德博士的傳説》(*Historia von D. Johann Fausten, dem weitbeschreyten Zauberer und Schwartzk ü nstler*, 1587)最早記載了浮士德與海倫的情愛故事，1588 年馬婁《浮士德博士的悲劇》(Christopher Marlowe. *The Tragical History of Doctor Faustus*，1604/1616)也包含了浮士德與海倫的情愛故事，並深刻影響了此後德國木偶戲。[③]

　　歌德創作"海倫悲劇"經歷了較長的時期，並多次修改了他的寫作計劃。[④] 歌德在一份創作提綱(1797—1799)中明確指示了"海倫悲劇"："對外在活動的享受。對美自覺洞察的歡樂——第二部。對創造的內在享受……"[⑤]1800 年歌德創作了《中世紀的海倫，一個模擬劇》，後被納入《浮士德悲劇》第二部的第三幕。1800 年 3 月 24 日席勒致科特的信中表明歌德創作的《浮士德》被分爲兩部，其中第二部的最初的場景即是《海倫》，"儘管《浮士德》完成了很多，但如無誘人建議促使歌德回到這部作品上並最後完成之，它還是要在那裏睡大覺。如《浮士德》完成，將是可觀的兩卷。"[⑥] 同年 9 月 12 日，歌德的日記寫道："早晨寫《海倫》……七品文官席勒先生談了對《海倫》的看法。"[⑦] 同年 9 月 23 日，席勒致歌德的信中對《海倫》一幕亟加讚譽，"您最近的朗讀給我留下了宏偉高雅的印象。古典悲劇的高貴崇高的精神從(海倫的)獨白中向人迎面吹來，它寧靜而堅強有力地激動內心最深處，並產生了相應的效果。如果你從耶拿回來，除此之外，也別無其他詩意的收穫，而這又是您關於這部悲劇部分更遙遠的進程已經安排妥當了的事，那麼您在耶拿居留的時間也就值得了。倘若您把高貴和野蠻結合成功，對此我毫不懷疑，那麼開啟全劇其餘部分的鑰匙也就找到了。"[⑧] 1816 年歌德在《自傳——詩與真》(*Aus meinem Leben: Dichtung und Wahrheit*)中指出，他寫作了"海倫悲劇"的提綱："海倫屬於(冥王)奧庫斯，魔法祇能把她招出，但無法把她抓住。浮士德一意堅持，靡非斯特開始作法。浮士德對最終要體驗到崇高美的享受的追求不可遏止。"[⑨] 1825 年 2—4 月歌德寫完了第二部的第三幕第二場"高

① Laurie Maguire. *Helen of Troy: From Homer to Hollywood*, John Wiley & Sons, 2009.
② Karl-Heinz Hahn. *Faust und Helena oder, Die Aufhebung des Zwiespalts zwischen Klassikern und Romantikern. Ein Beitr. zur Romantikkritik Goethes im Spiegel d. Faustdichtg*, Weimar: Nationale Forschungs- u. Gedenkstä tten d. klassischen deutschen Literatur, 1970.
③ Eugene Oswald. *The legend of fair Helen as told by Homer, Goethe and others; a study*, London: J. Murray, 1905.
④ Henry Bernard Cotterill. *The Faust-Legend and Goethe's 'Faust'*, Library of Alexandria, 2000.
⑤ 轉錄自阿尼克斯特著，晨曦譯：《歌德與〈浮士德〉》，三聯書店 1986 年版，第 158 頁。
⑥ 轉錄自阿尼克斯特著，晨曦譯：《歌德與〈浮士德〉》，三聯書店 1986 年版，第 153 頁。
⑦ 愛克曼著，朱光潛譯：《歌德談話錄》，人民文學出版社 2006 年版，第 154 頁。
⑧ 張榮昌著，張玉書譯：《歌德席勒文學書簡》，安徽文藝出版社 1991 年版，第 302-303 頁。
⑨ 轉錄自阿尼克斯特著，晨曦譯：《歌德與〈浮士德〉》，三聯書店 1986 年版，第 241 頁。

山"。1826 年 3 月，歌德再次回到第二部第三幕。① 1826 年 10 月 22 日歌德致洪堡的信寫道："你想必還記得應當先於《浮士德》第二部問世的劇本《海倫》吧？……這是我最早的構思之一。它的基礎是傳統的木偶劇情節，即浮士德爲了愛情的歡娛强迫把海倫交給他。"②

歌德承認拜倫（George Gordon Byron）是歐福良的原型，因此"海倫悲劇"的尾聲是在 1824 年 4 月拜倫病逝後完成的。愛克曼《歌德談話錄》1827 年 7 月 5 日較深入地論述到拜倫："歌德説：'除開他，我不會用任何他人來作現代詩的代表，他無疑被認爲是這個世紀最大的天才（詩人）。而且，拜倫既不是古典的，也不是浪漫的，而恰是現今的時代。這就是我所要求的那種人。他永不滿足的天性和愛好鬥爭的傾向很合適我，這也導致了他病逝於密梭龍基（Missolonghi）。寫一篇關於拜倫的論文既非易事，也不可取。我將不失時機地敬仰他，在適當的時機描述他。'關於《海倫》，歌德談了很多，現在它再次成爲我們談話的主題。他説：'最初我設想了一個完全不同的結局，（後來）我在多方面把它更改了，其中有一種也很好，現在不必告訴你爲什麼。當時發生的事件提醒我要採用拜倫和密梭龍基作爲此詩的結局，於是我放棄了別的。'"③

值得指出的是，海倫（美的象徵、美的理想形象）還出現於《浮士德悲劇》第二部第一、第二幕中，這些場景可看作爲"海倫悲劇"的過渡成分或者鬆散的序曲。④《歌德談話錄》1829 年 12 月 16 日記載，歌德與愛克曼談論到第二、三幕中的海倫情節，它們相互聯繫、相互補充、相互提高："通過勒達的夢，海倫纔獲得有益的基礎。在前者，我們對天鵝群和天鵝所生的一個孩子保持一個持續的隱指的想像；在後者，我們便擁有了（海倫的）故事情節。當我們帶著對此情景的感性印象而達到'海倫'一場時，整個（海倫悲劇）愈來愈顯得更加清楚和完美！"⑤ 海倫在第一幕第五場"陰暗的走廊"（Finstere Galerie）中首次被論及，浮士德的對白宣稱：

> 皇帝要看海倫和巴黎斯，
> 而且立地就想看見；
> 要形象鮮明地呈在眼前，
> 把那男性的典型，女性的模範。
> 趕快動手！我的話一定要上算。（P77）

---

① E. A. Bucchianeri. *Faust: My Soul be Damned for the World* II, AuthorHouse, 2008 年，第 696 頁。
② 阿尼克斯特著，晨曦譯：《歌德與〈浮士德〉》，三聯書店 1986 年版，第 237 頁。
③ Johann Peter Eckermann, Frédéric Jacob Soret. *Conversations of Goethe with Eckermann and Soret* I, Smith, Elder, 1850 年，第 425 頁。
④ Gottfried Diener. *Fausts Weg zu Helena; Urphänomen und Archetypus*, Klett, 1961 年。
⑤ Johann Peter Eckermann, Frédéric Jacob Soret. *Conversations of Goethe with Eckermann and Soret* II, Smith, Elder, 1850 年，第 199 頁。

在下一場"燈火輝煌的大廳"（Hell erleuchtete Säle）中，靡非斯托的對白表明，海倫是古典美的象徵：

> 誰要把"美"這種寶貝昇華，
> 是需要最高的技術，賢人的秘法。（P85）

第一幕第七場"騎士廳"最終出現了帕里斯和海倫，在一場搶奪之後，海倫的幻影消失。歌德在第三幕第一場描述了浮雲幻象：

> 我看清楚了！她像幽諾（Junonen），像蕾多（Leda），像海倫，
> 多麼莊麗而可愛呀，總是遊移不定。（P278）

其後的詩行，歌德離開了海倫悲劇。在《浮士德》第二部第二幕中，希隆（Chiron）和納萊烏斯（Nereus）講述了海倫傳說，在第三場"古典的瓦普幾司之夜"（1830年創作）中直接描述了浮士德追求海倫，海倫悲劇的敘事祇是緩慢地進展。歌德再後來修改了"海倫悲劇"，《歌德談話錄》持續記載了歌德的修改。《歌德談話錄》1830年2月24日寫道："接著歌德對我説，他在海倫那一景裏還要加上一筆，以突出海倫的美麗，他這樣做是受到我的啟發，也是爲了尊重我的感情。"① 1830年3月17日，歌德再次談到了"海倫"的新修改。

（2）《浮士德悲劇》第二部第一幕的前1 424個詩行，即第一場"風光明媚的地方"，第二場"皇帝的宮城"中的"紫禁城""旁通百室的廣庭"和"上林苑"的開頭部分，首次收入1828年出版的《歌德文集》第十二卷（pp. 249—313），其創作可能始於1826年。《歌德談話錄》1827年5月24—27日歌德的談話表明，第二部第一幕仍將保留中世紀精神，而後則突然改變了詩歌風格。稍早，《歌德談話錄》1827年5月6日記載了歌德解釋説明第二部第一幕第一場"風光明媚的地方"中描寫日出的詩段。《歌德談話錄》1829年12月16日記載了天鵝群與勒達的夢，表明歌德已經寫作了第二部第一幕第二場的後三個場景。同年12月30日愛克曼記載，歌德朗誦了帕里斯和海倫出現的場景（即第二幕第六場"騎士廳"），其結局是："浮士德想把帕里斯與海倫分開，可是當他調轉鑰匙去碰觸帕里斯的時候，發生了強烈的爆炸，這些幻象便化作煙霧散去，而浮士德也癱倒在地上。"② 歌德指出："關於顯現浮士德必須採取一些方法讓幻象出現的場景，還沒有完全寫好。因此我祇得下次給你誦讀了。"③ 此後，《歌德談話錄》1830年1月10日提到"陰暗的走廊"："今天下午，歌德給我極大的愉悦，他朗讀了浮士德尋訪坤元（Mütter）的場景。"④《歌德談話錄》1830年11月30日記載暗示歌德正在

---

① 愛克曼著，洪天富譯：《歌德談話錄》，譯林出版社2002年版，第467頁。
② Johann Wolfgang von Goethe. Faust: der Tragödie erster und zweiter Teil, Urfaust, C.H.Beck, 2007年，第206頁。
③ Johann Peter Eckermann, Frédéric Jacob Soret. *Conversations of Goethe with Eckermann and Soret* Ⅱ, Smith, Elder, 1850年，第205頁。
④ Johann Peter Eckermann, Frédéric Jacob Soret. *Conversations of Goethe with Eckermann and Soret* Ⅱ, Smith, Elder, 1850年，第210頁。

寫作第五場"燈火輝煌的大廳":"在很快的完全康復之後,歌德集中精力寫《浮士德》第二部的第一幕,同時也完結了《詩與真》的第四卷。"①

(3)《浮士德悲劇》第二部是在歌德去世後不久出版的,而後再次收入 1833 年出版的《歌德文集》。歌德致穆勒(Chancellor von Müller)的信中表示(1830 年 6 月 30 日),《浮士德悲劇》第二部主要是由於愛克曼的懇求和幫助而相續完成的。據《歌德自傳——詩與真》記載,1816 年歌德曾寫作了《浮士德》第二部的創作大綱。1825 年 2 月歌德重新構思《浮士德》第二部的寫作提綱。"海倫悲劇"發表後,歌德便決心致力於寫作《浮士德悲劇》,1827 年 7 月 29 日,歌德在日記中寫道:"從事主要事業(Hauptgeschäft)"。② 1831 年 9 月歌德完成《浮士德悲劇》第二部。約翰(Johann John)和舒夏爾(Johann Chistian Schuchardt)一起抄錄了《浮士德悲劇》第二部全部詩行。1832 年 1 月,歌德做了最後的修改。

以下談談《浮士德悲劇》第二部第二、四、五幕的創作情形。《浮士德》第二部第二幕寫作於 1828—1830 年。1826 年 10 月歌德在《編年》('Paralipomenon'BA 73)中寫下了第二部第二幕的詳細提綱(《歌德談話錄》1827 年 1 月 15 日記載了《古典的瓦普幾司之夜》的提綱)。《歌德談話錄》1829 年 12 月 6 日記載了歌德在餐後朗誦第二部第二幕第一場的愉快而深刻的印象:"歌德把這一場朗誦到末尾。歌德仍顯現出青年人的創造力,而且整場融貫緊湊,我爲此感到欣悅。歌德說:'這一構思很早很久,因爲我在心裏揣想了五十年——材料積累了很多,現在的困難工作在於取捨剪裁。對整個第二卷的意匠經營已很久了,像我說過的那樣。然而,這可能更有利,直到現在我纔把它寫下來,而我對世間事物的體認也比過去更清楚。'"③《歌德談話錄》1829 年 12 月 16 日記載歌德朗誦了第二部的第二幕第二場"中世紀風格的實驗室"。《歌德談話錄》1830 年 1 月 24 日寫道:"然後我們談到了《古典的瓦普幾司之夜》,近日歌德曾向我朗誦了它的開頭。他說:'(希臘羅馬)神話人物縈繞在我的頭腦中,總是層出不窮的,但是我極力克制自己,僅僅選擇一些形象化的、能產生適當效果的(神話人物)。現在,浮士德和喀戎在一起。我希望我能寫好這一場景。如果我更加努力一些,可望在以後幾個月裏完成《瓦普幾司之夜》。不會有別的事情讓我中斷《浮士德》的寫作,如果我此生能寫完它,那該是多好啊!當然這是可能的。第五幕應該寫得同樣好,第四幕也將能寫好的。'"④《歌德談話錄》1830 年 3 月 21 日寫道:"而現在我在盡力寫作《瓦普幾司之夜》,以便使全幕能顯出豐富而生動的力量和優雅。我已經取

---

① Johann Peter Eckermann, Frédéric Jacob Soret. *Conversations of Goethe with Eckermann and Soret* II, Smith, Elder, 1850 年,第 319-320 頁。

② Johann Wolfgang von Goethe. Faust: der Tragödie erster und zweiter Teil, Urfaust, C.H.Beck, 2007 年,第 454 頁。

③ Johann Peter Eckermann, Frédéric Jacob Soret. *Conversations of Goethe with Eckermann and Soret* II, Smith, Elder, 1850 年,第 195-196 頁。

④ Johann Peter Eckermann, Frédéric Jacob Soret. *Conversations of Goethe with Eckermann and Soret* II, Smith, Elder, 1850 年,第 217 頁。

得了很大的進展，希望在你出發（去義大利）前把這幕寫完。"① 事實上，愛克曼在 1830 年 9 月 14 日的記載中表明該場已經寫完："令我非常高興的是，在熱那亞收到您最近的一封信，得知您愉快而成功地跨越了《古典的瓦普幾司之夜》中間的空缺，達到了結尾。前三幕似乎很好地完成了，《海倫》也相互連接起來了，因此，最難的任務終於完結了。正如您告訴我的，結局已經寫完了。我希望第四幕不久將會順利地寫好，如此，一個偉大的作品就告成了，並給未來的時代帶來啟發和典範。"②

第二部第四幕創作於 1831 年，《歌德談話錄》1831 年 2 月 11 日寫道："今天晚餐時間，歌德告訴我他已經開始寫《浮士德》第二部的第四幕，並打算繼續寫下去，這使我非常高興。"③ 但是，歌德對該幕的構思顯然要早得多，1827 年 5 月 24 日歌德寫給策爾特（Carl Friedrich Zelter）的信中表示他計劃寫作第四幕，稍後，歌德創作了該幕的開頭部分。愛克曼的記載表明，1830 年 2 月 10 日前後歌德重新構思了第四幕的提綱："我將全心盡力地寫作《浮士德》，爭取完成第四幕。"④《歌德談話錄》1831 年 2 月 13 日寫道："他告訴我他繼續寫《浮士德》第二部第四幕，像他所希望的那樣，順利地完成了開頭。……現在我要繼續構思，把《海倫》和已寫好的第五幕之間的整個空缺填補起來，寫下一個詳細的提綱，以便今後十分從容而有把握地寫那些最能吸引我的部分。這一幕具有一種非常獨特的性質，因而它像一個獨立的小世界，和其餘部分不甚緊密關聯。它與其前後各幕祇有微弱的指涉關聯，由此與全劇連接成一體。"⑤ 同年 6 月 6 日愛克曼的記載表明歌德即將寫完第四幕："在接下來的幾周裏，歌德完成了第四幕，它長時間都是空缺未寫。因此在八月份，《浮士德》第二部的全部手稿將全部寫完，並可裝訂成冊。歌德非常快樂，他最終實現了目標，爲此他經歷了長久的努力。"⑥

第二部第五幕的創作則顯得更加曲折，其中"子夜""宮中的廣大前庭""埋葬"寫作於 1797—1800 年。1825 年 3 月歌德修改了第五幕各場景的初稿。第五幕第一場描寫菲利門和巴烏西斯的場景創作於 1831 年，《歌德談話錄》1831 年 5 月 2 日寫道："歌德告訴我，他最近將成功地寫完《浮士德》第二部第五幕，它一直以來就有待寫作，我對此消息感到高興。他說：'這幾場的主旨已經縈繞（心

---

① Johann Peter Eckermann, Frédéric Jacob Soret. *Conversations of Goethe with Eckermann and Soret* II, Smith, Elder, 1850 年，第 272 頁。

② Johann Peter Eckermann, Frédéric Jacob Soret. *Conversations of Goethe with Eckermann and Soret* II, Smith, Elder, 1850 年，第 302-303 頁。

③ Johann Peter Eckermann, Frédéric Jacob Soret. *Conversations of Goethe with Eckermann and Soret* II, Smith, Elder, 1850 年，第 331 頁。

④ Johann Peter Eckermann, Frédéric Jacob Soret. *Conversations of Goethe with Eckermann and Soret* II, Smith, Elder, 1850 年，第 228 頁。

⑤ Johann Peter Eckermann, Frédéric Jacob Soret. *Conversations of Goethe with Eckermann and Soret* II, Smith, Elder, 1850 年，第 332-333 頁。

⑥ Johann Peter Eckermann, Frédéric Jacob Soret. *Conversations of Goethe with Eckermann and Soret* II, Smith, Elder, 1850 年，第 400-401 頁。

中）三十多年了。因爲這幾場很重要，我對此一直沒有失去興趣，但是寫起來
是很難的，如此我一直害怕動筆。現今通過各種辦法，我又行動起來了，如果
幸運的話，我將很快寫下第四場。"① 同年 6 月 6 日愛克曼讀到了這個補寫的
第五幕第一場 "曠野"，並且談到了全劇的結尾，即第五幕第六場中的 "衆天
使的合唱"：

> 靈界尊貴之一人，
> 已獲救自惡魔手，
> "凡是自强不息者，
> 到頭我輩均能救。"
> 復有愛自天上來，
> 對此貴者加庇佑，
> 升天之群與相遇，
> 亦表心悦而接受。②

此後，歌德繼續修改了第五幕，例如，指明浮士德有一百歲，衆神甫的贊禮
等。③

## 二　郭沫若的《浮士德》第二部翻譯

索緒爾區分語言（例如德語、法語）共時與歷時兩種形態是有意義的，而譯
者所操縱的譯入語（例如漢語）語彙更多是極有個人化的當下語言庫，即是共時
語言狀況。郭沫若的漢譯語彙顯然混雜了方言、文言與白話，同時郭沫若重新建
構的譯詩韻律是個人化的、創造性的，它呈現了當下漢語（方言、文言與白話）
豐富的共時特徵。

郭沫若翻譯的歌德《浮士德》第二部於 1947 年出版，1954 年《〈浮士德〉小
引》暗示此書譯自德語，但未標識德語原著版次。郭沫若承認《浮士德》第二部
的翻譯參考了周學普翻譯的《浮士德》（1935 年 8 月上海商務印書館出版），同時
還參考了森歐外( Mori gai )、櫻井政隆( Masataka Sakurai )的日譯本，和泰洛( Bayard
Taylor ) 的英譯本。

《浮士德》第二部第一幕由與皇宮相關聯的七個場景構成，鮮明地突出了中世
紀春季節日的歡樂。以下迻録第一幕第一場 "風光明媚的地方" 中浮士德的首節

---

① Johann Peter Eckermann, Frédéric Jacob Soret. *Conversations of Goethe with Eckermann and Soret* II, Smith, Elder, 1850 年，第 392 頁。
② Johann Peter Eckermann, Frédéric Jacob Soret. *Conversations of Goethe with Eckermann and Soret* II, Smith, Elder, 1850 年，第 399 頁。
③ Johann Wolfgang von Goethe. *Faust I & II*, trans. by stuart atkins, Princeton University Press, 1994 年，第 306 頁。

獨白（即春天的日出/晨光之歌，該場景源於 1797 年歌德遊歷瑞士的印象，參見艾克曼《歌德談話録》1827 年 5 月 6 日），它緊接在精靈阿練爾的演唱之後，有意强調了牧歌式的自然精神。在此節中，歌德援引了《聖經》中的彩虹意象，重申了人生的進取行爲：

> 這正反映著努力的人生。
>
> 留心看取，你會更加體認：
>
> 人生得反映出五彩成文。（P9）
>
> （Der spiegelt ab das menschliche Bestreben.
>
> Ihm sinne nach, und du begreifst genauer:
> Am farbigen Abglanz haben wir das Leben.）①

原詩采用意大利三聯韻詩體（terza rima），一般地，每行五個重音，9—12 個音節，有變化形態。郭沫若對原文的結構和意義有目的的改寫是明顯的，每行 10—13 字，譯文另作韻式。

| *Anmutige Gegend, Faust II* | 風光明媚的地方 |
|---|---|
| Johann Wolfgang von Goethe P148 | 郭沫若譯（1979）P7 |
| Des Lebens Pulse schlagen frisch lebendig, | 生命的脈搏呀鮮活地鼓動， |
| ätherische Dämmerung milde zu begrüßen; | 歡迎著那和惠的晨光朦朧； |
| Du, Erde, warst auch diese Nacht beständig | 大地呀，昨宵你也未曾曠功。 |
| Und atmest neu erquickt zu meinen Füßen, | 你今精神更新，在我腳下呼息， |
| Beginnest schon, mit Lust mich zu umgeben, | 你又要用快樂來把我擁抱， |
| Du regst und rührst ein kräftiges Beschließen, | 你在鼓舞著一種堅毅的決心， |
| Zum höchsten Dasein immerfort zu streben. — | 不斷地向最高的存在飛躍。—— |
| In Dämmerschein liegt schon die Welt erschlossen, | 世界在晨曦中已經開放， |
| Der Wald ertönt von tausendstimmigem Leben, | 森林内交囀著千萬種的笙簧， |
| Tal aus, Tal ein ist Nebelstreif ergossen, | 霧帶在溪谷裏出入飄揚；—— |
| Doch senkt sich Himmelsklarheit in die Tiefen, | 天上的光明已向深處下降， |
| Und Zweig und äste, frisch erquickt, entsprossen | 大小樹枝從谷底的芬芳寢床， |
| Dem duft'gen Abgrund, wo versenkt sie schliefen; | 清新地迸出了蔥蔥的柔黄酣暢； |
| Auch Farb' an Farbe klärt sich los vom Grunde, | 花花葉葉帶著顫動的霧珠低昂， |

---

① Johann Wolfgang von Goethe. Faust: der Tragödie erster und zweiter Teil, Urfaust, C.H.Beck, 2010 年，第 149 頁。

| Wo Blum' und Blatt von Zitterperle triefen  – | 從地底開張出千紅萬緑的景象； |
| Ein Paradies wird um mich her die Runde. | 我的周遭呀真真是一座天堂。 |
| Hinaufgeschaut!  –  Der Berge Gipfelriesen | 抬頭仰望！——巨人似的山峰 |
| Verkünden schon die feierlichste Stunde; | 已宣告最最莊嚴的時刻到來； |
| Sie dürfen früh des ewigen Lichts genießen, | 永恆的天光首先讓它們享用， |
| Das später sich zu uns hernieder wendet. | 然後纔下臨到我們的頭上。 |

以下迻録第一幕第四場"上林苑"中浮士德的對白，浮士德在靡非斯特的幫助下開採礦山，印刷紙幣，短暫地緩解了帝國的財政危機。原詩是 4 組有韻雙行詩，一般地，每行四重音 10 個音節，有變化形態。郭沫若對原文的結構和意義有目的的改寫是明顯的，每行 8—12 字，譯文另作韻式。

| *Lustgarten. Morgensonne, Faust II* | 上林苑 |
|---|---|
| Johann Wolfgang von Goethe P188 | 郭沫若譯（1979）P73 |
| Das Übermaß der Schätze, das, erstarrt, | 寶藏不可計量，而凍結不用， |
| In deinen Landen tief im Boden harrt, | 被深埋在皇圖的土壤之中。 |
| Liegt ungenutzt Der weiteste Gedanke | 儘管是怎樣誇講思慮深遠， |
| Ist solchen Reichtums kümmerlichste Schranke; | 在測量這財富上都非常有限， |
| Die Phantasie, in ihrem höchsten Flug, | 儘管是怎樣伸張幻想的翅膀， |
| Sie strengt sich an und tut sich nie genug. | 都不能想像到這數量的邊緣。 |
| Doch fassen Geister, würdig, tief zu schauen, | 就祇有透察物理的博學高人， |
| Zum Grenzenlosen grenzenlos Vertrauen. | 纔能以無限的信仰信仰無限。 |

以下迻録第一幕第七場"騎士廳"中浮士德的對白，它在靡非斯特、占星士之後宣稱海倫震驚世人的出現。原詩是 4 組有韻雙行詩，一般地，每行四重音 10 個音節，有變化形態。郭沫若對原文的結構和意義有目的的改寫是明顯的，每行 8—12 字，譯文另作韻式。

| *Rittersaal, Faust II* | 騎士廳 |
|---|---|
| Johann Wolfgang von Goethe P199 | 郭沫若譯（1979）P95 |
| Hab' ich noch Augen? Zeigt sich tief im Sinn | 我還有眼睛嗎？不是這美的源泉 |
| Der Schönheit Quelle reichlichstens ergossen? | 極豐富地深深地注入我的心中？ |
| Mein Schreckensgang bringt seligsten Gewinn. | 我危懼的旅程帶回了極欣幸的成就， |

| | |
|---|---|
| Wie war die Welt mir nichtig, unerschlossen! | 以前的世界在我是何等無聊而空空! |
| Was ist sie nun seit meiner Priesterschaft? | 我如今成了祭司,世界全變了形相! |
| Erst wünschenswert, gegründet, dauerhaft! | 它纔值得希冀,有了基礎而悠長! |
| Verschwinde mir des Lebens Atemkraft, | 我若離開你而又回到原狀, |
| Wenn ich mich je von dir zurückgewöhne! – | 我生命的呼吸力定會消亡! —— |
| Die Wohlgestalt, die mich voreinst entzückte, | 那婀娜的姿態曾經使我忘形, |
| In Zauberspiegelung beglückte, | 在魔鏡中呈現得十分嫵婷, |
| War nur ein Schaumbild solcher Schöne! – | 不過是這位美人的一個虛影! —— |
| Du bist's, der ich die Regung aller Kraft, | 我願呈現出滿腔熱情的粹精, |
| Den Inbegriff der Leidenschaft, | 我願呈現出傾倒,愛慕,崇敬,癡心。 |
| Dir Neigung, Lieb', Anbetung, Wahnsinn zolle. | |

《浮士德》第二部第二幕由兩組相互關聯的六個場景構成,前三個北方場景刻意回應了《浮士德》第一部的相關場景,再次回到浮士德的舊日居所(哥特式建築),瓦格納博士也出現在(中世紀的)實驗室中。後三個南方場景主要是比納渥斯河與愛琴海。這一幕大量糅合了希臘神話(包括海倫傳說)和德國中世紀魔法巫術(例如何蒙古魯士 Homunculus)。以下迻錄第三場"比納渥斯河下游"中浮士德的對白。原詩是 4 組四行詩節,交叉韻式,一般地,每行四重音 10 個音節,有變化形態。根據漢語的慣例和規範,郭沫若對原文的結構和意義有目的的改寫是明顯的,每行 7—13 字,譯文另作韻式。

| *Am untern Peneios, Faust II* | 比納渥斯河下游 |
|---|---|
| Johann Wolfgang von Goethe P227 | 郭沫若譯(1979)P147 |
| So sei auch sie durch keine Zeit gebunden! | 我也希望海倫不被時間羈縻! |
| Hat doch Achill auf Pherä sie gefunden, | 阿希勒斯在斐萊尋著了她, |
| Selbst außer aller Zeit. Welch seltnes Glück: | 也是完全超越了時間的威力。 |
| Errungen Liebe gegen das Geschick! | 反抗運命而成就戀愛, |
| | 是多麼罕有的福氣! |
| Und sollt' ich nicht, sehnsüchtigster Gewalt, | 那麼我靠著憧憬的誠心誠意, |
| Ins Leben ziehn die einzigste Gestalt? | 使那唯一的美人重生豈不可以? |
| Das ewige Wesen, Göttern ebenbürtig, | 她是永恆的存在,和群神並比, |
| So groß als zart, so hehr als liebenswürdig? | 既偉大而又溫柔,既崇高而又婉膩。 |

| Du sahst sie einst; heut hab' ich sie gesehn, | 你見之于當年，我見之于現世， |
|---|---|
| So schön wie reizend, wie ersehnt so schön. | 美麗而又銷魂，銷魂而又美麗。 |
| Nun ist mein Sinn, mein Wesen streng umfangen; | 我的心，我的存在，已嚴被囚系， |
| Ich lebe nicht, kann ich sie nicht erlangen. | 不能得到她，我要死於相思。 |

　　《浮士德》第二部第三幕集中再現了"海倫悲劇"。在前兩個場景裏歌德集中描述了海倫返回斯巴達的嚴酷境況，浮士德終於贏得了海倫的愛情。在最後的"阿耳卡狄亞"場景中，在描寫海倫和浮士德享受樂園式的自由生活之外，歌德創造了歐福良的形象，並鮮明地表達了温克爾曼、萊辛式的希臘古典美理想——"高貴的單純，靜穆的偉大"。

　　1800 年 9 月 23 日席勒給歌德的回信寫道："（海倫的）獨白洋溢著崇高的古典悲劇的精神……並產生了與之相符的效果，以其平靜的力量深深打動人心。"（P236）以下節錄第二部第三幕第一場"斯巴達梅納勞斯宮前面"中海倫重返斯巴達的對白。原詩是古希臘悲劇的五音格詩，4 組四行詩節，交叉韻式，一般地，每行四重音 10 個音節，有變化形態。郭沫若對原文的結構和意義有目的的改寫是明顯的，每行 8—12 字，譯文另作韻式。

| *Vor dem Palaste des Menelas zu Sparta, Faust II* | 斯巴達梅納勞斯宮前面 |
|---|---|
| Johann Wolfgang von Goethe P257 | 郭沫若譯（1979）PP200—201 |
| Bewundert viel und viel gescholten, Helena, | 受了許多讚美和許多誹謗， |
| Vom Strande komm' ich, wo wir erst gelandet sind, | 我，海倫，剛來從登陸的地方， |
| Noch immer trunken von des Gewoges regsamem | 波濤把我們載在高拱的背上， |
| Geschaukel, das vom phrygischen Blachgefild uns her | 靠著東風的力量，海神的恩光， |
| Auf sträubig-hohem Rücken, durch Poseidons Gunst | 從佛梨基亞平野送回故鄉灣港， |
| Und Euros' Kraft, in vaterländische Buchten trug. | 我還感受著沉暈的動盪。 |
| Dort unten freuet nun der König Menelas | 梅納勞斯王正在那邊下面， |
| Der Rückkehr samt den tapfersten seiner Krieger sich. | 同他戰士中最勇敢者慶祝凱旋。 |
| Du aber heiße mich willkommen, hohes Haus, | 你向我喊出歡迎呀，崇隆的官殿， |
| Das Tyndareos, mein Vater, nah dem Hange sich | 你是我父親丁達略斯所建， |
| Von Pallas' Hügel wiederkehrend aufgebaut | 他從巴拉斯回來，建築在這斜坡的邊緣。 |
| Und, als ich hier mit Klytämnestren schwesterlich, | 我在此和克利太牟納斯特拉姊妹一般， |
| Mit Kastor auch und Pollux fröhlich spielend wuchs, | 又和加斯妥與坡魯克斯 |

| | |
|---|---|
| Vor allen Häusern Spartas herrlich ausgeschmückt. | 一同成長而親昵地遊玩, |
| | 當時的這個殿堂, |
| | 比斯巴達的一切建築, |
| | 都裝飾得更加輝煌。 |
| Gegrüßet seid mir,　der ehrnen Pforte Flügel ihr! | 你們這兩扇鐵門,我向你們致敬! |
| Durch euer gastlich ladendes Weit-Eröffnen einst | 你們曾經大大地開放歡迎來賓。 |
| Geschah's, daß mir, erwählt aus vielen,　Menelas | 我從許多人中間被選爲夫人: |
| In Bräutigamsgestalt entgegenleuchtete. | 以新郎的英姿梅納勞斯燦然賁臨。 |
| Eröffnet mir sie wieder, daß ich ein Eilgebot | 現在請再張開,讓我以夫人身份, |
| Des Königs treu erfülle, wie der Gattin ziemt. | 把國王的緊急命令忠實地奉行。 |

以下節錄第二部第三幕第二場 "城堡內院" 中浮士德的對白。原詩是古希臘悲劇的五音格詩,4 組四行詩節,交叉韻式,一般的,每行三重音 10 個音節,有變化形態。郭沫若對原文的結構和意義有目的的改寫是明顯的,每行 8-12 字,譯文另作韻式。

| *Innerer Burghof, Faust II* | 城堡內院 |
|---|---|
| Johann Wolfgang von Goethe P279 | 郭沫若譯（1979）PP238—239 |
| Erstaunt, o Königin, seh' ich zugleich | 哦,女王呀,我驚訝著同時看見, |
| Die sicher Treffende, hier den Getroffnen; | 百發百中的射手與帶箭的人員, |
| Ich seh' den Bogen, der den Pfeil entsandt, | 我看見那張弓,是它所放出的箭, |
| Verwundet jenen. Pfeile folgen Pfeilen, | 已經射傷了我,還在箭箭相連。 |
| Mich treffend. Allwärts ahn' ich überquer | 城中和宮中有雕翎四下飛竄。 |
| Gefiedert schwirrend sie in Burg und Raum. | 我還是什麼呢? 你是這樣突然, |
| Was bin ich nun? Auf einmal machst du mir | 使我最忠實的臣工生了叛變, |
| Rebellisch die Getreusten, meine Mauern | 使我的城池已經失去了艱險。 |
| Unsicher. Also fürcht' ich schon, mein Heer | 我在擔心,我的全軍已經覆沒, |
| Gehorcht der siegend unbesiegten Frau. | 都歸了你這樣常勝不敗的女眷。 |
| Was bleibt mir übrig, als mich selbst und alles, | 我除了投降還有什麼道路可選? |
| Im Wahn des Meine, dir anheimzugeben? | 我祇好把自己和迷惘中的臣工奉獻。 |
| Zu deinen Füßen laß mich, frei und treu, | 你一進城,便掌握了王座和主權, |
| Dich Herrin anerkennen, die sogleich | 讓我俯伏在你的足下,自由而繾綣, |
| Auftretend sich Besitz und Thron erwarb. | 推戴你爲女主,天子萬年。 |

以下節錄第二部第三幕第三場"阿耳卡狄亞"中合唱隊哀悼伊卡路斯式的歐福良（Euphorion）墜隕的挽歌。對於合唱隊的挽歌，歌德承認該挽歌的風格表現出某種不協調，愛克曼《歌德談話錄》1827 年 7 月 5 日寫道："你已經注意到，合唱的一貫品質被挽歌破壞了許多：直至此時它總體仍是古典的，沒有拋棄原來的少女（合唱隊）特質；然而直到挽歌，它突然變爲蕭穆的反思，說出了原來未曾想也不可能想到的話來。"[①] 原詩是古希臘悲劇的五音格詩，4 組四行詩節，交叉韻式，一般地，每行三重音 10 個音節，有變化形態。郭沫若對原文的結構和意義有目的的改寫是明顯的，每行 8—12 字，譯文另作韻式。

| *Anmutige Gegend, Faust II* | 阿耳卡狄亞 |
| --- | --- |
| Johann Wolfgang von Goethe　　P299 | 郭沫若譯（1979）PP269—270 |
| Nicht allein! － wo du auch weilest, | 不會孤單！——無論你走向何處， |
| Denn wir glauben dich zu kennen; | 不能認識你者其有誰乎？ |
| Ach! wenn du dem Tag enteilest, | 啊，你雖然離開了這個塵世， |
| Wird kein Herz von dir sich trennen. | 我們的心誰能和你分離？ |
| Wüßten wir doch kaum zu klagen, | 我們的心幾乎忘卻了悲悼， |
| Neidend singen wir dein Los: | 寧在羨慕著歌頌你的崇高： |
| Dir in klar- und trüben Tagen | 無論在歡娛和憂鬱的辰光， |
| Lied und Mut war schön und groß. | 你的歌聲和意氣都美麗而豪放。 |
| | |
| Ach! zum Erdenglück geboren, | 唉，人間的幸福在你當能備嘗， |
| Hoher Ahnen, großer Kraft, | 你的門第高華，而精力雄壯， |
| Leider früh dir selbst verloren, | 誰知你之辭世，竟如此匆匆， |
| Jugendblüte weggerafft! | 青春花朵乃突遇無情之狂風。 |
| Scharfer Blick, die Welt zu schauen, | 你目光犀利，觀世是如何深沉。 |
| Mitsinn jedem Herzensdrang, | 你衷心慈惠，濟困是何等慈仁。 |
| Liebesglut der besten Frauen | 最美好的女子無不向你傾心 |
| Und ein eigenster Gesang. | 你的詩歌獨創，真是前無古人。 |

　　《浮士德》第二部第四幕由相互關聯的三個北方場景（高山、前山之上、僞帝

---

① Johann Peter Eckermann, Frédéric Jacob Soret. *Conversations of Goethe with Eckermann and Soret* I, Smith, Elder, 1850 年，第 425 頁。

的天幕）構成，有意指示法國大革命以來的歐洲現狀。該幕回應了第二部第二幕的相關部分，尤其是靡菲斯特與薩比尼人的魔法。該幕重現了《浮士德》第一部中奧爾巴赫、瓦普幾司等場景中的社會嘲諷。

　　以下迻録第四幕第一場"高山"中浮士德的對白。原詩是古希臘悲劇的五音格詩，4 組四行詩節，交叉韻式，一般地，每行 10 個音節，有變化形態。郭沫若對原文的結構和意義有目的的改寫是明顯的，每行 8—12 字，譯文另作韻式。

| *Hochgebirg, Faust II* | 高山 |
| --- | --- |
| Johann Wolfgang von Goethe　P305 | 郭沫若譯（1979）PP280—281 |
| Gebirgesmasse bleibt mir edel-stumm, | 群山萬壑在我是高貴無聲， |
| Ich frage nicht woher und nicht warum. | 我不問其何來，也不問其何因。 |
| Als die Natur sich in sich selbst gegründet, | 當自然的基礎在自身中奠定， |
| Da hat sie rein den Erdball abgeründet, | 她把地球純粹地造成了圓形， |
| Der Gipfel sich, der Schluchten sich erfreut | 她喜歡溪谷，也喜歡山頂， |
| Und Fels an Fels und Berg an Berg gereiht, | 岩與岩，山疊山，都兩兩比並； |
| Die Hügel dann bequem hinabgebildet, | 小丘於是乎適當地造成， |
| Mit sanftem Zug sie in das Tal gemildet. | 帶著平緩的斜坡向谷底微傾。 |
| Da grünt's und wächst's, und um sich zu erfreuen, | 庶草蕃蕪，百物叢生，欣欣向榮， |
| Bedarf sie nicht der tollen Strudeleien. | 無須乎要那種打漩渦的狂論。 |

　　以下迻録第四幕第二場之"僞帝的天幕"中皇帝的對白（節選），原詩有多種韻律形式，每行主要是 10 個音節，另有八音節詩行，第 1—4 行是一組四行詩，交叉韻式，第 5—14 行是五組雙行詩，第 5—8、11—12 行押完全韻，第 9—10、13—14 行押近似韻。郭沫若採用白話迻譯，詩行較爲整齊，每行 9—14 字，另作白話韻式，流暢而文采斐然。

| *Des Gegenkaisers Zelt, Faust II* | 僞帝的天幕 |
| --- | --- |
| Johann Wolfgang von Goethe　P326 | 郭沫若譯（1979）PP317—318 |
| Es sei nun, wie ihm sei! uns ist die Schlacht gewonnen, | 不管怎樣，總之我們把仗打贏了。 |
| Des Feinds zerstreute Flucht im flachen Feld zerronnen. | 敵人潰不成軍，四散在荒郊。 |
| Hier steht der leere Thron, verräterischer Schatz, | 王位空存，一些掠奪來的財寶， |
| Von Teppichen umhüllt, verengt umher den Platz. | 被絨毯包裹著，塞滿了賊巢。 |

| | |
|---|---|
| Wir, ehrenvoll geschützt von eigenen Trabanten, | 我們，光榮地受著羽林軍的拱衛； |
| Erwarten kaiserlich der Völker Abgesandten; | 就登在這裏等四面八方的來朝。 |
| Von allen Seiten her kommt frohe Botschaft an: | 從今後河清海晏，國泰民安。 |
| Beruhigt sei das Reich, uns freudig zugetan. | 雖然用了妖法幫助我們打戰， |
| Hat sich in unsern Kampf auch Gaukelei geflochten, | 但勝利是我們自己打穿。 |
| Am Ende haben wir uns nur allein gefochten. | |
| Zufälle kommen ja dem Streitenden zugut: | 偶然有時也利於軍事發展， |
| Vom Himmel fällt ein Stein, dem Feinde regnet's Blut, | 天上掉下隕石，敵頭血雨漫漫， |
| Aus Felsenhöhlen tönt's von mächtigen Wunderklängen, | 有猛烈的怪聲從岩洞中吶喊， |
| Die unsre Brust erhöhn, des Feindes Brust verengen. | 使我軍振奮，使敵人膽寒。 |
| Der überwundne fiel, zu stets erneutem Spott, | 敗者倒下，萬年嘲笑翻新， |
| Der Sieger, wie er prangt, preist den gewognen Gott. | 勝者矜榮，讚頌保佑的神靈。 |
| Und alles stimmt mit ein, er braucht nicht zu befehlen, | 人民是一致讚仰，無須命令， |
| Herr Gott, dich loben wir! aus Millionen Kehlen. | "上帝喲，我們讚仰你！"萬口同聲。 |

第二部第五幕由三組相互關聯的八個場景構成，前兩個海濱場景（曠原、在小園中）敘述了斐萊蒙（Philemon）和鮑棲時（Baucis）友善好客的故事，而後的三個場景（宮殿 Palast、深夜 Tiefe Nacht、子夜 Mitternacht）重現了拿伯（Naboths）葡萄園的古老故事（《舊約·列王紀上》第二十一章），歌德顯然有意強調了浮士德的懊悔與悲傷。最末的三個場景（宮中廣大的前庭、埋葬 Grablegung、"山谷，森林，岩石，邃境" Bergschluchten）把悲劇的情節緩慢地推進到浮士德的死，回應了"天上的序曲"中所提出的宗教主題：惡的懲罰或者善的得救。最末的一場，在神秘的聖母瑪利亞崇拜儀軌中，描寫到浮士德與甘淚卿的靈魂都已經獲得了拯救。

《歌德談話錄》1831 年 6 月 6 日指出菲利門和巴烏西斯祇是借用傳說中的名字，與奧維德《變形記》（Ⅷ，Ⅱ．611—724）中的老夫婦無關。[①] 以下迻錄第二部第五幕 "曠原" 中斐萊蒙的對白。原詩是七組押韻的雙行詩，主要是三重音 10 音節詩行，從《舊約·創世紀》的神話仿寫，有鮮明的抒情色彩。郭沫若採用白話詩體迻譯，每行 10—13 字，韻式與原詩不同，有鮮明的漢化改寫。

---

① Johann Peter Eckermann, Frédéric Jacob Soret. *Conversations of Goethe with Eckermann and Soret* Ⅱ, Smith, Elder, 1850 年，第 217 頁。

| Offene Gegend, Faust II | 曠原 |
|---|---|
| Johann Wolfgang von Goethe　P334 | 郭沫若譯（1979）PP330—331 |
| Das Euch grimmig mißhandelt, | 以前是虐待過你的海洋， |
| Wog' auf Woge, schäumend wild, | 飛沫排空，翻波湧浪， |
| Seht als Garten Ihr behandelt, | 你看如今變成了花園， |
| Seht ein paradiesisch Bild. | 看來就好像一座天堂。 |
| Älter, war ich nicht zuhanden, | 年紀更老，我已經不象往常， |
| Hülfreich nicht wie sonst bereit; | 不能多出力氣，替人幫忙， |
| Und wie meine Kräfte schwanden, | 但波浪也消掉了呀， |
| War auch schon die Woge weit. | 就給我的力氣消掉了的一樣。 |
| Kluger Herren kühne Knechte | 英明君主的大膽臣民， |
| Gruben Gräben, dämmten ein, | 掘壕溝而築堤防， |
| Schmälerten des Meeres Rechte, | 收縮了大海的權威， |
| Herrn an seiner Statt zu sein. | 代替它作了君長。 |
| Schaue grünend Wies' an Wiese, | 請看那綠油油的草場， |
| Anger, Garten, Dorf und Wald.　– | 牧地，森林，園圃，村莊。—— |
| Komm nun aber und genieße, | 但請到那邊去欣賞， |
| Denn die Sonne scheidet bald.　– | 太陽就快要下降。—— |
| Dort im Fernsten ziehen Segel, | 那邊極遠處的歸帆， |
| Suchen nächtlich sichern Port. | 在找尋安全的灣港。 |
| Kennen doch ihr Nest die Vögel; | 就是鳥兒也知道歸巢， |
| Denn jetzt ist der Hafen dort. | 碼頭是在那一個方向。 |
| So erblickst du in der Weite | 你看那海岸的藍邊， |
| Erst des Meeres blauen Saum, | 已經退得很遠很遠， |
| Rechts und links, in aller Breite, | 左邊，右邊，一切的方面， |
| Dichtgedrängt bewohnten Raum. | 都是繁華稠密的人煙。 |

　　以下迻録第二部第五幕之"宮中廣大的前庭"中浮士德的對白（節選）。原詩是七組押韻的雙行詩，主要是三重音 10 音節詩行，從《舊約·創世紀》的神話仿寫，有鮮明的抒情色彩。郭沫若採用白話詩體迻譯，每行 10—13 字，韻式與原詩

不同，有鮮明的漢化改寫。

| *Großer Vorhof des Palasts， Faust II* | 宮中廣大的前庭 |
|---|---|
| Johann Wolfgang von Goethe　P348 | 郭沫若譯（1979）P356 |
| Ja! diesem Sinne bin ich ganz ergeben, | 是的！我完全獻身於這種意趣， |
| Das ist der Weisheit letzter Schluß: | 這無疑是智慧的最後的斷案； |
| Nur der verdient sich Freiheit wie das Leben, | "要每天每日去開拓生活和自由， |
| Der täglich sie erobern muß. | 然後纔能够作自由與生活的享受。" |
| Und so verbringt, umrungen von Gefahr, | 所以在這兒要有環繞著的危險， |
| Hier Kindheit, Mann und Greis sein tüchtig Jahr. | 以便幼者壯者——都過活著有爲之年， |
| Solch ein Gewimmel möcht' ich sehn, | 我願意看見這樣熙熙攘攘的人群， |
| Auf freiem Grund mit freiem Volke stehn. | 在自由的土地上住著自由的國民。 |
| Zum Augenblicke dürft' ich sagen: | 我要呼喚對於這樣的刹那…… |
| Verweile doch, du bist so schön! | "你真美呀，請停留一下！" |
| Es kann die Spur von meinen Erdetagen | 我在地上的日子會有痕迹遺留， |
| Nicht in äonen untergehn. ‒ | 它將不致永遠成爲烏有。—— |
| Im Vorgefühl von solchem hohen Glück | 我在這樣宏福的預感之中， |
| Genieß' ich jetzt den höchsten Augenblick. | 在將這最高的一刹那享受。 |

　　由於不滿足於世界的陳規陋習與拘束，浮士德向各方面積極追求，雖然他越來越不幸地轉回原點，但這正是浮士德獲得拯救的原因。以下迻錄第二部第五幕之"山谷，森林，岩石，邃境"中天使們（Engel）的合唱。原詩是七組押韻的雙行詩，主要是三重音10音節詩行，從《舊約·創世紀》的神話仿寫，有鮮明的抒情色彩。郭沫若採用白話詩體迻譯，每行10—13字，韻式與原詩不同，有鮮明的漢化改寫。

| *Bergschluchten, Faust II* | 山谷，森林，岩石，邃境 |
|---|---|
| Johann Wolfgang von Goethe | 郭沫若譯（1979）P373 |
| Gerettet ist das edle Glied　P359 | 靈界尊貴之一人， |
| Der Geisterwelt vom Bösen, | 已獲救自惡魔手， |
| *Wer immer strebend sich bem üht,* | "凡是自强不息者， |

| Den können wir erlösen. | 到頭我輩均能救。" |
| Und hat an ihm die Liebe gar | 復有愛自天上來， |
| Von oben teilgenommen, | 對此貴者加庇佑， |
| Begegnet ihm die selige Schar | 升天之群與相遇， |
| Mit herzlichem Willkommen. | 亦表心悅而接受。 |

## 三 結 語

　　郭沫若《第二部譯後記》指出，《浮士德》第二部的整個翻譯活動不足 40 天，而後在出版的校對過程中經歷了兩次修改潤色："但一開始了工作之後便漸漸感覺了興趣，而且這興趣以加速度的形勢增加，因此我的精力便集中了起來，竟在（一九四七年）五月三日便把全部譯完了。"[①] 郭沫若在《談文學翻譯工作》（1954）中重申了譯者應該在生活經驗和感情上接近原作，認爲"翻譯是一種創作性的工作，好的翻譯等於創作，甚至還可能超過創作。這不是一件平庸的工作，有時候翻譯比創作還要困難"[②]。郭沫若對歌德《浮士德》第二部的翻譯主要是白話詩體的迻譯，但多糅合文言與白話成分，其對於原詩的諸多詩體缺乏更爲細緻的區分。

　　　　　　　　　　　　　　　作者單位：福建師範大學文學院

---

[①] 歌德著，郭沫若譯：《浮士德》第二部，人民文學出版社 1979 年版，第 385 頁。
[②] 郭沫若：《沫若選集》第四卷，人民文學出版社 1959 年版，第 285 頁。

# 教育社會學者黃大洲及其學術貢獻簡論

王　睿

## 一　知名教育社會學者黃大洲教授生平

黃大洲先生，男，漢族，曾用名"黃祚"，1921 年 4 月 3 日生於四川巫山縣（今屬重慶巫山縣）。中共黨員。2010 年 2 月 23 日去世於成都市。

黃大洲於 1928 年 9 月—1934 年 8 月就讀於巫山縣立小學；1934 年 9 月—1937 年 8 月就讀於奉節縣省立第四中學；1937 年 9 月，在川東師範進行一年的學習後，於 1938—1939 年先後任巫山縣立小學和三溪河小學教員；隨後在 1939 年—1943 年期間，再次回到川東師範、江津白沙教育部特設國立大學先修班等學校進修；在 1943 年—1947 年期間，前往四川大學學習心理學專業。

在四川大學就讀期間，黃大洲先後三次前往成都仁厚鎮小學、邛崍私立敬亭中學、成都私立錦官驛小學任教。

黃大洲從四川大學畢業後，歷任華陽縣私立桂溪中學校長、四川大學附屬中學校長、成都石室中學（成都四中）校長等職務；1956 年 9 月—1986 年 12 月，在四川師範學院（1985 年改名爲四川師範大學）教育系工作，主要講授"教育理論""心理學"等課程，深受學生歡迎。於 1986 年退休。

黃大洲從四川師範大學退休後，又於 1986—1988 年任成都市社會大學常務副校長；1987—1988 年任四川省教育行政研究會副理事長、成都社會力量辦學協會副理事長。

1938 年 10 月，經中共黨員柳特因、肖子賢同志介紹，黃大洲在巫山縣立小學加入中國共產黨。1940 年因黨組織被破壞，失去了組織關係，但他還是積極參加由中國共產黨領導的各類組織活動，如 1945 年在成都參加職業青年組織，1949 年參加中共"四川省臨時工作委員會"工作等。1949 年後，由於入黨介紹人尚未找到，一直未能轉移黨組織關繫。

1952 年，黃大洲加入中國民主同盟，繼續參政議政，爲中華人民共和國的建設貢獻自己的力量。1954—1956 年任民盟成都市委委員、西城區主委，同時兼任歷屆成都市人民代表（1958 年以前）。

直到 1958 年，在反"右派"鬥爭中，黃大洲教授因"攻擊學院領導，反對黨委治校"以及鼓勵"大鳴大放"等罪名，被撤銷了其市人民代表、民盟市委候補委員兼川師支部委員的職務，保留盟籍，被分配在教研科做一般工作。1979 年，經調查取證，認定其並無煽動性的 "右派" 言論，證據不足，不能支持被定罪名[①]。隨後中共四川師範學院委員會決定撤銷 1958 年對黃大洲教授的一切處分，恢復其政治名譽、教員職稱等。

1980 年，經過多方努力，終於找到了教授的入黨介紹人和 1939 年巫山特支書記。隨後教授多次誠懇地向黨組織提交了恢復黨籍的申請，並附加了個人的情況說明等。經中共四川師範學院委員會調查研究，情況屬實，於 1981 年 12 月決定恢復黨籍，黨齡從 1938 年 12 月算起。

2010 年 2 月 23 日，黃大洲教授因病治療無效，在成都去世，享年 89 歲。

## 二　黃大洲的教育社會學研究及其貢獻

黃大洲在 1949 年前就開始了科學研究，但是，他主要的學術研究是在 1956 年到四川師範大學（1985 年改名爲四川師範大學）工作的 30 年間。而他發表論文的高峰期，也就是學術研究的黃金時代，在 1979 年他被平反，恢復身份之後，直到 1986 年退休。

黃大洲在校期間主要講授 "教育理論" "心理學" 等課程，深受學生歡迎。而教育學尤其是教育社會學，更是他的研究重點。他從事教育工作超過了半個世紀，他在教育教學方面經驗豐富，博學、慎思。他將教育理論、心理學理論、社會學理論等與專業知識相結合，並以此爲基礎，在積極完成教學工作的同時，開始在社會與教育之間的關係等領域開展探索與研究。

黃大洲服務教育戰綫時間長，進行的調研多，但是，他公開發表的論文祇有《適應改革需開展教育社會學研究》等數篇。

他在 1983 年發表的論文《適應改革需開展教育社會學研究》[②]，乃是立足於他本人在金堂縣等地所做的近 10 年的調查研究，在與其他老師的相互協作下，就基礎教育、高等教育的幾個重要問題所進行的探索。他在論文中，圍繞著 "高等教育系統如何適應經濟發展" "普通中學片面追求升學率" "提高教師水準，保證社會地位" "教育與家庭之間的關係" "早期教學" 等五個問題，進行了長篇的研究與討論，分析了造成上述問題的原因，並指出這幾個問題的關聯性和結合研究的必要性。他認爲，大學的教育學講授應該突破教育學的傳統框架，而且，

---

① 經中共四川師範學院委員會 1979 年調查取證，對於黃大洲同志做出了如下結論：關於（1）黃大洲教授 "攻擊學院領導" 等罪名，其言論爲教授在座談會上匯報其他盟員的意見，有些乃是强加於教授身上的，因此，並無右派言論；（2）關於 "鳴" "放" 等罪名，教授當時爲成都市人大代表、民盟候補委員、川師支部委員，根據上級的指示及自身職責所在，向黨組織的相關領導提出建議與意見，並非煽動 "右派" 向黨進攻。見四川師範大學人事處檔案《黃大洲》卷，四川師範大學人事處檔案室藏。

② 黃大洲：《適應改革需開展教育社會學研究》，載四川省社會科學院社會學研究所主編：《社會學文選》，1983 年 9 月。

應將教育改革等問題納入整個社會改革中進行研究。上述論述切合了當時我國的教育實際情況，於 1984 年榮獲四川省政府頒發的"哲學社會科學優秀科研成果獎"三等獎。

自 20 世紀 80 年代以來，黃大洲教授廣泛收集四川省各中小學優秀班主任的成功經驗，經選擇與修改、提煉與歸納，完成了《轉變中小學生問題行爲經驗集》這一著述。[1]該著切合了當時的基礎教育實情，生動得當，針對性強，得到了廣大教育工作者的一致好評，對中小學教育工作的進一步發展與完善，有著較大的意義。

此外，黃大洲還發表了《四川省中小學自我意識發展調查研究》[2]《中小學生問題行爲與家庭教育》[3]《我國學前兒童自我意識初探》[4]等數篇學術論文，對中國小學教育、基礎教育的問題提出了自己的看法與對策建議。這些研究成果，對於促進當時學前教育、基礎教育的發展，推動教育社會學研究的深入，發揮了積極作用。

在 80 年代，黃大洲就社會對教育的要求和教育的影響以及教育制度和教育實踐對社會的影響展開了分析與研究，他以課堂講授的社會學、教育學的理論爲框架，進行了一系列科學的、客觀的實際調查，並與其他老師共同協作，就相關問題進行論證，很好地完成了國家重點科研項目"中國兒童心理發展與教育"等課題。

綜上所述，黃大洲教授的科研工作不僅指導教育工作者依據客觀實際情況，找到符合我國國情的中小學教學、教研之法並對其進行合理的運用，而且爲教育學這門學科的發展與完善做出了貢獻。

在幾十年的辛勤工作中，黃大洲熱愛祖國，無私奉獻，治學嚴謹，爲教育事業發展做出了突出貢獻。尤其是改革開放以來，他全身心投入我國教育社會學領域的研究當中，對該學科的建立和發展起到了促進作用，他在教育學研究領域的探索與貢獻，將永遠爲後人所牢記。

作者單位：四川文理學院馬克思主義學院

---

① 黃大洲：《轉變中小學生問題行爲經驗集》，1986 年油印本，四川師範大學人事處檔案室藏。
② 此篇論文係國家重點科研項目"中國兒童心理發展與教育"子題，發表於《心理發展與教育》1985 年第 3 期。
③ 該篇文章載於《婦女與兒童》1985 年總第 23 期。
④ 此篇論文係國家重點科研項目"中國兒童心理發展與教育"子題，由黃大洲教授負責，由四川師範大學歷史系相關四位教師負責設計學前兒童自我意識測試題，采取臨床和適當控制觀察等研究方法，并與成都市幼稚園教師經過多次討論研究修改而成。

# 翰笙抗戰時期活動紀實（年表）

徐志福

## 1937 年

7月，"七七"事變後，抗日戰爭爆發，陽翰笙被國民黨當局釋放，恢復自由。

8月2日，四幕歷史話劇《李秀成之死》脫稿。該劇於次年春在漢口首次上演，觀衆反應强烈。其後在上海"孤島"演出，連演 70 餘場，盛況不衰。劇本於 1938 年 3 月出版。

8月4日，上海電影編劇導演人協會成立，他與夏衍等九人當選協會理事。

9月，從南京到漢口。從此，在周恩來直接領導下從事國統區的文化鬥爭和統一戰綫工作。

11月，接受中共中央和周恩來交給的兩項重要任務：一是負責籌備組織文學藝術界抗敵群衆團體；一是協助郭沫若籌組國民政府軍事委員會政治部第三廳。

年底，應趙丹、陶金等人的要求，15 天內將電影劇本《塞上風雲》改編爲四幕話劇。此劇於 1938 年初在漢口等地相繼演出，獲得好評。劇本於 1938 年 4 月出版。

12月12日，出席拓荒劇團組織的抗戰戲劇座談會，以"怎樣領導戲劇的遊擊隊"爲題發言，後刊登在 1938 年 1 月《抗戰戲劇》上。文中强調，爲適應抗日需要，戲劇運動要實行遊擊隊路綫。這就必須做到：教育自己，向工農學習，不怕吃苦，通過演出去組織民衆。

12月19日，武漢文化界抗敵協會成立，被選爲常務理事。

12月31日，中華全國戲劇界抗敵協會在武漢成立，當選常務理事，發表《我的祝辭》。會後，武漢各劇院聯合在普海春公宴全體成員。宴會後，他當即去找王平陵（中國文藝社負責人）詳談，得到支持；後又找田漢、胡風、馮乃超、姚蓬子等人徵求意見，都很贊成。就這樣，他提出了組織中華全國文藝界抗敵協會的最初動議。不久，他用了《八百壯士》電影劇本稿費，借蜀珍酒家，邀請王平陵、馮乃超、穆木天等 30 餘人爲籌組"文協"非正式地交換了意見，得出了立即成立這一組織的共同結論。

### 1938 年

1 月 29 日，由他建議籌建的中華全國電影界抗敵協會成立，被選爲常務理事。"三廳"成立後，又兼任中國電影製片廠編導委員會主任委員，使"三廳"直接領導"中制"的創作。

同日，《新華日報》出特刊，祝賀"電協"成立，他的《今後的一點希望》一文刊登其上。

2 月 1 日，隨郭沫若去參加陳誠召開的政治部部務會議。前一天，周恩來、董必武、秦邦憲等曾在郭沫若家商議如何應付國民黨的邀請，他亦出席。

2 月 6 日，受郭沫若之托，向周恩來匯報工作。

2 月 17 日，出席文藝界歡迎他的茶會，並致辭。

本月，出於對國民黨鬥爭的策略考慮，經黨組織批准，乘飛機到重慶。其時一兒一女相繼死亡，攜全家返宜賓。因接郭沫若催返漢口急電，祇與母親在宜團聚數日即回。

2 月 23 日，發表《還鄉雜感》（《新蜀報》副刊第二號）。

2 月 24 日，出席全國文藝界抗敵協會籌備大會，被選爲籌備員之一。

3 月 21 日，《抗戰電影》創刊，他發表文章，提出建立國防電影的五點建議。

3 月 26 日，在《新華日報》上發《大家來擁護這神聖的工作》一文，號召籌款救濟難童。

3 月 27 日，由他最初動議，並在籌建中做了大量組織工作的中華全國文藝界抗敵協會在漢口正式成立。

4 月 1 日，在長江局和周恩來的領導下，經過與國民黨有理、有利、有節的鬥爭，政治部第三廳終於建立。任政治部設計委員兼第三廳主任秘書，襄助郭沫若處理廳務。此外，還是第三廳領導幹部黨小組成員（政治部部長陳誠，副部長周恩來，廳長郭沫若）。

5 月 4 日，"文協"會刊《抗戰文藝》創刊，被選爲編委之一。

7 月 25 日，在《抗戰戲劇》第二卷 4、5 期合刊上，發表其就《李秀成之死》的有關問題與名記者唐納的談話，內容包括：關於劇本的構思和創作，怎樣寫《李秀成》等。

本月，《八百壯士》由"中制"拍成，上映。影片在國內外演出，均受好評。

8 月 24 日，和郭沫若代表武漢民衆慰問城市部隊。

9 月，受"第三廳"派遣與程步高一起到香港慰勞抗日前綫戰士，並採購藥材和運輸車輛。

10 月 22 日，出席香港文化界爲魯迅先生逝世 2 周年舉行的紀念大會，並發表講話。

### 1939 年

1月上旬，由香港經桂林返回。

1月19日，重慶戲劇界舉行座談會歡迎新近來渝之陽翰笙、鄭伯奇、鄭君里諸人。陽翰笙在會上報告了華南等地的戲劇動態。

4月15日，"文協"舉行第二屆第一次理事會，被選爲常務理事。會後，受郭沫若委託向周恩來作匯報。

本月，與郭沫若等組成"旅渝劇人爲《救亡日報》籌募基金聯合會公演演出委員會"。

5月，因患傷寒病，到重慶北碚休養，在病中，替"中制"將自己創作的話劇《塞上風雲》和《日本間諜》改編爲電影劇本。

### 1940 年

1月27日，出席《新蜀道》副刊《蜀風》召開的座談會，討論"文協"提出的保障作家生活權益問題。

4月16日，出席中華全國電影界抗敵協會第二屆年會，被選爲理事。

初夏，爲"中制"寫成電影劇本《青年中國》。

6月7日，出席川劇界歡迎田漢晚會。

6月20日，出席《戲劇春秋》主辦的"戲劇的民族形式問題座談會"，在會上談了抗戰三年來文協、劇協、電協、美協、音協等組織的活動情況。

9月，軍委會政治部改組，第三廳被撤銷。

10月1日，爲了抗議國民黨當局強迫第三廳工作人員集體參加國民黨，在周恩來領導下，郭沫若和第三廳絕大多數人員憤然辭職，退出第三廳。蔣介石恐郭沫若等大批退出第三廳著名文化人士去延安，在政治部另立文化工作委員會（簡稱"文工會"），請郭沫若任主任，陽翰笙任副主任。我黨利用這一陣地，繼續開展抗日民族統一戰綫的鬥爭。

10月10日，發表《我對於蘇聯戲劇電影之觀感》（載《中蘇文化》第七卷第四期），以蘇聯影片之實例，説明有向蘇聯電影學習的必要。

本月，國民黨解除他"中制"編導委員會主任委員的職務，改任委員會"顧問"，企圖削弱"中制"內革命進步勢力。

10月20日，出席中蘇文化協會"文協"等單位舉行的魯迅紀念晚會，在會上談了對魯迅的感想。

11月2日，在《戲劇春秋》主辦的"戲劇的民族形式問題座談會"上發言。發言概述了抗戰戲劇的成就，肯定了總方向，認爲今後的任務"在如何把握現實"。關於戲劇的民族形式，他説，從文學史看，沒有百年不變的形式。要續承民族傳統的精華，吸取民間藝術的養料，借鑒外來的新鮮經驗，走出一條新的路，使地方戲、話劇、歌劇都民族化、大衆化。

11 月 23 日，"文協"召開座談會，紀念"文協"成立三周年，他出席發言。發言以《一九四一年文學趨向的展望》爲題（發表在 1941 年《抗戰文藝》第 7 卷第 1 期上），對抗戰初期戲劇方面存在的問題，諸如定型化、臉譜化的毛病提出中肯的批評和改進意見。

12 月 7 日上午，出席"文工會"招待會，向文化界、新聞界正式宣布"文工會"成立。下午，出席有周恩來、郭沫若、茅盾等參加的茶話會，互相懇談，表示要爲抗戰而奮鬥。

12 月 28 日，出席郭沫若主持的"文工會"第一次文藝講演會，在會上作"一年來抗戰文藝的回顧與前瞻"的講演。

### 1941 年

1 月 17 日，父病，回高縣省親。三月返渝。

1 月 20 日，《文藝工作》在渝創刊，任編輯。

4 月 25 日，參加"文工會"爲端正戲劇工作的方向舉行的"戲劇批評座談會"。在會上就戲劇活動中的一些重要問題作了發言。

5 月 30 日，出席文協舉行的第一屆"詩人節"慶賀會。

春夏皖南事變後，爲了在文化戰線上反擊國民黨反動派，陽翰笙等人建議，經周恩來批准、支持，並由他親自主持、籌建推動，應雲衛等人初步組成了"中華劇藝社"（中共領導的第一個民營劇社）。

7 月 8 日，郭沫若主持"文工會"第三次文藝講演會，他作報告。概述了抗戰 4 年來戲劇運動的特點，就戲劇量與質、歌劇改革等方面提出五點任務。（記錄稿載《青年戲劇通訊》第 14、15 期合刊）

7 月 11 日，同郭沫若等 200 餘人致書蘇聯科學院，表示願同全世界的朋友攜手反法西斯。

9 月 3 日，五幕歷史話劇《天國春秋》脫稿。由於作品主題思想深刻，人物形象豐滿，藝術表現的成功，演出後受到一致好評，影響巨大。

9 月 26 日，主持新詩座談會。

10 月 10 日，出席中華全國劇協爲紀念第 4 屆戲劇節而舉行的紀念會。在會上講話，在肯定戲劇運動成績的同時，指出存在問題，要求話劇工作者提高自己的文化藝術水準。

10 月上旬，接受周恩來交予的任務，著手籌備郭沫若 50 壽辰和創作 25 周年的慶祝活動。周恩來要求他將慶祝會作爲一場意義重大的政治鬥爭和文化鬥爭來完成，並由他負責建立一個廣泛的統一戰綫籌備組。陽先後找馮乃超、沈鈞儒、陶行知、王昆侖等 20 餘人組成籌備組。經過 1 個月的周密準備，慶祝活動於 11 月 16 日隆重舉行，產生巨大影響。

10 月 11 日，由周恩來主持、陽翰笙領導組建的"中華劇藝社"在重慶正式成立。"中藝"由中央電影製片廠、中國電影製片廠、中國青年劇社等單位的從業人員組成，主要負責人是應雲衛、陳白塵等。該社爲慶祝郭沫若生日舉辦了一系列演出活動（演出過《天國春秋》《屈原》等），爲進步戲劇做出過積極貢獻。

年底，他創作的《青年中國》由"中制"拍成。

### 1942 年

1 月 1 日，上午與郭沫若一起參加重慶各界慰勞抗戰將士大會。午後 2 時，參加"文協"茶話會。晚與郭沫若和老舍等晤談。

1 月 2 日，與著名話劇電影導演應雲衛商談"中華劇藝社"工作。

1 月 13 日，聽郭沫若讀完《屈原》四、五幕。郭徵求意見，他說："陷害屈原主謀人物，似乎不應是南后，否則又會被人認爲是女人誤國。"郭採納了他的意見。

1 月 14 日，主持"文工會時事問題座談會"。

1 月 15 日，與郭沫若參加文化月會。

1 月 20 日，上午赴求精中學主持文化講座；下午出席紀念錢亦石（中共黨員）逝世四周年籌備會，被沈鈞儒、董必武等推爲籌備會負責人，並於 29 日開了紀念會。

1 月 25 日，寫成短文《悼念錢亦石先生》午後主持編輯人座談會，晚參加"抗戰劇協"理監聯席會。

1 月 26 日，應陳誠之邀，與郭沫若赴其寓所晤談。

1 月 27 日，主持"文工會"工作會議，討論工作計劃。

1 月 30 日，應馮玉祥之邀，參加馮主持的"太平洋戰爭與中國座談會"。在會上就文化方面的問題作了長篇發言。

2 月 2 日，就戲劇界戲劇批評上發生的糾紛約有關人士調解，使雙方誤會"冰釋"。晚上接葉挺從監獄轉來的信，閱後當即轉周恩來。

2 月 6 日，代戲劇崗位社主持戲劇座談會，議題爲"霧季劇運的回顧與前瞻"。

2 月 7 日，即日起，與各方面聯繫，籌措、商談《屈原》演出事，直到 4 月初演出爲止。

2 月 12 日，應周恩來之邀，赴紅岩村作"中國新文藝運動歷史的發展"之報告，歷時 3 個半小時。

2 月 28 日，經他多方奔走、籌措，《屈原》的排演職員名單終於定下，並在郭沫若家開始對臺詞。

本月，影片《塞上風雲》公演。

3 月 11 日，赴孫師毅家向周恩來匯報《屈原》的演出籌備情況，周做了具體指示。

3 月 20 日，《草莽英雄》分幕工作完成（計分六幕八場，後改爲五幕）。

4 月 12 日，赴“中藝”看《屈原》彩排。晚，晤曹禺，勸其離江安來重慶參加戲劇運動。

4 月 3 日，與郭沫若看《屈原》首次公演。

5 月 4 日，與郭沫若一起赴張治中約會。

6 月 1 日，出席“文工會”工作會議，宣布“文工會”研究計劃大綱，提出口號是“多研究！多學習！多寫作！”

7 月 7 日，在《新華日報》上發表文章，紀念抗戰 5 周年。

7 月 15 日，代郭沫若主持“文工會國際問題講演會”，由張志讓、鄧初民主講。

7 月 20 日，五幕歷史劇《草莽英雄》脫稿。

7 月 30 日，參加“文工會”戲劇組“怎樣處理對話”研究會，爲討論做總結。

8 月 24 日，向周恩來反映文藝界特別是戲劇界工作中存在的種種困難。周指示：在目前堅持就是勝利，要有敢於克服一切困難的精神。

8 月 28 日，應周恩來之約，攜《草莽英雄》劇本赴紅岩村念給大家聽並徵求意見。周恩來對保路同志會做了很精闢的分析，作者采納了一些意見並在以後做了充實、修改。

9 月 14 日，在《新華日報》發表《九一八漫筆》，紀念“九一八”11 周年。

9 月 27 日，周恩來、鄧穎超來賴家橋住地，與郭沫若、陽翰笙、馮乃超等談國際和國內形勢，周充分肯定“文工會”大倡講學之風的成績。

11 月 15 日，40 歲生日，寫短文回顧 40 年所走的路，文中說：“……從四十年來的人生經驗中，我已看准了我應該走的路——那條路雖然是荊棘叢生的，然而我不怕，我得拿起我的筆，我的槍，我的一切武器，依然那樣勇敢地走下去。”

11 月 22 日，由“文工會”主持的社會科學綜合性刊物《中原》編委會組成，爲編委之一。

12 月 25 日，到“中華劇藝社”主持祝賀洪深五十壽辰籌備會。26 日撰《賀洪深先生五十大慶》短文發《新華日報》，其題詞是：“豐富的熱情，強烈的正義感，深沉的人生經驗，這是洪深先生的性格特徵，也就是他作品的特徵。”

12 月 30 日，重慶文藝界數十人舉行洪深五十壽辰座談會，陽翰笙出席並做總結。晚陪洪深看川劇，後又陪看《孔雀膽》。

### 1943 年

1 月 1 日，與郭沫若、茅盾、田漢等爲沈衡山先生祝壽，聯名作《沈衡山先生七十壽辰》。

1 月 4 日，出席中國藝術劇社評議會，這之前被聘爲特約評議員。

1 月 17 日，應《戲劇知識》之邀，寫祝賀洪深五十大壽文章，題爲《劇藝之交》。

3 月 11 日，寫短文《文協誕生之前》，回顧發起組織文協的經過。

3 月 19 日，四幕話劇《兩面人》寫成（在《戲劇月報》連載時名"天地玄黃"）演出後，《新華日報》曾發表多篇文章予以肯定。

本月，在劇作者聯誼會爲保障劇作者上演稅而發表的《我們的申訴》宣言上簽名。他領導的中華劇藝社因處境險惡而難以維持，3 月 23 日請示周恩來後，決定該社撤離重慶，轉到成都等地演出。

4 月 1 日，出席文協理事會。

4 月 5 日，與編導談歷史劇問題。

4 月中旬，《日本間諜》由"中制"拍成，公映。

4 月 29 日，得通知，《草莽英雄》亦被禁止出版、上演或登載，異常痛憤。

6 月 19 日，向周恩來匯報"文工會"經費、處境等困難情況，請求指示。周指示要穩紮穩打，不要亂闖，千萬要注意保護幹部，嚴防特務分子破壞和搗亂。

7 月 5 日—6 日，主持"文工會"大會會務，會後做了十二點總結。

10 月 1 日，出席"文工會"成立三周年紀念會，在會上講話。

10 月 15 日，五幕話劇《槿花之歌》寫成。這是我國第一部描寫朝鮮對抗日本帝國主義統治的話劇。當時在重慶的朝鮮同志看了此劇，無不感憤落淚。

10 月 19 日，出席魯迅先生逝世 7 周年紀念會。

11 月 25 日，出席國民黨中宣部長梁寒操舉行的招待茶話會，在會上，就創作自由等問題進行三點呼籲。

12 月 7 日，赴三聖宮"軍文班"講演，講題爲"戲劇創作中的幾個中心問題"。

12 月 18 日，出席"劇協"理監事聯席會。

12 月 30 日，出席"文協"辭年懇談會，在會上談一年來戲劇成果觀感。

### 1944 年

2 月 15 日，出席"劇協"爲慶祝戲劇節而舉辦的慶祝會。

2 月 16 日，主持"劇協"學術講演會。

4 月 14 日，主持"文協"紀念會和籌備紀念老舍創作生活 20 周年事宜，17 日出席紀念會。

4 月 16 日，出席文協第 6 屆年會。

5 月 13 日，觀看《兩面人》演出，演出大獲成功。共演 21 場，場場爆滿。

5 月 21 日，邀郭沫若觀看所作《兩面人》演出。郭賦詩："陰陽界上陰陽臉，識向還如風信旗。"（載 23 日《新華日報》）

5 月 27 日，參加文藝界人士在郭沫若家舉辦的歡迎來自延安的何其芳、劉白羽的聚會。何、劉是爲宣傳、貫徹《在延安文藝座談會上的講話》到重慶來的，他們暢談了延安文藝整風前後的情況。

6月26—27日，在"文工會"紀念周講"中國話劇運動發展史"。

7月15日，"文工會"舉行契訶夫逝世40周年紀念會，他講"契訶夫的戲劇創作"。

8月27日，父病逝。

9月21日，寫關於《孔雀膽》的短評。

10月1日，出席重慶各界在中共南方局組織領導下舉行的追悼鄒韜奮逝世大會。與會者一致呼籲消滅法西斯，爲實現民主政治而奮鬥。

11月5日，出席中國著作人協會成立大會。在會上提出爭文化民主自由的三點提案。8日，爲抗議政府迫害，聲明退出著作人協會。

11月11日，出席郭沫若在"文工會"舉辦的爲柳亞子先生洗塵宴會。下午，聽周恩來介紹國家時局及此次來渝的任務。

12月4日，夜赴郭沫若家聽周恩來談形勢。周指出，日本侵犯黔境及國民黨加劇內戰，形勢嚴峻，但第二戰場已開闢，形勢將很快發生變化，要大家對前途持樂觀態度。

### 1945年

1月20日，出席在郭沫若家舉辦的歡迎蔡楚生及各演劇隊代表座談會。決定由他及夏衍負責幫助出版各隊八年來創作的作品。

1月23日，出席中華全國劇協爲劇宣9隊與劇宣6隊來渝而舉行的歡迎會，在會上致歡迎詞。

1月29日，在"文工會"聽周而復、林默涵介紹西北文教大會情況。

2月2日，參加周恩來在曾家岩50號舉辦的招待文化界茶話會，聽周講與國民黨中央的談判經過。

2月上旬，得南方局指示，郭沫若、陽翰笙、馮乃超、杜國庠等爲了爭民主、反內戰，根據周恩來在1月25日記者招待會上發表的我黨中央的精神進行討論，擬定了六條要求的提綱，然後由郭沫若執筆起草，又經過大家討論修改，定名爲"文化界對時局進言"。

本月中旬，郭沫若、陽翰笙、馮乃超、杜國庠以及文工會的絕大多數同志一齊出動，通過秘密方式，向文化界知名人士三百餘人發動了在《文化界對時局進言》上簽名的運動（陽同郭沫若曾找冰心、老舍、周谷域、沈鈞儒、巴金等簽名）。

2月20日，出席全國劇協理事會，討論戲劇節期收入捐款支配問題，會議決定，以8萬元支助剛從新疆出獄的趙丹、王爲一等四人。

2月22日，《文化界對時局進言》在《新華日報》《新蜀報》等刊物上發言引起極大的震動。

2月23日，陪郭沫若出席蘇聯大使館舉行的紅軍節招待會，晚上出席蘇友協紀念晚會。

2月24日，《槿花之歌》首次上演。

3月3日，代郭沫若主持"文工會"工作人員大會，會議決定了今後的工作方針。

3月14日，與馮乃超商談關於羅曼·羅蘭追悼會籌備事宜。後追悼會於3月25日召開。

3月18日，參加著名詩人王亞平從事詩歌創作15周年及40大慶紀念會，在會上致辭，盛贊他爲人民服務的優良品質。

本月，在郭沫若主編的《中原》雜誌上發表論文《關於契訶夫的戲劇創作》。

3月30日，有300名文化界知名人士簽名的《文化界對時局進言》發表後，蔣介石震怒，下令立即解散"文工會"。是夜，陽到郭沫若家商量"文工會"解散後的善後工作。

4月1日，"文工會"爲被解散舉行聚餐晚會，重慶各界人士和國際友人等百餘人參加。與會者激憤地抗議國民黨的法西斯行爲，熱情地贊揚了"文工會"的成就，慰問了"文工會"全體同仁。餐後，陽主持晚會，由郭沫若發表演説，沈鈞儒、翦伯贊等相繼講話。

4月3日，主持"文工會"工作會議，商量善後工作。

4月6日，奉命代郭沫若主持"中蘇文化協會研究會"主任委員工作。

4月8日，出席重慶各黨派的領袖及文化界人士歡宴郭沫若及"文工會"全體同仁晚會。到會百餘人，由沈鈞儒主持，各界代表講話，群情激憤。

4月9日，到郭沫若家，與之商談"中蘇文協研究會"事宜。

4月19日，主持"中蘇文協"第一次研委會，在會上報告了研委會工作計劃，獲一致通過。午後，代郭沫若出席中蘇文協常務理事會議。

從本月起的以後半年，爲"文工會"被解散後的善後工作奔忙。他竭盡全力爲同志們安置工作，解決生活困難，等等。

5月11日，參加"文協"理事會，仍當選爲理事。

5月12日，出席賀孟斧葬禮，代表"劇協"主祭。

5月13日，應邀到中蘇文協婦女委員會講演，講題爲"中國戲劇中的新舊女性"。

5月19日，與郭沫若等往賴家橋"文工會"辦公處看望原"文工會"成員。

6月7日，出席爲郭沫若踐行的晚宴。

6月8日，出席"文協""劇協""中蘇文協"爲郭沫若踐行的茶話會。

6月9日，到蘇聯大使館爲郭沫若赴蘇送行。

6月11日，主持"中蘇文協研委會"會議。

6月20日，出席茅盾50壽慶暨從文25周年紀念會。

6月26日，主持"中蘇文協研委會"全體會議。

7月，經過長期搜集材料和一個月的構思，《苦行記》大致有了眉目。後因忙於各種事物，未寫成。

8月8日，主持"中蘇文協研委會"，代郭沫若作了經濟狀況的報告。之後，研討了研究叢書和翻譯叢書的編審工作以及通過工作程式。

8月16日，到育才學校參加陶行知召集的文化界茶會。彼此交換意見，一致要求反對內戰，要求和平、民主與團結。

8月18日，出席中國劇作家聯誼會。

8月20日，郭沫若訪蘇歸來。乘車去九龍坡機場迎接。

8月31日，應徐冰之約，到桂園見到來重慶談判的毛澤東、周恩來、王若飛等，接著，陪毛澤東看電影。之後，向毛澤東匯報文化、文藝工作，談得很詳細。毛澤東給他留下了極深刻的印象。他在日記中寫道："他充滿中國勞苦人民的優良的特點。他有農民的樸實、工人的英勇、學者的謙和、長者的慈愛。他一方面給我的印象是機智深沉，一方面又非常的平易可親。這也許就是一個人民領袖的特徵吧！"

9月1日，出席有毛澤東、周恩來、宋慶齡參加的慶祝中蘇同盟互助條約簽訂雞尾酒會（由中蘇文化協會舉辦），受到毛澤東接見。

9月3日，毛澤東約文化界朋友談話，陽翰笙應邀參加。毛澤東指出，我們的前途是光明的，但我們還要走一段"之"字路，人民是一定要勝利的。


作者單位：四川省人民政府文史研究館

# 宋代四川交通與商貿活動研究①

顏　信

兩宋是我國古代經濟社會變遷中極爲重要的一個時期，經濟迅速發展促進了當時區域間商業貿易的不斷繁榮。四川地處長江上游，在這一時期經濟社會也快速發展，商業貿易活動極爲頻繁，對外交通也日益便捷，以成都爲中心的四川城市商貿業快速崛起。四川以成都爲代表的古代城市，因資源富饒、交通便捷，自漢代以來經濟不斷發展，到宋代四川的經濟進入全新的發展時期，成爲當時我國的經濟中心之一，“宋代的四川是四川歷史上經濟高度發達的黃金時代”②。四川經濟的快速崛起與當時四川交通便利密不可分，正是因爲當時便捷而暢通的交通貿易綫爲四川經濟，特別是商貿品的流通提供了便捷，促進了整個四川經濟的發展，爲四川成爲我國古代經濟中心之一奠定了堅實的基礎。

## 一　宋代四川交通路綫

交通是經濟貿易發展的前提，尤其是在交通運輸並不發達的古代社會，交通條件的便利與否在很大程度上影響著商業貿易的發展程度和商品的銷售範圍，也對地區經濟社會的發展起著至關重要的作用。而在交通發達的地區和主要交通要道沿綫，往往會因爲交通上的便利而形成發達的貿易區域或者貿易地帶。四川自古就被認爲是交通極爲不便的地區之一，但是其豐沛的水系和長久以來中央王朝對四川地區的經營治理，特別是對陸路交通的不斷開發，通過四川打通與西南各區域間的陸上交通綫，爲四川交通的逐步改善創造了良好的條件。特別是進入宋代以來，四川交通通過千百年來的不斷開發，促使整個四川地區無論是陸路交通還是水路交通都變得極爲便捷，爲各種物資的順利流轉創造了極爲優越的條件。

宋代四川的交通是水路和陸路相結合的交通立體網，整個四川的交通則不單純依靠水路或者陸路，物資在運輸時往往是水路和陸路相互配合而向外輸出或向內輸入，形成了一個立體交通網絡，大大促進了四川商貿業的快速發展和經濟社會的繁榮。

---

① 四川省教育廳人文社會科學重點研究基地——地方文化資源保護與開發研究中心 2014 年度重點專案“中國西南區域傳統摩崖造像的藝術史研究：以宋代瀘州爲中心”（14DFWH001）。
② 賈大泉：《宋代四川經濟述論》，四川省社會科學院出版社 1985 年版，第 4 頁。

首先就四川的水路交通筆者加以説明。四川水路方面，主要是依靠四川境内豐富的水系資源，其各江河水路通道遍布全川，主要依靠的河流有長江、岷江、嘉陵江、沱江四條主要的大河及其支流。岷江、嘉陵江、沱江則由北向南穿過四川大部區域匯入長江，長江則自西向東可直達東部沿海地區。在四條主要的大河大江組合而成的四川水路網路中，形成了諸多的水路交通航道，並構成了宋代四川航道水路網。

岷江—長江航道是宋代四川最主要的水路航道，這一條航道在宋代以前就支撐著四川最爲主要的水路交通貨運任務。兩宋以前此航道就十分繁榮，由於岷江流經成都地區，與成都境内的府河與南河相互接連，因此這條航道成爲成都貨物水運出川的主要水路要道，從唐代杜甫生活在成都所寫的"門泊東吳萬里船"的詩句中就可以看出當時成都與江南各地可以通過岷江—長江航道相互通聯。以成都爲起點的此段航道在成都附近小東都合江亭登船[1]，然後順岷江而下，經樂山、内江等地入長江直至東部沿海各地。范成大自蜀歸，正是經由此段航道到達四川成都。

宋朝時期，此段航道的使用率極高，宋朝的綱運則一直通過這條水路運送上京，"部綱東下，出成都，泊舟江瀆廟"[2]，"川益諸州金帛及租、市之布，自劍門列傳置，分輦負擔至嘉州，水運達荆南，自荆南遣綱吏運送京師"[3]。可見當時此水路運輸極爲重要，是官府貨物運輸的主航道，自成都"順流而下，委輸之利，通西蜀之寶貨，轉南士之泉穀。建帆高掛則動越萬艘，連檣直進則倐踰千里，爲富國之資，助經邦之略"[4]。足以見出岷江—長江航道在四川水路航道中的主要地位。

嘉陵江航道是宋代四川水路航道中另外一條重要的水路交通綫。嘉陵江是長江在四川境内最大的支流，其流經區域覆蓋了利州路、梓州路、夔州路的大部分州、軍，其幹流由北向南貫通了川中、川東地區，在恭州與長江匯合；其支流涪江流經綿州、梓州、遂州，在合州與嘉陵江匯合；其支流渠江經巴州、達州、廣安軍在合州與嘉陵江匯合；嘉陵江航道將川中與川東大部分地方溝通，有利於該區域的各地利用該航道進行各種貿易物資的水運。當時"商販之舟，溯嘉陵而上，馬綱順流而下"[5]，這便是利用嘉陵江航道進行水運物資。嘉陵江航道條件並不十分優越，"槽舟自嘉陵江而上，春夏漲而多覆，秋冬涸而多膠"[6]。進入南宋時期，在四川也產生過陸運與水運之爭，但最後還是選擇水運更爲便利，而嘉陵江航道則在此情況下得以

① [宋]范成大：《吳船録》卷下，中華書局 2002 年版，第 187 頁。

② [宋]洪邁：《夷堅志》卷四《小溪縣令妾》，中華書局 1981 年版，第 398 頁。

③ [元]脫脫：《宋史》卷一百七十五《漕運》，中華書局 1977 年版，第 4252 頁。

④ [宋]蘇德樣：《新修江瀆廟碑》，載[明]周復俊《全蜀藝文志》卷三十七，第 596 頁，載《文津閣四庫全書》第 461 册，商務印書館 2005 年版。

⑤ 劉琳、刁忠民、舒大剛點校：《宋會要輯稿》兵 23，上海古籍出版社 2014 年版，第 9108 頁。

⑥ [元]脫脫：《宋史》卷三百七十八《胡交修》，中華書局 1977 年版，第 11678 頁。

延續而成爲川中與川東地區貨物運輸的通道之一。

沱江航道是川南地區的主要航運通道。沱江流經漢州、懷安軍、簡州、資州、富順監，在瀘州流入長江，有"資水通巫峽，誰家萬里船"①的詩句描繪當時沱江航道繁榮的交通景象。四川商賈當時也經由沱江到達長江中下游的荆湖地區。"五月江流萬賈船，迅如飛電擎群山，荆雲峽雨須臾過，白帝江陵朝暮間。"②這些詩句無不反映出當時沱江航達通達四方的便捷。而沱江畔的簡州更是以通航條件優越著稱，其"山崎而不險，水流而且平"③，具有相當優越的通航條件。

從上述對四川境內幾條主要航道的敘述中可以看出，長江、岷江、沱江、嘉陵江及其支流構成了宋代四川地區的水路交通網，四川水路航道四通八達，爲當時四川的商貿品運輸提供了相當便捷的條件，也爲當時四川經濟的快速發展提供了極爲優越的先決條件。

其次是宋代四川地區的陸路交通條件。四川的陸路交通條件一直被認爲是四川古代交通發展的瓶頸，但是隨著千百年來陸路交通的不斷開發，到宋代以後，四川的陸路交通條件大爲改善，並成爲了四川貨物運輸的主要途徑之一。

宋代以來，由成都經漢州、綿州、劍州、利州直到興元府的道路是通往陝西的大道。該條道路可以在三泉縣直接經由興州至鳳州到鳳翔府，再向東到京兆府、開封。也可以從興元府經陳倉道至鳳州，或由興州至兩當，再到秦州通熙河。該道路是宋代四川與西北貿易的要道，同時也是四川官員、士子進京的要道。"成都人楊起，字成翁。政和中，與鄉人任皋同入京赴省試，出散關下。"④大散關是鳳州至寶雞的要道，紹興十一年（1141 年）宋金和議後，更成爲兩國的分界綫。蘇軾"自蜀應舉京師，道過華清宮⑤"⑥，後又"夢與弟同自眉入京，行利州峽"⑦，都是經由這一條川陝間的交通要道進京的。這條大路往南延伸，可以經眉州、嘉州通往戎州，並由此通往西南少數民族地區，成爲溝通西北少數民族地區和西南少數民族地區的交通要道。

除以上道路外，宋代四川通往西北的道路還有經巴州達興元府的米倉道，"興元南有路通巴州"⑧，巴州則"控扼梁、洋，吾蜀孔道，形勢絕劍關之險，飛瞪蹄棧道之危，椅角利、間，連衡綿、劍，遮蔽東、西川，最爲襟喉要地"⑨。從間州

①　[宋]范祖禹：《太史範公文集》卷一《資水》，第 147 頁，清鈔本，載《宋集珍本叢刊》第 24 冊，北京綫裝書局 2004 年版。

②　[宋]范祖，禹：《太史範公文集》卷一《資中八首之四》，第 147 頁，清鈔本，載《宋集珍本叢刊》第 24 冊，北京綫裝書局 2004 年版。

③　[宋]祝穆：《方輿勝覽》卷五十二《簡州·形勝》，中華書局 2003 年版，第 933 頁。

④　[宋]洪邁：《夷堅志》丙志卷第三，中華書局 1981 年版，第 382 頁。

⑤　今陝西臨潼。

⑥　[宋]蘇軾：《東坡志林》卷一《記夢賦詩》，中華書局 1981 年版，第 15 頁。

⑦　[宋]蘇軾：《東坡志林》卷一《記子由夢塔》，中華書局 1981 年版，第 16 頁。

⑧　[清]畢沅：《關中勝蹟圖志》卷二十《漢中府·名山》，三秦出版社 2004 年版，第 577 頁。

⑨　[宋]祝穆：《方輿勝覽》卷五十二《簡州·形勝》，中華書局 2003 年版，第 1186 頁。

經葭萌至利州的大道①。在陸路通道上還有一條從萬州至成都的主要道路，這條陸路通道比由水路逆流而上至成都要便捷許多，"舍舟而徒，不兩旬可至成都，行舟即須十旬"②。此條道路途經梁山、墊江、鄰水、合州、遂州、飛鳥至成都，範大成進入四川即是通過此條陸路通道。

另外，宋代四川的陸路道路還有幾條：一條是夔州至施州通往湖北峽州的道路，此道路是從巫山出發，"隔山南陵山，極高大，有路如綫，盤屈至絕頂，謂之一百八盤，蓋施州正路"③，而宋相曾因爲施州有鹽井之利，"使鋪卒三十人，往者負粟以次達施州，返者負鹽以次達巫山"④。一條是達州至金州道路，在南宋時，蒙古軍曾自金州越大巴山"謀窺開、達，下瞿塘"⑤，而"通明、東鄉兩縣，爲四川咽喉"⑥，此道路即是指金州經這兩縣至達州可以進入四川。一條是經南平軍至播州、遵義的道路，南平軍"西連僰道，南極牂牁"，是"控扼蠻夷之要地"⑦。一條是雅州"西通碉門，南通沉黎，北通盧山，東出者與臨印之蒲江、嘉定之洪雅相接"⑧，此段道路則可以直接通往吐蕃，也是當時四川所產物資輸送往吐蕃的重要道路。一條是由茂州通往吐蕃的道路，此道路向川內可通到導江縣灌口鎮，這裏"去成都止百里，又皆平陸，朝發夕至。威、茂兩州，即灌口之障蔽。……二三百里之間，官路僅留一綫以達於兩州"⑨。威州、茂州是四川與吐蕃陸路交通的要地，也是軍事要地，戰略地位十分重要，因此此道路是宋王朝與吐蕃陸上來往的交通綫。

除以上一些主要來往於四川境內外的陸上交通道路外，兩宋時期在川內和四川周邊地區還有許多民間的小路可循，有的商人爲了躲避關卡，在各地尋覓開通一些便捷的通道來進行貨物運輸。興州、利州與秦州、鳳州之間，"負販往來山谷，險絕皆成蹊徑"，"自興元趨劍門，更無棧道，而劍門兩間亦有捷路可至成都"⑩。

正是由於兩宋時期四川的水路交通和陸路交通極爲發達，各種航道與道路遍布全川各地，爲當時四川的貨物運輸創造了極爲優越的運輸條件。加之當時四川地區的工商業發達，出產的各類物資，如茶、酒、鹽、紙等衆多物品需要輸送至

---

① 劉琳、刁忠民、舒大剛點校：《宋會要輯稿》方域12，上海古籍出版社2014年版，第9512頁。
② [宋]范成大：《吳船錄》卷下，中華書局2002年版，第137-138頁。
③ [宋]陸游：《入蜀記》卷六，中華書局1985年版，第21頁。
④ [宋]祝穆：《方輿勝覽》卷六十《施州·名宦》，中華書局2003年版，第1052頁。
⑤ [元]佚名：《昭忠碌·和彥威》，載《宋代筆記小說》第二十三冊，河北教育出版社1995年版，第225頁。
⑥ [宋]祝穆：《方輿勝覽》卷五十九《達州·形勝》，中華書局2003年版，第1041頁。
⑦ [宋]祝穆：《方輿勝覽》卷六十《南平軍·形勝》，中華書局2003年版，第1062頁。
⑧ [宋]祝穆：《方輿勝覽》卷五十五《雅州·形勝》，中華書局2003年版，第977頁。
⑨ [宋]祝穆：《方輿勝覽》卷五十五《雅州·形勝》，中華書局2003年版，第982頁。
⑩ [宋]趙鼎：《忠正德文集》卷一《論西幸事宜狀》，載《文津閣四庫全書》第377冊，商務印書館2005年版，第215頁。

全國各地，這些便捷的交通道路則爲四川物資的外輸奠定了良好的基礎。宋代四川經濟的繁榮和當時四川交通網絡的發達是密不可分的，四川在宋代成爲全國經濟重鎮也與之有極大的關係。

## 二　宋代四川商品與貨物貿易

兩宋時期，四川出產的貨物極爲豐富。四川複雜的地理條件爲各種農產品的生長提供了極爲優越的自然環境，因此各種農產品品種豐富、產量巨大，這也爲商業的快速發展提供了物質基礎。宋代時四川的商品除了農作物外，還包括鹽、布帛、酒、茶、藥材、糖等衆多物品。

據相關的文獻記載，宋代四川所出產的物產可以分爲布帛、藥物、食物、雜物、礦產、草木、動物等，除以上一些四川物產外，還有衆多與農業相關的糧食作物、副食產品、手工業原材料、林業、牧業等經濟類作物，它們共同構成了宋代四川豐富的商貿品資源。在這些豐富的物產中，鹽、茶、布帛等是當時社會消費的大宗商品，也是四川產銷量最大的商品，在整個四川的商品銷售中占據了極爲重要的地位。

宋代四川境內出產的商品除滿足當地所需外，大量的物資商品銷往外地，而對外銷售的區域主要是根據當時各地的物資所需而定。從相關的文獻研究可以看出，宋代四川商品的外銷市場主要有三大區域：一是長江沿岸市場，這是川貨在國內銷售的主綫，南宋時也是供應臨安行在的市場；一是西南市場，其中重點是與藏區、貴州和雲南少數民族之間的物資交換，換取這些地區的馬匹和當地出產的少數民族珍稀物品；一是西北市場，銷往這一區域的商品主要是當時的軍需物品，同時還包括買馬和北宋時輸送京師之物。

北宋時期，由於當時的都城在東京汴梁（今河南開封），因此大量四川的物資需要向北輸送，而當時去往北宋京城的道路則是通過西北地區的道路，即當時的成都經漢州、綿州、劍州、利州直到興元府的道路是通往陝西的大道和米倉道等主要陸路交通綫。在西北市場上，銷售的大宗四川商品主要是川茶等物，"宋初，經理蜀茶，置互市于原、渭、德順三郡，以市蕃夷之馬"[①]，而四川官府也通過市場貿易的形式在西北市場購買馬匹等物資銷往四川。西北市場買馬、賣茶"往來道路，交錯如織"[②]，"閣道平坦，騷舍馬鋪完備，道店稠密，行旅易得飲食，不爲難艱苦"[③]，這段道路是川茶銷售的主要通道，也是因爲當時來往客商衆多的原因。

在北宋後期，特別是靖康之變以後，由於北方戰事不斷，北方土地大量喪失，

---

① [元]脱脱：《宋史》卷一百八十四，中華書局1977年版，第4511頁。
② 劉琳、刁忠民、舒大剛點校：《宋會要輯稿》食貨24，上海古籍出版社2014年版，第6516頁。
③ 劉琳、刁忠民、舒大剛點校：《宋會要輯稿》方域10，上海古籍出版社2014年版，第9464頁。

四川通往西北一綫道路的重要性明顯下降，"靖康丁未之春，王室不靖，蜀去朝廷遠，音騷斷絕"①，整個四川與西北地區物資貿易的商業行爲受到相當大的影響。隨著宋代經濟重心的南移，特別是南宋都城建於臨安（今浙江杭州），長江沿岸的市場開始大爲興盛，這一市場有優越的水路貨運條件，貫穿於中國東西的水路交通，爲沿綫各地商業的繁榮創造了條件，各種商品也可以通過這些水路中轉點通過陸路運輸向南北各地輸送。四川不斷興起的水路航道運輸體系的地位在宋代開始逐漸凸顯，四川出產的各類物資也大量通過水路運輸銷往長江沿綫各地，其中銷售量最大的商品則是鹽、茶、布帛等物資。四川水路則自夔州出三峽，在江陵府沙市爲第一個集散地，"沙市堤上居者，大抵皆蜀人，不然，則與蜀人爲婚姻者也"，而出入蜀中也是在此換船②。而距沙市三四里的新河口，也是當時蜀人修船的地方，足見當地交通東西的優越的地理位置。順江而下，各類四川物資則可以銷往長江中下游各地，如當時的鄂州有眾多蜀商雲集在此銷售貨物，"民居市肆，數里不絕，其間復有巷陌，往來憧憧如織，蓋四方商賈所集，而蜀人爲多"③。除了大量四川商人通過長江航道銷售商品外，也有大量的外地商人通過長江這條溝通東西的交通大動脈來到四川地區經商，如浙江商人通過嚴州去成都經商④，贛州信豐縣也有大量商人去往四川⑤，這些商人入川全是依靠長江水路航道進行商業活動的。

隨著西北市場的逐漸萎縮，各種馬匹等物資的相對缺乏，四川物資銷往西南市場獲取各種當地物資的貿易活動就更爲頻繁。四川沿邊的州軍則是各種商品的中轉點，商品可以在這些地方與各少數民族進行交換，四川商人也頻繁來往於此換取各種物資，如少數民族地區出產的良馬和各種少數民族風物，再經由路上交通綫轉運到四川乃至北邊州軍或者京城。隨著四川商人來往於這些市場中，整個西南貿易市場迅速發展，對西南地區經濟的快速發展起到了積極的助推作用。宋代四川的茶葉主要銷往西南少數民族地區，特別是藏茶在這一時期的興盛，通過雅州銷往藏區和西南各少數民族地區，這對宋代茶馬貿易的發展起到了重要作用。除了四川商人在西南地區進行商人活動外，來自北方的商人也通過北方與四川通往西南各地的路上交通綫進行商業活動，他們直接去西南地區販錦買回香料⑥，也有"來自黎、雅諸蕃，及西和、宕昌"的寶貨入成都販賣的⑦。從以上的材料記述可以看出，以四川爲中心的西南市場貿易在宋代極爲繁榮，各地商賈來往於西南各地進行商業活動，四川貨物也隨著各種貿易的不斷興盛而向西南各民族地

① [宋]洪邁：《夷堅志》甲集卷十七《倪輝方技》，中華書局1981年版，第147頁。
② [宋]陸游：《入蜀記》卷五，中華書局1985年版，第18頁。
③ [宋]陸游：《入蜀記》卷五，中華書局1985年版，第16頁。
④ [宋]何薳：《春渚紀聞》卷三《孫道人尸解》，中華書局1983年版，第43頁。
⑤ [宋]洪邁：《夷堅志》丁集卷八《吳僧伽》，中華書局1981年版，第605頁。
⑥ [宋]周去非：《嶺外代答校注》卷五《欽州博易場》，中華書局2006年版，第55頁。
⑦ [宋]張世南：《游宦紀聞》卷二，中華書局1981年版，第12頁。

區銷售，爲宋代四川地區經濟的快速發展提供了動力。

就兩宋時期四川商品貿易的情況看，西北市場在北宋早中期是四川貨物貿易的主要市場，爲當時官府物資運輸和民間貿易往來的主要通道。隨著遼、金等北方民族對北宋的入侵，西北市場遭受到破壞，經濟中心逐步向長江流域轉移，到南宋時期，長江流域市場興起，成爲當時四川商業貿易的主要地區，各種物資順長江而下進行貿易。與此同時，四川借助與西南各地區之間貿易的優勢，快速拓展西南市場，使之成爲當時四川商品貿易的重要地區。四川出產的茶、鹽、絹帛等銷往西南各民族地區，大大加速了西南市場的快速發展，也爲宋代商貿業的發展起到了積極的作用。

### 三　宋代四川商貿活動的特點

宋代四川四通八達的交通綫路爲當時四川的商貿活動提供了良好的基礎條件，水路和陸路運輸的便捷更是整個四川商品內銷和對外輸出的重要保證。在這些有利的基礎條件下，宋代商貿活動也越加繁榮，對宋代四川經濟的快速發展起到了積極的推動作用。在兩宋時期，四川出產的物資極爲豐富，各種大宗物資如茶、絹帛等均是對外輸出的重要商品，這些大宗商品的對外輸出和流通正是四川商貿活動的集中表現，因此宋代四川的商貿活動也有其自身的特點。

宋代交通沿綫因商貿活動形成多個區域商業中心。自古以來，四川的城市分布就有著明顯的以水系爲基礎的特點，這樣可以充分利用水運的便利來促進城市的發展。這種依靠水系而建立城市的特點在水系沿岸地區表現尤爲突出，“喜歡在水道旁邊選擇城鎮位址的傾向——這種傾向既是出於觀念形態的考慮，也是出於防守和運糧供應城市的中國特殊方式的實際需要。……長江上游與東南沿海二區，其大城市的位置似乎實際上都是由水系結構決定的”[1]。這不僅僅在防守和城市物資供給方面提供了諸多方便，也爲地區商貿活動的開展提供了便利的條件。因此，在江河交匯、道路必經之地往往會出現較大的都會城市，這一點在古代四川地區表現尤爲明顯。

成都水系豐富，江河穿城而過，因此各種物資可以較爲方面地通過水路運輸，在唐代該地就已號稱“揚一益二”了，此不贅述。除成都作爲宋代四川都會城市的代表外，宋代的四川還出現了一批都會城市，這些城市的出現都與商業貿易活動息息相關。潼川府雖“壤地瘠薄，民物之產不及西川一大縣”，但“爲劍外一都會，與成都相對”，並且“於西南爲大都”[2]，很明顯地可以看出這裏物產並不

---

① 施堅雅：《中華帝國晚期的城市》，中華書局 2000 年版，第 14 頁。
② [宋]祝穆：《方輿勝覽》卷六十二《潼川府·形勝》，中華書局 2003 年版，第 1090 頁。

豐富，但之所以形成城市都會，乃得益於商業的推動。開州地區"水陸所湊，貨殖所萃，蓋一都會也"①。宋代時這裏茶商雲集，虞公著知開州時，嘗一次"募茶商三百餘人"②，此地的商業興盛，於此可見一斑。而沱江航道沿綫的遂寧則以制糖爲特產，該地爲"當舟車往來之冲，其民喜商賈"，有"小成都"之稱③，此地可以"據涪水之上游"，爲"東川之都會"④。可見水路對遂寧城市的發展所起到的重要作用。除以上城市外，利州、夔州、劍門關等都因爲水路的便利而促進這些城市在宋代快速崛起。

從地理位置看，以上的這些都會城市無一不在水路要道上。從開州可以順疊江南下萬州，與長江相連，從而東下荆湖，也可以通過由萬州經合州、遂州等地的陸路到達成都，還可以由達州翻越大巴山至金州⑤。潼川府（北宋時爲梓州）處於涪江與羅江的交匯點上，可北入綿州到達從成都至關中的道路，也可由涪江南下合州至恭州入長江。遂寧也處於涪江之上，同時也有陸路連接萬州與成都。利州靠近關中，可從西南行至成都，還可由嘉陵江到達長江，號稱"益昌之南，陸走劍門，過劍而東、西川在焉；水走閬、果，由閬、果而去適夔、峽焉。西則趣文、龍二州，東則會集、壁諸郡"⑥。夔州更是扼守長江出川的門戶，爲"西南四道之咽喉，吳、楚萬里之襟帶"⑦。劍門關則由於其"控扼羌蜀，襟帶京洛"，"爲西南戶樞"⑧的重要地位而成爲商貿都會。

除以上的一些商業中心城市外，宋代四川地區還有一些具有特殊商貿功能的城市，這些城市主要依靠陸路交通與少數民族地區進行貿易，是宋代四川與西南市場之間溝通的重要節點。這些城市都與少數民族地區交界，是西南各少數民族入川需經由的地區，其扼守少數民族入川的道路，承擔著與各民族互市的功能，由此達到向各少數民族購買馬匹和羈縻的目的。在宋代初期，政府已經在"益、文、黎、雅、戎、茂、夔州、永康軍"市馬⑨。熙寧時期，於"蜀之黎、雅州皆置博易場"⑩。進入南宋時期，當時的政府更是置"文、黎、珍、敘、南平、長寧、階、和凡八場"，"以市蕃夷之馬"⑪。從文獻上看，這些城市在宋代已經成爲四川邊地商貿活動的載體，它們也成爲當時四川與西南互市貿易的重要橋樑，這些

① [宋]祝穆：《方輿勝覽》卷五十九《開州·形勝》，中華書局 2003 年版，第 1038 頁。
② [明]劉大漢：（嘉靖）《四川總志》卷十《夔州府·名宦》，第 205 頁。據明嘉靖刻本影印，載《北京圖書館古籍珍本叢刊》第四十二冊，書目文獻出版社 1996 年版。
③ [宋]祝穆：《方輿勝覽》卷六十三《遂寧府·風俗》，中華書局 2003 年版，第 1103 頁。
④ [宋]祝穆：《方輿勝覽》卷六十三《遂寧府·四六》，中華書局 2003 年版，第 1102 頁。
⑤ 賈大全：《宋代四川經濟論述》，四川省社會科學院出版社 1985 年版，第 200 頁。
⑥ [宋]祝穆：《方輿勝覽》卷六十六《利州·形勝》，中華書局 2003 年版，第 1155 頁。
⑦ [宋]祝穆：《方輿勝覽》卷六十七《夔州·四六》，中華書局 2003 年版，第 1020 頁。
⑧ [宋]祝穆：《方輿勝覽》卷六十七《劍門關·形勝》，中華書局 2003 年版，第 1170 頁。
⑨ [元]脫脫：《宋史》卷一百九十八，中華書局 1977 年版，第 4932 頁。
⑩ [元]脫脫：《宋史》卷一百八十六，中華書局 1977 年版，第 4564 頁。
⑪ [元]脫脫：《宋史》卷一百八十四，中華書局 1977 年版，第 4511 頁。

城市正是因爲西南少數民族地區的貿易的快速發展而崛起的，也符合宋代四川市場發展的需要。因貿易活動而崛起的這些邊地城市依托於宋代四川與西南各民族地區便利的陸路交通綫而存在，爲當時各種物資的運輸提供了便利的條件，這些城市也從互市商貿活動中得到了極大的發展。

　　宋代四川商貿活動因水路和陸路交通交錯而形成商貿活動網路，這一特點與四川特殊的地理環境緊密相關，構成了宋代四川商貿活動的另一個典型特點。四川盆地是由東部平行嶺谷、中部丘陵和西部平原構成，除川西平原外，其他地區多由山地、丘陵、河谷交錯而成，河流穿流其間，地形較爲複雜。宋代四川的商貿活動也因爲該地區特殊的地形而有其獨特性，商貿活動的中心區域大致也是沿著河流（這些河流正是水路交通幹綫）和陸路交通幹綫延伸而形成，它們受地形的影響十分明顯。這些商貿中心正是當時的城市，它們也是整個宋代商貿活動最爲活躍的地方，這些城市受到水系和各種地形的制約，呈樹狀分布。隨著四川城市的快速發展，商貿活動的活躍，宋代四川境內設立了商稅務來徵收商稅。商稅務的設立必須在交通便利、商賈貿易頻繁之地，這與城市的設立是極爲一致的。《宋會要輯稿》中所載四川境內共有商稅徵收城市五十二個，從這些商稅徵收城市的地理位置看，幾乎所有的城市都在川內的主要河道和交通綫周圍，這種以水路交通與陸路交通爲基礎的城市選址特點充分反映出宋代四川商貿活動對交通道路的依賴程度。

　　根據《宋會要輯稿》的記載，通過對熙寧十年（1077 年）四川商稅額的府、州、軍、監進行排列可以看出，在處於前 10 位的城市中，成都府路占了 6 位：成都府、彭州、漢州、蜀州、綿州、邛州；利川路占了 2 位：興元府與劍州；梓州路占 2 位：梓州、遂州。再看這些城市的分布情況，可以清楚地知道宋代四川的商貿活動與交通綫之間的關係。成都府路的 6 個府、州都是以成都府爲中心，分布於成都平原及周邊區域。這一區域處於成都平原腹地，水系受山脈走向影響較小，在岷江與沱江之間卻有著極爲密集的水系網路，可爲航運提供便利，從相關文獻看，這 6 個府、州也能通過水路網路相互接連。梓州的交通則通過涪江及其眾多支流聯繫在一起，其商貿活動不僅可以通過水路進行，也可通過陸路進行。利州路的情況和梓州路的較爲相似。在興元府，漢水的上游將西縣、興元府、城固等自西向東連接在一起，而南北向的米倉道與陳倉道在興元府交匯，形成十字交匯的陸路交通網絡，同時水路運輸的便捷爲這些城市的商貿活動創造了優越的條件，也爲商稅的徵收提供了保證。

　　除以上的這些州、軍外，宋代四川其他地方的商貿活動也極爲繁榮，商稅繳納數目也極爲可觀。據《宋會要輯稿》相關記載，這些治所在本府、州、軍、監中稅額占了一半以上，稅務數超過 2 務的共有 34 個，此外還有 9 個衹在治所設立商税務的州、軍、監。這充分説明了府、州、軍、監治所的重要地位決定了其在商業活動中的中心地位，這些中心城市也正是水路交通或陸路交通要道的"衝要"之處，無不反映出交通對宋代四川商貿活動的巨大影響力和制約力。

## 結　論

綜上所述，宋代四川的商貿活動極爲發達，出產的物資極爲豐富，大量的物資通過官府或者商賈進行內銷或外銷，這些貨物在川內外進行貿易銷售的決定因素則是交通條件是否便利。宋代四川豐富的水系造就了航道運輸的先決條件，而陸路交通經過數百年的開發也較爲便捷，因此宋代四川的交通網絡無論是水路還是陸路都可謂是四通八達。通往西北市場和西南市場的陸路交通綫以及通往長江中下游各地的水路交通綫在宋代四川的商貿活動中扮演著極爲重要的角色，爲宋代四川經濟的快速發展提供了保證。

縱觀我國古代經濟社會的發展變化，兩宋是我國古代經濟社會迅速發展的時期。四川地區的經濟在這一時期也取得了快速的發展，商業貿易活動極爲頻繁，對外交通也日益便捷，以成都爲中心的四川城市商貿業快速崛起。可見，宋代四川的交通對當時整個地區商貿活動的繁榮起到了巨大的推動作用，同時也爲各種物資的運輸和銷售提供了充分的保證。

作者單位：四川師範大學巴蜀文化研究中心、上海師範大學古籍所

# 宋代巴蜀書法述略①

王萬洪

　　隋唐五代之後，川蜀大地在宋代全國政治、經濟、文化、軍事等領域的地位更爲上升。在國家重視文教、發展經濟、對外戰爭的整體大背景下，宋代巴蜀大地文風昌盛，文人學者輩出，軍政重臣輩出，藝術大家輩出。宋代巴蜀地區人才之盛，爲歷代之冠。

　　在政治方面，巴蜀地區不僅是國家政治格局重鎮，還盛產政治家。僅以宰相論，有南部陳堯佐、成都王珪、安岳馮澥、仁壽何栗、新津張商英、綿竹張浚、南充游似、仁壽虞允文、資陽趙雄等多人；其餘蘇易簡、范鎮、范祖禹、蘇軾、蘇轍、張孝祥等名臣衆多；在北宋党爭之時，巴蜀士大夫群體被以“蜀黨”“川黨”目之，與“洛黨”“朔黨”並論。在軍事上有張浚等名將，在西土邊防、抗金相持、抗元入侵等宋代大規模對外戰爭中，巴蜀地區不僅是戰爭前綫，也是國家兵源基地，還是抵抗最激烈、損失最嚴重的地區。在經濟上，巴蜀地區是國家經濟的重要支柱，尤其糧食、鹽產、茶葉、絲綢、財稅、貿易，到南宋時更爲倚重；紙幣“交子”發明並首先運用於成都。在科舉考試方面，有蘇易簡、陳堯叟、陳堯諮、許將②、何栗、張孝祥③、馮時行、許奕等多位狀元，其餘進士人數衆多；在巴蜀教育史上，宋代巴蜀地區人才之盛，爲歷代之冠。在科技方面，四川雕版印刷、造紙技術、冶煉技術、井鹽技術爲全國之冠。在學術研究上，有眉山三蘇、張栻、劉光祖、李石、李心傳、閻蒼舒、魏了翁等大思想家。在文學方面，有銅山三蘇④、眉山三蘇、張孝祥等著名人物爲一代高標，蘇軾詩詞文章俱爲一代冠冕。在史學著述上，有范祖禹、張唐英、劉溫、鄭少微、李燾等宋代史學標誌性人物。在繪畫方面，有文同、蘇軾等海內所宗的著名畫家。在文人仕宦家族方面，有閬州

---

① 本文爲西華大學校社科重點項目“宋代巴蜀書法研究”與四川大學中央高校基本業務專案“巴蜀書法史”的階段性成果。

② 一說福建泉州人，有爭議。《簡州志》記録許將爲簡州陽安人，故居與墓葬均在簡城鎮牌坊溝，迄今尚有巨幅摩崖碑刻等遺存。

③ 一說安徽曆陽烏江人。張孝祥科舉之時自書籍貫爲簡州陽安人。關於張孝祥的籍貫，有較多研究成果可以參考，確定爲四川簡陽人沒有問題。

④ 指梓州銅山（今德陽市中江縣）蘇易簡、蘇舜元、蘇舜欽祖孫三人。

陳氏①、銅山三蘇、眉山三蘇、華陽王氏②、華陽範氏③、華陽李氏④、崇慶張氏⑤等著名政治、文化家族。

回到書法。本期文人學者書法、民間書法、宗教書法在這一階段得到最大程度的發展和彰顯，巴蜀書法人才寶盛，並在全國處於獨領風騷的顯赫地位，尤其是上段所述的在各個領域湧現出來的精英，都是擅長書法的人物。因此，兩宋三百多年，是巴蜀書法在歷史上的最興旺時代，不僅在當時占據了文獻整理、書法創作、書法教育、書法理論、書家修養、書法傳播、書寫工具等領域的高水準位置，同時澤被後世，影響巨大。

從歷史記載和今存文獻來看，兩宋時期的巴蜀書法作品主要由巴蜀書家和入蜀書家兩大部分創作構成。巴蜀書家首先出場的著名人物是蜀石經刻製群體，張德昭、張紹文、孫逢吉、茍中正是其中的傑出代表。入宋之後，在書法上取得巨大成就的，以茍中正爲代表。然後是王著與李建中，王著以編刻《淳化閣帖》而名垂青史，李建中以擅長多種書體而成爲宋初書壇盟主。

王著（？—990），字知微，五代後蜀華陽府（今四川省成都市）人。後蜀時舉明經及第，歷任平泉縣（今四川省簡陽市境）、百丈縣（今名山縣境）、永康縣（今崇州市境）主簿。北宋初期，授隆平縣（河北省隆堯縣）主簿，任上達 11 年。宋太宗太平興國元年（976）因善攻書法，以字書訛舛欲召入朝廷令其刪定。太平興國三年（978）受薦授爲衛尉寺丞、史館祗應。太平興國六年（981）加著作左郎、翰林侍讀，遷左拾遺，官至殿中侍御史。是北宋初期文臣，著名書法家、詩人。王著善攻書法，筆跡甚媚，頗有家法。⑥《書史會要》稱："王著筆法圓勁，不減徐浩，少令韻勝，其所書《樂毅論》學虞永興（世南），可抗行也。"王著曾經學習王右軍（羲之）的書法，深得他的法則，因此當了專備宋太宗諮詢書法藝術的翰林官。太宗在處理政事的餘暇，注意練習寫字，屢次差遣宮內侍從拿自己的作品給王著看，王著總認爲不夠好，於是太宗就更加專心致志地臨摹學寫。再拿自

---

① 主要指陳堯叟、陳堯佐、陳堯諮兄弟，三兄弟中有兩個狀元、一位宰相，這是歷史上的獨一份。
② 指宰相王珪家族，人才輩出，影響甚巨。
③ 指名臣范鎮、范祖禹家族，人才輩出，影響甚巨。
④ 指以李時雍、李時敏兄弟爲代表的李氏家族，以書法、政事稱譽。
⑤ 指以張唐英、張商英兄弟爲代表的張氏家族，於政事、史學、書法名重。
⑥ 王著爲晉王羲之嫡系後裔。唐僖宗避亂入蜀時，王著祖父隨駕，遂居成都。王著家族不僅有著高超的書法技藝，而且在文獻保護與編輯處理方面傳承有自：公元 697 年（武則天萬歲通天二年），鳳閣侍郎王方慶將他十一代祖王導，十代祖王羲之、王薈，九代祖王獻之、王徽之、王珉，一直到他曾祖父王褒，王家一門二十八人的墨迹珍本十卷獻出。《舊唐書》列傳第三十九記載："則天以方慶家多書籍，嘗訪求右軍遺迹。方慶奏曰：'臣十代從伯祖羲之書，先有四十餘紙，貞觀十二年，太宗購求，先臣並已進之。唯有一卷見今在。又進臣十一代祖導、十代祖洽、九代祖珣、八代祖曇首、七代祖僧綽、六代祖仲寶、五代祖騫、高祖規、曾祖褒，並九代三從伯祖晉中書令獻之已下二十八人書，共十卷。'則天御內武成殿示群臣，仍令中書舍人崔融爲《寶章集》，以敍其事，復賜方慶，當時甚以爲榮。"《新唐書》列傳第四十一記載相同。唐代竇臬《述書賦》："後不欲奪志，遂盡模寫留內，其本仍寶飾錦，續還王氏。"這爲王著奉詔編次、摹刻《淳化閣帖》打下了堅實的名望基礎和傳承基礎。

己的作品去問王著，王著的回答仍然像以前一樣。有人詢問王著這樣做的用意，王著説：“皇帝的字本來已寫得够好了，如果立即稱讚他寫得好，恐怕他不再用心了。”就此以後，太宗寫字的筆法精妙絕倫，超越前代古人，當時都認爲這是由於受王著嚴格要求所得到的好處。

　　王著是宋代巴蜀書法的一顆明星，他的功績主要在文獻整理方面。在宋太宗準備對前代一千多年的書法文獻進行保護整理的時候，他任命自己的書法老師——翰林侍書、成都人王著主持這個編次並勒石的工作。王著編輯刻石所成之《淳化閣帖》，是中國書法史上的第一部刻帖，及時搶救並保存了 420 幅歷代書法名迹，被後人尊稱爲“叢帖始祖”。宋代其餘刻帖及明清若干官方或民間私人刻帖，皆以此爲祖本。《淳化閣帖》開啟了宋代帖學書法、文人書法的濫觴，影響千年，意義重大。①王著編刻《淳化閣帖》有一系列的成敗得失，這類研究從北宋一直延續到當代；對《閣帖》的辨偽工作直接導致了版本學的產生，北宋至今的三百多部刻帖均以《閣帖》爲祖本；在現當代，研究《閣帖》產生了五十篇以上的期刊論文和五篇碩博士學位論文；2010 年，《淳化閣帖最善本》由上海博物館斥鉅資從海外購回，此舉舉世矚目，並興起了新一輪的《閣帖》研究熱潮和文物保護激辯。《閣帖》祖本之後，翻刻於巴蜀大地的名帖有《利州帖》《彭州帖》等，對於巴蜀書法借鑒範本、傳播書學大有好處。1168 年，汪應辰在蘇軾平反之後於成都刻製《西樓帖》，全收蘇軾書迹，是兩宋巴蜀私家刻帖的經典。

　　李建中是北宋初期書法盟主，有《土母帖》《同年帖》《貴宅帖》《題懷素自敘帖墨蹟本》傳世，其書法骨肉停勻，神氣清秀，對宋代書法有很深的影響。②《土母帖》被譽爲中國十大行書第十位，這是蘇軾登場之前，巴蜀書法家在創作上取得的最高成就。李建中是五代書法向宋代書法過渡的關鍵人物，是宋初書壇當之無愧的盟主之選，也是宋代第一個進入《宣和書譜》的巴蜀書法家。《宣和書譜·卷十二·行書六》載曰：

　　　　文臣李建中，西洛人，官至殿中丞。恬於進取，嘗掌西京留守司御史台，至今謂之李西台。居洛中，以林泉自娛。善篆籀、草隸、八分，于真行尤精。觀其字體，初效王義之，而氣格不减徐浩。當時士大夫得其筆跡，莫不爭藏以爲楷法。作科鬥書郭忠恕《汗簡集》以獻，頗見褒美。處士唐異善書，世稱其與建中相爲左右，論書者以爲尚有五代衰陋之氣，蓋以其作字淳厚不飄逸致然。

　　　　今御府所藏行書四：千題詩，雪花詩，韓見素致仕等詩，畫屏等詩。③

---

① 據容庚先生統計，至民國時期，已有 305 部刻帖，均以《淳化閣帖》爲祖。對《閣帖》的研究、考證與辨偽工作從未停止過，由此產生了大量的研究成果。
② 筆者曾於《地方文化研究輯刊》第九輯發表《宋初書壇盟主李建中》一文，可參。
③ 桂第子譯注：《宣和書譜》，湖南美術出版社 1999 年版，第 222 頁。

　　李建中與王著相似，祖輩避亂入蜀，自身生長於巴蜀，成年後出蜀爲官，所以，《宣和書譜》稱其爲西洛人，説的是祖籍，與巴蜀書法家的身份並不衝突。

　　其後，巴蜀書法家族開始登場。在巴蜀家族書家中，閬州陳氏是著名的政治、書法大家族，以陳堯叟、陳堯佐、陳堯諮三兄弟最著名，陳堯叟、陳堯諮先後高中狀元，陳堯佐爲仁宗朝宰相。三兄弟於正史記載中兼善書法，其中陳堯佐的堆墨書是大字隸書，字徑可達八尺之巨，隨仁宗出行，遍題名山大川、匾榜題額。

　　"銅山三蘇"——蘇易簡、蘇舜元和蘇舜欽書名隆盛，以蘇舜欽爲最。蘇舜欽不僅詩歌美名流傳於世，他的書法技藝也有很高的水準，宋元明清書論一直以蘇舜欽筆力與蔡襄相提並論；歐陽修曾評價蘇舜欽的書法藝術："善草書，每酣酒落筆，爭爲人所傳。"唐僧懷素《自敘帖》傳至宋代時已經有所損毀，今傳《自敘帖》的前六行就是蘇舜欽補寫的。今蘇州"滄浪亭"爲蘇舜欽所建，並有題刻傳世。今天四川省中江縣廣福鎮還有"蘇舜欽神筆"屹立於斯。《宣和書譜·卷十二·行書六·蘇舜欽》載曰：

　　　　文臣蘇舜欽字子美，其先世居蜀，後爲開封人官至大理評事。少以蔭補從仕，已而中第，用范仲淹薦爲集賢校理。貌奇偉，工文章，歷官有聲。雖居下僚，而慷慨喜言事，一時名卿喜與之塑。芋衍以女妻之，人謂冰清玉潤。作字沉著，而精神充實。尤工行草，評書之流謂入妙品。當時殘章片簡傳播天下，美其文翰者，有"花發上林，月混淮水"之語。兄舜元，善篆隸，亦工草字，書名與舜欽相先後，蓋是下筆處同一關紐也。今御府所藏書五：

　　　　行書：吳中詩草，遊山草，學館臥病等詩，夢歸等詩。
　　　　草書：雉帶箭等詩。①

　　蘇舜欽的祖父蘇易簡，善書，著有《文房四譜》。父親蘇耆，也是當時的一書法大家，書家評説蘇耆是繼承了三國時鐘繇、東晉時王羲之、唐時懷素的書法藝術，而又自成天然之趣，而且他還在父親蘇易簡《文房四譜》的基礎上，撰寫了《續文房四譜》一書，可惜沒有流傳下來。蘇舜欽的兄長蘇舜元也是很有名的書法家，《宋史》本傳載他"為人精悍任氣，歌詩豪健，尤善草書"。蘇氏家族幾代人都癡迷於書法藝術，而且都有一個共同的特點，就是擅長草書，喜歡喝酒，能够豪飲。歷代以來，書法史上著名的草書大家如漢末張芝、唐代張旭、醉僧懷素、詩仙李白、禪月大師貫休等，無不兼具痛飲與狂書之能事，這或許是一個規律性的特點。此外，蘇氏家族尤精於書畫典藏、裝裱和評價，米芾《書史》《寶章待訪錄》等對此記載甚詳，説："蘇氏自參知政事易簡之子耆，耆子舜欽，欽之子激，四世好事有精鑒。"在創作之外，蘇舜欽有不少的精彩書論傳世，歐陽修《六一

　　① 桂第子譯注：《宣和書譜》，湖南美術出版社1999年版，第222頁。

題跋》記錄有一些蘇舜欽的書論，這些書論雖然不像他祖父蘇易簡的《文房四譜》一樣成爲專著，但論述到了書法藝術筆法、創作、心態、地位等重要的内容，對當時的歐陽修，後代的蘇軾、黄庭堅、米芾以及南宋和元明清三代的書法理論家有較大影響。特别是蘇舜欽主張閒書休憩、隨意而爲、不必刻意的觀點，經過歐陽修的轉述與加工，對蘇軾“尚意”理論的形成，有著不小的影響。

其後，巴蜀本土書家以“眉山三蘇”及其後代子弟爲創作代表，領軍人物是蘇軾。蘇軾現存《羅池廟碑》《醉翁亭記》《喜雨亭記》《豐樂亭記》等大字楷書碑刻與《前後赤壁賦》《陽羨帖》《新歲展慶帖》等 360 多幅書法作品，以及《東坡題跋》《論書》《評書》等書法藝術理論著作。蘇軾高度重視書家修養，提倡文人書法，突破唐人法度，復歸晉人意藴，延引佛道精義入書，貫通書畫、音樂等藝術部類，其作其論不僅引領了宋代書法“尚意”的創作、理論與審美時尚，還在書法教育與傳承上培養了黄庭堅等“蘇門四弟子”，其書風與書論影響貫通兩宋，並延及軍界、政界與宗教界，比如南宋著名將領劉光世、韓世忠、辛棄疾與名臣朱勝非等人不多的傳世書迹，一望即知，寫的乃是“蘇體”字。蘇軾之外，蘇洵、蘇轍、蘇邁、蘇過、蘇遲均留下大量墨迹或碑刻，以蘇洵手劄、蘇轍書《王拱辰墓誌銘》、蘇過行書爲最。今眉山“三蘇祠”博物館保存了大量的書法遺迹。

華陽李時雍、李時敏兄弟是北宋晚期負有盛名的書畫大師。李時雍與米芾同爲徽宗朝書學博士，其今存代表作是北宋巨碑《大觀聖作之碑》。李時雍平時被綁縛雙手，祇能在與外國使臣互換國書的時候纔能寫字。李時敏早以書畫名世，動輒能寫徑丈大字。新津張唐英、張商英家族人才輩出，不僅在書學、文學、政治上成就卓越，還擅長草書，宋人題跋其作品之散論甚多。

南宋張孝祥是蘇舜欽家族草書筆法的斷代繼承者，[①]成爲一代名手，後傳侄兒張即之。魏了翁則以理學名世，又擅長書法，書作遒健雅正，筆力雄肆，有浩然之風。此外，巴蜀大地還出現了以范鎮、范祖禹、文同、張繽、何栗、張浚、趙雄、張栻、閻蒼舒、任希夷、李石、李燾、李心傳、牟巘、陳摶老祖[②]、圓悟克勤、釋祖秀、釋居簡、無准師範等著名軍政大臣、學術大師或僧道高人爲代表的書家群體，傳世書迹之多，燦若星漢，不僅是宋代書法的冠軍，還是整個中國書法史上的重鎮。僅以當代網路著録爲例，中國書法網、硬筆書法網、中國書法家等有名網站著録、編輯、介紹的宋代書法中，巴蜀書家群體占到了宋代書法書家、書作比例的三分之一還多，最有名的蘇軾《黄州寒食詩帖》、李建中《土母帖》與入蜀名家黄庭堅作於四川青神縣的《黄州寒食詩帖跋》三幅作品，分别位居歷史上的中國十大行書第三位、第十位與第五位。此外，民間書法、佛道書法整體上也

---

① 元人《衍極》論書云：銅山蘇氏家族草書傳承的脈絡是蘇易簡傳蘇舜元、蘇舜欽，蘇舜元傳女婿陳懶散，陳懶散傳張孝祥，張孝祥傳侄兒張即之。這個説法不一定正確。

② 陳摶老祖的籍貫有河南亳州與普州崇龕兩種爭論，宋李宗諤等人認爲是普州崇龕人。此處采用《潼川府志》與《安徽縣志》的説法，定陳摶老祖爲安徽人。安徽縣城郊圓覺洞尚有希夷煉丹處、陳摶墓、大字碑等遺存，邛崍天臺山等蜀中名勝尚有陳摶大字石刻遺存。

很發達，普及面很廣，比如著名的安嶽石刻、大足石刻、仁壽石刻、資中石刻有大量的佛道造像題記和功德碑刻，大多數刻製於兩宋時期，但名作缺乏。①

還有一類書作不傳、名氣很大的書法家。在北宋時，蜀人蒲雲的楷書出色，《宣和書譜·卷四·正書六》有傳云：

> 山人蒲雲，西川漢州綿竹人也。幼有方外之趣。布裘筇杖，遊山野間。賣藥得錢入酒家，醺然醉，類有道之士。尤喜翰墨，作正書甚古。嘗以雙鉤字寫河上公注《道經》，筆墨清細，若遊絲紫漢，孤煙嫋風，連綿不斷。或一筆而爲數字，分布匀穩。風味有餘，覽之令人有淩虛之意。大抵書法自科門一散，學者紛紛。於是有垂露、偃波、芝英、倒薤之説，各工其習，以文其一家之學，亦宜在所録也。今御府所藏正書二：
>
> 雙鉤道經，雙鉤德經。②

蒲雲之行，絕類高道；能書之名，學者紛紛。巴蜀地區是道教的發源地，峨眉山、青城山是世外隱士聚集的名山。蜀人好道，自古有名。李建中書清勁嫻雅，蒲雲若遊絲紫漢，蘇軾書超軼絕塵，這個特點，與巴蜀地域文化悠然安逸的特點有密切聯繫。自漢代開始，巴蜀地域書法的個性就特別鮮明，縱逸瀟灑是巴蜀書法的獨特面目。《石門頌》《石門銘》《上陽臺帖》到宋代李建中、蘇舜欽、蒲雲、蘇軾等名家名作都具有這個特點。這不得不説是内含規律性的一大特點。

宋代入巴蜀的軍政大臣和士人中，文彥博、張方平、黃庭堅、蔡京、薛紹彭、范成大、陸游俱爲一代大家；靖康之難時避亂入巴蜀的文人有晁公武，武將入巴蜀爲隱士者有姚平仲，他們都是書法上的名家。以北宋薛紹彭、黃庭堅、蔡京和南宋范成大、陸游等人爲代表，他們在蜀、憶蜀之書迹數量甚多，並流傳有序，如薛紹彭《雲頂山詩》《雜詩卷》與陸游《自書詩卷》《懷成都詩卷》等。名聲小一點的書法家則不可勝數，留有書法事迹或作品的，以發掘、推薦過三蘇父子的雅州太守雷簡夫爲最，他曾撰文記載因夜聞平羌江水暴漲而參悟草書筆法一事，在書法理論史上影響不小。而在未曾入蜀的諸多宋代名家中，不乏與蜀人交往之書迹傳世者，著名的代表有米芾、王詵、沈遼等人與蘇軾之間的若干書畫交往與詩詞唱和、吕祖謙書《文潛帖》、文天祥書《謝昌元③座右自警辭》等名作。

宋代巴蜀書法的興盛，有帝王推動之功績。兩宋帝王頗多好書並善書者，北宋太宗、徽宗，南宋高宗、孝宗等俱爲一時之選。僅從書法的角度來講，兩宋帝

---

① 據歷史傳説與實地考察印證，著名入蜀書法家蔡京有一通"趙懿簡公神道碑"碑刻存留於今大足縣北山摩崖石刻群中。該碑又稱《蔡京碑》，碑高三點七米，寬一點三七米，碑陽爲雙行篆書，背陰爲正楷銘文，贊述趙懿簡公生平事迹。據部分研究者考證，這塊碑刻是陝人趙懿簡任兒趙二從蔡京手上騙來的，後趙二遁入空門，雲遊至此，請佛灣工匠刻製而成。這是蔡京書法留存於巴蜀地區的唯一真迹。

② 桂第子譯注：《宣和書譜》，湖南美術出版社1999年版，第132頁。

③ 謝昌元，宋末儒學名家，資陽人，與文天祥素有交集，降元後曾力勸文天祥投降。

王受教於蜀人或書寫蜀人作品者不乏其人，諸如太宗受教於王著，高宗、孝宗草書《後赤壁賦》等，他們以自己的政治力量或個人喜好，或多或少地推動了巴蜀書法的發展，提升了巴蜀書法在全國的地位與影響。《文心雕龍·時序》謂文學發展有"崇替在選"之因，其實帝王喜好不僅是文學，也是書法等藝術部類發展不可忽視的一種外在因素。最著名的例子是李世民揚"大王"而貶"小王"，這對王羲之"書聖"地位的確立有決定性的影響。

科學技術是兩宋巴蜀書法發達的另一因素。兩宋時期，川蜀大地雕版印刷技術居於全國領先地位，刻印了大量的書籍文獻和書法碑帖。成都所生產的著名的專門書寫工具——蜀素，不僅爲米芾等人書寫《蜀素帖》這樣的經典作品提供了載體，也爲其他名家名作提供了書寫載體，而黃庭堅則將蜀素織品之"烏絲欄"寫入論書絕句中，成爲書法理論的一個部分。此外，浣花溪畔生產的蜀錦、夾江縣的宣紙、鹽亭縣的特產鵝溪絹等書寫工具，都是馳名天下的佳製。

上述書家、書作以文人士大夫爲群體核心，主要是帖學書法，這兩個特點也是宋代書法的鮮明特點。宋代巴蜀書法與宋代書法在整體上是同步發展的，並全面居於兩宋書法的領先地位。同時，從書法發展的若干角度來看，巴蜀書法在兩宋時期處於最爲輝煌的波峰階段。

宋代巴蜀書法名家進入《宣和書譜》的人物並不多，累計有李建中、蘇舜欽、蒲雲三人。一則《宣和書譜》修撰於北宋徽宗宣和年間，時代較近，收錄本朝名家選擇嚴格，除了行書所選較多，其餘書體中宋人都不算多；二來編書是受徽宗指令，因元祐黨籍等政治迫害事件之故，像蘇軾及其學生黃庭堅等名垂青史的著名書法家都未能進入《宣和書譜》中去，這不得不說是該書的一大敗筆。

從海內外的整體研究情況來看，以往與宋代巴蜀書法家相關的研究成果主要集中在蘇軾身上，整體上呈現"集中一家，泛論概述，作品輯錄"的三大特點。在研究論文方面，有對蘇軾書作、書論、書學思想、美學思想、尚意書風進行研究的期刊論文、報刊文章或碩士論文，也有對蘇軾與黃庭堅、宋四家書法進行比較研究的碩博士論文或專著，上述論文與專著超過一百二十篇（部）。與宋代巴蜀書法相關的書法史、美術史著作則有《中國書法史·宋遼金卷》《中國美學史》《中國美術史·宋代卷》《中國美學史資料彙編：書法美學卷》等，主要集中於蘇軾。在書法理論輯錄方面，目前國內較好的集子有《歷代書法論文選》及其續編、《歷代書論選注》等，專門輯錄、注釋宋代書法理論的集子有《宋代書論》《宋代書論譯注》等，這些書論集收錄的巴蜀書論仍然以蘇軾爲主。在宋代川籍書家作品出版方面，主要是對蘇軾傳世的三百多幅作品進行不同類型的編輯出版，可分爲單幅作品、書體分類與作品全集三種。其中單幅作品成冊出版較多，如《天際烏雲帖》《赤壁賦》等詩賦、信劄、題跋與散文，中國大陸、港臺以及日本的許多出版社都出版過；按照書體類別集中出版的有《蘇軾行書》與《蘇軾楷書》兩種，其餘各種歷代行書、歷代楷書等專題書法集中也多有收錄，南宋及其以後的歷代刻帖中蘇軾作品也較多；全集式的作品集主要有《蘇軾書法全集》《中國十大書法家全集·蘇軾全集》《中國書法全集·蘇軾卷》《中國書法典庫·宋·蘇軾》《歷代碑帖書法全集·蘇軾》等。筆者搜集到的這三大類作品集約有一百五十冊。蘇軾之外，蘇洵書法作品曾結集出版過一次；同時，眉山蘇氏家族作爲宋代書法世家的著名代表，其信劄曾以"宋代書劄選粹：蘇氏三代"爲名出版過，而《三蘇墨跡》則彙集了"蘇門三學士"的代表性的書法作品。蘇軾是公認的中國十大書法家之一，他是宋代巴蜀書法當之無愧的領軍人物，但遠遠不是全部。兩宋三百年間，巴蜀地區書家輩出，創作興盛，成果衆多，包括書法文獻輯錄、書法理論著作、書畫比較探討、書法教育制度、書法家族傳承等方面，無一不在全國居於領先地位，局限於蘇軾一人而忽略其餘，這是需要彌補的一塊。

宋代入蜀書家較多，著名的代表有薛紹彭、黃庭堅、蔡京、范成大、陸游等大書法家，目前能看到的入蜀書家書作以薛、黃、陸三人爲代表，國內外出版的各類字帖不下五十冊，集中於黃庭堅。未曾入蜀但書作書論與川蜀相關的書家代表有歐陽修、米芾、沈遼、王詵、呂祖謙、文天祥等書畫家，出版的書畫集有八十冊左右，集中於米芾。上述入蜀書家與相關書家比較有代表性的作品集有《中國書法全集·黃庭堅卷》《中國書法全集·米芾卷》《中國書法全集·南宋名家：宋高宗·范成大·陸游·朱熹·張即之》《宋代書劄選粹：黃庭堅·米芾》等，這些集子中有相當部分或作於巴蜀，或與巴蜀有關。

上述研究成果顯示了當代書法研究的三個特點：關注大家，忽略群體；關注創作，忽略理論；關注當下，忽略歷史。這是全國書法研究的一個通病，不獨巴蜀書壇如此。而且，以往的書法研究也存在表層描述與現象介紹的弱點，深度研究很少。

綜上所述，當前對宋代巴蜀書法（或巴蜀書法）的研究主要是出版作品集與論文研討，除去蘇軾，成果很少。因此，巴蜀書法存在著寬闊的研究空間：無論是通史、斷代史還是書家、書作與書論，均是如此；而書法遺存保護、作品出版等方面目前實際上還沒有真正展開。全面輯錄宋代巴蜀書法的創作與理論文獻，並對它們進行系統研究，討論其興衰成敗的發展歷史，探究書法藝術自身的發展規律以及與其他藝術部類、時代政治、哲學思潮、經濟文化、宗教政令等外部因素的關係，將成爲巴蜀文化研究的一個組成部分。宋代巴蜀書法是巴蜀書法歷史上最輝煌的一段，對宋代巴蜀書法進行有深度的系統研究值得嘗試。

作者單位：西華大學人文學院

# 晚清四川碑派書家包弼臣書法藝術特色及其影響

劉朋樂

　　清代前期的書法以帖學爲主，書法主要受到趙孟頫、董其昌書風的影響。康熙皇帝十分鍾愛董其昌的書法，乾隆皇帝又對趙孟頫的書法大加讚揚，這使得帖學在清代前、中期發展到了極致。但物極必反，由於帖學的氾濫，這一時期一些富有創新精神的書法家如傅山、鄭燮、石濤等人看到了帖學的弊病，他們積極打破傳統的審美觀念，在碑學上進行了初步的探索。乾嘉時期，由於此時大興文字獄、思想十分僵化，大批文人爲逃避政治和現實，轉向考證和古代典籍的研究，這使得考據、金石學大興。鄧石如、尹秉綬等傑出的書法家橫空出世，他們與傳統的帖學針鋒相對。加之阮元、包世臣等人著書立說，碑學理論確立，碑學在當時廣泛傳播。到了晚清時期，清朝盡顯沒落景象，但書法藝術卻在這時百花齊放、人才輩出，碑派書法創作進入繁榮時期。康有爲著《廣藝舟雙楫》竭力宣揚“尊魏卑唐”①的思想，認爲北碑有“魄力雄强”“氣象渾穆”“筆法跳越”②等十美，大力鼓吹碑學。何紹基、李文田、趙之謙、張裕釗等人都是這一時期碑學大家。此外，在筆者家鄉四川南溪縣還有一位藝術成就十分卓越，但卻罕被提及的碑派書家包弼臣，其由帖入碑，由唐碑而上溯漢魏，形成了自己獨特的書法藝術風格。

## 一　包弼臣書法藝術特色

### （一）包弼臣書法風格的形成

　　包弼臣（1831—1917），字汝諧，晚年號穀叟、筆公，四川南溪人。1831 年（道光十一年）出生於四川南溪一個世代書香門第，到包弼臣這一代時，家道敗落，十分淒苦。青年時的包弼臣讀書便十分用功，1851 年（咸豐元年）20 歲時考上廩膳生，並以辭賦聞名於郡縣。這一時期是包弼臣早年學帖時期，其臨遍唐宋名家，尤其對顏體十分鍾愛，用功頗深。1852 年（咸豐二年），時任四川學政的何紹基按試敘州（宜賓）時，對包弼臣大加讚賞，稱他和同里的羅蕭、宜賓的趙樹吉爲“敘

① 康有爲：《廣藝舟雙楫》（外一種）《卑唐第十二》，中國人民大學出版社 2010 年版，第 53 頁。
② 康有爲：《廣藝舟雙楫》（外一種）《十六宗第十六》，中國人民大學出版社 2010 年版，第 64 頁。

州三傑"。受到何紹基賞識的包弼臣繼而學習何的書法風格，加之早年學習顏字，其書法到了幾能亂真的水準。

　　1856 年（咸豐六年），包弼臣的叔父包欣芳（字雲皋，進士出身，官翰林院編修，刑部廣西主事）爲改善其兄弟們淒苦的生活環境，就把他的幾個侄子叫到北京生活讀書。25 歲的包弼臣便來到北京居住了近 5 年。在北京生活的這段時間成了包弼臣書法藝術風格由帖入碑的重要轉捩點。特別是在離京的前一年，他的書法受到尚書孫毓文、侍郎李文田的賞識，李文田還把包弼臣請到家中，專門談論書畫一個多月。李文田大力宣導北碑，又是寫北碑的名家，這次把包"延致齋中，談宴彌月"，使包對碑學有了一個深刻的認識。從此包便大量臨習碑刻，開始了其碑派書法的道路。

　　1860 年（咸豐十年），包弼臣叔父包欣芳病逝北京，包隨叔父靈柩回到南溪，從此便開始了包弼臣大半生的求仕和教職生涯。1867 年（同治六年），36 歲的包弼臣中舉。主考官就是過去在京時很賞識他的孫毓文。1868 年（同治七年），包弼臣赴京參加會試不中，回鄉主講於本邑"龍騰書院"。1875 年（光緒元年）44 歲時，任鹽源訓導。年滿卸任時，逢學政張之洞巡城到此，謂包曰："此間得公之力年餘，亦可觀矣！" 1876 年（光緒二年），45 歲的包弼臣主講於自貢"三台書院"，從學弟子近四百人。是年鄉試，中舉者 30 餘人，四方聞名欽慕。1877 年（光緒三年）46 歲時上京赴考，會試被黜，仍回鄉赴"三台書院"主講。1880 年（光緒六年）49 歲時第三次上京會試不中，參加大挑考試，初試一等，復試時因須少被抑爲二等，祇能任教職。考罷留京數月，因得與海內外名流相識，又被尚書孫毓文、侍郎李文田延至齋中，爲之書畫月餘，尤得李文田賞識。1883 年（光緒九年）52 歲時攜長子包崇祐第四次赴京會試，仍落榜，歸途中經三峽遇險，倖免於難。至此，遂斷了會試之念。從 1875 年任鹽源訓導到 1883 年第四次赴京會試這 8 年，是魏碑"包體"形成階段，也是他一生中書法創作的鼎盛時期。

　　在資州擔任學正 22 年期間，包弼臣憑藉其學識、教育、藝術和爲人，得到了人們的尊重，在當地享有很高的聲望。他培養了"文狀元（駱成驤）、武榜眼（徐海波）、一文二武三進士（一文：郭燦，後雲南提學使；二武：徐安平、唐迪光）"，五人連登科甲，傳爲佳話，爲資州文化教育事業做出了很大的貢獻。1905 年（光緒三十一年），74 歲的包弼臣又被推升到綏定府任教授，出現資州人挽留再三，綏定府的士紳又迎迓再四的動人場面。赴綏定府任職兩年後又回資州兩年的包弼臣，在 77 歲之際終獲准告老還鄉。民國六年（1917 年）7 月 14 日，包弼臣突發腦溢血去世，終年 86 歲。[①]

---

① 以上生平參考侯開嘉、趙仁春：《四川著名碑學書家包弼臣、余沙園》，巴蜀書社 2009 年版；《宜賓市志》，中華書局 2013 年版；《南溪縣志》，四川人民出版社 1992 年版。

### （二）包弼臣書法藝術特色

侯開嘉先生在《四川著名碑學書家包弼臣》一文中，對包弼臣魏碑行書的章法、結體和用筆特徵進行了全面的分析，現僅將其大意概述如下，以供讀者參考：

章法。包弼臣反對在書法的分行布白中那種端若引繩、狀若運算元的“館閣體”布局，而對包世臣《藝舟雙楫》中提出的“左右牝牡相得”、“氣滿”的見解很是贊同。其行書作品的布局十分講究字的大小、長短、粗細、收放、揖讓等變化，既有北碑的豪放，又有南貼的秀美。作品中夾有楷書，但楷書寫得奔放有力，作品中也有草字，但草字有種穩健之感。顯得錯落有致、牝牡相得，筆調統一，神完氣足，給人以强烈的視覺衝擊。以至於有人稱之爲“奇壁上之書，漫疑臆造”！與先輩鄭板橋相比，鄭的章法是“亂石鋪街”，顯得格外的“古拙奇拗”；而包的章法則是“衆星麗天”，顯得那麼“雄健勁逸”。

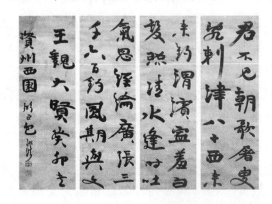 

圖一　包弼臣行書四條屏　　　　　圖二

圖三

結體。包弼臣十分講究每個字的結體，力求字的結體生動自然，具體來説有以下幾個方面的特徵：一是直接取法魏碑字形，稍加變化，使之更加端嚴大方。例如"城"、"民"、"書"、"造"等字。二是間接取法唐碑字形,用魏碑筆意書之,使之活潑生動。例如"爲"、"而"、"固"等字。三是結字任其自然,反對方整刻板。筆劃多的寫得大而長,筆劃少的寫得小而扁,極具獨創性、情趣美。四是破格誇張,以奇險取勝。總之,包的行書結字受了魏晉時期書法的啟示是毫無疑問的。

用筆。包弼臣寫字力透紙背,其筆法主要來源於魏碑,用筆方圓並用,而以方筆爲主。有人認爲趙之謙用魏碑筆法寫行書是其首創,其實不然,包與趙是同時用魏碑筆法寫行書的,可謂天隔東西,各擅其美。趙字明顯柔美,而包字筆力雄健、用墨厚重,給人氣勢磅礴之感。包運筆時以中鋒爲主,加之頓挫、折筆、斷筆回鋒、波磔等法,使字沉著,並時用側鋒"刷"字,又具有幾分飄逸瀟灑。①

## 二 包弼臣書法對四川書壇的影響

### (一)晚清書法發展概況

書法在晚清時期呈現出兩大典型特點。第一個典型特點是,碑學占據統治地位。進入晚清,碑學在經歷了嘉慶、道光、咸豐、同治四個王朝的推行普及和完善發展後,以康有爲《廣藝舟雙楫》的面世爲標誌,已高占書法藝術的統治地位。同時也因此間大量金石考據的倡興,以及衆多甲骨、簡牘、殘紙等書迹的出土,碑學的發展達到了巔峰狀態,出現了"三尺之童,十室之社,莫不口北碑,寫魏體"②的局面。晚清時期書法的另一個典型特點是,審美思想多元化的出現。此時,隨著藝術家們的思想指向更趨於"萬馬出槽"的局面,藝術家個性的自由馳騁與藝術主張發揮到了極致,使得書法創作的發展在道光後又出現了一些並非遵循碑學創新的審美傾向。這個時期出現了如沈曾植、楊守敬等並不刻意將碑、帖劃清界限的書家,他們客觀地評論北碑與南帖的異同,並不武斷贊同哪一方面,以北碑爲主要取法對象但兼容南帖風格。以至於有人評論稱:"總體上看,清朝書法簡直是把從前的整個書法史倒過來重演了一次。"③

但反觀當時的四川,由於地理上遠離京都、江浙一帶,以及固有的盆地意識,碑學的風氣並沒流傳開來,人們依然固守著以傳統"二王"爲正統的帖學頹風,依然追求那種"烏、光、方"的館閣書體,對於新生的碑學書風更是相當地抵觸甚至排斥。這使得像包弼臣這樣的碑派書家在四川的活動異常艱難。儘管當時包弼臣在四川已負盛名,儘管在南溪、資州求字的人絡繹不絕,儘管包字在資州已到了"戶置墨編"的地步,包弼臣卻得了一個不雅的稱號:"字妖"。關於"字

① 參考侯開嘉、趙仁春:《四川著名碑學書家包弼臣、余沙園》,巴蜀書社 2009 年版,第 23-30 頁。
② 康有爲:《廣藝舟雙楫》(外一種)《尊碑第二》,中國人民大學出版社 2010 年版,第 12 頁。
③ 何學森:《書法五千年》,時代文藝出版社 2007 年版,第 434 頁。

妖”一詞的來歷，民間傳説中有“慈禧説”“翰林説”“學政説”“打手心説”等，但都沒有確切的文字記載。不管來歷如何，“字妖”都是對包弼臣的貶稱。“字妖”的得名，主要是當川外北碑書風早已蓬勃發展、形成大勢之時，四川書法審美仍頑固地以“二王”爲正統，對“碑學”持强硬的抵觸態度，在書學思想上已經嚴重滯後。①

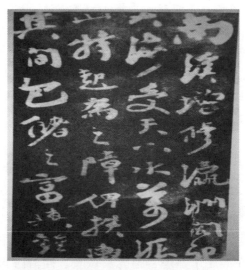

圖四　南溪增修瀛州閣記（局部）

## （二）包弼臣書法對四川書壇的影響

“碑版碑版，入世何晚？鄧包已亡，必遭白眼。白眼可遭，精不可銷。返魂石中，萬劫騎鼇！鼇足競斷，四極之陷。爾何爲者？應獨遊乎汗漫，而不能忘當年筆公之一盼。”②這是包弼臣在守舊者的攻擊下悲憤地寫的一首詩。面對守舊者，包弼臣非但沒有退縮，反而更加堅守自己的碑派書風。

光緒十年，包弼臣到資州剛一上任，便在州學署大門前書貼楹聯一副：“假勝地作詩寮，倘子淵有靈，應吹起洞簫，助予疊韻；得諸生爲雅友，問鄭虔何事？祇滿斟斗酒，與爾消愁。”③聯中引入兩位與資州有關的古代名人西漢辭賦大家王褒（字子淵，漢資中人）、唐代詩人鄭虔（與李白、杜甫爲詩酒交誼，任過資州學官）自況。對聯書法融碑入帖，筆墨酣暢，痛快淋漓，既有北碑的沉鬱雄强，又有南帖的瀟灑飛動的神采，生動自然，涉筆成趣，令全州城士人盡皆傾服。包弼臣 53 歲時所作行書《南溪增修瀛洲閣記》，用筆雄强恣肆、飛動震盪、神完氣足，細觀其妙，又爲那些楷草結合、錯落有致、碑味帖意、牝牡相得、滿目新奇的筆調拍案叫絕。除了魏碑行書，包還擅長書寫擘窠大字。

①　何應輝：《二十世紀四川書法名家研究叢書》，四川美術出版社，2010 年。
②　侯開嘉、趙仁春：《四川著名碑學書家包弼臣、余沙園》，巴蜀書社 2009 年版，第 21 頁。
③　侯開嘉、趙仁春：《四川著名碑學書家包弼臣、余沙園》，巴蜀書社 2009 年版，第 14 頁。

圖五　大楷"保障東南"

在四川富順趙化鎮普安寨臨江的崖壁上有"保障東南"四個大字，字徑近兩米，用筆勁健，結構茂密，氣象雄偉，自然生動。包弼臣不僅自己寫碑，而且他還親自指導自己的長子包崇祐、侄子包崇鶴學習魏碑。以至時任四川學正的張之洞見了包弼臣長子包崇祐所書魏碑書法後大加贊譽，常以包崇祐所書的紙扇示人。

經歷了時間的沉澱，包體終於得到了人們的喜愛，在四川產生了巨大的影響。自"包體"出現以來，碑學在四川逐漸風靡。從清代光緒年間到民國時期，四川出現了一大批著名的碑派書家，如吳之英、陳楚驪、趙熙、顏楷、謝無量等，他們無不走碑帖相融的道路，像繁星一樣交相輝映，使四川書壇呈現出前所未有的繁榮景象。

民國初期，著名書法家趙熙（1867—1948 年，四川榮縣人）專程到南溪縣拜訪包弼臣，哪知包弼臣剛逝世。趙熙在包家欣賞了大量包的遺墨後，十分感慨地說："弼臣公書法魄力沉雄，力透紙背，我輩真不及也！"①抗戰期間，于右任入蜀，見了包弼臣的書法，就寫信給在南溪縣暫居的友人蘇炳文（東北軍將領），請他設法找兩張包弼臣的字。蘇和包的孫子包湛文要好，就從包湛文那裏要了兩張單條和一幅橫披給于右任寄去。于右任在給蘇炳文的回信中感歎道："竟不知夔門之內還有個書法家包弼臣！"②敬佩之情，溢之於詞。四川大學侯開嘉教授介紹，他最近得一幅徐悲鴻先生在 1951 年抗美援朝時在家作畫的照片影本，照片背景的牆上就掛著一件包弼臣書法的手迹。由此可以看出徐悲鴻先生對包字的喜愛程度。後人的喜愛，或許是對包弼臣書法成就最大的肯定，也是對其影響最好的讚譽！

## 三　罕被提及的原因

包弼臣是晚清極具創新的碑派書法家。當晚清碑學在全國盛行時，遠離政治、經濟、文化中心的蜀地的書法審美卻依舊停留在以傳統"二王"爲正統的水準上，是包弼臣率先將碑學思想帶入蜀地。他認真總結何紹基、鄧石如等人的書法經驗，並根據自身的特點，把北碑的雄強、渾穆、峻厚與南帖的率真、靈動、灑脫融爲一爐，形成了其獨樹一幟的"包體字"。其用魏碑筆法書寫行書的書寫方

① 侯開嘉、趙仁春：《四川著名碑學書家包弼臣、余沙園》，巴蜀書社 2009 年版，第 22 頁。
② 侯開嘉、趙仁春：《四川著名碑家書家包弼臣、余沙園》，巴蜀書社 2009 年版，第 22 頁。

法有許多其獨創之處，對後世四川書法有著重要的意義。包弼臣將碑學帶入四川，打破了四川書壇沉悶、消極的帖學頹風，開創了四川碑派書法的先河，對後世書家如顏楷、趙熙、謝無量等人走向碑帖相融的書法風格產生了積極影響。

可以説，包弼臣的書法成就絕不會輸於同爲"晚清三大碑派書法家"的張裕釗和趙之謙。但包弼臣的名氣卻遠遜於張、趙二人。筆者根據前輩們的論著總結了以下幾點原因：

其一，身處蜀地，交通閉塞。由於特殊的地理環境，蜀地自古以來便交通閉塞，與外界交流十分不暢。相比於身處沿海的張、趙二人，包弼臣與外界的交流自然要少許多。包弼臣雖一生數次入京，但多數時候數月便返蜀地，加之最後一次回蜀時遭遇劫難，包弼臣在其 52 歲以後便再也沒能出川。遺憾的是 50 歲以後正是包弼臣藝術成就最卓越之時，這使得其書法作品罕爲川外之人所知。

其二，科場不順，官位低下。包弼臣一生科場不順，僅爲舉人，其當過最大的官也僅爲"資州學正"，衹不過是下層的官吏。在"字以人名"的封建時代，包弼臣自然無法與身爲"曾門四弟子"之一的張裕釗相比。雖然包弼臣培養了蜀中唯一的狀元駱成驤，但洛卻"意不在書"，這使得"師以徒名"的情況不太可能在包弼臣身上發生。

其三，作品毀壞，流布不廣。包弼臣的書法作品在 1949 年以前雖然保存較多，但也僅僅局限於川內特別是川南的小範圍地區，流布不廣；加之"文化大革命"的破壞，使得包的書法作品大量毀壞。目前僅能在川南一些地方的檔案館、資料館以及少部分私人手中看到包的作品。這無疑對宣傳包弼臣的書法造成了巨大的困難。

其四，記載不全，著述較少。侯開嘉先生在其《四川著名碑學書家包弼臣》中曾感歎："由於過去沒有關於包弼臣書法方面的文章，筆者在搜集資料時殊感困難，雖多方搜求，仍嫌不足。"①的確，在此之前，雖然宜賓、南溪等地的方志記載了包弼臣的生平，但過於簡單，難窺全貌；一些當地的文化學者也曾撰寫過相關的文章，試圖介紹包弼臣的生平、成就，但也始終未形成較強的影響力。這些原因交織在一起，使得這位卓越的書法家至今仍然罕被提及。

## 四　結　語

晚清是我國歷史上內憂外患最爲嚴重的時期之一，也是我國書法史上書風變化最爲劇烈的時期之一。這一時期的江浙一帶，憑藉其優越的地理位置和便捷的傳媒成爲當時書法的中心。人們所熟知的趙之謙、張裕釗、吳昌碩、沈尹默

---

① 侯開嘉、趙仁春：《四川著名碑學書家包弼臣、余沙園》，巴蜀書社 2009 年版，第 31 頁。

等，無不生活在江浙一帶，他們爲中國晚清的書法添上了濃墨重彩的一筆。反觀當時的蜀派書法，由於交通閉塞、資訊不暢等種種原因，外界對其瞭解十分局限，絲毫無法與江浙一帶相比擬。然而，外界的不瞭解並不等於當時蜀派書法就一無是處，包弼臣便是四川書法很好的代表，他的書法與趙、張等江浙一帶書法家比起來不僅毫不遜色，而且具有其獨特的風格。拙文之所以介紹四川書家包弼臣，原因如下：一則其書法風格獨樹一幟，值得後人借鑒學習；二則可以爲晚清四川書法發展提供些許材料，讓更多的人知道這位傑出的碑派書家。

回顧包弼臣的藝術創作實踐，可見他繼承並發揚了晚清時期的碑派書風，以傳統碑派書法爲根基，用魏碑的筆法寫行書，自創了一種將北碑與南帖熔爲一爐的獨樹一幟的"包體字"，形成了自己獨特的書法風格，對後來四川書壇呈現"尊碑不貶帖"的書法風格影響十分巨大。由此可見，包弼臣對晚清以及民國時期四川書壇的影響是非常巨大的。

作者單位：四川師範大學歷史文化學院

附：包弼臣書法作品選

楷書七言聯

行書七言聯

行書橫幅

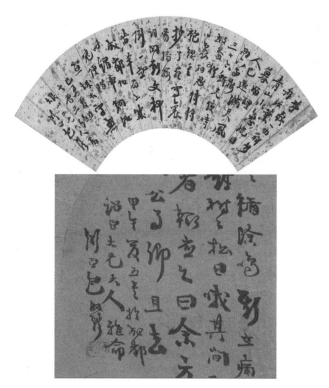

行書扇面　　　　　　　　　　行書團扇（局部）

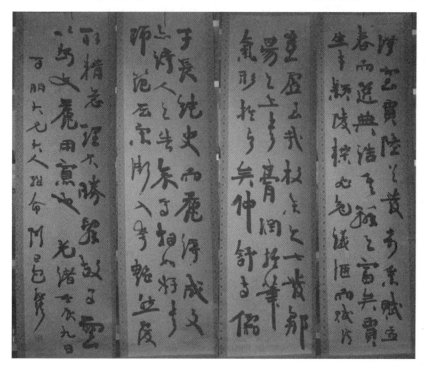

行書四條屏

# 劉沅一門與都江堰

張通傑

著名學者劉沅（1767—1855 年）是清代中期以來四川少有的大學問家，其著作《槐軒全書》以儒學元典精神爲根本，融道入儒，會通禪佛，體大精深，鴻篇巨制，由此創立"槐軒學派"。其子孫數代在學術上都很有成就，被尊稱爲"雙流劉門"，清末、民國時期，成都純化街故居"儒林第"名震一時。自劉沅開始，劉氏五代均有詩文留在都江堰市，在都江堰市有劉門幾代學者爲數不少的學生。據考，都江堰、二王廟、青城山等處都有劉沅及其後世子孫的修繕或重建功勞，劉門於都江堰市的遺愛之深，令人感歎、懷念不已。

## 一 關注劉門

關注劉門是退休後的事情，早年，我祇是對劉門有些興趣。1980 年代，四川人民出版社出版了鐘茂煊先生一本叫《劉師亮外傳》的書，當年，我讀後很受感動。劉師亮（1876—1939 年）是民國時期四川有名的怪傑，在軍閥混戰的日子裏，他敢於鞭撻醜惡的現實，替人民説過好話，他的一些諧聯和趣事，至今還在民間流傳。書中有一段故事，大意是劉咸滎（1857—1949 年）義激劉師亮。説軍閥楊森爲修春熙路，要拆大量鋪面、民房，致很多商家破產，許多人無家可歸。成都"五老七賢"爲民請命，未准。故商議請人寫點東西來"肇楊森的皮"。他們一致推舉威望較高的劉咸滎去請劉師亮。劉咸滎作爲"五老七賢"之一，人稱劉豫老，是前清遺老，飽學之士，詩文、書法俱佳。經他出面與劉師亮巧妙周旋，數月後，經劉咸滎點化，劉師亮寫出了罵楊森的語意雙關的諧聯：

馬路已捶成，問督理何時纔"滾"？
民房將拆盡，願將軍早日開"車"！

我通過此書對劉咸滎產生了興趣。劉家那老式大院、八字粉牆、黑底金字的"儒林第"匾額、鬱鬱蔥蔥的大銀杏樹、幽靜的書房和劉豫老那精神矍鑠、風流瀟灑的神態，給我留下很深的印象。另外，劉豫老書法學黃庭堅，也與我學書取法暗合，這算是我初識劉門。

1991 年，武侯祠博物館的楊代欣先生出版了一本評注《弄翰餘瀋》的書，原書的作者劉咸炘（1896—1932 年）是劉咸榮的堂弟，曾任成都大學、四川大學教授，也是一個很了不起的人物。雖然他三十六歲就去世了，但他卻是中國近現代著名的目錄學家、歷史學家、書法家和書法理論家。他著《弄翰餘瀋》，是書法進入民國後，對清代中後期碑學大興的冷靜反思，雖然批駁了阮元、翁覃溪（方綱）、包世臣、康有爲、譚複堂（獻）、楊惺吾（守敬）和葉鞠裳（昌熾）等人主張的不妥之處，但也客觀地肯定了他們的某些正確觀點，並對我國書學上若干重大問題明確提出了自己的看法。

當年，代欣先生是四川省書學學會副會長，我是學會理事，因工作關係有些來往，算是朋友、熟人。楊先生評注《弄翰餘瀋》一書出版後，我們"都江堰市書協"曾購買數十冊，分贈各位書友。從書中，我們又瞭解了一個人，就是劉咸榮、劉咸炘的祖父——劉沅。

近年來，老友施廷俊兄知我關注劉門，將其收藏的一部劉咸炘大作《推十書》①相贈。此書十六開，影印三大本，二千六百多頁，書中涉及面既廣且深，於中國古代文學、歷史、哲學、校讎、版本、目錄、民俗、宗教、方志學、文字學、語言學、佛學、道學的研究均極有建樹。尤精於史學、校讎學，集劉咸炘先生一生心血。此書篇幅太大，我雖然無法看完，但從書中瞭解了"劉門"的一些資訊，特別是對劉沅學術思想的介紹，加深了我對劉氏一門的瞭解。

真正對劉沅一門有較全面的瞭解，還是得益於一次偶然的機會。記得我在都江堰市文化館上書法課時，無意間談到了劉沅的槐軒學派在四川史學史上的影響，以及其後人劉咸榮、劉咸炘、劉鋒晉、劉錡晉等學者在文學藝術、書法藝術上取得的成就，突然，學員中一個名叫劉楠的退休教師對我說，劉沅是她的高祖。我問她認不認識劉奇（錡）晉，她說劉錡晉是她堂兄，她本名劉楠晉。

在與劉楠的閒談中，她告訴了我很多劉門的往事，其中有部分是我未知的。這次閒談對彼此都有很大的互補性。劉楠很高興我對他們家族的關注，幾天後，她將一份較爲詳細的劉門資料列印贈我。這份資料包括《劉氏世系表》《劉氏老宅簡介》《四川思想家劉沅》等文章。在翻閱這些資料和搜索記憶的過程中，我發現，從劉沅到劉錡晉這五代學者，好像每一代都有人在都江堰市留有詩文和書法作品，有些事情我還親身經歷，有些作品我曾專門去考察、去抄寫，或攝影留念。我把這一發現告知朋友們，大家認爲，對都江堰市而言，這是一件在文化史、社會學上都具有重大意義的事情：從劉沅到今天，二百五十年間，劉門每一代都有

---

① 《推十書》之名來自《說文》："士者，推十合一也。"據悉，劉咸炘先生所著之書共二百三十五部、四百七十五卷，內容涉獵寬，學術價值高。劉先生以《推十書》作爲他的著述總名，把"推十合一"作爲自己的治學原則和理想，藉以表示自己一生於國學篤學精思、明統知類，志在由博趨約、以合禦分的傳統學術思想觀念。

很多成就突出者，並且將其文學、書法作品留在了都江堰市，這實在不容易，簡直就是奇迹。因此都希望我能將這些資料整理成文，記錄下來，這便是我關注劉門的初衷。

## 二 劉沅其人

劉沅，字止唐，一字納如，號清陽居士，四川雙流縣彭鎮人，清中期著名的儒學大家、教育家、宗教思想家、醫學家和書法家。因治學嚴謹、著述宏富而飲譽巴蜀，世人譽爲"川西夫子"。其著作《槐軒全書》以儒學元典精神爲根本，融道入儒，會通禪佛，鴻篇巨制，體大精深，被稱爲槐軒之學，影響深遠。《近代巴蜀詩鈔》選詩以他爲首，輯有其詩 42 首。

據考，劉沅先世居湖北麻城孝感鄉。明中葉正德—嘉靖年間（約 1506—1566 年），其遠祖劉朝弼爲避世亂，舉家遷蜀，定居眉州（今四川眉山市）南郊。五世祖劉坤，有學行，通經史，尤精《周易》，曾在蟆頤山下設館課徒爲業。明末清初，全川大亂，劉坤率家逃難，溯楊柳河而上，歷盡艱險，初棲止於董村（今溫江縣公平鎮），後移居雲棲里（今雙流縣柑梓鄉三聖村）。其父劉汝欽（1730—1789 年），號金華子，幼承家學，尤喜研《易》，工於詩文，樂舍好施，有豪士之風。其兄劉濖（生卒年不詳），字芳皋（一作方皋），乾隆甲寅（1794 年）舉人，嘉慶元年（1796 年）丙辰科三甲第 66 名進士，選翰林院庶起士，授廣西郁林州知州，官至刑部主事。乾隆五十年（1785 年），劉沅因學行優良，成爲雙流縣學庠生，乾隆五十四年（1789 年）選拔明經，乾隆五十七年（1792 年）由拔貢中試舉人，那年，他 26 歲。以後，三赴春闈，皆不中，乃絕意仕途，回家侍奉母親，潛心經史，講學課徒。嘉慶四年（1799 年），劉沅在彭家場（彭鎮）街上邂逅野雲老人，老人授以心性之學，劉沅研習終生，於是會通儒、釋、道三家學術。嘉慶十八年（1813 年），他奉母命遷居成都城南三巷子，鳩工庀材，建一宅院。院有老槐一株，遂命名爲"槐軒"。三巷子也因劉沅遷居住此傳道講學，四十三年，著書立説，惠及後人，更名爲"純化街"，寓意爲"純正人心、感化大衆"。從民國初年開始，"槐軒"門上就懸掛有"儒林劉止唐先生第"匾額一塊，爲道光二十七年二甲第 23 名進士邛州翰林伍肇齡（嵩生）所書。可惜的是，1959 年建造錦江賓館時，連同純化街一起被拆除。

道光六年（1826 年），五十九歲的劉沅被選授湖北天門縣知縣，但因老母多病，他不願外出爲官，所以"安貪樂道，不願外任，改授國子監典薄，尋乞假歸，遂隱居教授"，仍從事教學和四書五經研究，終老家中。六十歲後，劉沅連得八子，堪稱傳奇。劉沅一生長達 70 年之久的教育和學術活動影響深遠。近代四川著名學者顏楷、熊光弼、孫星武、李惠生等俱爲槐軒門人。《清史稿·劉沅傳》載："著

（劉沅）弟子籍者前後數千人，成進士、登賢書（即中舉人）者百餘人，明經貢士三百餘人。……賢名播於鄉曲者指不勝屈。"光緒三十一年（1905 年），劉沅去世五十年後，四川總督錫良上奏清廷，奏請於清國史館爲劉沅立傳，准奏。

南懷瑾先生在《禪海蠡測》中曾提到："成都雙流劉沅（止唐）爲乾嘉時之大儒，講道系於西蜀，世稱爲'劉門'，著作豐富，立論平允，於三教均多闡發。"

蕭天石先生評曰："止唐先生，爲三百年來特立獨行、博通三家之大儒。"

王文才先生在《曠翁詩鈔敘》中曾總結説："有清三百年間，蜀多名儒，厥學能奕世相傳者，其唯雙江劉氏乎！止唐先生，學有本源，樹之風聲，世稱劉門……"

劉沅一生著述繁富，但寫都江堰的卻不多。據記載有五篇，我們僅看到文章三篇和對聯一副。一篇是《李公父子治水記》碑。文章較長，録其中兩段：

> 公嘗蜀郡（一作郡治），致神龜，立星橋，通地脈，功業非一。因其治蜀治水，益州始爲天府，故世稱曰川主。而世俗不察，第以爲其子二郎之功。夫善則歸親，人子之道，況二郎實助其父，史傳朗如，安得舍公而專祀之哉！

這一段意思很明顯，治蜀治水，功績主要是李冰，二郎實助其父，因此不應舍李冰而爲二郎設專祠。後來劉沅爲二王廟所撰楹聯即是這種思想觀點的詩意化。

最後一段：

> 今門人王惠榮刊愚《江沱考辨》等於公廟，而賢士大夫又求約公之事于石，亦闡微之盛意也，故不辭而復爲之記。

從這一段可知他的另一篇關於都江堰的文章乃是《江沱考辨》。但民國《灌縣誌》《都江堰市金石録》《都江堰文獻集成·歷史文獻卷》《都江堰市文物志》等均未著録（《都江堰文獻集成·歷史文獻卷》上收集了劉沅先生的另一篇文章《成都石犀記》，也與灌縣有關）。

《李公父子治水記》這通石碑今已不存，文字則在光緒《增修灌縣誌》、民國《灌縣誌》和《都江堰市金石録》等鄉乘史志上皆可查得。劉沅留在都江堰的那副對聯，現仍然掛在二王廟大殿。聯文爲：

> 誓水妙神功，更向星橋思道德；
> 降龍成世業，好從犀石悟蹄筌。

據李啓明（1916—2012 年）先生講，劉沅這副對聯原來就有，但被毀壞兩次：先是毀於 1925 年的大火，於 1931 年 8 月由吳佩孚補書；卻又毀於 1966 年的"破四舊"運動，2011 年，二王廟住持請李先生補書。那時，李先生已屆九十五歲高齡，其字用筆隨意，蕭散簡遠，無俗塵氣，已達"人書俱老"境界，可爲李先生晚年的代表作。

此外，劉沅另有兩篇文章，分別爲《愛棠亭記》和《文軒何公墓誌銘》，收錄在光緒《增修灌縣誌》、民國《重修灌縣誌》等鄉乘史志上。前一篇記載道光十八年，灌縣大饑，"斗米千數百錢，饑民嗷嗷，朝不保夕"。縣令蔡成略"百計賑撫，民賴以生"，後來，士民感戴，建"愛棠亭"，並請劉沅先生作碑記，以資紀念。後一篇是應其學生、天馬學者何濟川之請而作（何濟川是碑文主人何志道的孫子）。何志道（1746—1829年），字黯然，號文軒，歲貢生，曾任合江教諭，有德而未展其才，以講學終。銘文總結何志道一生立身行事："年十七，入邑庠，慨然有破浪之志……卒以數奇不偶……屢懫（zhì，阻止）文場，僅得優廩……道光二年（1822年）由歲貢生授合江訓導，而公老矣……居家以勤以儉，其接物以敬以和。宗族鄉里無不奉爲楷模。待而舉火者若而人，熏而良善者若而人。其督勵子孫，自文史以外，未嘗汲汲也。居恒有言：'處世不可多求；多求則多怨，多怨則多訟，多訟則多辱。'蓋公之慎於德而遺其後者，至深遠也。"其餘從略。

## 三　劉棟文與劉咸炘

劉棟文（生卒年不詳）是劉沅（止唐公）名下第五房，劉咸炘父親劉楨文（1842—1914年），是止唐公名下第六房，與劉棟文爲弟兄，因此，劉咸炘稱劉棟文爲五伯父。最初，這篇文章寫到劉門第二代時最困難，因爲，查遍了自己所能找到的資料，我都未見到劉門第二代留在都江堰市的詩、文、詞、聯和書法作品的有關記載。如果缺少這一代的學術資料，寫這篇文章的意義就不大了。

順便説兩句題外話，舊有"五行相生相剋"之説，相生者：水生木，木生火，火生土，土生金。我在翻閱《劉氏世系表》後，發現劉氏詩禮世家，其世系排序非常講究，自劉沅那輩起的五代，按"水、木、火、土、金"五行相生排列世系和命名：既要講五行，又要論排行：第一代有劉潨、劉沅等，從水；第二代有劉松文、劉桂文、劉棟文、劉楨文等，從木，以"文"字爲排行；第三代有劉咸滎、劉咸燡、劉咸燻、劉咸焌、劉咸炘等，從火，以"咸"字爲排行；第四代有劉恒壁（東父）、劉恒蓻（伯谷）、劉恒在、劉恒坡等，從土，以"恒"字爲排行；第五代有劉鋒晉、劉錡（奇）晉、劉鋼晉、劉鐘晉等，從金，以"晉"爲排行。兹以著名學者劉鋒晉、劉錡晉弟兄世系傳承示例如下：

劉沅——劉桂文——劉咸燡——劉恒壁（東父）——劉鋒晉、劉錡晉

説是題外話，其實也在題內，因爲確認劉棟文爲劉門第二代，就是依據劉氏世系表中"止唐公名下五房棟文"來確定的。

廿年前，爲撰寫《青城山書法》一文，我曾同劉仁文兄上青城山搜集有關書法資料。在天師洞壁間，發現一劉姓作者的題詩。因不知其人背景，故未錄用。

近年得到劉楠所贈《劉氏世系表》，我又想起那次所見劉姓作者在天師洞壁間的題詩。爲了查得作者的真實姓名和身份，於是前後三次赴青城，最後終於如願以償。原來，那是劉棟文撰寫的詩文，由劉咸炘書寫的珍貴文物。由於那個地點太窄逼（仄隘），而且光綫又很昏暗，無法拍照，我祇好借助手電筒，將全文抄錄下來。經過辨識、考證，全文轉錄如下，以饗讀者。

癸未（光緒九年——1883 年）初夏，尹子佩姪倩，招同李春海姻兄、李謂笙姪倩、子維弟（劉咸炘父親劉梖文）、紀常（劉咸爔）、豫波（劉咸榮）、彪如姪，遊青城即事有作，劉棟文：

> 昔聞青城山，仙靈石窟宅。懷之二十年，空蠟阮學屐。今來恣遊眺，頓覺塵襟釋。危崖不可登，弦回躡層級。雲斂氣初霽，群峰盡羅列。幽壑瀉飛泉，蒼翠儼如滴。古樹仰參天，樓觀高百尺。入門拜遺像，摩挲古碑刻。道人為余言，此中有奇跡。右鄰擲筆槽，左眎試劍石。古洞傳天師，唐皇賸（剩）遺墨。麻姑井猶存，金邊崖壁立。朝陽上清宮，一一皆遊歷。人生貴適意，即此謝羈絏。玄妙在修心，何用求丹訣。忠孝可成真（觀中祀關帝），天倫樂無極。願告修行人，長生須積德。

《朝發青城、灌縣道中所見》（三首）

> 一峰纔過一峰開，細雨微雲絕點埃。回首山靈應笑我，匆匆豈為看山來！
>
> 黃雞白酒毛腸物（山中道士餉黃雞白酒），竹杖芒鞋放膽行。四十里中青未了，筍輿高臥聽江聲。
>
> 遙峰疊嶂送行人，綠野平疇眼界更。百丈長橋江水急，依稀又識灌州城。
>
> 先五伯父堯雲公，蓄德能文，光緒中遊此，有詩紀之，僅存錄本。同遊之（子維）弟即先君（劉梖文）也。庚午（1930 年）之夏，咸炘來遊，感念前蹤，甫書，懸諸觀壁。伯父書法清超（逸），惜未手書以傳。古詩末句，本道德經，尤足以示來者。雙流劉咸炘記。

以上題詞，是劉門第二代、第三代的詩書合璧，詩與書法俱佳，而且尺幅較大——長和寬都在二米以上，確爲不可多得的好作品。從中，我們可以知道兩點：

一，光緒九年，劉棟文率兄弟、子姪來遊青城山，此行著有古詩一首，在從青城山到灌縣城的旅途中，又賦七絕三首以記其事。

二，將近五十年後的 1930 年夏，劉咸炘遊青城山，感念五伯父與自己父親等親人當年遊青城，有詩紀之而無書法流傳，於是在天師洞壁間，書劉棟文當年所作詩歌，以表紀念。

此行，劉咸炘也以"遊青城"爲題，賦七絕五首，惜未將其墨迹留在青城山。茲從《推十書·詩集卷下》中抄錄如下。

### 遊青城
### 庚午年閏六月初三日（1930 年 7 月 28 日）

、

一間小閣天師洞洞當本深廣，修道觀後鑿開剩此耳，觀宇喧闐若市廛。惟有閣中遺像古，赫然豎掌對山川。

三十六峰哪可數，上清宮外多垣堵。不如宮畔仄岡頭，足下群峰合如釜。

第一峰頭東望好，平原如浪樹如萍。道人俯指天師洞，正似人家豢鴿棚。

一鳥不鳴日亭午，蟬聲滿谷疾還徐。忽聞長嘯山山應，知是人家驚野豬。

勝或無名名不勝，詠歌記載豈無遺。圓明宮下出山路，卻似永州幽麗奇柳子厚《袁家渴記》語。

此外，在五洞天還有劉咸炘留下的另一件作品"奧宜"二字，後有跋文："柳子厚《東丘記》語。庚午六月，劉咸炘題"字樣。這正好與書寫劉棟文詩是同一時間。

2005 年出版的《近代巴蜀詩鈔》輯有劉咸炘詩 17 首。

## 四　劉咸滎情系青城山

劉咸滎是劉門第三代，前文已多有提及，這裏再做簡單補充介紹。劉咸滎，字豫波，別署豫叟（杜甫草堂有副楹聯署名"象予氏"）。其父劉桂文（1837—1897 年），字雲坳，同治甲子年（1864 年）舉人，光緒六年（1880 年）庚辰科二甲第 117 名進士，曾任翰林院檢討、監察御史、廣西梧州知府等職。劉咸滎本人爲光緒二十三年（1897 年）拔貢清末曾任内閣中書、達縣教諭和四川省諮議局議員，他一生執教，是著名作家李劼人的老師。他精通經史，擅長詩文，尤工書法，其書法飄逸遒勁，有黃庭堅書法意趣。民國時期，與方旭、趙熙、宋育仁、顏楷、林山腴等名列成都"五老七賢"。《近代巴蜀詩鈔》輯有其詩 60 首。

在劉門第三代中，劉咸滎、劉咸焌、劉咸炘等詩文、書法俱佳，被後人譽爲"雙江三劉"，在四川乃至全國的影響都是很大的。劉咸滎還是社會活動家，他曾多次來都江堰市，並曾多次上青城山賦詩、題聯。我們僅從民國《灌縣誌》收録的《題青城吟草》《青城山詩》《青城》《和駱公驌（成驤）同學遊青城》等有關青城的十來首詩中選出幾首，以觀其貌。

1. 《題青城吟草》（四首選二）

天風吹雪落詩瓢，信有山靈影可招。踏遍群峰饒健骨，未應仙吏讓王喬。

憶昔青城一夕留，至今清夢繞山頭。輸君眼福多於我，萬壑煙雲筆底收。

2.《青城山詩》（二首）

策杖看泉過竹林，山中幽趣靜中生。青天不管月來往，老樹渾忘年古今。

山向白雲深處合，花從青壁斷邊開。春風吹遍無人到，惟有幽禽自去來。

3.《青城》（二首選一）

一帶縈紆曲徑長，青城環繞入仙鄉。悠閒鳥夢山花冷，蒼翠林容草木香。

石上碑留唐歲月，洞中人想漢冠裳。高歌擲筆槽邊望，定有山靈笑我狂。

以上是劉咸榮留在青城山的部分律詩、絕句，下面，我們再來看他留在青城山宮觀中的兩副楹聯。一副是劉咸榮撰寫，由灌縣學者張笏書寫，聯文為：

風騰電馭雲車，合青城三十六峰，浩氣靈光同照耀；

輔翊天樞帝座，憫人世百千萬劫，救生度死大慈悲。

另一副是劉咸榮在丙寅年（1926年）自撰自書的，聯文為：

道德經括人天治亂之大原，溯群仙統馭，萬類生成，歸於太極；

柱下史與乾坤悠久而為祖，合佛教慈悲，孔門忠恕，樹厥先聲。

劉豫老書法為黃庭堅一路，長戈大戟，奇崛縱橫，十分精彩。以上二聯，均存天師洞石柱。另外，都江堰市文物局收藏有劉豫老八十六歲時贈原川軍旅長、灌縣參議會議長申介屏的一幅字和一幅蘭花。

目前，劉豫老書法已很難尋覓。民國時期，李啟明先生曾求得一幅，後來在"文化大革命"中散佚。有趣的是，在收集、整理劉豫老的資料時，我無意間在舊藏書中發現了劉豫老為灌縣人王瑞徵（昌麟）（1862—1919年）的詩集《晴翠山房詩集》題簽，款字為"劉咸榮年九十"（當為1946年），此題簽也是黃派書風（該書扉頁為謝無量題）。

劉豫老還有學生是灌縣人。民國初年，其學生何學典（灌縣金馬鄉——今都江堰市天馬鎮人，曾任四川鹽場知事、仁壽縣縣長）請劉豫老為其母親作墓誌銘，劉豫老從其請，作《何母王孺人墓誌銘》，讚揚何母"直而厚，溫而慈，簡而有禮。其於婦道猶極婉愉。凡屬舅姑之親愛者，靡不曲盡其力。協之以和，孝之所推，精神流注，其賢其一，固如此"。原文收錄在民國《灌縣誌·灌志文征》，可參看。

## 五 劉東父父子名家

劉東父（1902—1980年）先生是劉門第四代。其祖父劉桂文為光緒六年（1880年）庚辰科二甲第117名進士。其外祖父李汝南（約1830—約1886年），字湘石，四川溫江人，晚清著名書畫家。爲同治三年（1864 年）優貢，傳曾先後爲新都令傅培梅、川督丁寶楨幕僚。同治九年（1870 年）中順天鄉試舉人，授翰林院編修。從此長居京師，所交皆知名士，後授福建福鼎縣（今福鼎市）知縣，未出都而卒。史載其筆花墨雨遍於海內，詩文、書法均名揚一時。著有《李湘石遺詩》三卷及《李湘石年譜》一卷。相傳其客居京華時，有高麗使節乞其草書、墨蘭歸以獻高麗國王與宰相。惜其作品今已不多見。其父親劉咸燡（1876—1947 年），字晦愚，是一位學者型詩人，畢生從事教育，曾主講尚友書塾並任塾長，著有《擁書樓詩文存》一書（已佚），《近代巴蜀詩鈔》輯有其詩 12 首。

東父先生名恒壁，字東父，號曠翁、樂無居士等。早年入尚友書塾，從學於四叔劉咸忻先生，後畢業於四川國學專門學校。青年時入劉湘幕府，有“入幕二十載”的經歷，後來出任《濟川公報》總編輯、“川康通訊”社社長、“國難三日刊”社社長、川康綏靖公署秘書處處長、民事處處長等。1941 年退職，以鬻字爲生。王文才先生在《曠翁詩鈔敘》中曾説：“（曠翁）壯以孝養，出遊大幕，然不慕榮進，文酒自娛……翁素好杜少陵集，喜遊浣花草堂，吟詠成卷，並有杜意，蓋根柢托焉……”1954 年受聘爲四川省文史研究館館員、四川省政協文史資料委員會委員，1955 年加入民革，長期從事文史資料的收集整理工作和詩、書、畫創作。東父先生是當代著名詩人、書畫家，其書法以端莊流麗、勁健秀雅見長。1950 年代後期，曾兼職成都美術學校等大專院校的書法教學，著名畫家郭汝愚、張學忠等先生俱曾受教於劉東父先生。東父先生有《劉東父書洛神賦》《曠翁詩鈔》《曠翁書畫》等著作行世。《近代巴蜀詩鈔》輯有其詩 20 首。

由於閲歷有限，同時，也許還有歷史、時代限制等原因，目前我們所知道的劉東父先生有關都江堰的詩、書、畫作品，祇有一副刻在離堆“伏龍觀”上“觀瀾亭”的楹聯，字體爲隸書，以及題爲《寓樓北窗，晚望青城卅六峰》和《都江分流工程》兩首詩。

劉東父先生題伏龍觀“觀瀾亭”的那副楹聯，書寫於 1978 年，至今已近四十年。這副對聯背後還有一段鮮爲人知的故事。

先師丁獻廷（1907—1982 年）先生退休後，應邀在灌縣文管所做文物、碑帖的整理修復工作。1978 年，灌縣文管所邀請劉東父先生來伏龍觀，爲“觀瀾亭”書寫了一副對聯，聯文爲：“不（或勿）與峨眉爭秀色，要從灌口覓源頭。”先生當時用隸書書體寫成後，即回成都。

後來，有關領導看了後，認爲“不”（或勿）字不好，應改爲“直”字：直與峨眉爭秀色。但劉先生已回成都，此字無法改，領導們就請獻廷先生來改。因涉及文責，丁先生執意不改。領導們再三勸説，改字之事，由他們向劉東父先生解釋，丁先生祇負責寫個“直”字。向來謹慎又服從領導的丁先生祇好違心答應，摹仿劉東父先生的筆意，按其大小寫了一個“直”字。現在我們看到的伏龍觀“觀瀾亭”上的對聯題款爲劉東父先生的“直與峨眉爭秀色，要從灌口覓源頭”中的第一個字"直"，即爲獻廷先生補書。丁先生也是書法名家，"直"字補上後，就書法而言，全聯也很諧和，就是行家也很難看出痕迹。

劉東父先生的那首《寓樓北窗，晚望青城卅六峰》，是一首七言絕句，全文爲："獨坐陶然興不孤，涼颼如友造吾廬。晚霞紅映暮山紫，一幅荊關好畫圖。"曠翁以詩爲畫，實景實寫，造語新奇，胸襟曠放，抒情擬人，動靜結合，色彩明亮，活脱脱一幅"北窗望山會友圖"，勝卻無數丹青妙手。另一首《都江分流工程》，也是一首絕句："雪浪奔騰灌口來，都江奇跡畫圖開。分流鎖鑰資調劑，哪有蛟龍敢作災！"曠翁即景寫照，流連吟賞，氣象宏闊，妙語奇思，令人掩卷難忘。

劉東父先生名下有六男三女，我所知有限，個人認爲其中很有成就者爲二子劉鋒晉和五子劉錡（奇）晉。

劉鋒晉先生（1926—1998年）幼承家學，1947年畢業於四川大學中文系，1952年畢業於四川大學文學研究所，次年到彭縣師範學校任語文老師。從此長期從事教育工作，歷任四川彭縣中學副校長、都江專科學校中文科主任、彭縣文教局局長、溫江地區"五七"師範學校負責人、副校長、溫江地區（成都）師專副校長、紀委書記、中文系副教授等職。作爲語文老師，他幼承家訓，涉歷頗廣，學識淵博，對學生循循善誘，諄諄教導，是學生心目中的"博學鴻儒"；作爲教育行政領導，他清正廉潔，虛懷若谷，以誠待人，盡職盡責，任勞任怨，頗具長者儒雅之風。

老友師恭叔、羅承緗、施廷俊等年輕時曾就讀溫江地區"五七"師範學校的中文科高師班，在劉鋒晉先生門下學習三年，對鋒晉先生知之甚多。在與三位老兄的交談中，我對鋒晉先生有了一些瞭解。鋒晉先生國學底蘊深厚，尤長詩詞文學教學和創作，其作品才思雋永，辭氣蒼勁高遠。對於鋒晉先生關於都江堰的詩文，我也知之不多。從先生的《澹齋詩詞》中，尋得寫都江堰離堆的詩、詞各一首。

詩爲《重訪離堆》：

千尺江深和夢回，十年塵影尚徘徊。纔驚眼底飛紅雨，更覺軒前綠滿苔。撲面青山如舊識，臨風白鷺莫相猜。朱樓綺戶遊蹤遍，玉壘關頭幾度來。

這首七言律詩寫得非常好。首聯今昔對比，一往情深；頷聯動靜結合，有聲有色；頸聯擬人寫物，清新亮麗；尾聯思緒滿樓，沉鬱蒼涼。當年，四川省楹聯學會副會長張紹成先生讀後，有幾句專門的評價："即景即情，情文並茂，啟迪思維，令人神往。"這幾句評語，對該詩的評價非常到位。

詞爲《點絳唇·離堆》：

四面青山，岷江於此分流去。斷崖倒樹，禹鑿龍門處。激電奔雷，一瀉垂千古。江聲怒，平疇無數，沃野稱天府。

詞從眼前所見景象著筆，寫景狀物，而以抒情爲主。"瀉"字、"怒"字，動魄驚心；"斷崖倒樹，禹鑿龍門處"的景象與"江聲怒，平疇無數，沃野稱天府"三句相映成趣，極寫詞人對大禹（李冰）鑿離堆，造就天府之國的歌頌和敬仰之情。全詞情景交融，從題材、情感到藝術形象、語言風格都顯現出平淡中蘊蓄著沉鬱遒勁的藝術特色。

在將近半個世紀的時間裏，鋒晉先生爲彭州教育事業做出了重大貢獻，臨終仍以"堂堂正正立身"告誡子女。他逝世後，其追悼會上高掛的挽聯，對他一生做出了高度評價："博大精深，德高望重，堪爲師表風範；一身正氣，兩袖清風，實乃吾輩楷模。"

稍後，著名學者王文才先生在《悼亡友劉君壙志》中，對他做如下評價："君率性純正，從不俗尚，臨事不違其心，罹厄處之泰然。胸無俗物，待人以誠。而潛研舊業，汲汲孜孜，發覆玄解，時有卓見。晚際承平，蓋發抒於詩詞，才思秀發，辭氣清雅。長短句出入兩宋，古今體兼得衆長，非後生所知也。"

鋒晉先生執教近五十年，潛心教育，循循善誘，獎掖後進，桃李遍川西。最近，其彭州學生楊本旻曾撰文悼念："劉鋒晉，成都人，原彭州中學校長、彭州師範校長。彭州教育界的精英，文學界的翹楚。他已離開人世多年，但他的道德文章卻永遠留在我們的記憶之中，他那優美動人的詩歌始終在我們心中流淌……"

劉奇晉，1942 年 4 月生於成都，1961 年參加成都市文化館工作，次年隨其父劉東父先生學習書法，於王羲之、蘇東坡法帖臨習最勤，擅長楷書、行書，是國內和省內著名的書法家，在當今書壇上有較大影響。歷任成都市書協副主席、四川書學學會副會長、四川省書協副主席、中國書協教育委員會委員、四川省文史研究館研究員等職。在劉奇晉先生擔任省書學學會副會長期間，我任理事，在書學會的活動中，經常見面，算是熟人。1988 年夏天，四川省第三次書學討論會在都江堰市召開，我市書協作爲協辦單位，接待了全省各地的書法名家。那次，劉奇晉先生爲都江堰的朋友留下了很多墨寶。先生給我寫的是方毅同志《題青城山》詩："青城多奇峰，何處接青天。一朝雲霧散，天與地相連。"從那時至今，已近三十年了。

在都江堰的仰天窩廊橋上，劉奇晉先生還留下了一副對聯，那是 2007 年的事。當時，都江堰市創建中國楹聯文化城市，奇晉先生應邀爲都江堰市書寫了一副楹聯，聯爲四川省楹聯學會顧問馮廣宏先生所撰，聯文爲："拜水都江，想生民憂樂；尋根古堰，成科學文明。"在青城山天師洞還有劉奇晉先生《天師洞記勝》書法作品。內容也爲馮廣巨集先生所撰："青城山稱天下之幽，天師洞居其中軸。乃道家洞天福地，爲天府旅遊仙窟……二零一二年劉奇晉書。"這可能是劉門五代學人留在都江堰距今時間最近的一件書法作品。

古人説："忠厚傳家久，詩書濟世長。"可以説，劉門五代留在都江堰市的詩詞、文章、楹聯、書法（當然留在成都及其他郊縣、市的同類型的作品還很多）就是"忠厚傳家""詩書濟世"的最好例證，也可以說是所有具有中華傳統文化、良好家風的家族的典型代表。當今之世，很難找到像"雙流劉門"這樣的家庭，更不要說出其右者！

從清代乾隆中期到今天，二百五十多年間，劉沅一門有成就者代不乏人，留下的作品更是恒河沙數。我們以上收集到的與都江堰市有關的文學、書法作品祇是其中的一小部分，還有更多的學術作品是我們幾乎無從入手的未知領域。對於劉門五代以下的先生們的作品，我們更是知之甚少，限於能力，無法搜集。倘若劉門在世諸君見到此文，還請多多原諒，批評指正。

總之，劉門五代學人在近代中國百年來的社會轉型中，對傳統文化學術的守望傳承、發揚光大，展示了一個知識分子家族對祖國傳統文化的熱愛，以及他們修身治學、愛國愛民和報效祖國的情懷。劉門五代文化傳承的經歷，折射出近代四川的仁人志士爲實現民族復興的夢想而上下求索的心路歷程，成爲四川近代文化學術史的一個縮影，也給我們提供了近代"蜀學"的發展綫索。兩百多年來，"雙江劉門"，家祚綿長，門風清正，這正是近代中國諸多文化世家堅守秉持"以民爲重、以民爲貴"信念，因此能够生生不息、承前啟後，"不墜家風"。認真揣摩、深刻領會"雙江劉門"的優良家風，可以爲現代家庭教育提供有益的啟迪和借鑒，值得我們珍視和弘揚。可以想見，"雙江劉門"作爲近代四川教育和文學世家的典型，其歷史意義、學術價值和人文思想，也必將隨著一代代學人的切身體會而不斷深化。

作者單位：都江堰市楹聯學會

# 民國時期四川省圖書館發展簡論

陳 珊

## 一 民國四川圖書館事業發展的背景

四川的典籍主要靠書院、私人藏書院和政府藏書樓保存下來。四川圖書館的產生可以追溯到清朝時期建立的錦江書院藏書樓與尊經藏書樓。

康熙四十三年（1704），四川按察使劉德芳爲振興蜀學，配置人才，在文翁石室的遺址上重建講堂學社，命名爲“錦江書院”。[①]該書樓部分書籍供廣大學生研用。其在當時名聲極大，實力雄厚，既可得到賜、贈書籍，又能購書、刻書。因此書院的書室逐步發展成爲全省最大的藏書樓。

鴉片戰爭以後，國門洞開，帝國主義加强了對中國的侵略，中國進一步淪爲半殖民地半封建社會。以奕訢爲代表的地主階級主張學習西方，辦業務、興西學。同治十三年（1874）四月，丁憂在籍洋務派官僚、工部侍郎薛煥，聯繫官紳十五人，上書四川總督吳棠和四川學政張之洞，以爲錦江書院以學習制定八股文爲目標，不符合時代潮流，請求再創辦一所書院，以“通經學古課蜀士”。初定名爲“管經書院”，後改名“尊經書院”。[②]錦江書院與尊經書院乃是清末四川官辦性質最高書院。

作爲雕刻印刷術的發祥地和古代刻印書的中心之一，四川自古就有私家藏書的傳統。如近代著名藏書家劉鑒泉、傅增湘、王秉恩……其中以嚴雁峰、嚴谷聲父子的收藏最爲豐富（後入四川省圖書館）。四川圖書館與重慶圖書館均收藏了大量書籍。以四川圖書館爲例：1950 年，接受孫德操藏書 1 756 冊，接受王陵基藏書 5 780 冊；1951 年，接收嚴谷聲捐贈自刻古迹版片 24 種 6 821 片[③]。

甲午中日戰爭後，中國的有識之士認識到循規守舊終將走向滅亡，根本出路在於變法圖强。以康有爲、梁啓超爲代表的維新派也積極宣導改良教育，興辦新學。梁啓超主編的《時務報》曾號稱：泰西（即西方國家）教育人才之道，計有三事，曰學校，曰新聞館，曰書籍館（即圖書館）。[④]此後，清政府宣導興辦藏書樓、儀器館、報刊等新型事業。清光緒二十二年 6 月 8 日，由四川總督鹿傳霖奉

---

① 李秉嚴：《四川高校圖書館 100 年》，四川科學技術出版社 1999 年版，第 1 頁。
② 李秉嚴：《四川高校圖書館 100 年》，四川科學技術出版社 1999 年版，第 3 頁。
③ 四川省地方志編纂委員會：《文化藝術志·四川省志》，四川人民出版社 2000 年版。
④ 李秉嚴：《四川高校圖書館 100 年》，四川科學技術出版社 1999 年版，第 5 頁。

光緒帝特旨和清廷總理各國事務衙門移文創辦四川學堂內藏書樓。維新派的改良教育，對圖書館的作用已給予高度重視。他們將建立公共圖書館作爲興國之舉的五大措施之一，竭力推行宣傳，積極引用東西洋圖書館理念，開拓了國人的眼界，推進了我國早期圖書館的雛形，爲後來圖書館的產生提供了實踐模型。

四川公共圖書館的萌芽可追溯到清光緒二十六年，簡州人傅崇炬在成都桂王橋北街創辦圖書局，內設閱報公社兩處，陳列報章六七十種，供衆閱覽。①光緒三十四年（1908 年），成都勸學公所附設閱報室，購報多份張貼四壁，每日午前午後開放，對初識字者另設室外白話閱報處，並訂有閱報簡章。②繼後，四川巴縣、江油、南充相繼出現類似的閱報所③。清末新政前夕，四川以傅崇炬爲代表的有識之士紛紛創辦閱報所，每日固定時間供給衆人閱覽，面向社會人士無償地、公開地提供服務。這有助於開啓民衆眼界，增進大衆知識，爲近代圖書館的誕生奠定了基礎，爲後期四川圖書館全面開放提供了先聲。

爲了緩和搖搖欲墜的政權，清政府發布了一些所謂的“廢舊立新”的命令。在清政府的宣導下，全國開展了一場公共圖書館運動。光緒三十二年，清政府迫於國內外壓力，實施新政。清末新政實際上是維新運動的延續，中國近代社會深化改革。清宣統元年頒布的《奏定大學堂章程》提及“大學堂當置附屬圖書館一所，廣羅中外古今各種圖書”，並設“圖書館經理館”。④這標誌者我國近代圖書館官職逐步確立。

宣統三年（1911 年），四川提學使劉嘉琛請建立圖書館，擬借成都貢院公堂和清白堂爲官址，並擬定了圖書館開辦章程及細則。⑤

## 二 民國時期四川圖書館事業的發展

### （一）民國初期的四川圖書館事業：逐步發展

1911 年辛亥革命推翻了統治了兩千多年清王朝，成功建立了中華民國，中國進入了一個新紀元。四川慢慢建立起統一的革命政權。此後四川推廣新式教育，提倡言論自由，灌輸文明智識，四川省立圖書館順勢而生。⑥民國元年（1912 年）10 月 20 日，四川省圖書館成立。林思進任館長。現址在成都少城公園（今人民公園）內，拓址建樓，種松八十株，別號八十松館。經費由省行政公署核定籌備。

---

① 《四川文史資料選輯》（第八輯），第 137 頁；《成都報刊史專輯》（第八輯），第 6 頁。
② 李忠昊、王嘉陵著：《四川省公共圖書館現狀分析與發展戰略》，北京圖書館出版社 2007 年版，第 9 頁。
③ 李忠昊、王嘉陵著：《四川省公共圖書館現狀分析與發展戰略》，北京圖書館出版社 2007 年版，第 9 頁。
④ 王兆輝、王祝康、任競：《清末新政與我國近代圖書館的興起》，《圖書館論壇》2012 年第 6 期。
⑤ 郝春陽：《四川省圖書館事業大事記》，四川省圖書館事業編輯部，1991 年。
⑥ 文琴：《清末至民國時期四川省圖書館事業發展歷程》，《中山大學研究生學刊》（社會科學版），2015 年第 1 期。

設館長一人，館員五人，司事二人，書記三人。藏書 20 餘萬卷。擬定《四川圖書館章程》，分總則、儲藏、辦事、閱覽規章四章共 47 條。①四川省圖書館作爲中國最早的省級圖書館之一，它的創建檀誌著四川公立圖書館的正式誕生。

此後，在民國 4 年（1915 年），教育部相繼頒布了兩個圖書館規程——《通俗圖書館規程》和《圖書館規程》，規定各省、縣、行政區設立通俗圖書館與圖書館，供公眾閱覽。前者明確規定"省、縣應設通俗圖書館，不徵收閱覽費"②。通俗圖書館深入市、縣鄉鎮，可無費用閱覽，比較接近中下層人士和一般民眾，很大程度上作爲推廣民眾教育的平臺。後者規定"圖書館酌情收閱覽費"，在管理、人員、預算上均有明確規定。此後，各省各區陸續創建了圖書館，四川省市縣圖書館陸續建立起來。

1912—1937 年四川省各區域圖書館創建③

| 年　份 | 單位名稱 |
| --- | --- |
| 1912 | 四川圖書館 |
| 1912 | 石柱縣圖書館 |
| 1922 | 四川省綿縣圖書館 |
| 1928 | 西康省立圖書館 |
| 1928 | 四川省西昌市圖書館 |
| 1929 | 雷波縣圖書館 |
| 1929 | 四川省大邑縣圖書館 |
| 1931 | 重慶市市立圖書館 |
| 1933 | 重慶市青年會通俗圖書館 |
| 1934 | 江津縣民眾圖書館 |
| 1937 | 四川省廣漢市圖書館 |

可見，民國時期四川省部分區域圖書館在創建年份上呈出現斷斷續續的特點，某些年份因局勢混亂因有缺失。從體上看，呈現出穩步發展。

1919 年五四運動以後至 1937 年抗戰爆發，四川圖書館事業呈現出繁榮狀態，在數量增多、類型多樣、服務公開、管理方法等方面，都有了十足的長進。表現出三大特點：

---

① 郝春陽：《四川省圖書館事業大事記》，四川省圖書館事業編輯部，1991 年。
② 陳源蒸、張樹華、畢世棟：《中國圖書館百年紀事（1840—2000）》，北京圖書館出版社 2004 年版，第 5 頁。
③ 陳源蒸、張樹華、畢世棟：《中國圖書館百年紀事（1840—2000）》，北京圖書館出版社 2004 年版，第 5 頁。

第一，數量增多、類型豐富。

我國近代圖書館事業迅速發展起來，政府重視圖書館的創建，並對圖書館立法。辛亥革命後，民國政府曾兩度明令"各省、各特別行政區域應設圖書館儲集各種圖書，供公衆閱覽"。又令"各省治、縣治應設通俗圖書館，儲集各種圖書，供公衆閱"①。在 19 年時間中，四川省圖書館大爲增加：共計 114 所，平均每年新建 6 所，保持穩定增長。1926 年、1927 年和 1929 年作爲該時期四川圖書館的興建高潮，每年新建的圖書館均在 10 所以上。在 30 年代以後，四川省圖書館的興建則趨於穩定，並維持在一個高水準階段，平均每年新建 7 所。②該時期，四川圖書館不僅數量增加，在類型上也呈現出多樣性。除了基本公共圖書館、學校圖書館、機關團體圖書館、私立圖書館之外，還有其他女子圖書館、私人捐款修建圖書館（四川鄧晉康捐 2 萬元建立晉康圖書館），等等。從上表可以看出，川內主創建圖書館、通俗圖書館以及具有圖書館職能的閱報所爲輔，還有一些帶有"民衆圖書館"的色彩，它們爲社會民衆提供宣傳教育平臺。

第二，管理技術與工作流程專業化。

晚清時期的四川公私藏書帶有封閉性，所藏之書僅供少數人使用。辛亥革命以後，四川省、市、縣圖書館不再作爲單純藏書的地方，而向大衆開放，成爲啟迪民智的場所。各種圖書館、通俗圖書館、報刊閱覽所等社會機構與日俱增，從管理方法、組織結構、人員設備到各種設施均有確定的運行機制，管理日趨嚴密。圖書館工作人員也要接受專門化訓練，成爲專門型人才。致力於四川圖書館事業的穆耀樞，擬定了一套整理圖書館的辦法③，綜合考慮人員配置、素質，讀者類別、需求，圖書分類、目錄，等等。

在 30 年代，四川關於圖書館學的著作及刊物紛紛出刊和刊行，呈現出一片繁榮興旺的景象。

第三，社會名流交織參與。

在這一時期，四川圖書館事業除了受到政府的保障性支援以及推動各地區圖書館創建之外，社會名流及軍閥人士也參與其中。在 1924 年至 1926 年期間，圖書館學家穆耀樞爲四川圖書館事業貢獻了自己的力量，他從事圖書館事業宣傳活動並參與圖書館規劃，在四川省興辦圖書館、高校圖書館、讀書會、圖書展覽會、圖書館週刊會、圖書館用具店等。在他的宣傳和推動下，一時各縣與辦圖書館蔚然成風，一些社會名流也紛紛捐款贊助圖書事業。④在這一時期（1918—1935），

① 來新夏等著：《中國圖書事業史》，上海人民出版社 2008 年版。
② 文琴：《清末至民國時期四川省圖書館事業發展歷程》，《中山大學研究生學刊》（社會科學版）2015 年第 1 期。
③ 程祺、袁政：《穆耀樞的圖書館學論述與實踐》，《四川省圖書館，成都圖書館百年同人文集（1912—2012）》，四川人民出版社 1979 年版。
④ 程祺、袁政：《穆耀樞的圖書館學論述與實踐》，《四川省圖書館，成都圖書館百年同人文集（1912—2012）》四川人民出版社 1979 年版。

圖書館還擴大到軍營。四川軍閥混亂，各派軍閥據地稱霸，各地區圖書館事業也打上了軍閥勢力的烙印。①"楊森軍署內首先設立圖書館，設備精良，圖書衆多，開四川軍營圖書館之先聲。繼之，四川第六混成旅也籌辦圖書館，並組織軍營圖書隊，培訓圖書管理人員，送書到各團營連部供士兵閱覽。②

### （二）抗日戰爭時期的四川圖書館事業：壯大蘊含衰落

1937 年"七七"事變後，日本帝國主義發動全面侵華戰爭，中華兒女奮起抗戰，中國歷史進入全民族抗戰史；隨著平津京滬地帶失守，以蔣介石爲核心的國民黨領導人爲避免災禍，決定西遷，擬定重慶暫爲陪都。在這一時期，一些文化教育機構（包括圖書館）隨著國民政府開始波折的西遷旅途。抗日戰爭大後方相容並蓄整合遷入的機關單位和圖書館，尤其入川的圖書館抗戰期間活動於四川，數量與品質壯大了四川圖書館的陣營。一直到民國 34 年（1945 年）抗戰勝利後，這些機關與圖書館雖遷移回原處，但八年來，四川圖書館藏書庫存、高校圖書館管理體制上均有所提升。然而，這一時期由於日軍戰火殃及川內，四川境內大部分圖書館不同時段地受到了一定程度上的損失。

當時，入川圖書館有國立中央圖書館等多家圖書館。在抗戰初期，國立中央圖書館 1937 年 15 日因南京受到空襲，圖書館暫停借閱，將貴重圖書封裝 263 箱③，奉命西遷。於民國 30 年（1941）元月重慶分館落成。館體成凸形，前面 3 層用於閱覽和辦公，後面 4 層爲書庫。2 月 1 日起，日夜開放閱覽，並舉行爲時一周的圖書館展覽會。④

此外，占國民黨統治區 108 所高等學校約百分之四十的 48 所院校西遷入川，有些全部遷入，有些是部分院系或研究所遷入；而這些高等院校，必定具備大規模的圖書館。比如，遷入重慶的有國立中央大學圖書館、復旦大學圖書館等；遷入成都的有齊魯大學圖書館、金陵大學圖書館等。於民國 27 年（1938 年）遷入四川樂山的武漢大學圖書館，在渝陷前共搬出圖書 10 萬册。⑤這些高等院校的到來，爲四川圖書館事業的發展增添加瓦。

當然，在抗戰時期，四川圖書館深受戰火傷害，損失巨大。

四川作爲抗戰大後方緩衝地區和大戰後文化地帶，在空間上爲遷入的圖書館提供了生存位置，幾大國立圖書館和部分遷入的圖書館在陪都地區依舊堅持開放閱覽。從全國局勢來看，相對其他地區而言，四川圖書館事業發展壯大，損失程度較少；但作爲陪都輻射地帶，部分地區仍避免不了空襲轟炸，不少圖書館與圖

---

① 郝春陽：《四川省圖書館事業大事記》，四川省圖書館事業編輯部，1991 年。
② 郝春陽：《四川省圖書館事業大事記》，四川省圖書館事業編輯部，1991 年。
③ 四川省圖書館事業志編纂委員會：《四川省圖書館事業志》，四川省圖書館事業志編輯部，1991 年。
④ 四川省圖書館事業志編纂委員會：《四川省圖書館事業志》，四川省圖書館事業志編輯部，1991 年。
⑤ 四川省圖書館事業志編纂委員會：《四川省圖書館事業志》，四川省圖書館事業志編輯部，1991 年。

書受難，毀於一旦。僅 1939 年，四川境內就多次受到日機轟炸，無論本地圖書館還是外地圖書館均不能倖免：重慶市圖書館於民國 28 年 5 月被日機轟炸，圖書損失嚴重，12 月遷館於重慶陝西路三元廟；奉節縣通俗圖書館於民國 28 年遭日機轟炸兩次，書報及設備毀損殆盡，致使該館名存實亡；三台縣圖書館於民國 28 年被日機轟炸，後遷至琴泉山千佛岩，圖書發潮黴爛達 5 000 餘冊；瀘州市圖書館於民國 28 年遭日機轟炸，瀘縣圖書館從白塔寺遷至瀘州通俗民眾教育館內；民國 28 年，武勝縣圖書館爲避免日機轟炸，將近萬冊圖書全部轉移，因無人管理，大量散失。[1]

另一方面，圖書館事業受到國民經濟、政策的影響，四川省內各縣市的圖書館或分或並。民國 30 年（1941 年）2 月教育部公布《普及全國圖書館教育暫行辦法》後，四川省政府令"各縣市自 31 年度起，在地方預算內，增列圖書館經費科目，予以單獨設立圖書館。"[2]於是，各縣圖書館陸續恢復或新建。至 1943 年，全川縣市圖書館增至 74 所，是全川建館最多的時期，茲列表如下：

1937—1945 年間四川圖書館每年新增圖書館數量（含部分遷入圖書館）[3]

| 年　代 | 數　量 |
| --- | --- |
| 1937 | 9 |
| 1938 | 17 |
| 1939 | 6 |
| 1940 | 12 |
| 1941 | 7 |
| 1942 | 25 |
| 1943 | 15 |
| 1944 | 11 |
| 1945 | 4 |

這類政策在僅僅維持兩年後，民國 33 年 2 月，四川教育廳實施《本省社教機關改進辦法》，對部分縣立圖書館進行了調整，將 36 所縣立圖書館併入民眾教育館，使縣立圖書館數量大大減少。[4]

（三）解放戰爭時期的圖書館事業：衰落階段

① 四川省圖書館事業志編纂委員會：《四川省圖書館事業志》，四川省圖書館事業志編輯部，1991 年。
② 四川省圖書館事業志編纂委員會：《四川省圖書館事業志》，四川省圖書館事業志編輯部，1991 年。
③ 四川省圖書館事業志編纂委員會：《四川省圖書館事業志》，四川省圖書館事業志編輯部，1991 年。
④ 四川省圖書館事業志編纂委員會：《四川省圖書館事業志》，四川省圖書館事業志編輯部，1991 年。

1945 年 8 月 15 日，日本宣布無條件投降，八年抗戰終於結束。隨之而來的是，國民黨冒天下之大不韙發動內戰，中國再次進入戰爭年代。與此同時，四川圖書館的發展也再次經受到戰爭的考驗。

抗日戰爭結束後，遷至後方的圖書館也陸續遷回原地，祇有部分圖書館因經費問題仍舊留在四川。這使得四川圖書館數量上嚴重縮水。而 1945 年以後，國民黨專注於內戰，致使經濟蕭條，物價高漲，許多圖書館因經費不足，而難以支付工作人員的工資，全國圖書館事業基本維持現狀，無較大的發展。[1]四川也難以倖免，縣立圖書館因缺少經費而無法維持，大部分已名存實亡，至 1949 年年底已所剩無幾。[2]加之社會體制腐敗，對圖書館事業重視不夠，戰亂期間書價昂貴、訂購管道不暢，各館填書極少。然而，在這圖書館事業全面衰退的幾年裏，四川省仍先後建立了 10 所圖書館。此外，四川省圖書館與成都市立圖書館也多次舉辦展覽與演講。[3]

## 三 結 語

民國時期四川圖書館的發展，係在晚清時期萌芽的基礎上，逐漸發展、壯大，直至衰落，長達半個世紀之久。本文簡述了四川由最初的民辦閱報所等，到圖書館的出現取代了藏書樓地位；由最初爲極少數人提供使用，到現代圖書館廣泛地提供各類圖書，公開地、無償地服務民衆的發展過程。

總體上而言，四川圖書館遵循著一般圖書館的發展道路探索前進，歷經滄桑與坎坷，總結經驗與教訓，並一直尋求發展方向。這些問題，在 1949 年中華人民共和國成立後纔得以真正解決。

作者單位：四川師範大學歷史文化學院

---

① 郝春陽：《四川省圖書館事業大事記》，四川省圖書館事業編輯部，1991 年。

② 四川省圖書館事業志編纂委員會：《四川省圖書館事業志》，四川省圖書館事業志編輯部，1991 年，第 22 頁。

③ 文琴：《清末至民國時期四川省圖書館事業發展歷程》，《中山大學研究生學刊》（社會科學版）2015 年第 1 期。

# 輕拭塵埃看佛光

## ——禪宗史上的彭州大隨山

高光俊

輕拭塵埃看佛光，大隨風物已蒼茫。
讀罷高僧諸語錄，欲尋當年演教堂。

——題記

彭州地處川西高山和平原之間，佛道勝迹甚多。大隨山在今彭州市通濟鎮境內，是彭州古代佛教名山，從唐末五代間法真禪師開始，歷代高僧輩出，如宋代元靜禪師，明代獨照月禪師、永慈海舟禪師、無量禪師，清代澹竹行密禪師，等等。其影響力遠遠超出巴蜀，在中國禪宗史上都有重要地位。可惜自清代以後，逐漸淡出人們的視綫，不僅鄉間故老無人知其輝煌，連名稱也被人淡忘，今人多稱之爲"鳳冠子山"。故今試著鈎沉提要，抹去歷史塵埃。

## 一　大隨山名稱初探

大隨山，一作大隋山，在今通濟鎮境內，東北靠天臺山，南近白鹿山，西面即是通濟場。光緒《彭縣志》卷一《山川志》對大隋山的山川形勢講得很清楚："天彭前三支。正中起狹薄高峰，爲木禪。前屏曰大隋山。俗名鳳冠子，以實跡驗之，當以天彭爲大隋，此山爲中隋，小鳳冠爲小隋也。距縣西北五十九里。亥東六度半。南行盡小鳳冠，長六里。山尾向西南邪出淺岡，長一里。峰前爲景德寺，一名大隋寺。峰麓起左右兩肩，左肩上爲龍定禪院。肩下之前爲淡竹和尚塔房。有小水下注響水溝。右肩爲自木禪小鳳冠大路。"光緒《彭縣志》將天臺山稱爲"天彭山"是另外一個問題，這裏不擬討論；認爲天臺山當爲大隋，大隋山爲中隋，也屬於一家之言。

嘉慶《彭縣志》卷五《山川志》這樣説："大隋山，在縣西北。《方輿勝覽》：在塀口鎮北三十五里，上有瀑布泉下流入清白河。宋張商英記：西山之勝，在彭門者大隋爲甲。上有木禪庵，白龍井。山生竹若龍頭，俗呼龍頭竹。《名勝志》：大隋山之景德寺，隋大業中神照禪師投錫之所。又去塀口鎮三十五里，又二十五里始至縣。"

　　檢《新編方輿勝覽》卷第五十四的記載與嘉慶《彭縣志》的轉錄稍有不同：
"大隋山，在堋口鎮北三十五里。昔神照禪師居之。有瀑布。張天覺記云，西山
之勝，在彭門者大隋為甲。"就筆者所見材料，《方輿勝覽》是最早記載大隋山的
地理志。以後的歷代地理書籍都作"大隋山"，這一點值得注意。

　　嘉慶《彭縣志》所稱的"《名勝志》"就是曹學佺著《蜀中名勝記》。此書轉
錄《輿地紀勝》云："彭縣大隋山之景德寺，大業中神照禪師投錫之所，上有木
禪庵，白龍井。山生竹如龍頭，俗呼龍頭竹。"今傳阮元文選樓本《輿地紀勝》
已闕"彭州"卷，姑以《名勝記》為準。

　　據《古尊宿語錄》卷三十六之《大隨開山神照禪師行狀》及《五燈會元》卷
四等處，均作"大隨山"，而非輿地書所稱"大隋山"。《古尊宿語錄》中的大隨
法真語錄前後北宋崇寧間作的序文，出現比《方輿勝覽》等書更早，似更可據。

　　還有，各輿地書均稱神照法真禪師為隋大業中來大隋山，據《大隨開山法真
神照禪師語錄》，其實神照禪師是唐末五代時人，"神照"一語也是前蜀王氏所
封。《古尊宿語錄》中《大隨開山法真神照禪師語錄》《大隨開山神照禪師行狀》
及《祭文》均在，斑斑可考，故暫時假定"大隨山"纔是此山本名，唐末五代間
法真卓錫始有大隨山的說法。法真禪師事迹，後文還要詳述。

　　至於大隨山得名的原因，很難考其究竟，今試討論之。其說，歷代相沿者，
如清初許儒龍《遊大隋山記》："又里許有碣曰大隋山徑。隋大業中，僧神照奉敕
開建，故名。"均以為得名於隋朝，畢竟"隋"字曾為隋文帝楊堅所專用；也可
能是"隳""墮""惰"等字的異寫。光緒《彭縣志》甚至力主當為古"天隳山"
之誤，參見光緒《彭縣志》卷一。既然神照法真禪師是唐末人而非傳說中的隋朝
人，大隨山就可能與隋朝無關。

　　今設想如果"大隨山"得名自五代法真禪師的話，則也有可能"大隨"二字
源自佛典。佛經裏有《大隨求陀羅尼經》。《佛光大辭典》"大隨求"條下說："大
隨求，乃觀音菩薩之變身，略稱隨求菩薩，系密教胎藏界曼荼羅觀音院中之一尊。"
另外，佛教有"大隨煩惱"之說。於凌波居士《唯識名詞白話新解》"二十種隨
煩惱"條稱："隨煩惱心所，是唯識宗五位百法中的六位心所之一。此又名隨惑，
是隨根本煩惱而生起的煩惱。隨有三義，一者自類俱起，二者遍不善性，三者遍
諸染心。隨煩惱心所二十個，分為小隨、中隨、大隨三種。小隨煩惱十個、中隨
煩惱二個、大隨煩惱八個。小、中、大的分別，以三義俱備者名大隨，兼具二義
者（自類俱起、遍不善性）名中隨。於不善心中各別而起者稱小隨。小隨煩惱計
有十種，曰忿、恨、覆、惱、嫉、慳、誑、諂、害、憍。其發生作用面最小，而
行相粗猛，於不善心中，各別生起。中隨煩惱有二種，曰無慚、無愧，其發生之
作用範圍較小隨煩惱為寬，具有自類俱起，遍不善心二義，故曰中隨。此二者，
對自己所犯的過惡不感到羞恥，是其共同點；而慚者'輕拒賢善'，愧者'崇重
暴惡'，是其相異點。大隨煩惱有八種，曰掉舉、惛沉、不信、懈怠、放逸、失

念、散亂、不正知，其發生作用範圍最廣，具有自類俱起，遍不善性，遍諸染心三義，故曰大隨煩惱。見《百法明門論》。"

由上可見，煩惱有大隨煩惱、中隨煩惱。巧合的是，彭州除了大隨山，還有中隨山。《新編方輿勝覽》卷五十四："中隋山，在大隋山後。又上三十里，至光相閣，三月半間，掃去積雪，峰頂下視葛仙，白鹿，大隋，真培塿也。"至於中隨山的位置，歷代頗有爭議。嘉慶《彭縣志》認爲是今小魚洞鎮北邊的今鐵佛寺梁子，光緒《彭縣志》則認爲是今之天臺山。問題出在對《方輿勝覽》所説中隋山"在大隋山後"的不同理解。此屬另外一個問題，筆者打算專文探討。

彭州"大隨"和"中隨"二山的相對出現，顯然不是偶然的。這使古人甚或是法真禪師以"大隨煩惱"和"中隨煩惱"來命名山的可能性變大。

## 二 神照法真禪師與大隨山

前文説過，《新編方輿勝覽》卷五十四轉錄張商英的文字："西山之勝，在彭門者大隋爲甲。"筆者翻檢諸書，尚未查到這句話的出處，大約是佚失了。我個人以爲，在宋人眼中大隨山的風光特異，肯定不僅僅是山川的雄秀而已，當因爲有人的原因。大隨山成爲名勝，首先得力於唐末五代的神照法真禪師。

神照法真禪師的履歷，宋代禪宗史名著《古尊宿語録》卷三十六和《五燈會元》卷四均有記載。而以《古尊宿語録》記載爲最詳細，包括《語録》《行狀》和《祭文》。

《大隨開山神照禪師行狀》有云："師諱法真。貌古有威，眉垂覆睫。嘗聞老宿輩，皆稱爲定光佛示跡。於劍南梓州鹽亭縣王氏家生。族本簪纓，妙齡夙悟，決志尋師。於慧義寺，今護聖寺竹林院是也。師圓具後，遂遊南方。初見藥山道吾雲巖先洞，次至嶺外大潙和尚會下。數載食不至充，臥不求暖。清苦煉行，履操不群。大潙一見乃深器之。"

法真禪師是今四川鹽亭縣人，俗姓王，在嶺南大潙和尚門下悟道。《行狀》又云："爾後聿旋西蜀。寄錫於天彭堋口山龍懷寺，路傍煎茶普施三年。忽一日往後山見一古院，號大隨山。群峰矗秀，澗水清泠。中有一樹，圍四丈餘，根蟠劫石，勢聳雲霄。南開一門，裏面虛通，不假斤斧，自然一庵。師乃居之。比夫迦葉三峰維摩丈室。不遠矣。時人皆目之爲木禪庵。"

法真禪師開始在彭州龍懷寺卓錫，龍懷寺在今彭州市新興鎮龍懷溝，遺迹尚存。龍懷寺爲隋代寺院，乃由法會禪師開建，初唐王勃來遊，撰有《九隴縣龍懷寺碑》，龍懷寺遂成爲名刹。此後，法真禪師來到大隨山。此處是"大隨山"最早見於歷史記載，甚至有可能山名也是法真禪師起的。

法真禪師初到大隨山，住在山頂巨大的銀杏樹的空洞中，人們稱之爲"木禪庵”。《行狀》又云：“師居十有餘年。影不出山，跡不出俗。道德彌著，聲聞遐彰。知者四方不遠千里。櫛足函丈。朝參暮請。虛往實歸。時蜀王崇重師名。凡三詔不從。王慕師孤風。無由一見。遂於光天元年十月十五日遣內侍璞紫衣師號寺額等賜師。” 法真禪師在大隨山宣教十多年，受到前蜀王建的推崇。於是光天元年賜號“神照”。光天是前蜀王建的年號，但光天元年（西元 918 年）六月初一，王建去世，本年仍用光天年號。第二年（西元 919 年）是王衍改元乾德元年。

《語錄》云：“師忽一日上堂，衆集定。師乃作患風勢告衆曰：還有人醫得老僧口麽？衆僧競送藥。俗士聞之，亦多送藥。師並不受。經七日後，師自摑口令正，復云：如許多時鼓這兩片皮。至今無人醫得老僧口。於是齋前昇座辭衆，儼然端坐告終。”

《行狀》又云：“師於乾德元年己卯七月十五日齋前。辭衆端坐而化。俗壽八十六。僧臘六十六。時王聞之，哀慕師，心不勝慘怛。急宣中書令王宗壽，璞香燭備具等到山致祭，敕葬歸塔。”

王衍派王宗壽弔法真《祭文》有云：“維乾德元年歲次己卯十月乙未朔十五日己酉。弟子扶天佐命，忠烈功臣，開府儀同三司檢校太尉太子太傅兼中書令食邑五千戶嘉王宗壽，謹以香燭茶果之奠，致祭於故神照禪師之靈。”

神照法真禪師卒於乾德元年（西元 919 年）七月十五，年齡八十六，則當生於西元 833 年或 834 年，即唐文宗太和七年或八年。僧臘六十六，說明他二十歲出家。在法真禪師圓寂後三個月的十月十五，王衍派王宗壽前來大隨山致祭。

今存西蜀沙門元德重編《大隨山法真禪師語錄》一卷，後有崇寧二年（西元1103 年）開封郭凝的序。可見至少在北宋崇寧二年，法真禪師的語錄已經有刻本，後來在南宋收入《古尊宿語錄》，祇是一次語錄彙編。《五燈會元》卷四記法真禪師比較簡略，但文句大體一致，大概《五燈會元》這部分也是從《大隨山法真禪師語錄》取材。

法真禪師在當時被人認爲是“定光佛”出世，主要是得力於他的機鋒公案。法真著名的公案很多，其中一則是後世與“南泉斬貓”相提並論的“大隨燒蛇”。公案原文如下：

> 師因燒山次見一蛇，以杖挑向火中。咄云：這個形骸，猶自不放捨。你嚮這裏死，如暗得燈。遂有僧問：正當恁麽時還有罪也無？師云：石虎叫時山谷響。木人吼處鐵牛驚。

歷史有時非常有意思。法真禪師大概自己沒有料到，燒蛇公案的因果在這裏沒有完結，四五百年後，有一件事與此遙相呼應，後面會專門講到。

另外一則“劫火洞然大千俱壞”公案，至今也常被人稱引：

> 時僧遂問：劫火洞然大千俱壞。未審此個性壞不壞？師云：壞。進

云：恁麼則隨他去也。師云：隨他隨他去也。僧無語。時會中三百餘僧。盡皆不肯。皆云：從上已來敗説不壞之性。和尚何故卻云壞邪。眾各惶然。

這個討論"道理有沒有例外"之類的哲學命題，當時的僧眾都沒有聽明白，但後來投子和尚聽説別人轉述，對法真禪師深感佩服，望西川大隨山遙禮三拜後贊嘆："這個不是大隨和尚。他是個古佛。速去速去他那裏。"

《大隨山法真語録》中也有不少關於"大隨"的公案，今照原文録一部分，不敢强作解人。如下：

問："如何是大隨一面事？"師云："無東西南北。"

問："如何是大隨境？"師云："不似學人。"進云："何故不道？"師云："不然。"

問："如何是大隨山？"師云："耳不聞眼不見。"進云："如何是山中人？"師云："千人衆裏。萬人衆裏。不嚮一人不背一人。"

問："遠聞大隨水。到來則見個漚麻池。"師云："汝則見漚麻池。阿裏見大隨水。"進云："如何是大隨水？"師云："苦澀難下嘴。"進云："還喫得否。"師云："喫著便死。"

僧從五臺山來。師問云："五臺山何似大隨山。"僧問云："如何是大隨山？"師云："是僧耳背。高聲問來。"僧高聲問："如何是大隨山？"師云："若千山與萬山。"

法真禪師在當時影響深遠，宋代"大隨"二字幾乎成了參禪的代名詞之一。如釋妙倫"老大隨更是沒巴鼻"，釋居簡"錦屏之英老大隋，孤芳寄林非所宜"，釋清遠"骨裏皮兮皮裏骨，大隨老子無窠窟"，"杜順文殊事可知，定光如來老大隨"，釋慧方"千古清聲老大隨，機鋒壁立杳難窺"，釋慧空"三年參禪大隨山，蓋龜劫火猶顙頂"。這裏的"大隨"，一般都用來代指法真禪師，可見神照法真禪師在禪宗史上的地位。法真禪師也奠定了彭州大隨山在中國禪宗史上的地位。

## 三　元靜禪師和大隨山

大隨山的榮光並沒有隨著法真禪師的圓寂而消泯，百十年後，這裏來了另外一位和尚——元靜禪師。據《五燈會元》卷十九，彭州大隨山元靜禪師，後名道興，五祖法演禪師的法嗣，俗姓趙，四川閬中玉山大儒趙約仲之子。另外，這個元靜禪師還有一個比他著名的同門，那是個彭州人，後來做了昭覺寺方丈的克勤禪師。

元靜禪師十歲時曾得重病，他的母親祈禱佛菩薩保佑他病好，後感得異夢，於是便讓他出家，從成都大慈寺寶生院宗裔禪師落髮，北宋元祐三年（西元 1088

年）試經得度。後留住講肆，學習經論有年。既而南下參禮永安恩禪師，後在臨濟三頓棒這一公案上發明了心地。次依諸名宿，無有當意者。

《五燈會元》記下了他參拜他和克勤共同的老師法演禪師的經過。元靜禪師雖遍歷叢林，訪諸名宿，但是沒有碰到真正讓他稱心如意的。後聽說五祖法演禪師機鋒峻捷，元靜禪師心中頗不服氣，遂起抑制之心，於是前往法演禪師座下。

初見元靜禪師，法演禪師便道："我此間不比諸方，凡於室中，不要汝進前退後，豎指擎拳，繞禪牀作女人拜，提起坐具，千般伎倆。衹要你一言下諦當①，便是汝見處。"

元靜禪師一聽，茫然無措，平昔所學以及種種口舌之談，到此時一點也用不上，衹好退出，留在法演禪師座下，虛心地參學了三載。後來元靜禪師對法演禪師的評判很不以爲然，於是便曳杖渡江，準備他往。適逢江水暴漲，元靜禪師不得不重新留下。這樣，在五祖座下，元靜禪師又住了兩年。最後終於得到了法演禪師的印可。

一日，元靜禪師與法演禪師商略古今大德悟道因緣，法演禪師握著元靜禪師的手說："得汝說須是吾舉，得汝舉須是吾說。而今而後，佛祖秘要，諸方關鍵，無逃子掌矣。"

元靜禪師徹悟後，最初住五祖山之南堂，開法接衆，一時名冠寰海。後又應成都帥席公旦之邀請，開法於嘉祐，不久又移居昭覺、能仁及大隨等諸大道場。

下面是元靜禪師的一些語錄：

問："如何是奪人不奪境？"師曰："活捉魔王鼻孔穿。"曰："如何是奪境不奪人？"師曰："中心樹子屬吾曹。"曰："如何是人境兩俱奪？"師曰："一釣三山連六鰲。"曰："如何是人境俱不奪？"師曰："白日騎牛穿市過。"

問："蓮花未出水時如何？"師曰："好。"曰："出水後如何？"師曰："好。"曰："如何是蓮華？"師曰："好。"僧禮拜。師曰："與他三個好，萬事一時休。"

問："藏天下於天下即不問。"乃舉拳曰："衹如這個作麼生藏？"師曰："有甚麼難？"曰："且作麼生藏？"師曰："衫袖裏。"曰："未審如何是紀綱佛法底人？"師曰："不可是鬼。"曰："忽遇殺佛殺祖底來，又作麼生支遣？"師曰："老僧有眼不曾見。"

問："學人乍入叢林，乞師指示。"師曰："喫粥喫飯，莫教放在腦後。"曰："終日喫時未嘗喫。"師曰："負心衲子，不識好惡。"

問："劫火洞然，大千俱壞。未審這個壞也無？"師曰："阿誰教你恁麼問？"僧進前，鞠躬曰："不審。"師曰："是壞不壞？"僧無語。

---

① 諦當，恰當、契旨。

問：“如何是山裏禪？”師曰：“庭前嫩竹先生筍，澗下枯松長老枝。”曰：“如何是市裏禪？”師曰：“六街鐘鼓韻冬冬，即處鋪金世界中。”曰：“如何是村裏禪？”師曰：“賊盜消亡蠶麥熟，謳歌鼓舞樂昇平。”問：“如何是諸佛出身處？”師曰：“問得甚當。”曰：“便恁麼去時如何？”師曰：“答得更奇。”

問：“因山見水，見水忘山。山水俱忘，理歸何所？”師曰：“山僧坐卻舌頭，天地黯黑。”

有一老宿垂語云：“十字街頭起一間茅厠，祇是不許人屙。”僧舉以扣師。師曰：“是你先屙了，更教甚麼人屙？”宿聞，焚香遙望大隨，再拜謝之。

紹興乙卯（西元 1135 年）秋七月，天下大雪，山中有異象。元靜禪師說：“我歸去的時間到了。”七月十七日別郡守以次各官僚，過三日示小病於彭州，七月二十四夜謂侍僧說：“天曉無月時如何？”僧無話應對。元靜禪師說：“倒教我與汝下火始得。”第二天回到珊口廨院，留遺誡，蛻然示寂。門弟子奉全身歸大隨山，當時煙霧四合，猿鳥悲鳴。遺體火化後異香遍野，舌本如故，舍利五色者不可計，埋葬於定光佛法真塔之西邊。

後住天童寺天目文禮禪師作元靜禪師畫像贊：“東山一會人，唯他不唧。別處著閑房，叢林難講究。邠水潭蛇出驚人，鈍鐵鍋雞啼白晝。雜劇打來，全火祇候。晚歲放疏慵，卻與俗和同。勤巴子使人勘驗，擲香貼便顯家風。定光無佛，枉費羅籠。臨行搖鐸嚮虛空，那知喪盡白雲宗。”

大隨元靜禪師門下著名的弟子有釣魚城石頭自回禪師、護聖居靜禪師、南巖勝禪師、梁山師遠禪師、能仁紹悟禪師、土溪智陀子言庵主、南修造禪師。元靜禪師不僅傳承了禪宗臨濟一脈的禪法，更是一代開宗立派的大師。


## 四　永慈禪師和大隨山

大隋山自五代神照法真禪師和宋代元靜禪師卓錫之後，進入佛教名山之林。明代初年，這裏的高僧有獨照月禪師和其弟子永慈海舟禪師。

獨照月禪師的事迹現已不可考，但他的弟子永慈海舟禪師是後來的禪宗領袖。據《南宋元明僧寶傳》載，永慈禪師，法號海舟。明洪武二十七年甲戌（西元 1364 年）生於四川成都的余姓家庭。少年時聽人說生死事大，就有感於心，開始考慮人生的意義。因爲研究人生問題，有時十天都不睡覺。他認爲佛法是人生解脫之道，就決志到彭縣西北大隋山景德寺拜在獨照月禪師門下，希望通過佛法探討人生。月禪師喜歡他端厚慎重，認爲可做佛門棟梁，於是給他剃度。到了永樂十一年癸巳（西元 1413 年），月禪師坐化。永慈禪師竟然深入西山，結茅庵隱居八年，自己探究佛法。到二十八歲以後，再次出山，遍及四海，尋訪名師。

永慈禪師出了大隨山後開始拜謁大初和尚，又到南京靈穀寺拜見雪峰和尚。雪峰以師悟處諦當，延師爲靈穀第一座。至安溪，投機於虛白昂禪師。昂禪師以臨濟正脈，囑師保任。昂禪師要傳給他衣鉢，永慈不受，又去了金陵牛首山和東山翼善寺。明正統五年，昂和尚將去世，留囑給門人説，吾有衣法二物，待十年後送至金陵東山海舟和尚受納。過了十年，海舟纔接了昂禪師的衣鉢，成爲臨濟宗法脈的宗門領袖。

## 五　無量禪師和大隨山

"大隨燒蛇"和"南泉斬貓"往往對舉，成爲禪宗著名公案。嘉慶《彭縣志》卷十九稱"神照卓錫爲井，收白蛇於此山麓"。卷末又云："大隋者，成都古天彭之西嶺名刹。昔神照大師，演大宗乘，燒蛇於此。時有一白蛇纏錫不就爇，師曰：做這個形骸，猶不肯捨。乃於七佛樓後卓錫爲井，井上立廟，名曰白龍居。明正統十三年戊辰六月二十，井水忽自湧出，須臾大至。樓殿震動。僧方擊鼓號鐘以警衆。其勢不可遏，遂攀巖緣木，奔騰四走。及回視之，前後樓殿周環廡宇，悉皆陷沒，惟溷厠在山側，不預泯焉。"

上文記載了這樣一個傳説：神照法真禪師並未燒死那條白蛇，並將之放在井裏。到了明朝正統十三年（西元 1448 年）六月二十日，井水忽然自動湧出，有和尚擊鐘鼓報警，但來不及了，大隋山寺院就這樣一下子全部陷沒。這可能是一場地震，或是嚴重的山體滑坡，但寺僧認爲是當年的白蛇修成出山了。正如臨雲道人《大隋山寺碑》所謂："當年古佛，拔火宅之悲，致白蛇之變。"《重修大隋景德寺碑記》則不這麼認爲，曰："或云當燒畬時，有白蛇竟不赴爇，師措入井。圯基者是物也。野人語可笑乃爾。不聞大千俱壞隨他去之語乎？"明顯把白蛇成災的傳説當成笑話。

到了明神宗萬曆二十年（西元 1592 年），大隋山已經落到"宮殿樓閣，胥以傾頹。故墟荒涼，空山寂寞"的境地。這時，無量禪師來了。

嘉慶《彭縣志》卷四十二有臨雲道人《大隋山寺碑》和安漢黃《重修大隋景德寺碑記》。據光緒《彭縣志》卷十載許儒龍《景德寺》詩自注云"僧廊有黃平倩創建寺記"，又據《居士傳》"黃平倩，名輝，四川南充人。萬曆十七年進士"。四川南充，古名安漢。《重修大隋景德寺碑記》一文恰好符合許儒龍所説的"創建寺記"。由此推定"安漢黃"三字後面還缺"平倩"二字。臨雲道人《大隋山寺碑》和安漢黃平倩《重修大隋景德寺碑記》都記載了無量禪師的事迹。

無量禪師，又號天翊，名宗惠，俗姓謝，瀘陽人。年少時投師碧潭和尚，在總聖禪林剃度，立志參修，得念佛法門。後叩京太遍融和尚，受具足戒。其雲遊四方，久參法席。他來到大隋山，睹松竹之幽，羨崖岫之秀，蕭然有出塵之想，又拜木禪古院光相禪師爲師。無量禪師受光相禪師囑咐後，遁迹龍池，遷至大隋山，結茅庵而居，從地裏掘得原景德寺銅觀音像。他認爲這是古佛讓他在此弘法的啓示，且與大隋山有緣，於是在廢寺故基上重建景德寺。《重修大隋景德寺碑記》云："（無量禪師）方歸蜀地，靜隱龍池。今於大隋得古大士像，若有山緣，遂薙草卓庵。檀施日衆。乃寺於故基之石，仍命曰景德。"

嘉慶《彭縣志》卷三十六《高僧》載：

（無量禪師）至木禪古院，遇光相老人上堂示衆云，萬松叢出棟梁材，撑天拄地聖凡該。浩浩輝騰盈世宙，堂堂優瑞滿庭開。青山綠水真如畫，翠竹黃花寶鏡臺。亙古燈傳隨照應，當軒雷震劈銀腮。夫諸法實相，萬物融含。衆生諸佛，空有齊彰。斯則心水澄清，皎月頓現於其中；相法恬然，慧光表揚於格外。由是百年三昧，不離方寸，河沙妙德，總在心源。以心印心，名爲正受，出沒卷舒，應用活潑。把住放行，盡在這裏。杆頭絲綫，具眼方知。格外之機，作者能辨，倘有密證潛符，請出頭來試舉看。無量曰，明鏡掛當臺，森羅列寶階，師宣我出頭，曇花嚮此開。光相老人曰，數常遊法海，曾駕般若舟，今幸偶相逢，金鱗任我鈎。空劫而今，彼此不異。聖也凡也，悉是假名。汝念佛得來是個什麼？師曰，念念無生念即休，堂堂金體免馳求，當機本妙原無欠，撥開眉相覷黃頭。光相云，未審汝將甚麼爲出世手眼。師曰，鞭起須興作舞歌，星飛霧卷空王殿。光相云，速將見性偈來，吾把權柄付汝。師曰，見來萬法本如如，虛空文采畫難摹。聞言吐出廣長舌，建立微塵白玉都。光相云，一錦織成袈裟偈，頌出人天許爾誇。師曰，無相金襴付與阿，大千世界總包羅。仙師悲憫今垂指，燈焰聯芳續祖柯。光相曰，善哉，如是涅槃妙心，從上迦葉得來流傳達摩西來，付授到於我邊，今囑付汝，善自護持。師囑咐後，遁跡龍池，遷至大隋，結茅住靜，掘得銅觀音像，復建招提。

《大隋山寺碑》載：

大明萬歷壬辰，天翊無量禪師，祇遊茲山，睹松竹之幽，羨崖岫之秀，蕭然有出塵之想。於是盟心恢復，立願鼎新。遂示大衆曰：人得此身，必具善果。既具善果，何迷佛性。人在塵勞，惟知塵樂。猶魚在水，而忘水苦。誠恐劫火炎燃，蓮花失潤，則心沉訛謬，勢必透靈光於別殼，神之虛空，豈能圖真宰於本來。人能去迷入悟，自然歸正離邪。女等當發菩提心，力修彌陀業。至易至簡，非色非空。祇須一心歸嚮，總持十六觀門。從此斬垢海之昏波，陟淨土之巔嶺。爾我無忘今日。時有實相、夢覺二師在座，嘆曰：此和尚四大俱空，相無人我。法輪香花，事應昌熾。雞群之野鶴也。各說詩偈，備列於左。實相詩曰：翠柏森森古佛基，神龍一去草萋萋。而

今運轉天荒破，宮殿肇飛尚有期。金啓聲飄到上方，嵐開風靜梵音長。層
霄不阻飛來錫，散得天花遍草堂。夢覺詩曰：未到龍池古佛基，遊人浪說
草萋萋。及來梵刹摩霄漢，不減當年說法期。聞君深處白雲隈，遊子扶筇
得得來。塌下幾回參寶相，山中明月到茶杯。

萬曆三十三年乙巳十月，無量禪師遣門徒道筵禪師嚮名士安漢黃平倩作碑文
記重修景德寺的經過。黃平倩問道："以前嚴陽尊者，單丁住山，有蛇到他掌上
取食。歸宗大隋，為什麼粗魯到這地步？"道筵禪師笑道："這是千餘年未結的
公案。"黃平倩說："假使上人你是公案中的蛇，即嚴陽尊者大隋歸宗執取願見
者。道筵僧沉默一陣，祇說來求作碑記。黃平倩立即作了一首詩偈給道筵禪師：
"嚴陽掌上生，歸宗鎌下死。欲識生死關，問取燒畲裏。"

自從無量禪師重建大隋山景德寺後，大隋山的佛法又得到弘揚，一直到明末
纔再次衰敗。

## 六　行密禪師和大隋山

到了清初，因爲戰亂，四川一片荒蕪，本地佛教寺院可以說是衰頹之極。如
《錦江禪燈》"寶池禪師"條下記載，彭州西禪寺的寶池禪師就遇難於賊手。

清朝最早與大隋山有關的高僧是澹竹行密禪師，其事迹見於清代高僧昭覺寺
丈雪通醉編的《錦江禪燈》卷十和嘉慶《彭縣志》卷四十二冀應熊《澹竹行密和
尚塔銘》。

嘉慶《彭縣志》卷十六《寺觀》載："塔房，在縣西北七十里大隋山中，行
密禪師瘞骨處。前有悔來、喜來二坡，傳昔有道者訪行密至坡，聞師不在，則悔
其來，又一日至坡，聞師在，則喜其來。至今坡石上鐫悔來喜來四字。"

行密生於明萬曆三十七年己酉（西元 1609 年）正月二十三日，圓寂於清康熙
六年丁未（西元 1667 年）二月廿九日。塔全身於大隋之青龍岡。終年虛歲五十九。
據《錦江禪燈》，行密是四川內江人，俗姓姚。曾在天童山密雲禪師處學佛八年，
下山前作偈云："翛然直入千峰去，一任時流把自欺。折腳鐺安亂石裏，頻煨黃
獨且隨宜。"天童山上僧衆不大喜歡，他就趁夜下山，回到四川到佛恩寺見破山
海明上人。"賓主互換，拳踢相應。故有處處逢人打一場之句。"於是就拜在海
明門下。見到四川的戰亂平息，纔到彭縣重辟大隋白鹿寺。

《錦江禪燈》和《澹竹行密和尚塔銘》提到澹竹行密重修白鹿寺，沒有重點說
他如何恢復大隋山的寺院，可見澹竹在大隋山的恢復工作可能不算太多，也祇有
塔房，沒有說景德寺。

《澹竹行密和尚塔銘》說："（行密）方弱冠，遂棄家薙髮於資聖寺。後走金
陵依月潭法師講習。乙亥（明崇禎八年，西元 1635 年）入天童從密雲禪師有年，

隨參嶠老人授以'淛山蜀水'四字。後詣高梁參破山和尚，山雅重之，授以衣鉢。到處多刊語錄傳世。丙午春因破山偶恙，澹竹不遠千里走梁山往省之，方歸而破山圓寂。"

成都知府冀應熊在彭縣白鹿寺見到澹竹行密禪師，大爲傾倒，請他到成都主持恢復草堂寺。到康熙六年二月下旬，澹竹先送信與冀應熊告別。二十九日涅槃之際，說偈以示弟子曰："吾年五十九，大地誰知有。一喝水洄流，西方日出酉。"

據《錦江禪燈》記載，澹竹行密禪師著名的門人有崇寧萬壽寺曉元濟禪師、紫微山自徹琛禪師、成都草堂寺吼一等禪師、新都慈壽寺充裕印禪師、新都寶光寺從穀習禪師。這一脈禪法屬於破山海明禪系，至今還有傳承。

## 七　歷代關於大隨山的題詠遊記

《新編方輿勝覽》記有張商英遊大隨山的句子："西山之勝，在彭門者大隋為甲。"這篇文章現已未能見其全貌，大概是大隨山遊記中的一句。張商英是北宋末年新津人，曾與圓悟克勤交好。當時大隨山大約是元靜禪師任住持，元靜是克勤的同門。很可能張商英是到過大隨山的。

《蜀中名勝記》中"彭縣"一章記載了一首與張商英同時代的郭印的詩，即《遊大隋山》：

> 我聞大隋名，夢寐猶記錄。得檄天彭道，喜氣卻可掬。
> 出城六十里，崎嶇轉江曲。山門忽鬥上，危步依筇竹。
> 崩石帶煙雲，異草羅澗穀。寂鳥下窺人，累猿時掛木。
> 路窮纔見寺，金碧焕雙目。祖師古定光，燈冷無人續。
> 開公生異世，大事如付囑。僧言山長陰，朝暮雲容蠆。
> 茲辰為我晴，迭岫堆濃綠。虛閣倚秋風，一洗塵土俗。
> 舉手揖丹景，橫身跨白鹿。十年勞問訊，親到心始足。
> 坐久燭漸微，借榻雲間宿。山寒寐不成，窗外泉鳴玉。

郭印號亦樂居士，爲成都雙流人，宋徽宗政和五年（西元 1115 年）進士，歷攝銅梁縣，知仁壽縣。從"得檄天彭道"看來，郭印曾經在彭州任過職。

生活在兩宋間的王灼也來過大隨山。王灼，字晦叔，號頤堂，四川遂寧人，著述有《碧雞漫志》和《頤堂先生文集》。《頤堂先生文集》卷二有詩曰《大隋山》：

> 天彭對峙辟兩門，群山左右爭駿奔。
> 金城中間作幾案，大隋踞坐何其尊。
> 境勝地靈誰敢宅，古佛來自東家村。
> 結茅三間初未暇，一庵聊寄枯木根。

> 緇徒駢擁助薪水，王侯漸次迂華軒。
> 玩月峰深崇棟宇，瀑布巖冷清心魂。
> 至今西南推望刹，十世説法雲仍孫。
> 病夫垂老寡所嗜，獨於要妙欲細論。
> 當時戲出隨他語，坐斷報化轉乾坤。
> 邇來衲子多異解，白玉面上加瘢痕。
> 山蔬煮餅姑恣飽，雲氣漠漠連黃昏。
> 空堂附火耿不寐，聽徹猿鳥迎朝噉。

王灼的詩主要是表示對神照法真禪師的欽佩。"邇來衲子多異解，白玉面上加瘢痕。"認爲若解説法真的語録，不過是在白玉上添瘢痕。

許儒龍在清初遊大隨山時，見到楊慎的詩碑，可見楊慎也可能來過大隨山。嘉慶《彭縣志》失收楊慎的這首詩，在其他地方也沒有找到。

給大隨山留下詳細遊記的，是清初的許儒龍。他留下《遊大隋山記》，見嘉慶《彭縣志》卷四十二和《許水南徵君詩文集》。

許儒龍，郫縣人，光緒《彭縣志》認爲是他彭縣人。他在清雍正十一年六月偕朋友來遊大隨山。許儒龍是從原白衣庵登山的，"路曲折如率然，旁矗奇石，嵌空玲瓏。仿佛包山太湖産。余與振斯嗟賞久之"。這玲瓏奇石大概是一個經過千百年雨水侵蝕的石灰巖。他還有五律一首寫此，題爲《玲瓏石》，此詩及以下數首均見於《許水南徵君詩文集》：

> 昔聞洛下圍，品石著一一。今見山中石，仿佛巨然筆。
> 嵌空巧貯風，蒼翠正烘日。遙遙千百年，不遇張承吉。

先到澹竹和尚塔院，至今稱"塔房"。他説："自此步益高，又里許有碣曰大隋山徑。隋大業中，僧神照奉敕開建，故名。"

"徑皆甃石，勢漸昂起。將半里，臨一溪，時新漲未久，橋路俱圮。因取石樑達磴道，陟上三百級，横折二百餘級，入澹竹和尚塔院。"這裏，許儒龍也寫了《塔院》詩一首：

> 多年竹老人，遺蜕一拳石。
> 風林想禪誦，雲竇覓行跡。
> 茫茫今古間，誰識後來客。

接著，衆人安頓好物品，略作休息，前往景德寺。"至一峻嶺，無樹可蔭。方懼道喝，而嶺半有廢亭，榜曰四顧，明天啓中立。上雨旁風，土偶已無首矣。"於是作《四顧亭》：

> 古亭欹半嶺，目曠意悠然。

怪彼局觀客，偏宜一綫天。

"又五里，岡勢蜿蜒，凹處為景德寺，神照禪師燒畬舊址。"

許儒龍在這裏讀到僧廊的黃平倩碑文，當即見於嘉慶《彭縣志》卷四十二的《重修大隋景德寺碑記》。許儒龍爲此寫了一首《景德寺》：

千山崒嵂凌虛入，一寺蒼涼歷劫存。
客喜奧區聊駐屐，僧憐幽徑別開門。
到窗日冷危峰矗，棲檻雲流怪石蹲。
漫認前朝披短碣，蝸涎剝落老苔痕。

這首詩下自注："僧廊有黃平倩創建寺記楊升庵詩碑。"

接著，他們繼續攀登，登上更高處的原木禪庵："西偏卓小庵，風戶雲窗，迥非人境。憩足簷隙，下視遠近諸峰，絲縷畢現。南望岷江，僅一衣帶水，而青城瓦屋，隱隱若墨痕，不知其幾百里也。庵左樹三柯，葉異常木，寺僧謬指謂銀杏，又謂千年木。本皆旁出盤曲古根間，如抱如附。蓋老樹已朽，此其孫枝也。"爲此，許儒龍作《木禪庵》，自注云"山巔古木圓徑丈餘中空如廠昔有老僧巢之"，詩云：

幽尋得趣不知勞，踏蘚捫蘿步漸高。
雲外振衣凌倒景，松間覓路入秋毫。
僧居怪僻名聲久，神守靈奇結構牢。
迥立空亭誰共語，亂風飛葉打青袍。

他們沒有繼續上天臺山，就原路下山："泉旁有徑，至龍池可五里，至天臺絕頂，可二十里。余欲竟登，同行執不可。又聞前峰鳴雷，恐驟雨且至。適得一藤杖，遂扶掖以下。"許儒龍寫了一首《藤杖》，自注云"得於木禪庵"：
攜來峰頂瘦藤枝，未老先防老去時。
他日醉眠閒倚壁，漫驚雷電索蛟螭。

許儒龍這次登大隨山，留下了詳細記錄。這篇遊記，可以與光緒《彭縣志》的相關部分相印證。

乾隆末年來過彭縣幾次的李調元的紀遊詩裏沒有詠大隨山的，大約他也沒有上過此山。但他在嘉慶初年題《天彭紀略》的詩中有一首《大隋山》：

大隋山頭景德寺，神照禪師錫所投。
龍井至今猶作幻，滿山生竹盡龍頭。

這首詩不過是骪桰了書上記大隨古迹的話，可與前引《蜀中名勝記》文字對應，算是大隨山佛光照耀千年後蕩漾的餘波。

# 八 結 語

佛語有云，物有成住壞空，大隨山亦然。一從高僧去後，誰見山林寂寞。光緒《彭縣志》還略有提及，大隨山逐漸淡出人們的視野，到了近世，山上寺院等痕迹煙消雲散，祇剩下一些地名傳諸人口，本地人也不大知道這古代的禪宗名山曾有的輝煌。1989 年版《彭縣志》對大隨山幾乎沒有專門論述，今天的通濟鎮人一般都祇知有天臺山，不知有大隨山。大隨山曾是禪宗歷史中高僧輩出的名山，也是彭州最重要的佛教名山，任其湮沒在歷史長河中，不免讓人深爲感慨。

作者單位：彭州市磁峰鎮花塔村

# 對一條古驛道的文化勘厘

## ——以成渝古驛道爲例

### 成都凸凹

## 一 有一種文明叫驛道

出生至今，五十四年間我居住的地方依次是都江堰、重慶、萬源、白沙、龍泉驛。這些地方，要麽傍河流，要麽穿古道，要麽河流古道兼而有之，無一例外。

但這不是孤案。

人類的落居、社區、城池總是沿著河流與古道布局的，先前的人類更是。就承載人類棲身的載體而言，古道是文明的產物，河流（不含運河）卻不是——早在文明萌芽前，河流就在那兒了。黃河流域、長江流域以及尼羅河流域、恒河流域、兩河（底格里斯河、幼發拉底河）流域無不是人類文明的策源地。

文明誕生後，要蕩開一筆拓寬地盤，此地的文明要叩訪彼地的文明，兩地或多地的文明要整合資源、取長補短、抱團取暖，乃至野心漸生，妄圖將同類取而代之，祇需搖舟浮水而行，或甩開腿腳順著兩岸河灘走就可以了。

但這樣是不夠的，但僅僅有河流是不夠的，因爲人類不僅足夠貪婪，還足夠聰明——這就爲人類在陸地上發明旱路提供了精神支援和智力保障。

從此地到彼地，其實不通過陸路，祇順著或逆著河流走也總是可以完成的，祇不過哪怕百十里路程，也要千里萬里奔向大江大海再繞道而去——從大海出發可以去往任何一條河流。但人類又是懶惰的，怕苦怕累並痛惜時間，於是，他們便勤勞、不怕苦累地放下河流，放下大海，拎一把柴刀從住地出發，穿森林，翻高山，過峽谷，直端端向目的地走去。"地上本沒有路，走的人多了，也便成了路。"（魯迅）這樣的路，有文明，但含量不高。

文明含量高的，是後來的被稱作"驛道"的路。

驛就是舊時供傳遞公文的人中途休息、換馬的地方，亦指供傳遞公文用的馬。換言之，驛有兩種意思，一種指某種靜態的地方，一種指某種動態的馬。這兩種意思又有一宗共通的意思，那就是二者皆隸屬國家，是專供公家人吆喝差遣的。

好些地方，已經有了河流了，但河流的邊上依然有一條驛道，那是爲了給遠行人多一種選擇：下水乘船，上水走路。

　　驛道除具有路的全部功能外，還多了一些更能伺候人的功能，比如快速通郵、按規制接待，尤其政治功能。官馬大道之説，行路回避制，就是政治功能的體現。説白了，驛道也就是中央與地方之間的紐帶，所謂上傳下達、政通人和，都是驛道完成的。皇城外所有的奏章，大喜與大悲，無不從驛道的蹄聲中來。沒有驛道的聲響，皇帝老兒兩眼一抹黑，無端發火，心是慌的。

　　《現代漢語詞典》(商務印書館出版，中國社會科學院語言研究所編)在第 1359 頁，有對"驛"的注釋："驛站。現在多用於地名：龍泉～（在四川）。"

　　《現代漢語詞典》一説驛就説到了龍泉驛，那龍泉驛又是怎麼説自己的驛的呢？"漢置郵亭，唐設驛傳，元改站赤，明曰驛站，始稱'龍泉驛'，並沿襲至清末，爲川中名驛。"這就是龍泉驛從殘碑、史籍中刨出的驛脈。

　　那麼，何謂郵亭、驛傳、站赤、驛站？何謂龍泉驛？

　　驛的稱謂普遍出現在漢代，郵亭也盛行在漢代。漢代之前，主要用烽火、聲響（鼓、鑼、炮等）、水漂、飛鴿、飛箭和單槍匹馬的專人來傳遞資訊。到了漢，就出現了一批以短途奔行、接力賽似的方式傳遞文書、信函的專業隊伍，時人把這種你傳我、我傳他，一直把手中物傳到目的地的設立於交通綫上的傳遞文圖資訊的方式喚作郵。而把管理這種方式的機構，稱爲郵亭。郵亭，也是步傳信使的轉運和休息站。"十里一亭，五里一郵，郵人居間，相去二里半"（《漢舊儀》），即指此象。意思是説，一位郵差與另一位郵差一次接力的距離是五里，亭與亭之間的距離爲十里；郵亭的郵差在兩郵中間的兩里半處交接書信。漢高祖劉邦曾出任泗水亭亭長一職，但這個泗水亭，應該不屬於設立於交通綫上的郵亭性質，除了郵，它還擔承有轄地治安等方面的職責。

　　肇始於大漢的跨國商道"絲綢之路"通江達海，沿著它走，可以走到羅馬。從這一點看，驛文化對絲路的啟發與推動居功至偉。

　　驛傳即郵驛，即使用輕車快馬一站一站不減速地傳遞文書。由此可看出，唐代龍泉驛的交通路況和經濟實力已大大好於漢時了。

　　站赤爲驛站的譯稱，乃由蒙語音譯。成吉思汗仿效中原驛傳制度，全國遍設站赤，構成以大都（今北京）爲中心的稠密的交通網。

　　至於是十里一鋪、五十里一驛，還是五里一鋪、三十里一驛，抑或其他尺度，則每個時代、每條驛道上的鋪、驛都是不同的。這種不同，與朝廷的重視、經濟實力、戰略位置和人口密度等諸因素有關。運營一條驛，比投建一條驛難得多。"每驛設驛長一人，驛夫若干人，一縣之驛由縣令兼理。"驛有驛田，備有車、馬、船等以供使用。以清代劍閣道爲例，大致爲 10 里一鋪、40 里一驛，每鋪、驛設司兵 2～5 人、驛馬 12～16 匹、馬夫 2～6 人、扛夫 10～20 名。鋪、驛站還對驛丞、管理、文書、獸醫、公館、廚師等人員設有正式編制，加上臨聘人員，既護路、護林、防匪，又解決迎來送往問題。

"明蜀王陵落戶龍泉驛，説明朱家人是看重驛的。而這種看重，事實上，從他們的始祖皇帝那兒就已經見了端倪。朱元璋的女婿，通過官郵捎了幾袋榛子，被朱元璋勒令如數補上私用驛夫的銀兩；另一個女婿利用官驛走私茶葉，竟被岳父大人賜死。爲了驛，皇帝可以毀掉女兒的幸福。驛是神聖不可侵犯的。"這是我寫在《花蕊中的古驛》（成都時代出版社 2004 年版）一書中的一段話。陸仲亨以開國將軍之尊，因擅乘驛車被削爵，罰往雁門緝盜。在明初，驛是神聖不可侵犯的，祇有很少的軍務和欽差人員可以使用驛傳系統。驛站制度在明代達到了頂峰。

驛站相當於現在的郵電局（含通訊公司、快遞公司）兼招待所兼高速公路服務區。過客需要使用公家的驛傳系統、享受驛道待遇是需要朝廷開具的馬牌（又名關）的。明代後期，馬牌管理失控，不僅可借，還可賣，這就出現了大問題。光是維持驛站機制的正常運轉和接待侍候絡繹不絕的過往官員、驛使及不明身份的持牌者，就弄得俸祿極低的沿綫當地官員和驛吏捉襟見肘、苦不堪言、官不聊生。接待的內容除了吃、住、夫役和換馬，甚至還有上路的盤纏，以及爲保仕途順遂而咬牙實施的打賭式的忍痛打點。這裏有個例子可鑒説明代驛官之苦。海瑞在淳安當知縣時，總督胡宗憲的公子及隨從路經淳安，窮酸的驛吏招待得沒能讓公子滿意，公子一氣之下便把驛吏綁了，頭朝下吊了起來。海瑞因此在《督撫條約》中感歎："州縣理民事，驛丞管過客，祖宗制也。阿諛作俑，流弊至今，縣官真做了一個驛丞，知府之身亦當驛丞之半，殊失初制。"

官不堪自己受苦，又把這苦轉移到了民身上。本無公權的徐霞客當年就是憑地方官贈送他的一塊馬牌，沿驛道在廣西遊歷時，呼役喚轎，很是狐假虎威了一把。他的《粵西遊日記三》透露了相關資訊。

面對驛的失控，崇禎氣壞了，忍無可忍，御筆一揮，一下裁減驛站三分之一。這樣一來，衆多驛卒下崗了，其中一位就是李自成。下崗的李自成不堪被下崗，揭竿而起了。至此，我們忍不住發問：驛道的力量真有那麼大，可以昌興一國江山，也可以推翻一個王朝？

明代一處驛站到底需要多大的開支呢？這裏有個記載："龍泉驛，旱夫六十名，該銀四百三十二兩；號衣三兩六錢；廚子六名，該銀四十兩二錢；馬四十五匹，每匹三十兩，共銀一千三百五十兩，供應銀二百四十兩，每年共二千六十八兩八錢。"（明天啟年間馮任修《成都府志》）從耗銀供給來看，成都府 22 個驛站中，龍泉驛的規模僅次於錦官驛。

萬曆年間的《四川總志》裏記載有這麼一個故事。時任巡撫都御史的羅瑤在上報的一折文書上簽批道，多年來上邊該撥未撥給簡州所屬驛站的紋銀已近千兩，而布政司新近又查出龍泉驛私設了一種叫"碾課銀"（按加工米的碾子收稅，這種私設稅在成都府地盤正大光明存在著）的稅種，請示是否要查處，以寬民心。結果心知肚明的上邊答復說"某項照舊，不必拘泥成議，惟求官民兩便，上下稱安，永久可守"。

據《大明會典》記載，當時四川驛站數量達 144 處，是全國驛站最多的省份。

錦官驛的旁邊有所名錦官驛私立小學的學堂，1909 年，老家在成渝古驛道上的陳毅成了這裏的一名學生。那時陳毅叫陳世俊，入校後他的老師裴野堂爲他改名爲陳毅。陳毅兄弟後來勤工儉學去法國，培養並公費派送他們的人，是他們就學的中國留法勤工儉學總會成都分會預備學校教務長、龍泉驛大面鋪人馮元勳。

出於軍事、治安和經濟目的，驛道上的重要隘口處往往還設有抵禦來犯和盤查路人用的關城，比如成渝古道上的浮圖關、壁南關、雲峰關，比如金牛道上的劍門關。

驛站是官辦的，祇接待在廟堂討食的往來官差和信使，而隨著民間行旅、商隊、車馬在驛路上流動得越來越稠黏，驛站、店鋪、關城周遭便逐漸聚集起了更密集的酒肆、茶館、棧房、妓樓、賭場、商鋪等百業百態，久而久之，場鎮出現了，甚或縣城也誕生了——比如成渝驛道上的龍泉驛區、隆昌縣。從一個驛站的名字成長、升格爲縣級以上的行政區的名稱，龍泉驛是全國唯一；隆昌縣是由一個叫隆橋驛的驛站蝶變展形而來的。

路在增加文明含量變成驛路後，就呈現出了與河流同樣的功能——把人類留在自己身邊，或者説被人類綁架了去。

這樣，一些文明沿著河流走，一些文明沿著驛道走。

這樣，一些重要的文明聚落就坐落在了驛道與河流的交割處，比如以成渝古驛道爲主幹的驛道與長江的交割就生發了現在的重慶，與岷江的交割就壘築了現在的成都。

## 二　有一支驛道連巴蜀

1911 年農曆八月十九日（西曆十月十日）夜，辛亥革命第一槍在武昌打響。之後，各地紛紛舞旗應和，劈里啪啦響起了推翻滿清的起義的槍聲。四川（川渝）起義的第一槍是九月十五，在一個驛站的所在地響起的，這個驛站就是龍泉驛。

我移居龍泉驛二十三年了，但我知道龍泉驛，卻是因爲讀了李劼人先生的非虛構小説《大波》。先生對四川首義的發生及發生前後的情狀做了生動而細微的描寫。先生不僅讓我知道了龍泉驛站，還讓我知道了成渝古驛道——我第一次聽説時人口稱東大路的成渝古驛道就是《大波》告訴我的。

　　《大波》（第三部）在"在匯爲洪流的道路上"和"重慶在反正前後"兩章中，寫了隨東路衛戍部司令駐紮龍泉驛的夏之時（留日歸來，革命黨人，時任四川新軍十七鎮步兵排長）如何在場上高升官站打響第一槍，如何起義，起義後又如何在短短時間內出任了蜀軍都督府副都督。起義成功後，夏之時帶著 6 個大排共三百多號人的隊伍撤離龍泉驛，打著牽藤火把，在場東土地祠大黃桷樹處集合出發，朝著遠離省城成都趙爾豐的方向疾走，這樣就走上了東大路。順著東大路，過山泉鋪、石橋井，到了簡州。本欲經資州去自流井的夏之時，聽説清廷大臣端方率領的湖北兵沿東大路西行已到了資州，就決議避之而走川北道。義軍本欲繞樂至縣城行，卻在童家壩攔截了一郵差，拆開打了蠟印的郵袋看了密信後，便冒充省城援軍拿下了樂至縣城。因追兵逼近，到了安嶽後，本欲去川北或川南的夏之時，陰差陽錯地向東南去了重慶方向。隊伍自驛道旁逸斜出，從潼南乘船順涪江而下，經銅梁，在合川入嘉陵江達重慶。兵臨城下時，隊伍已達八百多人，加上非戰鬥人員，共有一千四百多人。十月初二，隊伍過浮圖關，經通遠門（西門）入了已被同盟會控制的重慶城。

　　從龍泉驛到重慶，夏之時率起義軍沿成渝古驛道和涪江走走停停用時十七八天。

　　作爲大城，成都、重慶是重要的，無論對西南還是全國，也無論從經濟還是文化而言，它都是重要的。因爲這種重要，就使得像河流一樣流淌在兩城之間把兩城緊緊連接在一起籠合爲一體的道路，也變得重要了起來。

　　這條道路，現在不止一條了，有老成渝公路、成渝鐵路、成渝高速公路、成遂渝高速鐵路、成渝高鐵，還有即將通車的成安渝高速公路。

　　在先，也就是老成渝路全綫竣工通車的 1933 年以前，卻祇有一條，這條官馬大道叫東大路，也就是前邊所謂的成渝古驛道。

　　以東命名一條大路，顧名思義，命名的自是東出成都的一條寬廣平坦的幹道。在成都，被命名爲大路的幹道有三條：北大路、東大路、中大路。但自從出成都北門通往萬縣的中大路於清雍正年間裁撤所有驛站後，就祇有北大路、東大路兩條了。北大路經金牛道抵陝西沔縣（今勉縣），設驛站 19 處，共 1 185 華里。其他的四條去往雪山、草地和高原的作爲幹道的通松潘、通建昌（今西昌）、通打箭爐（今雅安）進而西藏、通宜賓入雲南的驛道，以及川北、成繁、唐安、廣都四條古驛道支綫，相形之下，就顯得不如兩條大驛道那麼"位高權重""聲名顯赫"了。

　　"揚一益二"，説的是盛唐時期，舉國城邑之盛，數揚州第一，成都次之。成都在全國的地位可想而知，大道以成都爲原點命名太正常不過了——否則，對重慶而言，東大路實該叫西大路；對沔縣、長安而言，北大路實該叫南大路。

　　流經成都的河流有二：岷江和沱江。走水路出川，順二江漂至長江就可以了。

　　由此可以得知，古時的成都，走陸路的話，去中原可走北大路往長安行；去江南，則可走東大路或中大路至長江邊，然後寄舟而下。

　　不管怎麼說，對成都而言，對出川、進川而言，東大路都是無比重要的。

　　清末，一位叫傅樵村的人遊走了一遍成渝古驛道，並把他走的里程和站點記在了《成都通覽》一書中。他說他從成都東門（曾名東闉門、萬春門、迎暉門）出發，五里到牛市口，再五里到沙河鋪，再十里到釁門鋪，再五里到大面鋪，再十里到界牌鋪，再十里到龍泉驛，再十五里到山泉鋪，再十里到柳溝鋪，再八里到茶店子，再七里到南山鋪，再十五里到石盤鋪……一路向東，止步於重慶府通遠門，共記下了 114 個站點和里程。彼時，東大路路寬 5—8 尺，石板路面，途經地域有龍泉驛、簡州、資陽、資州、內江、隆昌、榮昌、大足、永川、璧山、九龍坡，全程 1071 華里。

　　成渝古驛道全綫早在漢代就成形了。《成都市交通志》載：“漢代，成都東出翻越龍泉山，經蜀郡轄縣牛鞞（今簡陽縣）、資中通巴郡的道路已立爲驛道。”

　　唐宋時，成渝間除了時稱東大路的南道，又新開闢了一條經中江縣大華鄉、遂寧、合川到重慶的北道，亦立爲驛道。北道興起後，南道不再受寵。明代，南道復興，北道退出驛的在編譜系，官家不再爲它列支修繕、運轉費用，任其自生自滅。

　　明朝朱家皇帝不僅喜歡建驛站，還喜歡命名。除成都城外東南角錦江邊建有水陸兩用的錦官驛外，還在成都東門至重慶西門沿途建有龍泉、陽安、南津、珠江、安仁、隆橋、峰高、東皋、來鳳、白市、朝天共 11 個驛站。

　　對於什麼把東出成都的首驛命名爲龍泉驛，史書沒有隻言片語的記載。我的推測是，既然這個驛站擇址建在龍泉山脈主峰腳下隸屬成都府簡縣的龍泉場鎮上，那就把它呼爲龍泉驛吧。龍泉山脈起於安縣止於樂山，長逾 400 里，其名唐時曰鹿頭山，宋始稱今名。但這一地帶上，沒有哪個地方適宜並敢於取龍泉之名。由此看來，若非龍泉山脈最高峰（海拔 1 051.3 米）這一地緣關係，龍泉鎮（此前謂王店鎮）之名斷不會出現，蓉東首驛斷不會取名龍泉驛。明代出成都府東門的路叫龍泉路，這自然跟東邊有龍泉山、龍泉鎮、龍泉驛有關。隨著龍泉驛的興起，其南側的靈泉縣故址（小東陽鎮）就漸漸失去了它應有的功能，最終連形帶名都湮沒在時間的魔變中了。而唐宋時，東陽、靈池、靈泉（今龍泉驛）縣爲蜀巴道上的重鎮，“商賈輪蹄，往來幢幢，不減大郡”（宋·袁輝《通惠橋記》）。

　　變是正常的。因此，對於一條古道來說，在歷史的搓揉中，不同時代其軌迹有所偏移，其地名有所出入，再正常不過。

　　常年奔波於東大路成渝段上的道上人不僅善旱路徒行，亦善時下流行的大資料説事。他們説，從重慶府到成都府啊，須經過兩門（通遠門、迎暉門），兩關（浮圖關、老關），一崗（走馬崗），一坳（丁家坳），五驛（龍泉驛、南津驛、雙鳳驛、來鳳驛、銅罐驛），三街子（楊家街、史家街、迎祥街），五鎮（石橋鎮、銀山鎮、椑木鎮、李市鎮、安福鎮），九鋪（石橋鋪、郵亭鋪、石盤鋪、赤水鋪、南山鋪、山泉鋪、大面鋪、沙河鋪）。又説，"五驛五鎮三街子七十二堂口"，一個堂口 15 里。這是他們認爲重要得不能不記的地方，其他地方則可排開在"大資料"之外了。每天的腳程以七八十里計，全程須走半個來月。官方快遞消息，每跑 15 里換一匹馬，最快祇要 8 小時。至於那些以沿途售賣貨物爲生計的商販，一個來回兩三個月也把不准。

關於東大路，説到這裏，似乎説完了，其實沒有，至少還有兩點沒説：一是它的真正終點，一是它的支路。

其實簡陽石盤鋪（與我住地相距 28 公里）人氏傅樵村累死累活走了 114 個站點也沒能將東大路走完，因爲他祇走了東大路成渝段。他要走完東大路全程，就得在重慶府朝天驛宿一夜起來繼續走，向東北方向走，經分水驛、墊江縣、梁山驛、萬縣、雲陽、奉節，抵達巫山小橋驛，纔算走完東大路全程。過巫山，一抬腿就踏入湖北境巴東縣了。東大路全程共設驛站 17 處。

還是在唐宋，東大路廊帶上還生出來一條被時人稱爲"東小路"的支路。這條支路從東大路上的簡陽分岔出去，往樂至方向走，經安岳、銅梁、璧山、沙坪壩、高店子、歌樂山三百梯、小龍坎，與東大路匯合於佛圖關。較之繞道經資州、內江等"大城"而行的東大路，東小路抄了近道，因此短 260 里。

辛亥年間，重慶府城防空虛讓革命黨輕易得手的一個重要原因是，端方率兵離城往省城"平叛"去了。端方從重慶府出發來成都的那一天，正好是夏之時在龍泉驛起義得手往重慶去的那一天，都是九月十五。祇不過端方走的是南邊的官馬大道東大路，而夏之時走的是北邊的東小路再水路。得到消息的端方本想在東大路上迎頭痛擊夏之時，卻不承想經驗主義、官僚主義和享樂主義使自己犯了路綫錯誤，並最終連自己的大臣命也搭在了東大路上。順便説一句，滿洲正白旗人端方不僅是官至直隸總督、北洋大臣的顯貴，還是金石學家和中國新式教育的創始人之一。

## 三　有一條詩路叫東大路

一年十二月

您的煙斗開著罌粟花

溫暖如春的家庭　不鬧離婚

不管閒事　不借錢　不高聲大笑
安靜如鼠　比病室乾淨
祖先的美德　光滑如石
永遠不會流血　在世紀的洪水中
花紋日益古樸
作爲父親　您帶回麵包和鹽
黑色長桌　您居中而坐
那是屬於皇帝教授和社論的位置
兒子們拴在兩旁　不是談判者
而是金鈕扣　使您閃閃發光
您從那兒撫摸我們　目光充滿慈愛
像一隻胃　溫柔而持久
使人一天天學會做人
早年您常常胃痛
當您發作時　兒子們變成甲蟲
朝夕相處　我從未見過您的背影
成年我纔看到您的檔案
積極肯幹　熱情誠懇　平易近人
尊重領導　毫無怨言　從不早退
有一回您告訴我　年輕時喜歡足球
尤其是跳舞　兩步
使我大吃一驚　以爲您在談論一頭海豹
我從小就知道您是好人
……

　　這是居於昆明的資陽人于堅寫的《感謝父親》，我把這首詩看成是著名詩人于堅對父親及其祖地的致敬與感恩。于堅的父親生長在東大路（成都經重慶抵巫山去往湖北的古驛道）上，骨血的秉性中或多或少都輾上了東大路的輪印。

　　中國不僅出產五光十色的絲路，還出產韻味十足、靈光閃爍的詩路。東大路就是一條詩路，一條堪稱奇迹與偉大的詩路。

　　爲說明這一點，必須廓清這條交通大道的文化肌理與歷史文脈並來個大起底。

　　雖然在很長的歷史流變中，以成都爲核心的蜀文明與以重慶爲核心的巴文明都居住在同一地方大員統理的治地内，但二者卻是分屬不同的文化體系的。

　　關於巴人，《華陽國志》説：“周武王伐紂，實得巴、蜀之師，著乎《尚書》。

巴師勇銳，歌舞以淩殷人，前徒倒戈，故世稱之曰‘武王伐紂，前歌後舞’也。”顯然，巴人善武、勇銳，又熱愛高蹈的藝術。

關於蜀人，《華陽國志》又說：“周失綱紀，蜀先稱王。”稱蠶叢，稱柏灌，稱魚鳧。三代先王之後，又稱杜宇，再稱鱉靈（國號開明）。這一路稱下來，雲裹霧裹，把古代天才李白都弄暈乎了，於是忍不住朝天慨歎：“蠶叢及魚鳧，開國何茫然！爾來四萬八千歲，不與秦塞通人煙。”顯然，蜀人陰柔、睿智，善設計、易容與化裝術。

可見，巴文化、蜀文化乃至二者交媾出的巴蜀文化，是一種特別適合化詩的文化。司馬相如、揚雄、陳子昂、李白、薛濤、蘇東坡、楊升庵、郭沫若、何其芳等無不是這種文化血脈的承襲者。

及至明末清初，因無數次的戰亂與殺伐，巴蜀大地重新洗牌，應該說已完全沒有了與古蜀時期一脈相承的巴人與蜀人了。即或如此，移民們駐紮巴蜀大地後，巴地上的人身上又附著了巴文化的符號，蜀地上的人身上又有了蜀文化的血液。這就是“一方水土養一方人”“橘生淮南則爲橘，生於淮北則爲枳”的真切道理。所以，不管古人咋說，就現今人看來，巴人耿直、好動、理想，更武一些，蜀人重禮、逸樂、現實，更文一些。

由此可看出，東大路擔負的，是兩種截然不同甚至對峙的文化。由此可看出，對於在中國具有重要地位的巴文化、蜀文化，東大路這塊特殊的磁鐵，有著不可替代的吸附、溝通、協調、聚合，以及擴張與收縮的作用。這條路讓對峙化爲陰陽相濟、取長彌短、優勢互補了。

正是這種作用，正是東大路與東小路的主輔並立，讓成渝之間呈現出了“兩路一帶”的文化景象，包括政治、經濟、文化在內的所有文明都在這“兩路一帶”上找到了自己衍生和闊展的溫床。

當然了，這也是東大路找到了巴文化的底牌和蜀文化的機栝，繼而打通了二者的隱秘關節。

埋首在史籍、碑刻中刨找東大路文脈，我們一路上會得到一長串掛一漏萬的名字：萇弘、朱桃椎、段文昌、賈島、馮時行、度正、秦九韶、趙貞吉、張佳胤、駱成驤、傅樵村（傅崇矩）、劉師亮、張善子、謝無量、劉子華、張大千、晏濟元、賀麟、羅淑、范長江、楊明照、陳子莊、王叔岷、周克芹……抬起頭一看，又看見了一些名字：邱笑秋、白德松、劉心武、阿年、李鳴生、庹政……

成都文化人多居城東東大路沿綫。在龍泉驛工作十餘年的陳世松教授在《天下四川人》一書中說，過去，成都人譏諷見聞狹隘、思想迂腐的知識分子，有句口頭禪叫：“牛市口這邊的學者。”對此，劉咸炘（1896—1932）不以爲然，對友人談笑說：“我倒真是牛市口這邊的人。”劉咸炘，這位從未出過夔門的大家，在其短短一生中，爲後世留下了學術巨著《推十書》。史學家蒙文通評價他説：“一代之雄，數百年來一人而已！”

這條道是出人物的。夏之時出成都東門走到龍泉驛，又從龍泉驛走入重慶西門，短短一個月時間，就從排長走成了副都督。陳子莊一生都在走，都在東大路上走，從一位沿著古驛道叫賣糖食的窮少年，走成了名遐天下的“東方的梵古”。

古往今來的文人墨客、達官顯宦在這條道上多有留迹，比如馮玉祥、葉聖陶、陳子莊等。“出郭白雲朗，登山紅樹秋。馬蹄輕熟路，峰影界地州。去往常無定，嬴餘苦浪求。勞人多聚散，歸雁識鄉愁。”這是清代大詩人張問陶寫的，叫《歸遂寧發成都龍泉驛》。

或許，這一切的努力、積澱、鋪陳，僅僅是爲了於不經意間帶出驛道新詩的廣大輝煌？

康白情、吳芳吉、陳毅、杜谷、王爾碑、孫靜軒、木斧、流沙河、石天河、張新泉、楊牧、傅天琳、李鋼、周倫佑、魏志遠、于堅、梁平、靳曉靜、凸凹、向以鮮、牛放、宋渠、宋煒、李元勝、鄧翔、菲可、冉冉、瀟瀟、龔學敏、蔣藍、吳向陽、野鬼、唐詩、何春、波佩、何房子、唐力、陶春、李海洲、熊焱、宋歟焉……東大路給出的這個不完全單子，不正是中國新詩持漢語之美和西人西語之自由從舊制式中抽身轉向而呈現出來的大致脈脊？

其實出現這樣的景觀並不奇怪，因爲“四川詩群”“重慶詩群”兩大詩歌集團已然在詩江湖上取得了公認的重要地位，更何況如今又被一條古驛道出面做加法，來了個資源整合、強強聯手？所以，不出現這樣的景觀那纔奇怪呢。

但怎麼説都還是出現了奇迹。四川、重慶那麼大，僅此一條二三米寬的石板路串起的詩人及其詩歌，就勝任了代表兩個詩歌大省（市）的使命。

爲了説明這條古驛道的含詩量有多高，我們來看一組資料。四川有區市縣183個，重慶有38個，共221個；東大路成渝段所涉區市縣17個；東大路成渝段所涉區市縣占四川、重慶區市縣總量的7.7%。就是説，占比7.7%的地塊，卻占有百分之八十以上的詩歌份額。至於古驛道鋪排出來的占地體量那就更小了，不過四五平方華里、一平方公里罷。

除了詩人與詩，這條驛道上的詩歌遺存、景觀、流派、載體也是層出不窮、有著很高的密度的。比如安嶽的賈島墓，龍泉驛的孫靜軒墓、中國桃花詩村、鄉村詩歌節；比如駐紮錦江區的《星星》詩刊，發軔內江的《存在》及詩群，出自渝中區的《界限》及詩群，落地簡陽的微信公衆號“詩歌天地”；比如榮昌唐詩操持的中國當代詩歌獎及《雙年詩經——中國當代詩歌導讀》，等等。

有什麼樣的風水，就有什麼樣的詩歌。蜀風巴水，尤其東大路上的蜀風巴水，是餵養詩歌的最好的食糧。關於這一點，對四川、重慶詩人的作品稍有研判的人，都會得出這一結論。

　　成渝古驛道的風雲當然是不會僅僅被一張文化之掌蓋住的，它還是經濟之道、政治之道、軍事之道。當日本鐵騎縱橫中國大地的時候，它是抗戰大後方最堅執的、也是最後的一股力道。

　　本人不才，唯其血脈與這條古道緊密扣合。我的祖父祖母率膝下仁子居住在重慶九龍坡，母親祖地內江，父親埋骨龍泉山；我自己的這個小家已定居龍泉驛二十又四年了。

　　東大路像黑洞吸附著我，像獄繩綁縛著我，讓我歡喜得不能動彈，祇能老老實實在石板一樣的格子上刻字、爬行、終老去。


　　　　　　　　　　　　作者單位：成都龍泉驛區文聯

# 懷念繆鉞先生

周九香

1996 年秋，四川大學百年校慶之際，我曾製作了一個歷史系 53 級課程表。寫了幾句話："母校情深，師恩難忘。風雨征程，桃李芬芳。""離別校園歲月多，師友太半渡靈河。撫摩參天銀杏樹，春風化雨發新柯。"那時節，我們年級同學畢業離校已四十年，都是 60 歲左右的老校友了。

當年，我們的任課老師，都很認真負責。在中華人民共和國成立初年，出版的書籍刊物甚少，各科教材，正在逐步建設。教師們，課堂講授，課下輔導，布置作業，課堂討論，期末筆試或口試，都很嚴格地要求每個同學。當時的高等教育，受蘇聯教育制度的影響。中學學了六年的英語，改成俄語。有一學期，還實行一個上午上六節課的課程安排。不過，我們的課程安排，明顯具有"中國古代史專門化"的歷史學科特點。在徐中舒、繆鉞、蒙文通等老師的教誨下，我逐漸進入中國古代史學科的學術領域。

我在二年級時，學年作業爲《春秋時代的霸業》，由徐中舒指導。

三年級的學年作業爲《漢書·趙廣漢傳》點注，由繆鉞指導。學年論文爲《論孔子》，由唐嘉弘指導。

四年級，繆鉞先生指導畢業論文四篇。① 周九香《中國歷史綱要秦漢史部分史料之檢討》；② 徐春曦《曹魏屯田制》；③ 陳光宗《西晉門閥制度》；④ 夏鎮華《唐代牛李黨爭》。1957 年夏天，畢業論文結題時，還在圖書館（今校史館）前，四位同學與繆鉞先生合影留念。

可以毫不誇大地説，我們 53 級的四年學習時間，是半個世紀以來歷史系的一個黃金時代，從 1953—1957 年，歷史系是教學工作最佳，學術工作也很活躍，和諧發展的一個令人永志不忘的時期。現將我們年級的課程表簡介如下：

歷史系五三年課程表

| 課程名稱 | 授課教師 | 課程名稱 | 授課教師 |
| --- | --- | --- | --- |
| 中國革命史 | 倪受禧 | 政治經濟學 | 吳福臨等 |
| 馬列主義基礎 | 倪受禧 | 哲學 | 蒲寄霄 |
| 俄文 | 特洛賓娜 | 原始社會史及人類學通論 | 胡鑒明 |
|  | 卡契金娜 |  |  |

續表

| 課程名稱 | 授課教師 | 課程名稱 | 授課教師 |
|---|---|---|---|
| 俄文 | 朱文振<br>袁家駒 | 《考古學通論》 | 成恩元 |
| 《中國文學史》 | 繆　鉞 | 《教育學》 | 張鑒虞 |
| 《先秦史》 | 徐中舒 | 《秦漢南北朝》 | 繆　鉞 |
| 《隋唐史》 | 黃少荃 | 《宋元史》 | 蒙文通 |
| 《明清史》 | 黃少荃 | 《中國近代史》 | 王介平 |
| 《中國現代史》 | 李世平 | 《世界古代史》 | 伍仕謙 |
| 《中世紀史》 | 盧劍波 | 《世界近代史》 | 譚英華 |
| 《世紀現代史》 | 顧學稼 | 《亞洲史》 | 趙衛邦 |
| 《歷史文選》 | 伍仕謙<br>孫次舟 | 《先秦史專題》 | 徐中舒 |
| 《先秦史學史》 | 蒙文通 | 《學年作業》 | （二年級） |
| 《學年論文》 | （三年級） | 《畢業論文》 | （四年級） |
| 教學環節，重視閱讀與課堂討論，考試方法口試與筆試並重 | | | |

## 一　歷史系——中國古代史教研室

和諧的發展，卻是經過反右運動後，不和諧地畢業。歷史系53級畢業生，留在川大工作的共有5位。張勳燎，考古教學。蔡曙先，世界古代史教學。隗瀛濤，中國近代史教學。周九香，中國古代史教學。賈大鈴，先是中國古代史，後調做行政工作。

1957年10月左右，系上以歡迎新老師的名義遊杜甫草堂，由徐老、馮漢驥先生共出20餘元，宴請全系老師，在青羊宮飯店，時徐亮工纔兩歲左右。經過反右運動後，系上希望幹群關係和諧發展。

不久，川大一百五十名下放幹部，到江油馬角壩勞動。賈大鈴未下放勞動。我們四位新教師都去馬角壩勞動，參加了一切田間、坡上勞動，修水利，煉鋼鐵，辦公共食堂，直到1958年年底，整整幹了一年，纔返回川大。

1959年，繆鉞先生爲教研室主任，柯建中爲副系主任兼教研室副主任，周九香爲教研室秘書。教研室成員有徐中舒、蒙文通、蒙思明、黃少荃、孫次舟、李必忠、唐光沛等。1960年後，又有謝忠梁、羅世烈、蒙默等從北京回川大。唐家弘和伍世謙因被錯劃爲右派，都到了資料室。

羅老師除了做徐老助手，還經常爲系總支做外調工作。蒙默老師爲蒙文通先生助手。謝先生因患精神疾病，經常住院。因此，系上和教研室決定周九香戰場練兵，邊學邊教。周九香成爲揠苗助長型的老師。這是特殊情況下的決定。繆鉞先生對周説："背水一戰，置之死地而後生。"我就這樣在先生的指導下，開始備課，以秦漢史爲主，接過先生的教席，走上講臺。

我的試講課是在先生的書房内進行的。黄少荃、李必忠先生參加，還有中文系的李昌驦先生。我報告了講授内容後，大家提出許多建議。李昌驦先生説：教學内容是一碗水，但可能由一桶水提煉成，也可能祇是一碗水。我知道我的學識貧乏，祇能是一杯水而已。

1961 年，學校破例提升歷史系于永志、隗瀛濤、蔡曙先、周九香爲講師，工資照舊。人稱"躍進牌"講師。

那時，正是經濟困難時期，餓著肚子備課。我記得 1962 年秋，暑假中，新華社記者來川大拍了一張徐中舒、繆鉞和周九香的集體照，登在《光明日報》一版左上方，説明我們在認真從事教學科研工作。到了 1964 年，繆鉞先生又要我開設史學名著選"漢書選"，1965 年爲王炎平年級開出。當學校以歷史系爲重點，搞半工半讀時，一年級教師首當其衝。我在温建平校長帶領下，在川大科儀廠半天學車工，半天教書。先生從教學角度給我布置的備課讀書計劃，根本無法實現。這是 1966 年的事，不久"文化大革命"就開始了。

## 二　從 1959 年至 1966 年

這七八年間，全國文史戰綫和川大歷史系，在教育和學術研究方面都取得了可喜的成績。繆鉞先生參加了國内史學教材建設的許多活動，並親手完成了史學名著選《三國志選》的全部工作。没有助手協助。

自 1959 年 3 月，郭沫若《替曹操翻案》一文發表後，全國展開了大討論。先生也發表文章。從此，對如古代社會性質和封建土地制度問題，以及巴蜀文化研究問題，都熱情參與。當時系上定期舉行每位教師的學術報告會，先生有關顔之推研究的論文，就是在系上首次發表。雖然每一次學術活動祇有四五人參加，但卻堅持進行，直到 1964 年"四清"爲止。先生常將論文初稿給我參考學習。

從"大躍進"以來，歷史系同全國一樣，也有一股急功近利、浮誇浮躁的學風和極"左"思潮在幹擾教學和科研工作。在學習理論上，存在著嚴重的教條主義傾向，以空洞的理論代替具體歷史。

系上一些青年教師建議"一條龍"教學方案，主張將中國史與世界史合在一起學。在批判"讓步政策"時，認爲祇有"反攻倒算"，没有讓步。一位姓于的幹部，要周九香和他一起，查閱《列寧全集》38 卷，將每卷中説"革命好"、"改良"不好的言論，全抄下來。周九香本人也花了許多時間去讀《資本論》《德意志思想體系》等書，除了對訓練思維方法有利外，這種學習其實並未聯繫中國歷史實際。

有一次，我去繆先生家談工作，臨走時，先生突然大聲説："虎頭，你知道古代成都城是誰領導修的嗎？"當時繆元朗（虎頭）纔兩歲多，又沒在書房。這話其實在問周九香你知道嗎？在史學戰綫，錯誤理解史學爲政治服務的方針，將"古爲今用"變成生搬硬套的爲政治服務。到了批判《海瑞罷官》後，歷史學的命運就更加惨澹了。

先生在《治學瑣言》中説："真正掌握馬克思主義的理論，結合豐富的史料、實事求是，恰如其分的分析問題，還是很不容易的。"不論在教研室活動還是課堂上，先生最喜歡引用恩格斯的一段話是："即使祇是在一個單獨的歷史實例上發展唯物主義的觀點，也是一項要求多年冷靜鑽研的科學工作，因爲很明顯，在這裏祇説空話是無濟於事的，祇有靠大量的、批判地審查過的、充分地掌握的歷史資料，纔能解決這樣的任務。"[①]

## 三　繆鉞先生的教學工作

在我們心目中，先生是一位德高望重、博學多才的文史教育專家。

讀大學時，聽先生講授"秦漢魏晉南北朝史""中國文學史"。工作後，又聽先生講"魏晉南北朝專題課"，在教研室裏，常和先生討論教學工作。我是在先生的指導下，走上講臺的。

先生學問淵博，教學經驗豐富，嚴肅認真地對待教學工作。我在唐嘉弘先生處看到先生書寫工整的"秦漢六朝"講稿，當時，先生準備讓唐先生承擔此課。那文徵明體的小字，十分秀美的書法，真是一份精緻的講稿。先生備課十分認真。

先生講課，總體要求爲"平實"二字。講授內容，在基本理論、基本知識和基本方法與技能方面，應大體是國內學術界較爲公認的水準，也就是本學科在最近一段時間在科研和教材編寫方面達到的水準。這有利於學生練好本學科的基本功，爲進一步研究打下基礎。"平實"要求本學科知識的系統性，重要史料之基礎性。在講授中，理論、目錄、地理、職官、有關研究本段歷史的工具書之利用，古漢語之讀音訓詁都要有所涉及，對古代和近代學人有關這一學科的研究成果，都應有所介紹。

在處理自編講義和課堂講授內容方面，不是照本宣科，也不是又另外形成一套，而是採取"不即不離，若即若離，離即合理"的處理方法，但祇有教學高手方能辦得很好。

"平實"不是降低學術水準，而是要介紹各章各節內容的最新成果，或者是教師本人的研究成果。如先生在教"中國文學史"時，就介紹了許多自己研究的

---

① 恩格斯：《卡爾·馬克思〈政治經濟學批判〉》。

成果。當我讀到先生的《詩詞散論》時，感到許多問題先生在講"中國文學史"時都提到了。

先生在課堂板書時，從左到右，書寫課程章節綱目；從右到左，則書寫有關詞語，介紹有關人物、書籍等。板書飄逸、跌宕，很有藝術感。

先生在講授"司馬遷與史記"時，用兩三分鐘時間，就在黑板上先勾畫出黃河流向，再勾出長江流向，次爲淮河，次爲涇水、渭水，然後勾出較爲準確的中國全圖形狀。

先生講道，司馬遷 20 歲時，"南游江淮，上會稽、探禹穴、窺九疑，浮於沅、湘，北涉汶、泗，講業齊魯之都，觀孔子之遺風，鄉射鄒、嶧，厄困鄱、薛，彭城，過梁楚以歸"。先生邊講，邊在地圖上標出壯遊的路綫。這是一堂經典的教學。以後，我在教學中也常仿效，但我勾畫的地圖卻不及先生。

先生的教學語言，疏緩有節、輕言細語、氣態平和，但又能吸引全體同學。其敘述性語言準確清楚。如爲整段史料，則用背誦性語言，抑揚頓挫、生動感人。如晁錯《論貴粟疏》，先生在課堂上全文背誦。這一點，我在教學中也繼承先生之法，至今也能全文背誦。

在講授詩詞時，先生則用吟詠式的語言。如辛棄疾的《摸魚兒》(更能消幾番風雨)、張孝祥《六州歌頭》(長誰望斷)。聽先生的吟詠，令人陶醉、令人神往，如坐春風。

"大家都是花花面，一個忠臣值啥錢？"先生講《長生殿》介紹的曲詞，至今記憶猶新。

先生每次上課，都穿著整潔，儀錶大方。我住在先生家附近，有時課間操路過先生書房，見師母正爲先生整理領口紐扣，先生快上第三節課，要出門了。這些都説明繆師十分敬業，專心進行教學工作，認真對待每一節課程。

我個人認爲，先生有的課堂教學，至今已成"絕唱"。我内心深處，希望年青一代教師能有所繼承發展。先生之教學基本功深厚，原因是有長期教學實踐，從青少年時代就打下了深厚的國學基礎。先生學風謹嚴、實事求是，循序漸進、深入淺出，傳道授業，博文約禮，師德高尚。

## 四　從錚園 13 號到濱江樓 13 號

"文化大革命"開始後，省委工作組進駐川大。學校房產科要我們紅瓦村住戶搬出，讓工作組住。我被遷入老華西村 1 號。衹有一間房，單身一人，一單人床，一桌，一椅，一小書架，一小衣箱，別無長物。

1968 年，學校"批判資產階級法權"，在全校調整教職工住戶。歷史系一領導住綠楊村，有三間房。她讓系上資料室王老師名義上遷入她家，實際上住在文史樓資料室。繆鉞先生家規定遷入兩戶人，一正房爲政治課卓老師居住。閣樓爲一對理科老師，夫婦二人，快要生兒育女了。先生商得我同意，與理科夫婦掉換房屋，遷入閣樓。

先生説："你住在這兒，我們也好照顧你的生活，用水也方便。"

"文化大革命"以來，九香是不敢"造反"的。父親是崇慶縣工商聯主任、縣政協副主席、縣人民委員會委員。不知何故，1958 年初，被劃爲"右派"，1959 年國慶十周年，又摘了帽子。我未見過面的岳父是抗日戰爭中國民黨的縱隊司令，解放戰爭後下落不明。1967 年 5 月 19 日中和場事件後，周纔參加了系上一派群衆組織。成都工院和川大的高音喇叭，整天在上空喧鬧。周願搬入閣樓。

那時，我的愛人帶著四歲的大兒子和剛出生的小兒子，從大邑安仁中學下放到本縣龍鳳鄉去教書。附近各縣都沒有下戶口。大邑政策極"左"，連戶口都遷下鄉了。周九香感謝老先生的關心，於是便遷入了錚園 13 號閣樓居住，與理科夫婦換房。

繆元朗的母親對周説：人家與資產階級知識分子要劃清界綫。你真不怕受連累？

那時節，先生書房內，專門爲存放綫裝二十四史的書櫃，也在"破四舊"中被毀了。書櫃上有古典圖案，有"雙清室"三字，書香襲人，十分典雅。如今本來簡樸的書房更加樸素。

我住在閣樓上，可以隨意翻閱對面小房內先生的各類書籍。我的兒子小帆四歲多，來玩過兩次，師母總要送一份菜，供孩子食用。小帆説："我家在農村，有秧溝魚"。從此先生全家都叫小帆"秧溝魚"。

有時，我會去到先生書房，談文論史。元朗的媽媽説，她喜歡聽我與老師的交談。

有一天夜晚，在先生的書房，先生推薦我念幾首宋詩，我伏在先生書桌上，將詩抄在紙上。

一、司馬池《行色》
冷於陂水淡於煙，遠陌初窮到渡頭。賴是丹青不能畫，畫時應遣一生愁。
二、蘇舜欽《淮中晚泊》
春陰垂野草青青，時有幽花一樹明。晚泊孤舟古祠下，滿川風雨看潮生。
三、鄭文寶《柳枝詞》
亭亭畫舸系春潭，直到行人酒半酣。不管煙波與風雨，載將離恨過江南。
四、黃庭堅《題陽關圖二首》
斷腸聲裏無形影，畫出無聲亦斷腸。想得陽關更西路，北風低草見牛羊。
五、陸游《遊山》
一生萬里著行縢，抖擻塵埃尚未能。不怕語音時帶剡，敢辭生計略如僧。疏梅漸動清溪曲，霽雪遙看古塔層。喚起故年清絕夢，數聲柔櫓下巴陵。

先生默默守在我身邊，看我抄詩。在"語録歌"流行的年代，這些清新的詩句，令人進入了另外一個世界。先生對我説，我國古代這樣的詩很多很多。

一天，晚飯後，夕陽下，我和先生坐在後院天壩裏。先生神情嚴肅，向我低聲吟誦柳宗元《哭吕衡州》：衡嶽新摧天柱峰，士林憔悴泣相逢。祇令文字傳青簡，不使功名上景鐘。三畝空留懸罄室，九原猶寄若堂封。遙想荆州人物論，幾回中夜惜元龍。

當時黨内許多老同志，以及黨外許多知名人士，在"文化大革命"中受到迫害。先生心中十分痛苦，借柳宗元的詩句，抒發自己無比悲憤的感情……

常言説，"鬼不可怕，人言可畏"。我住在先生家，心情十分矛盾，怕人説長道短。其實，自我參加工作以來，除了與兩位業務有關的領導匯報和研究教學工作外，就是埋頭讀書備課。這兩位領導一位是柯建中，一位是先生。但是，無形的壓力太大了。我終於向房産科楊同志提出搬到濱江樓 13 號居住。

濱江樓 13 號，原住房者爲物理系一劉姓中年教師，其夫人嬌小可愛，不幸病逝。劉老師於 1968 年之某日，自縊於 13 號房内之書架旁。濱江樓 13 號成爲一空房。

我徵得房産科同意後，便遷入濱江樓 13 號房間，還借了先生兩把藤椅用了一段時間。《人民日報》往年曾登過《不怕鬼的故事》，我就是畏人言，不怕鬼。1969年，我住濱江樓 13 號。在佛教徒眼中，佛塔最高爲 13 級。"十三"在中華文化中是吉祥的！1968 年秋，先生的小兒子玄明上山下鄉去郫縣農村，我送了毛巾和筆記本，這是用變賣床下的紅燈收音機的錢買來的小禮品。這件事説明當時的生活的確太清貧了。

我住錚園 13 號的日子，在各方面都受到老師和師母的照顧。

## 五 崇白頭工地

1969 年，工宣隊進校後，爲了"慶九大"，組織師生宣傳隊搞文藝演出。我當了宣傳隊長，同全校愛好文藝的師生一道，搞演出。到了 1970 年，全校師生下放軍墾農場勞動。

崇慶白頭鄉附近有一陸軍基地，我們歷史系和其他系師生首次在這兒勞動。在這兒，還有省市川劇團、話劇團的人士。部隊爲了讓我們體會"南泥灣精神"，在水田裏，一人扶犁，四人拉犁。大家也能應付。崇慶物産豐富，我被指定賣點心、酒類，以改善大家生活。有位老師説："人到白頭頭未白。"我説："我賣香酒酒更香。"繆先生有時喝點蜂糖水，嘗核桃糕，改善生活。有時，我和同學拉著板車去崇慶縣城購貨歸來時，真不知路在何方，我們究竟該如何走好這條學軍學農的路。

當時，我聽説，南充川劇名醜陳全波和成都川劇名醜周企何曾抱頭痛哭。"師兄，哭啥喲？" "師兄，舊社會我們唱戲不拿錢，新社會我們拿錢，不唱戲。"

川大教職工的遭遇，也是如此。

## 六　廣元東壩部隊農場

不久，我們又轉移到廣元市郊東壩部隊農場勞動。川大師生還有一部分在彭縣部隊農場，如外文系繆慈明先生就在那兒。還有的在虎跳鎮。

東壩部隊農場是每個連隊的蔬菜基地，以改善部隊生活。

我們住在一間間平房內，是板鋪，六七位教師一室。我的兩側一邊是伍宗華，一邊是周樂欽。每人鋪位約 80 公分。

統鋪對面有一米多寬的空間，放一上下鋪的學生床。上鋪沒人，下鋪就是繆鉞先生的床位。

白天，在謝忠梁先生帶領下，徐中舒、繆鉞、蒙思明等先生，打著傘到河邊看守幾十個南瓜。我們稱謝先生爲"瓜州節度使"。

東壩爲四面環山之小平壩，比起成都平原，條件惡劣。繆鉞先生，情緒很不好，成天側身坐在床邊上，自言自語："我要和我老伴見一面！" "我要和我老伴見一面！"

廣元部隊出了個在列車上勇鬥歹徒、保護群衆而光榮犧牲的英雄，名叫蘭文忠。我又被調到廣元團部編寫宣傳英雄事迹的小歌劇。又帶領學生連宣傳隊，到彭縣、成都演出。我將繆鉞先生的情況告訴了繆慈明，希望老師的親人們多關心老先生，安慰老先生。

## 七　1973 年—1976 年

1973 年，繆鉞先生與柯建中先生審讀了由周九香編寫的《中國古代史的幾個問題》（一，中國自古是多民族國家，秦漢至明清是統一的多民族國家。二，中國封建社會政治經濟制度的特點。三，中國古代的思想文化），以古代史教研室的名義，油印成冊，供工農兵學員學習參考。

1973 年 9 月，北京大學、清華大學"大批判組"的文章《儒家和儒家的反動思想》一文發表。1974 年 4 月，"北大、清華大批判組"的《孔丘其人》發表。所謂"批林，批孔，批大儒"，實際上是"四人幫"發起的利用歷史反黨的反動行爲，在全國造成惡劣影響。川大歷史系也深受其害。先生對周九香説："你寫文章批判封建四權（神權、政權、族權、夫權）是可以的，但是必須肯定孔子在中國古代思想文化史上的地位。"現在全世界學者普遍肯定孔子是世界史上十大文化名人之一，對孔子評價很高，我們爲什麼要否定孔子呢？先生不止一次對周九香表示這一正確的觀點。

1973 年，周九香在駐川部隊和市縣作了十多次“秦始皇在歷史上進步作用”的報告。周九香終於在有關方面的幫助下，於 1974 年 10 月，將愛人和兩個孩子調到成都工作學習。繆先生開玩笑地關懷説，你應該感謝“秦始皇”。因爲，我在川大禮堂講“秦始皇”時，先生也到大禮堂，坐在後邊，聽我的膚淺的演説。（川大一般的兩地分居職工，到 1976 年後纔解決。）

那時，我每一學年都要帶工農兵學員到大邑安仁劉氏莊園進行教學實習。繆先生曾與我討論過四川劉氏莊園、蘇州園林和山東曲阜孔府莊園的不同特點問題。還給我看了一位日本學者送與先生的《中國土地制度史》，這本書的最後一部分，就是劉氏莊園的田產分布圖。我看了之後，對先生説，這幅圖有許多地方不確切，資料不充分，有主觀臆造成分。先生説，祇有等下一代人去省檔案館查閲有關資料了。

當時，是在“以階級鬥爭爲綱”、反對資本主義復辟的思想指導下來進行教育實踐的。繆鉞先生對這一思想表示懷疑，因爲社會上出現許多犯罪事實，並不是“地富反壞右”分子幹的。“以階級鬥爭爲綱”不能解釋這一系列社會現象。

## 八　川大史學發展的新時期

1976 年，粉碎“四人幫”後，迎來了科學的春天，川大歷史系也進入逐步恢復和發展的一個新時期。

1977 年，一次中國古代史教研室會仍然在繆鉞先生的書房召開。徐中舒先生對我們幾位中年教師説：“誰願意當資料室負責人，首先提副教授。”徐老深知作爲教學科研的基礎，資料建設具有十分重要的地位。當時，先生也在謀劃有關六朝史的資料整理工作。

徐老、繆老受到無比的尊重，他們雖然年事已高，卻仍然走在振興川大史學的前面，受到中青年師生的敬愛。

記得先生去北京出席民盟中央召開的會議歸來。在一個夜晚，先生給我看大會的一張長長的團體照，十分興奮、喜悦。同“文化大革命”時相比，我感到先生的青春又重回了。

記得在 1960 年的一天，在蒙文通先生家裏，聽蒙先生的教導，先生滔滔不絕，教做學問門徑。我説：“先生恨鐵不成鋼。”蒙老説：“鋼，祇是鋼。鐵匠的手藝該如何傳下去喲！”次年（1961 年）蒙默先生就從北京調回川大了。

“文化大革命”十年的破壞，使歷史系一大批中年教師的成長受到極大的幹擾，學業荒蕪，浪費了大好時光。

六十年代初，古代史教研室要求青年教師能通一經（馬列著作）、專一史（某一斷代）、通一文（掌握一門外語），也祇是一種期望。

當我走上教學崗位，繆先生要我"樂此不疲"地熱愛自己的專業。又勉勵我，做學問要"潛沉篤實，精細深透"，不要"一曝十寒"。但是政治運動太多，身不由己。

如今重新規劃科研方向，徐老建議我研究夏代史，我未下決心，系上仍要我搞秦漢史。繆先生對我説："搞秦漢史和六朝都一樣。"還給我提出過兩個科研題目。一是做《後漢書》選注。我想上海一位老先生纔出了一本選注，我怕不行。先生又説，你何不爲你老家崇慶縣撰寫一本志書？我又想，我可能承擔不了這一工作。先生還提到，你要寫劇本，你們四川的趙熙整理的川劇《情探》就很不錯。

我面對改革開放以來各種人文社會科學出版物，各種書籍，仍然是"好讀書不求甚解"，去大量接觸各學科的一般知識，淺嘗輒止，而不是"精細深透"。正如顧頡剛先生所言："好大喜功，終成怨府。貪多毋得，哪有閒時。"爲了開出"史學概論"和"中華文化史專題"課，也付出了許多時間。還承擔了許多普及性教學工作，如廣播電視大學、老年大學、夜大、各類訓練班、去甘孜州支教，反正沒有安靜下來，沒有完整的讀書的時間。直到我在上世紀九十年代退休時，川大仍未普及電腦，教學手段仍未進入網路時代。

## 九　布衣教授

我們川大歷史系有多位布衣教授，他們一生自奉儉樸、淡泊明志，沒住過好房子，也未四處旅遊。他們埋頭著述，刻苦攻讀，守先待後，爲傳承弘揚中華文化而奮鬥。他們是我學習的榜樣。我曾仿照《寬心謠》寫了兩句話："租房買房不比攀。租也家園，買也家園。""旅不旅遊看條件，遊也悠然，留也悠然。"

繆鉞先生也是一位布衣教授，他是我的業師，也是我的恩師。我對先生的生活瞭解較多。先生生活儉樸，逢年過節也不過三菜一湯。近四十年間，先生的書房內，依然是一間小木床，撐著四根竹棍，掛上一頂潔淨的帳子。到了冬天，常用一陶制黃泥小爐，燒小木炭以取暖。還有一尺多長的棉袖套，看書時，兩手對入袖筒以取暖。白內障嚴重時，常以一小茶杯泡菊花水，讓熱氣熏眼，以此土法明目。先生寫作文稿和書信都十分工整。我在上世紀 80 年代去山東大學開會時，王仲犖先生對我説："繆先生的字，越來越精美了。"

先生待學生以禮，入書房必起身相迎，告別時，必起身相送。先生以香茶待我。有時對我説："這個月你少來，我少用二兩茶葉。"我是老師家的小茶友。先生對我慈愛有加，心氣平和，從不責備我，祇是稍加勸戒。

"你最好不抽煙，酒可以少喝！"

“你教書，精神要關照全體同學，面對同學。”因爲，我是“急救章”式備課，常常在課堂上仰頭上課，以便說出强記的講稿的内容。

先生對我循循善誘，不强加於人。先生贈我以毛筆，贈我以小説，有時還贈我以人民文學出版社試印用新觀點點評的《水滸傳》個別章節文稿。有時也和我談昆曲，談書法。

先生在晚年時，有幾次常向我提及做助手的事。怎奈我教學任務太重，家庭負擔重。孤傲加自卑，是我的致命弱點。我一直在治學路上徘徊、求索，没有明顯的進步。辜負先生的教育，抱憾一生。

一位曾經是我鄰居，同住過錚園 13 號的卓老師，有時在校園見著時，總是對我説：“繆老是你的恩師！”

作者單位：四川大學歷史系

# 激流之序曲

## ——我的非正常的大學生活

謝桃坊

　　我相信人生不是一場悲劇，而是一條激流：這是我在最美好的大學生活中體驗到的。人們在生活的激流中遵循著進化論的適者生存的原理而前進，我有幸困苦地挣扎著生存下來了。在重慶北碚四年的大學生活是我學業的起點，也是我苦難歷程的開始。那時我充滿著燃燒的激情，以至數十年後回顧時仍感到青春是美麗的。中華人民共和國建立時，我滿十四歲，已經小學畢業了。1950 年在老家務農，隨即參加減租退押和土地改革的群眾工作，任村農協會文教委員。1956 年，我在成都郊區第三中心小學任歷史與語文教員，此年小學教師可以自由報考高等學校，我以同等學力考入西南師範學院中國語文系，志於從事文藝批評工作以捍衛馬克思主義文藝路綫。我院中文系擴大招生，共招新生三百名，分爲十個小班，每班約三十人，又將十個小班分爲甲乙兩個大班。甲班的學生都是在職幹部考入的，有的讀過《資本論》，有的是小有名氣的作家，而大多數是小學教師。這時我 21 歲，每因自己是新中國的大學生而自豪，憧憬著光明美好的前程。第一次全校新生入學大會在大禮堂召開，由教育系國際心理學會委員葉麐先生講大學學習的目的和方法。此後四年間給我們甲班講課的有李景白先生講先秦文學，荀運昌先生講漢魏晉南北朝文學，徐無聞先生講唐代文學，林昭德先生講宋元文學，劉季華先生講現代漢語語音，林序達先生講現代漢語語法，徐德安先生講古代漢語，潘仁齋先生講文學概論，吳宓先生講外國文學，劉兆吉先生講心理學，朱袛清先生講馬列主義基礎。如果這四年能正常地學習下去，我們的學業會很好的，必將成爲國家有用的人才。

　　1957 年對知識分子來說的確是一個不平常的年份，五四青年節那天晚上，整個校園彩燈明亮、樂音蕩漾，洋溢著青春歡樂的氣氛。體育場上在放映電影，大禮堂有話劇演出，行政大樓前有遊藝活動，而網球場的舞會尤其吸引人。女同學穿著各種顏色的連衣裙，化有淡妝，她們像美麗的蝴蝶在舞場上翩飛。我們真感到生活多麼廣闊，生活多麼芬芳，而我們是多麼幸福。然而這期間政治風雲漸漸興起，大鳴大放已經開始了。5 月 9 日是星期天，我從北碚電影院看新片《宋景詩》

後回到宿舍，同學們正在爲班上一位女同學寫大字報，因她是積極分子，有的同學不喜歡她，遂胡編了一些攻擊性的文字，又有同學建議應配一幅漫畫像。我表示能畫，遂畫了一幅側面頭像，深受同學們的贊賞。大字報貼出後自然給這位同學造成傷害。又過了幾日，同學們商議爲系黨支部委員寫一篇“正傳”，大家湊集材料，由我執筆，文筆頗爲雅正，反響很大。這兩件事其實並無嚴重的政治問題，僅表現一種自由主義傾向而已。我又與幾位同學聯名寫了大字報，提出對學校工作的三點建議，其中第一條是“反對不學無術的人對文化科學的領導”。這條是我添加的，實爲反對一位學校治安的副院長。他原是公安部門來的，曾在肅反運動中整過很多人，因此同學們對他的印象很不好。我對突然發生的轟轟烈烈的政治運動甚感惶惑，寢室內一位同學說，現在有些人的思想跟不上形勢的發展。這使我重新冷靜地觀察現實的發展變化。反對資產階級右派的鬥爭在校園內展開了，我以素樸的政治觀念難以辨識複雜的現實，於是在思想上對曾經堅持的信仰產生懷疑。7 月初共青團內部整風，每個團員都得交代在這次運動中的思想和言行，然後聽取同志們的批評。7 月 4 日上午我在團小組會上最後發言談出三點懷疑：一、我以爲對真理的簡單理解是實事求是，而現實中的不實事求是使我對真理的存在產生懷疑；二、馬克思曾說資本主義社會人與人之間是冷冰冰的金錢關係，我以爲現實中的人與人之間已是純粹的政治利害關係，而這種關係是值得懷疑的；三、反右鬥爭打擊了許多著名的專家、學者和高級知識分子，使我對它的意義產生懷疑，因爲這可能不利於我國文化科學的發展。我的發言有事實依據，富於理性論證，而確實希望得到團組織的教育、批評和幫助。這使同志們震驚，卻使事情變得嚴重了。團組織決定下午休會。次日下午全班同學對我進行定性的批判。第三日下午又擬召開更大規模的批判會，我準備好爲自己辯護。會議開始我即要求發言，申述我是由黨培養的青年，是馬克思主義的信仰者，曾是入黨的考察對象；我的三點懷疑是有錯誤的，但它是向團組織交心，並未產生不良的影響，希望得到教育和幫助，不屬於敵我矛盾性質；此外還對同學們的指責進行了辯駁。我講了兩個半小時，應該很有說服力的。我最後表示請馬列主義教研室主任朱揖清先生與我談話，請他爲我指點迷津。我發言後會議的主持者不知所措，祇得休會了。我以爲這次辯護是成功的，同學會支持我的。回到寢室後，我發現衣箱被打開了，所有的信件被查抄去了。一位元憨厚的同學隨身監視我，我對他說我不會逃走，也不會自殺，不必緊跟著。晚飯後班長組織了幾位元同學在小教室審問我。這次氣氛不同了，不像是在對待同學，而是叫我站著回答問題，逼我承認錯誤。先由一位同學揭發——他原是與我很友好的，我常於週末請他在北碚公園飲茶，談論中國古代思想、美學和文藝理論問題。他揭發我私下談的一些對現實政治的看法，其實也無嚴重的政治問題。另一位嬌小的女同學——我對她極有好感，她從我的信件中選出兩封成都友人的信，友人表示對批判《星星》詩刊持不同的意見，這似爲我定性的最有力的證據。她的重慶話音玲玲悦耳，態度温和，意見卻很尖鋭。祇要是曾經和我友好的同學，無論他們怎樣揭發、批判、攻擊，我絶不反駁，因爲相信過他們，但同時也發現人性竟有陰暗的一面。正式的大規模的批判會開始了，大教室裏氣氛緊張嚴肅。班長首先轉告朱抱清先生拒絶與我談話。有同學説我讀過黑格爾著作，朱先生説，他能懂什麽黑格爾哲學！我崇敬朱先生，想必他深知這是政治鬥爭，而不是思想教育問題。我甚感失望，發覺人們已無良知，理性顯得蒼白，已不是講道理的時候了，我不再作任何的辯護。批判會要結束時，宣布我爲資產階級右派分子。我真不敢相信我竟變成了社會主義的敵人，第一次出現劇烈的胃痛，吃不下飯，無比憤怒。我是平民，既無資產階級的經濟地位，也無資產階級的反動思想，更非資產階級的右派，强加的罪名不知從何説起。我最初決定要上訴，要控告，但很快轉而一想，這個決定是幼稚而可笑的，遂立即對現實有了較清醒的認識。政治竟是如此的複雜，人生真如處在一條激流之中。

學院對右派分子的處置分爲三類：一、情節嚴重、態度惡劣者，開出學籍，立即送交勞動教養；二、情節較嚴重、態度較惡劣者，保留學籍，送交院生產部勞動；三、情節較輕、態度較好者，繼續學習，群衆監督。班長代表系黨總支將對我的處理意見出示："右派類別"爲"一般"，"處分"是"開除團籍，留校察看，繼續學習"。我對所列之"言行"表示屬實，但對"類別"及"處分"持保留意見。這即是暗示事實雖然如此，但處分是我不同意的。所謂"一般"即是按第三類情況處理的，從"處分"意見看來並不嚴重，然而定位"右派"後情形卻變得意想不到的嚴重了。學校立即停止發給調幹助學金，還得繳納伙食費、講義費、班上的訂報費等。我家在農村，缺乏勞動力，弟妹幼小，無力資助我讀書。我向系主任魏興南先生呈交申請退學書，表明家裏經濟困難，不能繼續學習，留之無益，不如遣之。魏主任是善良忠厚的長者，他未直接回復，但班上的生活委員通知：除講義費而外，不再繳納任何費用了。我不要講義，也不交講義費，考試前借同學的用，考試成績依然很好。自從同學之間由强制性的政治劃分後，我在班上被孤立了，平時最好的同學怕受牽連而不敢與我接近，而一些進步的同學則將敵我界限分得很清楚。我們這些受政治處分的同學有一種特別的標記或異樣的顏色，在同學中成爲另一類群體，受同學的監管，聽從他們的命令。我們沒有言論與行動的自由，經常從事各種勞動，過著非正常的大學生活。我們從來反對强加給我們的政治迫害性的帽子，爲了與其他同學相區別，便采納外語系私下用的 R 符以作爲我們之間的標誌。在這嚴酷的現實環境中，我瞻念前途，雖然悲觀與渺茫，但理性和學識指導我必須堅强地活下去，學習柔弱的處世之道，對人生應充滿信心和希望。我自學過中國思想史和西方哲學著作，可以從更高遠的視角看待現實的處境，而真正給我力量的是西方文學作品中的約翰・克里斯朵夫、于連・黑索爾、英沙洛夫、拉斯蒂涅、冉・阿讓、大衛・科波菲爾和巴爾扎克等受苦、奮鬥而必勝的自由靈魂。

冬天的一個寒冷的夜晚，我約 R 偉在院後門外相會。他也是成都郊區的小學教師，我們同時考入院中文系的。他有中等身材，形體清秀，語音柔和，會織毛衣、繡花、縫衽，善於結交女性，他自己也具有某些女性的習氣，但卻又性情孤傲，個性鮮明。我們見面時仍心存餘悸，互相安慰、相互鼓勵勇敢地生活下去。此後我們常於夜晚坐在嘉陵江邊的石上無言地陷入苦苦的沉思，江中搖曳的燈光引起虛幻之感。他有時帶著胡琴奏出低沉悲涼的曲子，這更增加了淒涼的情緒。我們身無分文，連理髮的錢都沒有。他借了一把醫生用的平頭剪刀，我們互相理髮。他給我理得精細，我給他理得粗糙，而樣式卻更好些。他習慣給人小小的安慰與同情，冷靜而細心；我則習於爲人指出前進的方向，壓抑著强烈的情感。同學們漸漸習慣了我與 R 偉的接觸，我們形同難兄難弟，他們也就不加幹預了。

中文系留校繼續學習的 R 有三十餘人，從中選了兩名擔任組長，於這年的寒假組織我們集中勞動。監管我們的同學令我們將院內水嵐埡池塘的淤泥清除，於是 R 們開始集聚在一起。我們互相懷著戒備的心理，避免語言交流，沉默地赤腳往來於池裏，挑著竹撮箕將淤泥一擔一擔地運到附近的空地上。淤泥的惡臭、骯髒、沾滑、冰冷，令人難受，我們在疲勞中使感覺麻木了。淤泥難挖、難運，每日成效不顯著，似乎這苦役沒完沒了。漫長的無希望的勞役是可能摧毀人的意志的，如陀思妥耶夫斯基在《死屋手記》中描寫的那樣。此後我們一起勞動的時間多了，漸漸熟悉，互相關照和同情，成爲真正的同學。在 R 們之間我與 R 偉取得大家的信任，與幾位 R 形成一個情誼的小圈子，還有一些與我們友善的，但對某些 R 仍保持著戒備，但我們之間終未發生賣友和告密的行爲。

1958 年的春天院裏有工程建設，系裏經常組織 R 們運土石。R 雍是高大俊美的年輕人，他說很久之前就關注我了。那是一年級時的一個晚上，甲班在大教室裏上馬列主義基礎的輔導課，助教隨意點名叫同學回答問題，同學們都很緊張。這位助教首先叫我回答中國農業合作化的必要性與可能性，我從座位上站起來，不暇思索地以平緩明晰的成都話對此問題作了較細的理論的和事實的闡述。這使同學們佩服，也開始引起 R 雍的注意。R 雍對中國戲劇史很有興趣，具有真正的學術追求，我們自此成爲好友。稍後他借到新出版的綫裝影印的《劉知遠諸宮調》，我們欣喜地閱讀和討論。中文系的 R 中有兩位女同學，即 R 華與 R 于，R 偉善於與她們接近，而她們也發覺我與 R 偉是可信的朋友，我們在一起交談，在勞動中互相幫助。這使我們在苦難中得到慰藉，樹立了生活的信心，產生了與命運抗爭的力量。

　　R 華是由應屆學生考入的，成爲右派時十九歲，她長身玉立，留著長髮，有時扎成長辮，有時挽成髮髻，經常衣著華麗。她的眼波明媚，膚色較深而潤澤，性情豪爽。她的父親是高校教授，母親是醫務工作者，她有大家閨秀的風度，手上戴的一隻金手錶尤引人注意。1958 年秋全民大煉鋼鐵，全校同學到綦江修一條土台公路。同學們從銅灌驛下火車後每人領十斤大米，步行到趕水鎮休息，每個小班在河壩圍坐在一起。我是第四班的，三班的 R 偉在附近招呼我。他有肺病，背著兩大包大米。他說另一包是 R 華的，她背了兩包，故替她背一包。我搶過 R 華的旅行包，背著回到班裏，坐在行李卷上，身旁放著兩包米，這時班上一位從部隊來的女同學走到我周圍查看。她最喜歡監視我，我稱她爲"小算盤"——《呂梁英雄傳》中的地主婆——因其監視很精細之故。她發現我放著兩包米，竟當即認出那旅行包是 R 華的，同學們都注視著我。"小算盤"得意洋洋地帶著嘲諷的語氣說："同學們看呀，他們右派還講階級友愛呢！"同學們沒人理睬她，似乎覺得她有些過分了。我急忙將兩包米拉在身前，雙手抱著，頭伏在上面，準備著若她敢來拉動那個旅行包，我便不顧一切抗爭了。同學們默不作聲，她衹得算了。晚上在走向川貴邊界的途中，同學們因疲憊而不成隊形，前前後後、斷斷續續地行進。R 偉趕上來對我說，R 華的班上又叫她再背一包米，仍背的是兩包。我們不知 R 華是怎樣完成任務的，無法再幫助她了。數日之後 R 華班上同學在土台附近河邊接力傳遞石頭，她站淺水裏，一位同學傳給一塊大石頭，R 華尚未接住時，石頭掉落在她的腳背上，血管破裂，河水染紅一團。幸好一位副院長巡視工作經此，叫同學將她抬上小汽車送去醫院了。我曾與 R 偉分析過，R 華應屬上層社會出身的，與我們在思想情感及生活態度方面均有很大距離，我們同情她，關愛她，會與她保持最純潔的友誼。R 華對我更加信任，許多個夜晚我和她在校園小山丘談論怎樣對待現實的問題。一個夏夜我們又同坐在小丘的灌木下，她穿著鮮艷的短袖衫，配以短褲，洋溢著年輕女性青春的氣息。她向我絮絮地述説身世，談到尚有外語系一位講師給她寫信以表愛慕之情，又說和外語系的 R 有些交往。我勸她婉言謝絕那位講師，尤其不要與外語系那些具有某種政治傾向的 R 們來往。我一再勸勉她要從悲傷的情緒中走出來，善於保護自己。我們一直談到深夜，因這友誼的純潔，互相都很珍惜。R 華的豪爽曾使我很感動，那時糧食供應已緊張了，同學處於半饑餓的狀態，而她每逢收到家裏寄來的匯款，總是請我和 R 偉到北碚餐廳吃一頓。有一次系上派了十餘名 R 到山區去挑運砂罐來煉鋼，小雨綿綿，我們走了約二十華里到一個空闊的地方，這時已中午了，大家等待具體的安排。R 華突然直呼我的名字，叫我同她一起找個地方吃飯。R 們以異樣的眼光看著我們，但 R 華根本不在意別人會去怎樣議論。R 華任何時候的穿著都乾淨講究，而我和許多 R 則衣服破爛，不衫不履，形同乞丐。我們大家都愛護 R 華，當用大板車於院內運建築材料時，我們叫她掌駕中杠，旁邊由力壯的 R 保護著，前呼後擁地在大道上奔跑，讓同學羨慕我們勞動的光榮。我們在勞動中有了 R 華，大家都感到有趣和愉快。

我們學院要用很多的煤炭，那些年月的運輸供應艱難，同學常常要到嘉陵江邊去運煤。一個寒冷的冬季，下著雨，道路泥濘，全系 R 們從江邊往返運煤。我和 R 雍挑著煤赤腳走在碎石路上，腳掌發痛，衣服淋濕，快到中午時又饑又餓又疲勞。我說若這時能洗一個熱水澡，躺在沙發上，喝一杯牛奶或咖啡該多好啊！其實那時我尚未嘗過牛奶和咖啡，也未坐過沙發。R 雍說，做夢吧，根本不可能的。我們祇好相視苦笑。1959 年的夏季，院裏集中了數十名 R 從縉雲山煤礦將煤運到公路旁。我們住在山腳下的一個廢棄的工棚內。曹慕樊先生是老師輩中唯一參加這次勞動的 R。先生長於圖書館學，在院裏教授現代文學和外國文學。他沒有給我們講課，但在我們入學之初的魯迅逝世二十周年紀念會上，我聽過他的講演。他講的題目是"祥林嫂形象分析"，我一聽這個題目便不感興趣，因對《祝福》這篇小說太熟悉了。先生著淺灰布長衫，戴黑邊眼鏡，斯斯文文上場，用一口標準的重慶話娓娓道來，直接描述祥林嫂初到魯家時的中年農村婦女的健康、質樸勤勞的形象，繼而條分縷析形象的變化，深刻揭示了作品的主題思想。我像聽故事一樣聽得入神，極佩服先生高度的藝術分析水準。這次勞動，我的鋪位有幸就在先生的旁邊。先生病體清臒，眼睛高度近視，神情安詳，仍然衣服整潔，斯斯文文。他不與我們交談，避免再惹起政治上的麻煩；對此我們都能理解。我祇是隨時關心先生的起居，親切問候，表示崇敬之情。先生不上山挑煤，每日在山下做些輕微勞動。他處憂患的泰然自若的精神頗具中國古代的聖賢氣象，是我望塵不及的。我們上山挑煤，上下午各三次，完成任務後可以休息。這時 R 雍急急忙忙跑來告訴我，R 于在山上昏倒了。R 于也是十九歲成爲右派的，她身材較小，膚色微黑，留著短髮，眼光沉靜，性情孤僻，不喜與 R 們接近，常常一人默默地坐在一旁。她先與 R 偉熟悉，後來漸漸喜歡接近我，有時在圖書館看書，她便來坐在旁邊，問我一些古典文學的問題。原來她的現代漢語學得很好，不知爲何忽然喜歡古典文學了。她的音樂水準很高，我曾請她將楊蔭瀏譯的宋代詞人姜夔自度曲《淒涼犯》和《長亭怨慢》五綫譜改譯爲簡譜。她很快譯好給我，並約我到音樂系鋼琴室彈奏給我聽。這樣我們的友誼漸深。當我聽到她在山上昏倒時，立即跑上山，見她無力地坐在石上。我把她的擔子挑起，叫她慢慢下山去休息。我告訴監管我們的同學說 R 于病了。這位同學心地善良，於次日安排她協助炊事工作，不再去挑煤了。R 雍本來可以幫助 R 于的，但他對 R 于有另種看法，故甚爲疏遠。爲時半個月的勞動結束時，監管我們的同學忽發奇想，組織一個晚會，似讓我們苦中取樂。R 們在工棚前的平壩上圍成半圓形坐在地上，旁邊的山泉發出潺潺的細音，晴空的月牙從山後升起，淒清的月光照著我們。節目是臨時安排的，因陋就簡，R 們表演了幾個節目。我印象最深的是 R 堯的詩朗誦。他是成都人，小個子，圓臉，膚色甚黑，身體結實，戴著細邊眼鏡，是一位詩人。他即興朗誦了一首新作的《扁擔禮贊》，它象徵著我們的勞動、負重、汗水和苦難。我們聽著感動得要哭了。R 遠是一位高大健壯的年輕人，平時沉默寡言，任何時候隨身帶著英漢詞典，自修英語很有成效。他唱了一首英語歌，豪邁雄渾中卻含蘊著淒涼之意。次年的 3 月 5 日驚蟄，這天晚上我約 R 于到校園林間相會。她來了，著淺蘭色的毛綫衣，裏面是白襯衫，顯得十分淡雅。我也穿上乾淨的深色的中山服，以表尊重之意。我們並坐在桃李樹下，樹上已有一些蓓蕾，料峭的春寒令人覺得春天尚未來臨。由於我們相識已久，互相有好感，常常是她同 R 偉和我三人在一起，在爭論某些社會與人生的問題時，她總是站在 R 偉的一邊而反對我。她認爲我像約翰·克里斯朵夫，而 R 偉像奧里維，她則更傾向於奧里維式的含蓄、細緻與溫和。這次我單獨同 R 于在一起時，我暢談了對人生、事業、情感的見解，似乎在講演，慷慨陳詞，希望以自己的火去點燃旁邊的火，去以心發現心。她靜靜地聽著，待我長篇大論地講完後，她深深地長歎了一聲，隨即起身從樹上折下短短一節枝條，枝上有兩朵未開的小白花。她將花枝給我，慢慢地、默默地走了。

　　自從大煉鋼鐵以來，各種政治運動不斷，例如交心、拔白旗、教學改革、重編文學史，等等。但這些運動和我們 R 無關。當這些運動開展時，我們不參與，由系上組織勞動。課堂學習在斷斷續續進行，大約祇有一半多點的時間學習，我們仍與同學一起聽課。我和 R 偉、R 雍都很窮，我的最簡單的費用如理髮、買紙本、墨水、肥皂等，依靠在成都的一位好友——他是小學教師，也成了 R，但很快脫帽——每月於信封內夾帶一元錢。此外，R 雍教會我拾取院內廢紙去賣，每次能賣幾角錢。我不在意這些匱乏的物質生活，因有友誼的支持和人生的追求而使精神生活很豐富。1960 年的夏天，系上派了十餘名 R 到重慶山坪院農場勞動，它恰與重慶勞改農場相鄰。院農場由生產部管理，部長是一位復員的軍官，那些交生產部勞動的第二類 R 們是主要勞動者，我們是臨時去勞動一段時間的。我們被分散和第二類 R 一起生活與勞動。那時是饑餓的歲月，第一天吃午飯，我與生產部的 R 一桌八人，席地而坐。飯是用小洋瓷面盆蒸的，一位 R 用竹刀按照嚴格的幾何學分形原理，準確而熟練地將米飯分成 45°的三角形，共八牙。我是新來的，似因禮讓而請我先挑選一牙，我隨意挑選了。後來始知，他們平時是依次由某人先挑選的，然後依次而行。每牙飯的確大小相等，然而先挑者結果數量要少一些，這其間應有一個深奧的幾何與物理學的道理。我發覺在生產部的 R 們與我們有些不同，他們勞動認真而謹嚴，似在互相監督，沒有任何情誼，存在一種緊張而嚴酷的氣氛。我能理解，因管理者言行的粗暴，對他們很不客氣，處於政治高壓之下他們的人格正在發生扭曲；因此我在這裏應特別小心。我的地鋪旁是生產部的 R 漢。我認得他，他並不認識我。他高我們一年級，原是院文藝刊物的主編和頗有名氣的詩人。他身材修長，膚色白皙，語音柔和，西裝革履，才華橫溢，風度翩翩。他曾是許多女同學追逐的對象，但他卻與同班一位女同學深深相愛。那位女同學亭亭玉立，優雅温柔，與 R 漢真是天生的一對很相配的情侶，當他們雙雙的身影在校園內出現時，同學們均以羨慕的眼光注視他們。我這次見到 R 漢時，他已無昔日詩人的浪漫了，總是沉默無語，小心謹慎，無可奈何地應付著生產部的勞動，在休息時每每低頭沉思和輕輕歎息。當我認爲無人注意時便悄悄和他談話，他的回答很簡單，避免深交。數日之後，我們漸漸熟悉，我勸他應樹立人生的信念，重新振作起來面對苦難的現實，而他總是搖搖頭，苦苦一笑，表示對人生已絕望了。端午節那天，農場放假，上午我與他一起在附近田野散步。我看到田塍上鮮紅成熟的野草莓——蛇泡果，準備摘些來吃。他告訴我，這不能多吃，會中毒的。這日氣候清爽，我們心情也好了。我對 R 漢説，我相信你對人生的失望絕非由於政治打擊所致，你不會因這種打擊而喪失生活的勇氣。他回答，是的，我真是受不了情感的打擊，原以爲人間存在最真、最美、最純的情感，而它卻是那樣的脆弱，當政治風暴來臨時便像泡沫一樣消失了。我知道自他成爲 R 後，那位女同學便與他劃清政治界限了。我又一再勉勵他不要喪氣和失望。我問他認識一位元 R 忠否，他説認識，R 忠原在生產部勞動，但今年元旦的早晨人們發現他自縊了。我聽此消息，一陣悲痛，快要淚下了。R 忠是我曾經崇拜的人物。他是成都人，典型的儒雅斯文的白面書生。1952 年 6 月我參加成都市掃盲師資訓練班時，他是我們班的主任教師。他善於演講，純淨的語言中洋溢著革命者的激情，是成都市工農教育科裏優秀的幹部。我們同年考入學院，他在歷史系，有時我於圖書館見到他，尚有幾分敬重的心情。我惋惜他也許從未受到生活的磨煉，又順利地參加了革命工作，當突然的政治災禍來臨時，必然陷於悲觀絕望的境地，而在生產部勞動更受不了人格的屈辱和尊嚴的踐踏，終於走上絕路。他死亡的消息是封鎖了的，因而不會引起對社會不公平的抗議，僅像一夜的狂暴風雨使一朵初花隕落而已。

1960 年秋，我們終於畢業了。在這非常的年代，1960 級的同學沒有寫論文，沒有授予文學學士學位，沒有合影，沒有舉行畢業典禮。我與 R 華和 R 于互相交換了照片，與 R 雍合影留念。中文系的分配方案遲至 9 月下旬的一個晚上在第一教學樓的大教室裏由系黨支部組織委員宣布。同學中政治表現好的被分配到省市政府、黨委會、教育廳、高校和文化部門，一般的同學被分配到四川各地市縣的教育部門。最後宣布對 R 們的分配，大多數都被分配到僻遠的山區去。系黨支部組織委員曾經與我很好，我之成爲 R 也令他深感遺憾。他知道我與 R 偉相友好，因此我們有幸被分配到離成都不遠的專區。宣布分配方案最後一名是 R 華，認爲她思想反動，抗拒改造，因此發遣到重慶廣陽壩農場勞動。我們都坐在教室的後幾排，聽此分配甚感驚異，並爲之悲傷。R 華立即伏在書桌上痛哭了。全系僅有 R 華一人未分配工作，並受到更嚴厲的處分，這其間的原因是很微妙的，也許是其美麗造成的罪過。我終於畢業了，去院行政大樓辦理離校手續時，辦事員説你的畢業證由學院保存，待你改造好後再發給你。我以爲畢業後到中學校好好努力工作會結束苦難命運的，誰知事與願違，又再度投入長長的渾濁的激流了。

我們畢業將要六十年了，在此文結尾時，我有必要交代一下文中提到的幾位 R 的結局。R 堯這位詩人在川東山區早已死了。R 遠在川南的中學校退休，現在身患重病，不能説話了。R 漢再也不寫詩，已是研究中醫古典文獻的專家，同一位工人結婚了。R 雍是縣中學校著名的語文教師，現在腳軟乏力，不再外出了。R 華在外省是優秀的模範教師，繼爲省人民代表，並是一位清廉甚有聲望的官員，退休後身體發胖了。R 于是師範專科學校教師，也退休多年了。R 偉是縣教師進修學校的教師，在當地頗有名氣，現在不知所終。我生存下來了，並終於走上專業學術研究的道路，現在還活得很好。人的生命有限，可能再過十年，R 們將在這世上絕迹了。


作者單位：四川省社會科學院文學所、四川省文史研究館

# 重温仁者正史，回望樂山鄉愁

## ——序羅家祥《二十五史樂山史料集》

### 王 川

　　"君自故鄉來，應知故鄉事。"近日收到家鄉樂山市所轄的犍爲縣羅家祥君寄來的一部《二十五史樂山史料集》（以下簡稱《樂山集》）書稿，全書洋洋灑灑，凡 60 餘萬言，覽罷不禁頗有感慨，這部厚重的"君"，苦心搜集了正史的樂山史料，確確實實給筆者帶來了許許多多"故鄉的事"，消除了筆者這個少小離家、根在樂山，卻索居異鄉的人的"鄉愁"。

　　"青青子衿，悠悠我心。"從小多次從井研縣城的廖平故居走過，從樂山大佛對面走過，說來慚愧，作爲樂山之子，忝居史林多年，筆者曾經在內心裏不止一次地設想過，將來爲家鄉做一點事，服一點務，整理歷代典籍中的樂山史料，無論正史，還是其他文集、類書等的各種零散史料，進行彙編，作爲樂山一地研究者和全球研究者研究樂山的基本工具書。

　　遺憾的是，"但爲君故，沉吟至今"。理想總是很豐滿的，然而現實是，個人確實各種俗務纏身，難於著手。據不完全統計，我國現存古籍大約就有 10 餘萬種，其中涉及樂山的零散史料也就是一個巨大的數字了。所以，這個彙編零散史料的計劃，在《川康邊政資料輯要》等現實任務面前，祇能暫時寄托在夢中的"鄉愁"裏去了。

　　算是"所見略同"之故罷，從事樂山地方歷史文化研究多年的同鄉家祥君跨出了第一步。他勤於筆耕，有多種著述面試，對於"古道""非遺"等，常有高論發表於報紙刊物。家祥君深知史料基礎工作之重要性，立下宏願，先行一步，將其中的"正史"部分史料率先彙集，這對於樂山文化的發掘，功莫大焉。

　　家祥君以書稿見寄，又以撰寫序言任務相委，筆者既爲其灌注心血於樂山之衷情所感，認真拜讀之後，更增添了對家鄉樂山歷史與文化輝煌的自豪，遂欣然提筆爲之，以就教於各位史家、讀者。

## 一　作爲西蜀文化的重要代表，樂山歷史悠久，文化燦爛

　　"仁者樂山，智者樂水。"岷江、大渡河、青衣江三江匯流之處的山水城市

樂山，是一座聞名中外的"中國歷史文化名城"，素有"海棠香國"的美譽，她也是聯合國城市管理中心在中國唯一的合作城市。得上天之眷顧和古人之砥礪，既有峨眉之秀，又得大佛之雄，所以宋代隱居於嘉州的邵博曾經不吝贊頌："天下山水之觀在蜀，蜀之勝曰嘉州。"她具有深厚的歷史文化底蘊，擁有峨眉山、樂山大佛、夾江東風堰三個"世界遺產"，以及夾江年畫等"非遺"，作爲一個普通的地級市，這是得天獨厚的。

從考古而言，樂山在峨眉山市（即《樂山集》中峨眉縣）、犍爲縣等地曾經發現多處新石器時代遺迹，特別是書中收納的 1984 年在洪雅縣止戈鎮八角廟村四組發現的青衣江流域新石器文化"王華遺址"，説明了一個重要的史實：就流域開發來説，青衣江流域的開發比岷江流域要早。犍爲縣金石井鎮的戰國墓，發掘出不少銅器、陶器等，特別是還有至今未解的"巴蜀圖語"，是古蜀國亡時，蜀人南遷的重要證據，這是研究古蜀國歷史的必論之物，意義重大。

從文獻而言，春秋時期晉魏史官所作的編年體史書《竹書紀年》記載，梁惠成王（即魏惠王）十年（西元前 360 年），"瑕陽人自秦導岷山、青衣水來歸"。可見青衣江早已聞名於外地，恰可以與"王華遺址"相印證。西漢司馬遷《史記·黃帝本紀》載黃帝與正妃嫘祖所生的二子，其後皆有天下："其一曰玄囂，是爲青陽，青陽降居江水；其二曰昌意，降居若水。"江水，即長江，亦即古代之岷江也；若水，今青衣江也。所以，樂山與中華民族的發源關係甚大。南安縣首見於西漢的《史記》（實際上，毗鄰的僰道縣已經見於秦之《里耶秦簡》，同飲一江水的南安縣亦當如是），《漢書》的《地理志》有簡要的記載；東晉《華陽國志》就有比《漢書》詳細得多的記載；魏晉時期的《水經注·江水》載："（南安）縣治青衣江會，衿帶二水矣，即蜀王開明故治也。"這也是把樂山的歷史推向了古蜀國時期。

自古蜀國開始，算是肇始了樂山的信史。接著，就開始了樂山古代歷史"三大高潮"之一的秦漢。戰國秦亡蜀後，派李冰爲蜀守，大致在此時於樂山地方設立了南安縣，這是本地歷史上第一個縣級行政區劃建置。李冰不負衆望，花了大力氣治理岷、沱，特別是建設都江堰，打造了一個"天府之國"。他的治水不止一處，在今天的樂山市市中區遺迹有秦離堆（列入全國重點文物保護單位），犍爲縣有"沉犀"傳説、宜賓市有火燒岩石再以冷水澆之以開路的遺迹等。他又開鑿鹽井，川南最早處在今五通橋區牛華鎮的紅岩子，開啟了樂山井鹽史和"金犍爲"的輝煌。應該説，古代的樂山在西南算是一個比較早熟的地方，《漢書》載南安縣有鹽官和鐵官，鹽和鐵是古代的經濟命脈，二者俱全的縣在《漢書》裏是極其罕見的。漢晉崖墓的大量開鑿和各色價值不菲的明器的陪葬，一度通行天下的"鄧通錢"的出現，也説明了漢代樂山的富庶。

南安縣初屬蜀郡，在漢武帝開"西南夷"的建元六年（西元前 135 年）改屬犍爲郡。南安縣處在唐蒙入夜郎説服夜郎侯"多同"歸漢的"岷江道"上，這是

"西南絲綢之路"的一部分，秦漢文物裏的琉璃等遺存足以説明當時存在大量的中國與西亞、中亞的商品和文化的交流；特别重要的是，樂山市市中區東漢年代的麻浩及附近崖墓裏，雕刻有數處石刻佛像，這是佛教傳入中國内地最早的遺存，在文化史、宗教史上意義非常重大，是研究這方面的必論之物。同時，歷史悠久的"川鹽古道"（指將井鹽從川南、川東産地運輸往滇、黔、桂、湘、鄂的水陸古道）已經初具規模，樂山正是一個最重要的源頭。這種"文化古道"中，經過樂山的有3條（另外一條"茶馬古道"則形成於唐宋），足以説明樂山古代歷史和文化的輝煌，以及在中國歷史上的地位。同時，峨眉山是道教的發源地之一，在道教史上具有重要的地位。這一帶的茶葉早就頗有名氣，所以有今天"茶旅文化"的發達。

唐宋是樂山輝煌的第二個高潮。因爲經濟的發達、交通的方便，加之佛教的廣泛傳播，不僅峨眉山成爲"四大佛教名山"之一，而且高聳巍峨的嘉州大像（即樂山大佛）經過90年的辛勞終於完成，這二者已經形成了樂山形象的"代言者"。李太白高歌的"蜀國多仙山，峨眉邈難匹""夜發清溪向三峽，思君不見下渝州"等名篇佳作更是爲樂山做了效果極好的文化旅遊廣告宣傳。從《樂山集》中的《〈二十五史〉立傳樂山人物分縣表》可以看出，此時樂山本土的人文也達到一個高峰，以洪雅縣人田錫、井研縣"三李"、丹棱縣李燾父子等爲代表的文人輩出，爲樂山古代文化增添了熠熠之輝。從大的視野來説，唐宋也是中國文化的最高峰，"自古文人例入蜀"，入蜀必到岷江邊上的嘉定府，所以杜甫、宋白、黄庭堅、范成大、陸遊等一時翹楚無不留下芳蹤，其中陸遊最著名的"放翁"之號，就出自嘉州；避難入蜀的邵伯温父子則隱居於犍爲縣，寫下《邵氏聞見録》等文史作品。至於"一門父子三詞客"的眉州"三蘇"，因眉州在明朝和中華人民共和國成立後都曾經屬於當時的樂山，其實是可以算作樂山本地人的，當然家祥君按照自己的選區標準未收（今眉山市六區縣僅收其三），雖可理解，固是遺憾。唐宋時期，樂山的軍事地位陡然上升，因爲"宋揮玉斧"，樂山又在大渡河的邊上，所以毗鄰古代夷區的峨眉縣和犍爲縣就成爲一綫，和平時期則成爲"茶馬互市"的基地，因而形成了"茶馬古道"。同時，嘉州的荔枝也是著名物産，從這裏直抵長安的"荔枝道"上，曾經上演過"一騎紅塵妃子笑"的故事。值得一提的是，因爲南宋封藩在嘉州的趙擴，以"嘉王"登基即宋寧宗，於是改嘉州爲嘉定府，這算是中國歷史的一件大事。南宋井研縣人牟子才言："嘉定爲鎮西之根本。"於是以市中區三龜、九頂城和犍爲縣紫雲城構成了數十年抵禦元軍的堅固防綫。

元朝時設嘉定府路，轄雅州等地，是樂山地域之最大者，但爲時不長。

明清則是第三個高潮。明朝出現了鼎鼎大名的"嘉定四諫"，足見樂山人的錚錚風骨；清朝自雲南昭通的"李藍起義"，是西南歷史上最大的農民起義，以犍爲縣的羅城鐵山爲大本營，最後失敗於犍爲縣龍孔場，給朽清以沉重打擊。清朝中期，犍爲—樂山鹽場達到鼎盛，一度位居全川第一，因爲太平天國運動，海鹽隔斷，形成了第一次"川鹽濟楚"，更加刺激了犍爲—樂山鹽場的發展。尤其重要的是，清末嘉定府榮縣爆發的吳玉章領導的"榮縣獨立"，比武昌起義早半個月，爲武昌起義的一舉成功奠定了基礎，在中國革命史上留下了光輝燦爛的一頁，革命先行者孫中山先生對此高度評價："榮縣首義實先天下。"東方欲曉，1892 年誕生的一代文豪郭沫若，此時已經在開始讀書厚積，等待噴薄而出了。

## 二 樂山向爲中國傳統史學之重鎮，史學、史著、史家輩出

英國史家湯因比指出，中華文明是四大文明古國裏唯一不曾斷絕的文明；中國史學居於四庫的"乙部"，亦爲世界史上最爲發達的學科之一，此當爲每位史學工作者值得驕傲之事。

中國史學之發達，必當首先推功於古人的創造，其次必須歸功於中國歷代史學家們的忠實記錄。這些可敬可佩的史學家們，不畏強暴，不爲利誘，秉筆直書，留下一部部彌足珍貴的史學著作，包括正史、雜史（除了正史之外的史學作品，還有文集、國別史等，以及被稱爲"野史"等的筆記小説等）。它們除了給我們提供了無數的哲學、地理、政治、經濟、文化、軍事等前事，還可以"述往事、知來者"，給人們提供大智慧，能夠"以史爲鑒，可知興替"。前賢們深深地明白歷史對整個人類的重要性，所以提出了"前事不忘，後世之師""欲亡其國，必去其史""忘記歷史就意味著背叛"等哲言，值得後人永遠銘記。

歷代、各地的史學家們，都爲這一輝煌奉獻了自己的力量。其中，樂山地域內的史學家們，也爲之立下了不可磨滅的功勞。

樂山有文字記載的歷史，大抵可從犍爲縣金石井鎮戰國墓的"巴蜀圖語"起，由此揭開了文化發展的漫漫旅途。西漢犍爲舍人有《爾雅注》，文豪揚子雲曾經隱居市中區、犍爲縣和沐川縣，其文章多有提及該地風物。最早的狹義上的史學作品，應該是有"中國地方志鼻祖"之譽的晉代《華陽國志》，所提及的《犍爲耆舊傳》，犍爲郡當時治在武陽縣（今眉山市彭山區），轄境大致相當於樂山市、眉山市和宜賓市。其後隋唐的《圖經》之類也算是，今天則歸屬地方志類（古時地理學屬於歷史學）。這是唐代編纂《元和郡縣圖志》之類全國性地理總志的基礎，總志就是在各地上報的這種圖籍和報表的基礎上編纂而成的。可惜這些寶貴的圖籍都不復存在，給我們留下深深的遺憾。

目前尚存的出自樂山的史學作品，大致要算曾經隱居淩雲山和犍爲縣子雲山的邵伯溫，他隱居犍爲期間著有《邵氏聞見錄》，其次子邵博也著有《邵氏聞見後錄》，這兩部書都是古代有名的筆記小説，以簡短扼要、長短不一的文字，記錄了當時的政治形勢、風土人情、文人往來等，一些鼎鼎大名的成語如"腳踏實地"等就出自《邵氏聞見錄》。特別有價值的是，作爲同時代人，它們記錄了北宋神宗

"王安石變法"時新黨、舊黨黨爭的情況，爲後世揭開變法的失敗原因提供了一把鑰匙。同期在犍爲，邵伯溫爲其父親，著名易學家邵雍編纂《皇極經世書》，這也是一部運用易理和易教推究宇宙起源、自然演化和社會歷史變遷的帶有哲學味道的史學著作。

宋朝重文輕武，是文化的高峰，各地的文教均十分發達，樂山也不例外，其史學達到頂峰。再舉幾例：

時屬嘉州洪雅縣的田錫著有《三朝奏議》5 卷、《田錫集》50 卷，又《別集》3 卷、《唐明皇制誥後集》100 卷等，著作不可謂不豐。

這時樂山的史學家的一大特點是家族性。時屬眉州丹稜縣的李燾，於宋孝宗淳熙三年（西元 1176 年），以秘書監權同修國史、權實錄院同修撰。他參與《四朝國史》等史書的編纂；另外撰有《晉司馬氏本支》1 卷、《齊梁本支》1 卷 、《南北攻守錄》30 卷以及《尚書百篇圖》《七十二候圖》《歷代宰相年表》《唐宰相譜》《江左方鎮年表》《王謝世表》《五代將帥年表》等諸多史學作品，內容浩繁，足見刻苦。宋孝宗時完成的《續資治通鑑長編》，原本 980 卷，今存 520 卷，是中國古代私家著述中卷帙最大的斷代編年史。其子李壁，很有文采，周必大見其文，異之曰："此謫仙才也。"宋寧宗時曾任參知政事，著有《中興諸臣奏議》450 卷、《中興戰功錄》3 卷《中興奏議》若干卷。李壁的弟弟李埴著有《續帝學》1 卷、《趙鼎行狀》3 卷。李壁三父子皆以文學知名，蜀人比之爲"三蘇"。

時屬隆州井研縣的李舜臣長於易學，著有《江東十鑒》1 卷。其長子李心傳，布衣時就"素精史學"，宋理宗寶慶二年（西元 1226 年）正月被推薦赴闕，從此醉心於史學，後來擔任國史院編修官、史館修撰，修高宗、孝宗、光宗、寧宗四朝《國史》《實錄》。他自己又著有《孝宗要略初草》23 卷、《舊聞證誤》15 卷、《建炎以來朝野雜記》11 卷等。尤其是《建炎以來繫年要錄》200 卷，記載高宗 36 年間事，是今天研究宋、金等史的基本史籍之一。三子李性傳，宋理宗淳祐四年，權禮部尚書兼給事中，兼同修國史、實錄院同修撰，兼侍讀。

有必要提及的是，宋高宗末年至宋孝宗年間，澶州清豐（今山東巨野縣）人晁公武，在知榮州（治今榮縣）時開始編纂《郡齋讀書志》20 卷，後在嘉州符文鄉（今峨眉山市符溪）隱居時完成，這是我國現存最早的、具有提要內容的私藏書目，裏面有大量的史學著作目錄，其所撰提要內容，很多都具有較高的史料價值。

井研縣人牟子才，宋度宗在東宮時雅敬於他，言必稱"先生"。早年在李心傳又修《中興四朝國史》時，請他幫助，並擢爲史館檢閱。後遷著作郎，又兼崇政殿説書，再兼國史院編修官、實錄院檢討官兼權禮部郎官。修《四朝史》時，因牟子才長於修史，於是讓他再次兼史館檢討。他後來再升同修國史、實錄院同修撰，主要史學作品有《四朝史稿》。

井研縣人胡世安，清初順治時任武英殿大學士，兼管兵部尚書，後加少師兼太子太師，著有《易史》1 卷。他於清初所撰的《譯峨籟》，是記述峨眉山最早的專著。

井研縣人、經學大師廖平，一生著述甚豐，計 100 多種，康有爲據其《知聖篇》著作了《孔子改制考》，據《辟劉篇》著作了《新學僞經考》，這兩篇文章在當時影響極大，是爲"百日維新"呼籲的重要作品。近期，有四川大學舒大剛教授領銜完成了《廖平全集》這一"巴蜀全書"的標誌性成果，榮獲 2015 年度優秀古籍圖書一等獎，得到了學界的如潮好評。

進入民國，史學花開更繁，樂山市馬邊縣人賀昌群，曾經擔任中央大學歷史系主任。1949 年後，調任中國科學院歷史研究所第二所研究員，兼中國科學院圖書館館長，在宋元戲曲、敦煌學、簡帛學、漢唐歷史與文學、中西交通史等諸多學科領域都取得了卓著的成績，許多方面還是開創性的。1950 年出版的《古代西域交通與法顯印度巡禮》一書是一部研究中西交通史和佛教史的力作。其他史學著作還有《英國現代史》等。

犍爲縣人李源澄，師從趙熙、廖平、章太炎等，也是歷史學家、經學大師蒙文通的學生，更是廖平的關門弟子。他從經學入，漸及子、史，尤精秦漢魏晉南北朝史。他曾經教學於四川大學；1949 年後，以淵博的學識任西南師範學院副教務長兼歷史系教授，著述甚富，著有歷史作品有《經學通論》《秦漢史》等，臺灣研究院文哲研究所收編了《李源澄集》四巨冊。筆者參與舒大剛教授領銜的"巴蜀全書"項目，也先後完成了《李源澄儒學選集》（四川大學出版社 2010 年）、《李源澄先生年譜長編》（中華書局 2012 年）等書。

當然，樂山對中國史學最大的貢獻是歷史大家、一代文豪郭沫若。他是樂山縣沙灣（今屬沙灣區）人，是一個全面發展的人物，在史學上也是成就斐然，在甲骨文研究方面是著名的"甲骨四堂"之一。中華人民共和國成立後，他擔任了中國科學院院長，兼歷史研究所第一所所長。早在 1930 年，他撰寫了《中國古代社會研究》，這是他的代表作品之一，是最早運用唯物史觀深入研究中國歷史的一本史學名著，它突破了當時以歷史文獻爲國故的局限，將其拓展到地下出土實物，取得了突破性的成績。他的史學名篇《甲申三百年祭》於 1944 年 3 月發表，第一個以馬克思列寧主義的科學態度對李自成領導的農民起義的原因和經驗教訓做了總結。甫一面世，立即受到了中共中央和領袖毛澤東的重視，毛澤東多次指出要從李自成起義的失敗歷史中吸取經驗教訓，並將《甲申三百年祭》作爲中共整風的檔之一。該文在延安和各解放區多次印成單行本，產生了很大的影響。郭沫若的主要史學作品還有《甲骨文字研究》《中國史稿》等。與其他書齋型史家不同，郭沫若注意與時代融合，爲時而作，他的《屈原》《棠棣之花》等歷史劇在抗日戰爭時期非常有名，借古諷今，歌頌英雄，表達了中國人民寧死不屈、艱苦抗戰的偉大精神。於 1998 年設立的以他名字命名的"郭沫若中國歷史學獎"，是迄今爲止中國史學的最高獎，其分量極重。今天我們研究中國歷史，無論是從理論上，還是成果上，郭沫若都是一個繞不開的重要人物。

　　郁郁乎文哉，樂山之文！

　　煌煌乎史哉，樂山之史！

### 三 《樂山集》是研究樂山歷史與文化的基礎文獻

　　關於樂山的地方歷史文化，一個有趣的現象是：樂山雖然是史家的淵藪，然而他們卻往往關注於全國的歷史研究題材，貢獻了數不清的傑出史學成果，反而無暇專注於本地的歷史。

　　這種情況值得改觀。作爲後輩學人，應該爲先賢彌補這個歷史遺憾。

　　雖然家祥君一直很謙虛地説《樂山集》全部是古人的功勞，他自己衹是串珠成鏈；但無可置疑的是：《樂山集》是研究樂山的基礎，他把這個彌補“歷史遺憾”的基礎打牢了。

　　中國的歷史，始終占據第一位的就是從《史記》到《清史稿》的 25 部“正史”。《四庫總目提要》言：“正史體尊，義與經配。”這充分説明了“正史”不可動搖的歷史地位。我們完全可以説，這《二十五史》是研究中國古代史最基本的工具書；同樣，作爲其中的一部分，《樂山集》就是研究樂山的基礎。

　　對於史學，20 世紀二三十年代傅斯年提出了“史學便是史料學”的論斷。這種説法雖然並非不可商榷，然而他卻説明了史料在史學中的基礎地位是無可替代的。這正是《樂山集》的價值所在。

　　《樂山集》收集了《二十五史》裏幾乎所有關於樂山的史料。這套《二十五史》字數多達 4 000 餘萬，關於樂山的史料衹是其中很少的一部分，要從中披沙揀金選取樂山的史料並非易事，正是“千淘萬漉雖辛苦，吹盡狂沙始到金”。這對將來研究樂山乃至四川省的地方歷史文化是十分有用的。身爲史林一兵，余亦曾經多次接觸各地的地方研究者，感覺都有一個通病：基礎史料占有不够。所謂“基礎不牢，地動山搖”，有的引用某部正史卻引了二手圖書的記載造成疏漏，所撰寫的歷史文書就稍微欠缺一點分量。《樂山集》雖然不可能全部解決關於樂山的史料，但至少可以解決其中分量最重的正、史部分，而且可以拋磚引玉、引出其他。

　　據家祥君介紹，《樂山集》是受浙江《二十五史寧波史料集》啟發而成，並在此基礎上有所改進。家祥君善於學習，使得本書成爲一部有特點的基礎史料工具書：

　　（1）地域的選擇特點：今天我們所言的“樂山”，在歷代的地域是完全不同的。書的選擇是以今天的 11 個區縣爲准，還是以元代最大的嘉定府路爲准？誠然，以後者也是可以的，但這相當於今天的四五個地級市，即相當於一個小省的範圍，未免過大，而且涉及市郊關係。但是，僅以今天的 11 個區縣爲准，則未免過小，比如，有重要地位的洪雅縣（今屬眉山市）在唐朝屬嘉州、榮縣（今屬自貢市，古榮州）在清朝屬嘉定府就無法體現，必然有大的缺陷。所以本書采用"以今爲准，兼顧兩頭"（"兩頭"指西漢南安縣和清朝嘉定府轄縣範圍）的標準，是比較可取，而且體量適中的。

（2）內容的特點：本書以輯錄史料爲主，同時增加了一些必要的東西。一是增加標題，對於較長篇幅的史料可以開門見山地知道其主要內容；二是增加"謹按"，對所輯錄的史料進行補充説明、辨正糾誤等，方便讀者理解和增知；三是增加附録，對樂山歷代人口數、地方長官等梳理成表格，擴展了研究者所必需的一些重要的史料資料等。

（3）取材廣泛，選取謹慎。對於"史載"，往往採用不同的史書相互參照，有異者二説並存。他使用的參考書多達 200 多種，基本能够解决編纂所需的年代、地理、職官、制度等"幾把鑰匙"。

（4）地圖方便理解。書首的"樂山歷代疆界圖"，是他在對樂山沿革進行多年研究的基礎上繪製的，極大地方便了讀者理解。這是一幅動態的地圖，在一幅圖中繪製了 9 個不同時期的"樂山"地域。這樣，在同一底圖的基礎上，各個行政區劃的地域變化就一目了然了。

總之，本書是第一次對樂山古代史料進行全面的、系統的梳理和總結；完全能够勝任樂山地方的基礎工具書的角色。而且，在全省諸多地市州中，因爲本書的出版，樂山市將成爲第一個以正史爲基礎，全面、系統地梳理本地史料的城市，這其實也是一種可貴的創新。

當然，本書也不是沒有可以改進的地方，比如：地域的選擇是可以再議的，人員的選擇如與樂山沒有太大關係的唐朝章仇兼瓊等是否有必要收入等。不過，這與本書固有的重要史料價值相比，是瑕不掩瑜的。

作爲一個燦爛悠久的城市，樂山的歷史與文化底蘊十分豐厚，接觸者無不驚歎。這很有研究的價值和必要。舉其要者，如古道文化、峨眉山文化、崖墓文化（郭沫若先生曾經説："樂山的文物，崖墓纔有搞頭，其他的比不上外地。"）、佛教文化、岷江文化、鹽文化、多元一體文化（含彝族文化）等，可以説，對每一種進行深挖都會發現一個價值巨大的金礦，有的如崖墓文化、佛教文化和"西南絲綢之路"等具有世界級的研究價值。

我們立足於今天來整理史料、研究歷史文化，不是單純爲了整理而整理，而首先是傳承，其次是爲今天的人的發展、社會經濟特別是旅遊文化服務，以及好好地保存遺傳給子孫。樂山擁有如此眾多的文化旅遊資源特別是"世界遺產"，擁有如此眾多的亞文化體系，既是難得的，又是重任在肩的。

作爲樂山本地人，家祥君沉醉於樂山本地的歷史與文化已經一二十年，頗有見識與著述，作品風行於全國，特別是 2015 年自籌出版的 110 萬字的《犍爲郡記》，更是體現了其拳拳愛鄉之心和比較深厚的學術水準。今次，家祥君又花了前後 5

年的功夫編纂這部厚厚的《樂山集》，因是業餘創作，每日忙到深夜一兩點，還坐出了肩周炎，精神著實可嘉。更加令人敬佩的是，同類的《寧波集》是寧波市的政府精品圖書工程，得到了當地政府的重視，給予了專案和大筆資金的扶持，而家祥君的《樂山集》是在無專案、無資金、無專職人員的"三無"情況下排除許多困難完成的，僅是出版就要花費數萬元。從某些方面説，在拜物教盛行、物欲橫流的時代，家祥君就是一個格格不入的"異類"，然而他見賢思齊，自勉與"布衣李心傳"般專注於歷史，不也正是歷代史家特別是家鄉爲樂山的史家薪火相傳的執著精神嗎？

同樣，筆者亦冒昧地想：樂山市未嘗不可以見賢思齊於寧波市，給予應有的扶持，以激勵其他熱愛樂山的研究者？挖掘歷史、發展文化是政府的天職，樂山市在這方面做了不少的工作。但是，此前樂山對於地方歷史文化的重視程度還有提升空間，目前也還缺乏有分量、有影響的成果；對於《廖平全集》的首發，地方政府似也視而不見。而且僅僅依靠政府的力量是不夠的，每個樂山人都是樂山的一員，每個研究樂山者都是寶貴的一分子，以余鄙見，應當成立歷史文化研究會，團結一切可以團結的各路力量，政府給予資金、專案和政策的扶持，甚至可以類似廣東省深圳市、東莞市等那樣，採取科研專案全球招標，以激勵樂山本地和全國乃至全球的研究者來研究樂山，力爭把樂山的歷史文化研究推向高潮、走向世界，結出豐碩的果實，不負古人，不負初心。

文化是"軟實力"的一部分，現在國家高度重視歷史傳承和文化振興，各地紛紛打造"文化大市"和"文化强市"。可喜的是，樂山市也提出了這個響亮的口號。但就樂山一個地方的歷史與文化而言，僅僅有一兩部圖書是遠遠不夠的；而據家祥君言，這部《樂山集》，其實祇是他多次呼籲的政府工程"樂山通史"的前期資料工作即"史料長編"的一小部分，他個人規劃的"史料長編"還有"明清實錄樂山史料集""樂山歷代沿革"等。他既言及於此，余等樂山人也不能不爲他的精神和付出所感動，也希望他的規劃能夠實現。倘若樂山有令，側身史林的余等焉敢不貢獻綿薄之力？

史林之路，漫漫修遠。讓我們一起爲重建樂山昔時輝煌的歷史而努力，更爲一起書寫今天的歷史而奮鬥！

作者單位：四川師範大學歷史文化學院

# 四川：百年中國新詩的"半壁江山"①

"文宗在蜀""文宗自古出西蜀"，在中國文學的發展史上，四川文學是一支相當重要的力量。古代蜀學以文史見長，名家輩出。西漢時，這裏有"文翁倡其教，相如爲之師，其學比於齊魯"的學術盛況，"漢賦四大家"蜀中就有司馬相如、揚雄二人。唐詩"雙子星"中，李白是蜀人，杜甫在蜀中草堂寫下了傳世名篇。到宋代，這裏有"蜀學之盛，冠天下而垂無窮"的贊譽，"唐宋八大家"蜀中就有三家。明代記誦之博，著述之富，推四川詩人楊慎爲第一。至晚清，這裏有張之洞、王闓運的"尊經書院"，人才輩出，蔚爲壯觀。漫長而深厚的歷史滋養，爲四川奠定了深厚的文化傳統，記錄了漫長的詩人名單。雖然地處西南內陸，四川卻具有"開天下風氣之先"的歷史氣度。

儘管巴蜀歷來就有一種二重心態，在成都有少城、大城之分，在四川有"川陝四路"之別，在巴地區有三巴之異，巴蜀文化地區本身就存在了多重形態。但從"巴蜀"這個地域概念來看，巴與蜀在歷史上基本上是作爲一個整體參與四川文化與文學的發展過程。因此，雖然重慶從 1997 年作爲直轄市而與四川分爲兩家，但在論述中，仍是在傳統的四川行政區劃內，將四川詩歌、重慶詩歌納入一體論述。同時，四川境內作爲少數民族聚居地的甘孜州、阿壩州、涼山州，其藏族、彝族、羌族等少數民族詩歌，也作爲四川詩歌的重要組成部分來一同論述。這不僅是要呈現巴蜀文化圈內四川當代新詩的整體面貌，而且也展示四川當代新詩發展過程中複雜多樣的一面。

"五四"以後，四川現代作家同樣在中國文學中占有重要的地位，爲新文學的誕生與成長做出了突出的貢獻。按"魯、郭、茅、巴、老、曹"這一對於中國現代文學重要作家的排列來看，巴蜀作家與浙江作家都占了兩位。根據《中國現代作家大辭典》《中國文學家辭典·現代分冊》等工具書的統計，在中國現代文學中，四川作家在總體數量上居全國第三位。儘管這衹是一個簡單的資料統計，但

① 本文係國家社科基金項目"《星星》詩刊與中國當代新詩的發展研究"（14XZW042），教育部春暉計劃項目"社會治理中青年就業焦慮問題研究——以民間詩刊爲題材"（S2015040），成都市哲學社會科學規劃項目"成都新詩史"（zsm13-01），四川省教育廳項目"中國當代'語言詩'的演變及特徵研究"（12SB142），四川省哲學社會科學重點研究基地項目"四川民間詩刊編年（1979—2013）"等成果。

在一定程度上，又無疑表明巴蜀作家在中國現代文學中的重要作用與特殊地位。

在新詩創始之初，四川詩人們不僅站在了最前列，而且還屹立於詩歌的最高峰。葉伯和可以説是中國新詩創作的第一人，早在胡適之提倡寫白話詩之前，他便在音樂教育的實踐中，開始了新詩歌創作。正是在這樣一種探索和創造精神下，葉伯和不僅主持了第一份現代文學刊物《草堂》，而且是中國新文學史上第二個出版個人詩集的詩人。1920 年 5 月他的《詩歌集》由上海東華印刷所出版，比 1920 年 3 月中國新詩第一部詩集胡適的《嘗試集》祇晚了三個月。吳芳吉的代表作《婉容詞》被中國詩界譽爲"幾可與《孔雀東南飛》媲美"的傳世之作。在五四文學時期，他在詩歌創作中還提出了自己獨特的見解，對詩界全部否定傳統詩格的觀點進行了批判，宣導詩歌要有時代感和現實感，要有鮮明的現實主義，形成了融雅俗於一體，既有古雅的文言又有現代白話的"白屋詩體"。

王光祈、周太玄、曾琦等四川籍作家 1919 年在北京組織成立的"少年中國學會"，成爲現代史上會員最多、歷史最長、影響深遠的學會。1922 年林如稷、陳煒謨、陳翔鶴等四川籍青年在上海成立的"淺草社"，被魯迅譽爲"中國最堅韌，最誠實，掙扎得最久的團體"。他們都爲現代詩歌的發展，爲整個四川現代文學的發展做出了重要的貢獻。康白情以《草兒》《草兒在前》等詩集蜚聲詩壇，而且還是現代文學重要刊物《新潮》的組織者之一。也正是他的詩歌，極大地影響了郭沫若。

而在文學、歷史學、考古學、哲學、教育學等方面均做出了巨大貢獻的郭沫若，其《女神》無疑是 20 世紀新詩的巔峰之作。1921 年出版的詩集《女神》，爲現代詩歌貢獻出了《鳳凰涅槃》《女神之再生》《爐中煤》《筆立山頭展望》《地球，我的母親！》《天狗》《立在地球邊上放號》等經典詩篇。聞一多在《<女神>的時代精神》中説："若講新詩，郭沫若君的詩才配稱新呢，不獨藝術上他的作品與舊詩詞相去最遠，最要緊的是他的精神完全是時代的精神——二十世紀底時代的精神。有人講文藝作品是時代底產兒。《女神》真不愧爲時代底一個肖子。"在其最具代表性的作品《天狗》中，我們感受到的是解除了束縛、獲得自由、暢快的自我，一個充滿了力量和自信感的自我。這個"自我"不是古典的"天人合一""物我交融"的審美境界下的自我，而是一個高度空前和位置優先的"自我"，正如在這一首詩歌中，詩人就是自我主體的意志、欲望和精神的强化，並實現自我能量的釋放。這與古典詩歌相比，自我在不斷擴張、不斷强大、不斷衝破一切，大有讓"我"統馭世界之勢。在這樣極端絕對的自我的表達之下，展示出了現代詩歌新的表現物件和欣賞物件，爲我們呈現了新的詩歌美學。郭沫若的新詩，使中國新詩有了真正意義上的"現代"詩、"自由"詩！而他 1921 年在日本東京所創立的"創造社"，是現代文學史上成就最高、影響最大的文學社團之一。

何其芳雖然袛有三本詩集——《漢園集》（合集）、《預言》和《夜歌》，但他的詩歌，在夢幻中忘返，展現了無比寂寞和憂鬱的獨特風格，同時以完整的形式、嚴格的韻律、諧美的節奏，表現出的形象和意境達到了別人難以企及的地步。1949年後何其芳在詩歌方面的貢獻，更重要的是他的詩歌批評。他在任中國社會科學院文學研究所所長期間出版的詩論《關於寫詩和讀詩》和《詩歌欣賞》，不僅對"現代格律詩"做出了極爲有益的建設，也建構出了一套詩歌欣賞的理論體系。

曹葆華，曾與孫毓棠、林庚一起，並稱爲"清華三傑"。她不僅有《寄詩魂》《靈焰》《落日頌》等幾部詩集問世，而且還翻譯了梵樂希的《現代詩論》、瑞恰慈的《科學與詩》等現代詩學理論著作。九葉派詩人陳敬容認爲："詩是真切的生命體驗，是敏銳的生命感覺，是生命搏鬥的過程，是精神超越的記錄。"她出版了《星雨集》《交響集》《盈盈集》等集子，被譽爲"在中西詩意結合上頗有成就，是推動了新詩現代化進程的重要女詩人之一"。

1937年11月19日，國民政府發布《國民政府移駐重慶宣言》，國民政府正式移駐重慶，建立重慶國民政府。1938年8月14日，中華全國文藝界抗敵協會內遷來重慶市中區張家花園，12月29日國民政府軍事委員會政治部第三廳遷到天官府，隨之大批作家來到重慶，這形成了現代四川文學的文學高峰，也確定了四川作爲大後方抗戰文化中心的地位。如果將民國文學分爲三個十年，那麼民國文學的第一個十年的中心在北京，第二個十年的中心在上海，第三個十年的中心就在四川雙城——重慶、成都。在重慶除了有老舍等主編的文協機關刊物《抗戰文藝》、羅蓀主編的《文藝月報》、茅盾主編的《文藝陣地》、胡風主編的《七月》等全國性的大刊物之外，還有《民族詩壇》《詩報》《詩墾地》《詩叢》《文化先鋒》《文藝先鋒》等刊物；在成都有《金箭》《戰潮》《工作》《筆陣》《金沙》《詩前哨》等文學刊物，從而形成了中國現代詩歌的另一個高峰，湧現出了一批重要的現代四川新詩人。

以華西文藝社爲主體的"平原詩社"，雖然因歷史原因，在中華人民共和國成立後一些成員卷入到"胡風反革命集團"，但他們卻構成了抗戰時期具有鮮明個性和地域特色的一個現代詩歌群體。他們在何其芳、曹葆華、周文等人的影響下，創辦了《華西文藝》《揮戈文藝》，出版了《涉灘》《五個人的夜會》詩叢刊，出現了杜谷、蔡月牧、寒笳、葛珍、陳道謨、徐迦、白堤、羊翬等優秀詩人。1949年以後更多地是以編輯、翻譯家的身份出現在中國文壇上。求學並生活於四川的老詩人杜谷、化鐵，他們的詩集《泥土的夢》《暴雷雨岸然轟轟而至》，都被胡風列入《七月詩叢》，成爲七月派詩人，爲四川詩歌帶來了厚重而博大的詩歌精神。先後出版有《雨景》《聲音》等詩集的詩人方敬，在詩歌中求真、求美，獨具一格。而新時期他更著爲中國新詩培養研究者和理論家，貢獻了自己的詩性精神。

出生於四川的覃子豪，去臺灣後編輯《新周詩刊》《藍星詩刊》，反對橫向移植，提倡自由創作，與鐘鼎文、紀弦並稱臺灣現代“詩壇三老”，並被新詩派詩人奉爲宗師。1968 年後臺灣出版的《覃子豪全集》，全面彰顯了他在中國現代詩歌史上的重要貢獻。另一位去臺灣的四川詩人商禽，一直都對超現實主義保持著孜孜追求的熱情，他的純詩理論和創作，拓寬了現代詩歌的發展空間。

1949 年後四川詩歌的表現，依然占據著當代詩歌的中心地位。中華人民共和國成立初入川詩人雁翼、顧工、孫靜軒、高平等，與四川詩人傅仇、戈壁舟、梁上泉、高纓、張永枚、楊星火、陳犀、唐大同、陸棨、張繼樓、楊山等，逐漸形成了一個巴蜀詩人群。他們的詩歌大多是以巴蜀水風貌爲内容，以新中國建設和追求和平爲主題，呈現出特有的“川味”特徵，具有較高的藝術性，堪稱形成了中國當代詩歌獨特的“巴蜀詩派”。1960 年四川十年文學藝術選集編輯委員會編的《四川十年詩選》，集中呈現了這一階段四川詩人的創作實力。

1957 年 1 月 1 日，《星星》詩刊在成都創刊，雖偏居西部卻與北京的《詩刊》並列爲新中國創刊最早的“專門的詩刊”。她的創刊不僅爲四川詩歌的發展貢獻了豐腴的詩歌氣場，更是爲當代詩歌的發展開拓了一個廣闊的空間。在白航、石天河、流沙河等人的主持和努力下，《星星》實行“多樣化”方針，爲當代新詩的發展打開了新的局面。而 1957 年創刊號上發表了流沙河的《草木篇》，就引發了一次意想不到的全國性大批判。但《星星》詩刊創刊以來，各種流派、風格的詩人及其作品在這裏相聚，一代又一代詩人和讀者與《星星》結下了不解之緣。它與中國當代詩歌的發展同步，見證了中國詩人的成長，見證了中國當代新詩發展的軌迹，在中國當代詩歌史、文學史上都有著重要的意義。一部《星星》詩刊的歷史，可以説就是 1949 年後中國詩歌發展的歷史縮影。

而 1958 年全國性的新民歌運動，從“成都會議”發端。在 1958 年 3 月 22 日召開的“成都會議”上，毛澤東提出進行民歌的搜集和整理工作。而當時四川就有 2 萬多個山歌社、文藝創作組，出版了三千多本新民歌詩集，以及專門研究“新民歌”的理論著作，將新民歌運動推到一個高峰。1975 年戴安常編選的《進攻的炮聲》，讓我們看到活躍於“文化大革命”時期的四川的詩人也非常之多，湧現出了一批以柯愈勳、劉濱、熊遠柱等爲代表的工人詩人，和以楊星火、童嘉通、里沙等爲代表的軍旅詩人。即使是在 60—70 年代，在知青詩歌與地下詩歌方面，四川也有特別的貢獻。“文化大革命”時期成都的野草沙龍和西昌聚會便是其中的代表。以鄧墾、陳墨爲中心人物的“野草詩群”，在特殊的時期，曾多次編選《空山詩選》《野草》，呈現出具有巴蜀特色的“茶鋪派”，在詩歌中著力追求生命的天性與自由。周倫佑保存下了自己在“文化大革命”期間的一些詩文稿，之後編輯爲《周倫佑“文革”詩選》。周倫佑在“文化大革命”期間的文學活動及作品，對 80 年代的非非的產生，有著重要的影響。

就在全國新潮詩湧動的同時，四川詩人也唱響了新時期的詩歌聲音。駱耕野的一聲《不滿》，以宏大的魄力介入社會和政治，其詩歌中發出的可怕的"個人聲音"，成爲時代的最強音，引起了整個文壇的地震。果園詩人傅天琳、寫《藍水兵》的李鋼、寫《我是青年》的楊牧、寫《乾媽》的葉延濱，以及寫《一個彝人的夢想》的吉狄馬加，一起構成了詩歌界的"四川新詩潮"。1979 年《星星》復刊後，持續性地推出了一系列的重要詩人和詩歌作品，其價值和影響是顯而易見的。1986 年 12 月 6—9 日，《星星》詩刊舉辦"中國星星詩歌節"，選出了舒婷、北島、傅天琳、楊牧、顧城、李鋼、楊煉、葉延濱、江河、葉文福等十位"我最喜歡的當代中青年詩人"，舉行了《星星》詩刊創刊三十周年的紀念活動，將朦朧詩詩人進一步推向了全國。在《星星》詩刊內部，可以說由《星星》編輯部的編輯們構成了當代詩歌發展中的一個重要詩人群——"星星詩人群"：葉延濱、楊牧、張新泉、梁平、龔學敏……他們既是編輯，又是非常優秀的詩人，他們的創作爲當代新詩的發展貢獻出諸多有意義的探索話題。

1980 年艾青出版詩集《歸來者的歌》的同時，成都詩人流沙河寫了《歸來》，四川詩人梁南也寫下了《歸來的時刻》。四川的一些老詩人，以強烈的批判精神和反思色彩，加入到了歸來者的合唱之中。同時也以強烈的自我主體意識，開創了歸來者新的詩歌空間。以孫靜軒、雁翼、木斧、高纓、王爾碑、傅仇、沈重、戴安常、唐大同等爲代表，可以說形成了一個龐大的"歸來者詩群"。入川老詩人孫靜軒，在 80 年代又貢獻出了《告別二十世紀》等重大作品，深刻表現了自己不竭的創造力！他們早在上世紀五六十年代就已經寫出了重要的詩篇，卻又在"文化大革命"中失去了自己的聲音。而到了上世紀 80 年代，他們依然保持著旺盛的生命力，呈現出靈敏的現代情緒感受力。

80 年代的四川，更是"第三代"詩歌最重要的策源地，成爲那個時代詩人心中的"聖地"。早在 1982 年 10 月，重慶的西南師範大學有過一次藝術家的聚會，參加這次聚會的許多人物後來都成了"第三代"的詩人，如萬夏、廖希、胡冬、趙野等，並且這次聚會誕生了《第三代詩人宣言》1983 年成都詩人北望（何繼民）、趙野、唐亞平等創辦自印詩歌刊物《第三代人》，刊名"第三代人"成爲新一代詩人的代名詞。之後，歐陽江河、周倫佑、石光華、萬夏、楊黎等人在成都籌辦以先鋒詩人爲主體的"四川青年詩人協會"，接著 1985 年萬夏等人編印《現代詩內部交流資料》，這成爲中國第一本鉛印的地下詩歌刊物，它正式提出了"第三代詩人"的概念。莽漢主義、整體主義、大學生詩派、非非主義、新傳統主義等，絕對是整個第三代詩歌的中堅力量。周倫佑、李亞偉、楊黎、廖亦武、萬夏、燕曉冬、尚仲敏、宋渠、宋煒等，均是第三代詩歌最重要的代表詩人。如果說大學生詩派的"反文化"是回歸日常、世俗生活,整體主義、新傳統主義的反現代文化是回歸民族精神,那麼莽漢主義詩歌在本質上就是義無反顧地行進在反叛而無回歸的路上。1993年萬夏、瀟瀟編選的《後朦朧詩全集》由四川教育出版社出版,收選了從80年代初以來73位詩人1 500首、5萬3千多行的代表作品,成爲對朦朧詩以後的詩歌,特別第三代詩歌的一次完整呈現。在第三代詩歌中,非非主義可以說是第三代詩歌中最有影響力的流派。非非主義創立於1986年,由周倫佑、藍馬、楊黎等人發起,在理論上的核心是極端的反傳統,提倡超越文化。爲此,他們提出了"前文化理論",認爲祇有徹底擺脱這個符號化、語義化的世界,纔能真正地實現"前文化還原",達到感覺、意識 、邏輯、價值的原初存在。1992年周倫佑在非非的復刊號上提倡"紅色寫作",再現了他對八十年代創作的内在精神和詩歌方法的繼承與反駁。1993年德國著名漢學家顧彬在《預言家的終結》一文中,將20世紀中國詩歌劃分爲以朦朧詩和以非非主義爲標誌的兩個階段,並論述了以非非主義爲標誌的新詩歌浪潮對朦朧詩的取代和超越,認爲非非主義具有世界性意義。

1990年孫文波又與肖開愚一起主編《反對》,明確提出了"中年寫作"這一個90年代詩學的重要概念,標示了80年代詩學向90年代詩學的轉變。而凸顯個人手藝的"四川七君"成爲當代詩壇的主力。"四川七君"之名來源於1986年香港中文大學所辦的刊物《譯叢》,以介紹歐陽江河等七位元四川詩人的作品,1995年德文本《四川五君詩選》(歐陽江河、柏樺、翟永明、張棗、鐘鳴)在德國出版,奠定了他們的詩學地位,也進一步擴大了他們的影響。另外,在90年代詩歌中,肖開愚主張步入中年後的寫作者告别"青春寫作",提出具有積極承擔、責任意識的"中年寫作"詩學,具有重要的影響。他們在九十年代確立了自己"從身邊的事物發現自己需要的詩句"的基本的詩歌創作傾向。在他們的詩歌作品中,當代社會的各種細節和情節被刻繪和保存,徹底提升了"日常生活"的品質和高度,投射出强烈的歷史關懷和人文關懷。同時,他們在敘事方面的探究,使現代詩學中敘事的"及物能力"得以加强,構築了現代詩學新的可能。他們强調對當下生活、當代社會語境、當代社會政治經濟文化中的"個人性"的深刻把握。正是在這種當下語境中,他們敏感地意識到"生存處境和寫作處境",由此加深了對詩歌本體的認識,形成了一種成熟的、開闊的寫作境界。這不僅代表了九十年代詩歌的"綜合"走向,也增强了現代詩歌探測人生真諦、生命意義、生活世界本相的能力。

民間刊物不僅是20世紀中國文學最重要的組成部分,也是當代四川詩歌發展的中堅力量。《現代詩内部交流資料》《非非》《漢詩:二十世紀編年史》《莽漢》《巴蜀現代詩群》《中國當代實驗詩歌》《象罔》《紅旗》《反對》《九十年代》《詩鏡》《詩歌檔案》《存在》《獨立》《圭臬》《四川詩歌》，這些民刊咄咄的先鋒精神和極端自由的姿態，一同創造出中國詩歌發展的奇迹！這些民間詩刊和詩人們，以其鮮明的自由、先鋒、個性、探索和創造精神，深刻地改變了現代漢語，深深地改變了我們對世界和自我的認知，甚至參與到現實社會的建構和改革之中，成就了當代中國新詩的另一個黃金時代。早在1963年，成都的"野草詩群"就開始了自己的文學活動，編輯過多種詩集，預演了一場新的詩歌時代的來臨。1982年鐘鳴油印編選的《次森林》，成爲第一本南方詩歌地下雜誌。之後的《第三代人》《黑旗》《陣地》《貧日》《三足烏》《現在》《中國現代詩》《王朝》《淨地》《詩人力作抗衡》《黑陶碗》《龍舟詩報》《拓荒者》《巴蜀詩人報》《螢》《晨》《當代青年詩人》《山鷹魂》《閬苑》《地鐵》《詩研究》《詩歌創作與研究》《上下》《新大陸》《裂谷流》《山海潮》《跋涉者》《聲音》《女子詩報》《浣花》《藍族》《潛世界》《終點》《側面》《彝風》，再到《在成都》《人行道》《幸福劇團》《或許》《屏風》《魚鳧》《格律體新詩》《零度》《自便》《第三條道路》《元寫作》《天下詩歌》《曲流》《私人詩歌》《驛站詩報》《大巴山詩刊》《此岸》《中國詩歌年鑒》《界限》《蜀道》《現在詩歌讀本》……，呈現了四川這片土壤所孕育著的充沛的詩歌力量。當下《非非》提出的"體制外寫作""介入寫作"，《獨立》的"地域詩歌寫作"，《存在》詩寫凸顯"心靈命運的超驗之維"與"文本·人本"立場的同構、互文與擔當，《圭臬》的"詞語寫作"，不僅形成了一批較有實力的詩人，而且都初步構建出了一套新的詩學體系。2006年創辦的《芙蓉錦江》詩刊，秉承"天下詩歌"之理念，試圖把詩刊辦成"天下詩人之家"。其以"中國詩歌最低處"爲口號，力圖成爲中國詩歌的最後堡壘。他們扎根於四川，堅持辦刊、出刊，已漸成氣候。他們不僅爲我們呈現出了許多優秀的詩歌文本，而且展示了相當高貴的詩歌精神，使四川具有了無比豐腴的詩歌氣場。

攀西地區的少數民族詩人，共同創造了當代四川新詩的奇迹。在彝族詩歌方面，吳琪拉達第一個突破了彝族傳統詩歌五言古體的形式，開啟了彝族當代新詩的全新面貌。而吉狄馬加則以現代的自我身份意識和少數民族的特殊視域，顯示了一個特殊的現代靈魂的波動，成爲當代彝族詩歌的領軍人物。阿庫烏霧、傑伍拉且、吉木狼格、發星等是當代彝族詩人的代表。川西藏族不僅走出了扎西達娃、意凱撒仁等著名小説家，也誕生了阿來、列美平措等優秀的川西藏族詩人。羌族新詩在當代得以發展，一批作家、詩人正在成長起來，詩人羊子等在當代羌族詩歌中比較有代表性。另外，川東的土家族、苗族以其神秘的氣質，走出了冉莊、何小竹等優秀的詩人。

儘管地處中國內陸，但秉承著"蜀"文化的基因，四川詩人總是具有"敢爲天下先"，重塑歷史、重構歷史的野心。同時，他們對於"語言本體"有著深刻的認識，非非主義的"詩從語言開始"，使"第三代"也被稱爲"以語言爲中心"的一次詩歌運動，或者就是一次"語言運動"。更爲重要的是，四川詩人常常迷戀著"詩歌之境"。在他們的詩歌中，儘管有著主體的世界對於客觀世界的主宰，他們也始終以遠離"物"、呈現"物本身"，讓事實、真實自然朗現出來的詩學願望。由此，20世紀以來，四川詩界以詩歌的開放承擔中國思想文化的改革，將自我的追求演化爲推進中國藝術在新時期實現全新創建的基礎，這些引人注目的四川詩人，他們繼承了大半個世紀以來的中國新詩傳統，更在藝術的創新方面銳意探索，爲新時期的四川詩歌與中國詩歌創造了更多的新質，並構築出一道道燦爛而獨特的現代"新情緒"路景。明代何宇度曾説："蜀之文人才士每出，皆表儀一代，領袖百家。"有著漫長而深厚的歷史滋養的四川當代新詩，在當代新詩走向集大成之時，值得我們期待。對於四川當代新詩的展示，其意義就不僅在於四川，更在於中國。

作者單位：西華大學人文學院

# 稿　約

　　《蜀學》是西華大學蜀學研究中心創辦的學術刊物，由西華大學、四川省人民政府文史研究館聯合主辦，一年兩輯，由西南交通大學出版社出版，誠邀海內外學者賜稿。

**一、徵稿選題**

　　關於蜀學理論、蜀學思想、蜀學史、蜀中學者以及蜀學文獻等方面的研究。

**二、文稿要求**

　　本刊統一使用規範的繁體漢字。來稿請認真核對引文，標明引文出處——包括作者、書名或期刊名、卷數或期刊號、出版單位、年月、頁碼。注釋一律采用每頁單獨編號腳注。例：

　　① 孫硯方：《都江堰水利詞典》，科學出版社 2004 年版，第 54-55 頁。

　　② 馮廣宏：《創立一門新蜀學——都江堰學》，《西華大學學報》（哲學社會科學版），2005 年第 4 期，第 15-19 頁。

**三、稿件要求**

1. 遵守學術道德，文責自負。

2. 未曾公開發表，具有一定的學術原創性。

3. 字數以 8 000 ~ 30 000 字爲宜，學術價值高者不受篇幅限制。

**四、本刊對來稿有刪改權，若不同意刪改者請於來稿上注明。**

**五、來稿請務必詳細注明：** 作者的姓名、單位、職稱、學歷和聯繫方式（電話、電子信箱、通訊地址等）。大作一經刊出，即酌付稿酬，並寄樣刊兩本。

**六、投稿方式**

　　請附上紙質稿件郵寄：四川省成都市郫都區紅光大道西華大學蜀學研究中心王學東（收）。郵編：610039。

　　電子郵件：191615760@qq.com; shuxue2003@126.com; 1214745829@qq.com。

　　聯繫電話：（028）87722129; 13036667781（王學東）。

**七、本刊已加入《中國期刊網》。**

　　作者著作權與使用費與本刊報酬一次性付給。若作者不同意將文章編入上述版、網，請在來稿中聲明。

蜀學研究中心

《蜀學》編輯部

2016 年 12 月 8 日